KB040458

한국의 언론인,
정체성을 묻다

국립중앙도서관 출판시도서목록(CIP)

한국의 언론인, 정체성을 묻다:
지사(志士)에서 샐러리맨으로
지은이: 박용규
– 서울: 논형, 2015
    p. ;   cm. – (논형학술 ; 84)

ISBN 978-89-6357-162-1 94300 : ₩27000

언론인[言論人]

070.4-KDC6
070.4-DDC23   CIP2015022529

한국의 언론인 정체성을 묻다

지사志士에서 샐러리맨으로

박용규 지음

책을 펴내며

과거 오랫동안 한국의 언론인들은 '지사(志士)' 또는 '무관의 제왕'으로 자처해 왔다. 개화기와 식민지 시기를 거쳐, 권위주의 정권 시절까지 계몽적이고 저항적인 활동을 하는 언론인이 있었기 때문에 '지사연'하는 태도가 어느 정도 인정받았다. 그러나 오늘날 언론인은 심지어 '기레기'(기자+쓰레기)라는 비난을 듣기도 하고, 금품수수를 금지하는 '김영란법'의 적용대상이 되기도 했다. 일부 무책임한 보도가 극단적인 비난을 초래했다면, 부조리에 대한 의심이 '김영란법' 포함에 영향을 주었다. 이런 현실에 대해 반발하고 불만을 터트리는 언론인도 있고, 이번 기회에 자성하고 바람직한 언론인상(像)을 고민해야 한다는 언론인도 있다.

왜, 이런 변화가 나타났을까? 언론 환경의 변화가 영향을 준 부분도 있고, 언론인이 자초한 측면도 있을 것이다. 과당경쟁에 내몰리며 선정적 보도를 일삼았고, 국민의 알 권리조차 무시하는 정파적 보도가 늘어났다. 경영 악화로 인해 기사보다 광고에 더 신경을 썼고, 자사의 이익을 위해 물불 안 가리는 자사이기주의를 드러냈다. 이런 현실에서 언론인은 직업적 자부심을 잃고 정체성의 혼란을 겪고 있다. 자신의 직업이 단순한 '샐러리맨'을 넘어서는 것이라고 자부하며 '기자정신'을 내세우던 언론인이 고통스런 현실에 직면하고 말았다.

한국에서는 오랫동안 계몽적이고 저항적인 언론인, 즉 '지사'(志士)를 바람직한 언론인의 전형처럼 생각했다. 지사적 언론인의 전통은 권위주의 정권 시절의 강력한 탄압과 교활한 회유 앞에 서서히 무너지기 시작했다. 이런 현실 속에 언론인은 '전문직으로서의 소양'을 갖추거나 '노동자로서의 권리'를 보장받기 위한 시도를 했지만 별 다른 성과를 거두지는 못했다. 비판적 지식인으로서의 자부심이 사라진 자리를 전문직적인 능력이나 노동자적인 자각이 대신하지 못했다. 언론인이 단순히 생계를 유지하기 위한 하나의 직업이 되었다는 자조적 의식이 '샐러리맨'화 되었다는 표현으로 나타났다.

최근까지도 언론인이 '샐러리맨'화 되었다고 하는 탄식과 비판이 나오고 있는 것은 바로 바람직한 언론인상을 찾지 못하고 있거나 실천하지 않고 있기 때문이다. 지사로서의 비판 정신과 언론자유 추구, 전문직으로서의 전문성과 윤리의식, 노동자로서의 권리의식과 연대활동 등을 제대로 보여주지 못하는 현실을 '샐러리맨'화 되었다는 말로 표현하고 있는 것이다. 직업적 정체성의 위기 속에 책임감과 자부심이 약화되면서 언론인이 갈수록 본연의 역할을 다하지 못하고 있다.

한국 언론인 집단의 특성이 변화되어 온 과정은 파란만장한 한국 근현대사를 투영하고 있다. 영국의 역사학자 에릭 홉스봄이 20세기를 '극단의 세기'라고 주장했는데, 한국만큼 극단의 세월을 보낸 나라도 별로 없다. 망국과 함께 식민지가 되었고, 해방 뒤에는 국토 분단과 민족 상잔을 경험했으며, 이후 오랫동안 권위주의 정권과 개발독재를 거쳤고, 결국 민주화와 경제발전을 이룩했지만 급격한 성장과 변화의 후유증을 앓고 있다. 이런 질곡의 한국 근현대사를 헤쳐 나가는 과정에서 '지사'를 자처하던 언론인이 '샐러리맨'이 되고 말았다는 탄식을 하게 되었던 것이다.

이러한 언론인의 사회적 특성과 직업적 정체성의 변화 과정에 본격적으로 관심을 가졌던 것은 박사학위논문을 준비하던 1992년 무렵이었다. 언론의 역사를 연구하며 매체 중심의 연구 경향을 극복하기 위해서는 언론인에 대한 연구가 필요하다고 생각했다. 이런 생각의 결과로 1994년에 일제 강점기 언론인의 사회적 특성의 변화과정을 주제로 학위논문을 마무리할 수 있었다. 이후 언론의 역사에 대한 연구를 계속하며 언젠가는 개화기부터 최근까지의 언론인 집단에 대한 역사적 접근을 해야겠다는 생각을 가지고 있었다. 그러다가 최근 언론 환경의 변화 속에 언론인이 직업적 정체성의 혼란을 겪는 현실을 지켜보며, 이런 현실에 이르게된 역사적 과정을 정리해야 될 때가 되었다고 판단했다.

이 책은 바로 한국 언론인의 사회적 특성과 직업적 정체성이 '지사'에서 '샐러리맨'으로 변화되어 나간 과정에 대한 역사적 탐구를 목적으로한 것이다. 즉, 근대 신문이 처음 등장한 1883년부터 최근까지의 130여년 동안 한국 언론인의 집단적 특성이 어떻게 변화되어 왔는가를 살펴보려고 하는 것이다. 직업적 정체성의 위기를 극복하고 바람직한 언론인상을 모색하기 위해서는 한국 언론인 집단의 사회적 특성이 어떻게 변화되어 왔는가에 대한 역사적 접근을 시도할 필요가 있다고 판단했기 때문이다. 현재 언론인의 사회적 특성과 직업적 정체성을 역사적 맥락 속에서 올바로 이해한다면, 지사적 전통의 발전적 계승 위에 전문직으로서의 소양과 노동자로의 권리의식을 갖춘 언론인상의 정립과 실천이 가능하다고 생각한다.

　이 책을 쓰면서 언론인이 쓴 수많은 책과 글을 읽었고, 적지 않은 언론인을 만났다. 과거나 현재나 많은 언론인이 어려운 언론 현실 속에서도 권력을 비판하고 감시하며, 사회를 바람직한 방향으로 이끌고자 고민해 왔다는 것을 알 수 있었다. 이 책은 언론인이 생각하고 고민한 것들을 정리하고 분석했다는 점에서, 글을 남겨 놓거나 말을 건네준 언론인과 함께 쓴 것이나 다름없다. 그들에게 감사의 마음을 전한다. 한국연구재단의 지원 덕택으로 고민만 하던 내용을 한 권의 책으로 내겠다는 결심을 할 수 있었다. 무리한 일정임에도 원고를 말끔하게 한 권의 책으로 잘 마무리해준 논형출판사에게도 고마움을 전한다. 부족한 점이 많을 것이다. 독자 여러분의 지적과 조언을 기대한다.

차례

서장

1. 한국 언론인의 직업 정체성에 대한 역사적 연구

"지사(志士)에서 샐러리맨으로 기자의 변신"

1972년에 『중앙일보』 기자였던 최규장이 쓴 글의 소제목이다.[1] 그는 이 글에서 '기자가 지사로 통했던 시대'가 지나가고 '오늘의 기자는 샐러리맨화 하고' 있다고 주장했다. 정권의 탄압으로 언론이 제 역할을 못해 독자로부터 비판받던 현실에서, 직업 정체성의 혼란을 겪던 언론인의 고민을 잘 드러냈다. 이런 고민에는 지사적 언론인을 이상적 존재로 보며, 지사적 언론인 같은 역할을 하지 못하게 된 현실에 대해 자조(自嘲)하는 심정이 담겨 있다. 최규장은 "직업정신을 잃었을 때 직업인으로 나는 이미 죽은 것"이기 때문에 "신념을 바꾸기보다 직업을 바꾼 것"이라고 하며, 위의 글을 쓰고 난 직후에 유신정권의 외교관으로 변신했다.[2]

강준만은 이런 최규장에 대해 "그는 언론자유를 위해 투쟁하거나 헌신한 기자가 아니다. 그렇다고 권언유착을 하면서 국민 위에 군림하는 재미를 만끽해 온 기자도 아니다"라고 하며, "매우 기이한(?) 길을 걸은 기

---

1) 최규장, 「기자론—오늘의 한국기자 자화상」, 『신문연구』 18호, 1972, 45~48쪽. 이 글은 '관훈클럽 창립 15주년 기념논문'으로 실린 것이다.
2) 최규장, 『언론인의 사계』, 을유문화사, 1998, 107쪽.

자'라고 평가했다. "정관계로 옮겨간 언론인들의 전형과는 크게 동떨어져 있다는 점" 때문에 이렇게 평가했다.[3] 최규장은 '언론자유를 위해 투쟁'하는 '지사'의 길을 가지는 못했지만, 그렇다고 권력이나 사주에게는 굴종하되 '국민 위에는 군림'하는 '샐러리맨'의 길을 걷지도 않았던 것이다. 오랫동안 많은 언론인이 최규장처럼 '지사에서 샐러리맨으로' 변화하는 현실 속에서 방황했고, 지사와 샐러리맨 사이 그 어디 쯤 위치한 자신의 정체성으로 고민해왔다.

한국의 언론인은 왜 오랫동안 지사적 언론인을 이상적 존재로 바라보았을까? 언론인의 계몽적이고 비판적인 역할이 필요했던 시대적 배경이 작용했을 것이다. 한국의 경우 개화기에 근대 신문이 등장하며 '계몽적 역할'이 강조되었고, 식민지 시기와 권위주의 정권 시기를 거치며 '언론의 저항성'이 체질화되었다는 평가를 들었다.[4] 즉, 개화기 이후 오랫동안 언론인의 계몽적, 비판적 역할이 강조되었고, 신문은 정론지(政論紙)적인 특성을 보여주었다. 대체로 1950년대까지는 '지사적 언론인'의 전통이 강조되었고, 정론지적 특성도 남아 있었다고 평가되었다.

> '샐러리맨'으로 생각하는 것은 지당한 말이다. 똑똑한 말이다. 그러나 '사무적'인 그런 것만으로 진실된 신문기자가 될 수 있을는지 그건 여러모로 생각해야 되리라고 본다.[5]

> '기자'는 없고 신문사나 방송사 다니는 '샐러리맨'이 대부분인 시대가 된 거 같다. 신문사나 방송사를 다닌다고 기자라고 부르는 건 '사치'라고 본다.[6]

---

3) 강준만, 『한국의 언론인』 1, 인물과 사상사, 1999, 93~94쪽.
4) 김규환, 「한국 저널리즘의 석금」, 『사상계』 1961년 11월호, 76~83쪽.
5) 오소백, 「현대의 신문기자 기질─무관의 제왕도 그 기질이 이렇게 변했다」, 『신사조』 1963년 11월호, 69쪽.
6) 『PD저널』, 2014. 4. 5.

앞의 글은 1963년의 것이고, 뒤의 말은 2014년의 것이다. 똑같이 기자가 '샐러리맨'이 되었다고 비판하고 있어서 50년의 시차가 무색하다. 두 글 모두 기자가 일반 '샐러리맨'과는 다른 특유의 사회적 역할을 해야 하는데, 이런 역할을 제대로 하지 못한다고 비판하고 있는 것이다. 1960년대 이후 언론인이 제 역할을 제대로 하지 못한다는 비판이 나올 때마다 언론인이 '샐러리맨'화 되었다는 주장이 나오곤 한다. '월급쟁이,' '봉급생활자,' '급여생활자'가 아니고 대부분이 '샐러리맨'이라고 표현했다. 오랫동안 계몽적이고 비판적인 지식인으로서의 '지사'(志士)를 이상적인 언론인으로 보고, 지사다운 역할을 하지 못하는 언론인을 '샐러리맨'으로 전락했다고 자학하거나 비판했던 것이다.

한국의 언론인은 왜 이렇게 오랫동안 샐러리맨이 되었다고 자학해 왔을까? 언론인이 계몽적, 비판적 역할을 할 수 없게 된 시대 상황이 영향을 주었다. 1960년대 중반부터 정권이 언론을 통제하는 한편 특혜도 제공한 가운데 신문이 기업화되면서, 신문의 정론지적 특성이 사라지고 언론인의 '기능인화'가 이루어졌다.[8] 정권의 탄압과 특혜 속에 언론인이 제한된 기능만 수행할 뿐, 비판적 역할은 제대로 수행하지 못하면서 언론인의 '샐러리맨화'라는 표현이 나타나기 시작했다.[9]

지난 50년 동안 계속 언론인이 샐러리맨이 되었다는 비판이 나오는 것이, 반드시 지사적 언론인에 대한 기대가 여전히 강하게 남아 있기 때문

---

7) '지사'(志士)는 "나라와 민족을 위하여 제 몸을 바쳐 일하려는 뜻을 가진 사람"이라는 사전적 뜻을 갖는데(http://krdic.naver.com/detail.nhn?docid=35691600), 흔히 '애국지사, 우국지사, 독립지사, 항일지사' 등 다양한 단어들을 붙여 사용하고 있다. 또한 지사라는 단어는 '계몽적, 저항적, 비판적 지식인'이라는 의미로 쓰인 경우가 많다. 따라서 '지사적 언론인'이라는 표현에는 언론인이 바로 '계몽적, 저항적, 비판적' 역할을 해야 한다는 기대가 담겨 있는 것이다.

8) 유선영, 「객관주의 100년의 형식화 과정」, 『언론과 사회』 10호, 1995, 86~128쪽.

9) 이정훈·김균, 「한국 언론인의 직업 정체성—샐러리맨화의 역사적 과정을 중심으로」, 『한국언론학보』 50권 6호, 2006, 59~88쪽.

만은 아닐 것이다. 물론 여전히 지사적 언론인을 이상적 존재로 보고, 비판적 역할을 제대로 하지 못하는 언론인을 샐러리맨이 되었다고 하는 경우도 있다. 이런 주장들 중 일부는 지사적 언론인의 '비판적 언론활동'보다 '낭만적 생활태도'를 '샐러리맨 비판'의 더 중요한 근거로 삼기도 한다. 오늘날 언론인이 샐러리맨이 되었다고 할 때는 전문직업인다운 활동을 하지 못한다고 비판하는 경우가 적지 않다. 때로는 언론노동자로서 권익을 지키기 위해 내부, 외부의 통제에 제대로 맞서지 못할 때도 샐러리맨이 되었다고 표현하기도 한다.

샐러리맨이 되었다는 표현은 곧 언론인에 대한 외부의 '비판'일 뿐만 아니라 언론인 스스로의 '자조'이기도 하다. 언론인이 스스로 지사로서 비판적 역할을 못하는 것은 물론 전문직업인으로서 사회적 책무를 다하지도 못하고, 언론노동자로서 권익옹호 활동도 제대로 하지 못하는 현실을 '샐러리맨'이라는 용어로 함축적으로 표현한 것이다. '지사'가 언론인의 역사적 전통을 의미한다면, '전문직업인'은 언론인이 추구해야 할 규범을 나타내고, '언론노동자'는 언론인이 처한 현실을 보여주고 있다. '지사에서 샐러리맨으로'라는 표현 속에는 "지사, 전문직업인, 언론노동자"라는 개념이 '샐러리맨'이라는 표현과 얽히고설킨 직업정체성에 대한 한국 언론인의 고민이 그대로 담겨 있다.

이 책은 바로 지난 100여 년 동안 한국 언론인의 직업 정체성이 형성되고 변화되어 온 과정을 살펴보고자 하는 것이다. 오늘날 언론인의 바람직한 직업 정체성의 방향을 모색하기 위해서는 역사적 접근이 필요하다고 보았기 때문이다. 또한 이 책에서는 직업 정체성의 형성과 변화에 영향을 준 언론인의 사회적 배경과 언론 활동의 조건과 특성을 살펴보고, 언론인이 직업 정체성의 실현을 위해 언론인 단체를 통해 시도한 활동들도 살펴볼 것이다. 이 책은 '언론의 위기'가 심화되는 현실에서 '언론인의 직업 정체성의 혼란'을 극복하기 위해서는 무엇을 해야 할지를 찾아가는 여정을 담고 있다.

2. 언론인의 특성과 역할에 대한 역사적 시각

서구사회에서는 17세기에 근대 신문이 등장하기 시작하여, 18세기에 신문에 대한 정치적, 법적 제약들이 완화되면서 신문이 급격히 발전하기 시작했다. 19세기 중반 이전까지의 신문은 대체로 특정 정치세력의 입장을 대변하는 '정론지'(政論紙)의 성격을 지니고 있었다. 근대시민사회의 성립을 위한 투쟁의 과정에서 앞장섰던 신문은 점차 다양한 세력의 정치적 대립과 투쟁의 수단으로 활용되었다. 이런 정론지들은 주로 특정 독자층의 구독료나 후원금에 의존해 발행되며, 독자를 확대하려는 시도들을 적극적으로 하지 않았다.[10]

미국과 영국에서는 19세기 중반에 들어서서 신문이 발전할 수 있는 경제적 기반으로서 판매시장과 광고시장이 확대되면서 점차 특정 정당이나 정부의 지원을 받는 정론지 또는 정당신문의 성격을 벗어나서 상업지적인 성격을 지닌 대중신문이 등장하기 시작했다. 미국의 경우 대중신문의 등장을 예고했던 '염가신문'(penny papers)시대를 거쳐[11] 19세기 말에 이르러서는 뉴저널리즘과 '황색언론'(yellow journalism)으로 대표되는 본격적인 대중신문 시대로 돌입했다. 영국의 경우 19세기 중반 인지세가 폐지되면서 대중신문의 급격한 발전과 함께 신문의 기업화가 촉진되었

---

10) Smith, A., 최정호 · 공용배 역, 『세계 신문의 역사』, 나남, 1990, 141~175쪽.

11) Hallin, D. C., The American Mass Media: Critical Theory Perspective. In J. Foster (Ed.) *Critical Perspective and Public Life*, Cambridge: The MIT Press, 1985, pp.127~129.

다.[12] 신문이 정치적으로 자유를 획득하면서 대중신문으로 발전했지만, 신문의 기업화와 함께 이제는 경제적 통제에 직면하게 되었다.

이런 변화는 '정치적 주장'에 치중하던 신문이 이제 '정보 제공'에 중점을 두는 단계를 거쳐 '이윤추구'에 집중하는 단계로 나아갔다는 것을 의미했다.[13] 상업적인 대중신문이 발전하면서 편집인의 주관적 견해를 위주로 하여 정치적인 여론 선도에 치중하던 '의견신문'(opinion paper)의 전통은 급격히 퇴조했다.[14] 즉, 상업주의적인 대중신문이 발전하면서 보도의 객관성이 기자의 직업이념으로 정착되어 나갔던 것이다.[15] 대중신문은 특정한 입장에서의 '정파적 의견'의 제시보다는 '객관적 사실'의 전달을 통해 더 많은 독자를 확보하려고 노력했다.

대중신문이 발전하면서 언론인은 정론(政論)을 펼치는 지식인 또는 문필가로서의 '비판적 역할'을 제대로 하지 못하고 신문기업의 사적 이익 실현을 위한 '기능적 역할'만을 수행하게 되었고, 신문도 '공공영역'(public sphere)로서의 기능을 점차로 상실하게 되었다.[16] 즉 '독립적인 사건의 해석자'였던 언론인이 대중신문의 발전에 따른 객관보도의 등장과 함께 독립성을 상실하고 '뉴스전달 과정의 기술적인 한 부분'이 되었던 것이다.[17]

---

12) Curran, J., Capialism and Control of the Press, 1880~1975. In J. Curran, M. Gurevitch and J. Woollacott. (Eds.), *Mass Communication and Society*, Beverly Hills: Sage, 1979, pp.109~146.

13) Dicken~Garcia, H., *Journalistic Standards in Nineteenth~Century America*, Madison: The University of Wisconsin Press, 1989, pp.223~228.

14) Smith, A., 최정호 · 공용배 역, 『세계 신문의 역사』, 나남, 1990, 260쪽.

15) Schiller, D., An Historical Approach to Objectivity and Professionalism in American News Reporting, *Journal of Communication*, 29(4), 1979, pp.46~57.

16) Habermas, J., *The Structural Transformation of the Public Sphere*, Cambridge: The MIT Press, 1987, pp.181~195.

17) Carey, J. W., The Communication Revolution and the Professional Communicator. In P. Halmos (Ed.) The Sociological Review Monographs. No. 13: *The Sociology of Mass Media Communicator*, 1969, pp.23~38.

대중신문이 등장하면서 비판적 지식인의 문필 활동의 일환으로 이루어지던 언론 활동이 이제 직업적 기자의 전문적 취재보도활동으로 변화되어 나갔고, 이런 활동은 신문기업의 이익실현을 위한 중요한 수단이 되었다.

상업적인 대중신문의 등장에 따른 직업적인 기자의 출현은 발행인으로부터 편집인이 분리되고, 다시 기자가 분화되어 나갔던 '전문화'(specialization)의 과정으로 이해할 수 있다.[18] 이런 분화과정을 통해 상업주의적 목표에 치중하는 경영진과 언론의 사회적 역할을 중시하는 편집진 사이에 갈등이 불거지기도 했다.[19] 경영진이 일종의 산업으로 신문의 이익에 치중했다면 언론인은 민주주의의 중요한 제도로서 신문의 가치에 중점을 두면서 갈등이 벌어지기도 했다.[20] 즉, 서구사회에서의 기자직은 노동과정에서의 자율성 확보, 기자 집단의 사회적 지위와 신뢰의 확보, 공개장의 파수꾼으로서의 역할 등이 언론 조직의 이윤 극대화라는 경영상의 요구와 대립하고 갈등하는 과정을 통해 성격이 규정되었다.[21] 이러한 과정에서 언론인은 노조를 만들어서 경영진에 대항하기도 했고, 전문직으로서의 특성을 강화하려는 시도들을 하기도 했다.

위와 같은 미국이나 영국에서의 언론의 역할 및 언론인의 특성이 변화된 과정이 유럽에서는 다소 다른 양상으로 나타났다. "영미모델이 언론의 기능을 독립적이고 중립적인 입장에서 객관적인 사실을 균형 있게 전달하는 데에 둔다면, 유럽모델은 정당과의 강한 연계에 근거하고 있어서

18) Nerone, J. C., The Mythology of the Penny Press, *Critical Studies in Mass Communication*, 4, 1987, pp.376~404.

19) Tunstall, J., *Journalist at Work*, Beverly Hills: Sage, 1974, p.25.

20) Hart, D. J., Changing Relations between Publishers and Journalists: An Overview. In A. Smith (Ed.), *Newspaper and Democracy*, Cambridge: The MIT Press, 1980, p.268.

21) 강명구, 『한국 언론 전문직의 사회학』, 나남, 1993, 164쪽.

이념적, 정치적 지향성이 강한 것이 특징"이다. 또한 언론인의 특성도 전자의 경우 직업적 자율성을 갖고 특정 분야에 대한 전문성을 갖는 것을 목표로 한다면, 후자의 경우 사회 전반에 대한 폭넓은 지식을 기반으로 하는 뛰어난 문필가적 활동을 지향한다고 할 수 있다.[22] 상대적으로 영미 계통의 언론인이 독자의 요구에 부응하는 기능적인 전문직으로서의 언론인상을 갖고 있었다면, 유럽의 경우에는 여전히 독자들을 상대로 정론(政論)을 펼치려는 비판적 지식인으로서의 언론인상을 갖고 있었다고 할 수 있다.

개화기와 식민지시기를 겪었던 한국의 경우 서구보다도 언론인의 '비판적 지식인으로서의 역할'이 더 강조되었다. 역사적으로 볼 때 우리 나라 기자의 이상형은 '지사'라고 할 수 있고, 지사로서의 기자는 사회에 대해 정확한 사실과 다양한 의견의 존재를 알리는 '전달자'로서의 역할보다는 스스로가 사회의 나아갈 길을 알리고 가르치는 '계몽자' 또는 '비판자'로서의 성격이 더 강했다고 할 수 있다.[23] 이렇듯 오랫동안 지사적 언론인이 이상적인 언론인상으로 받아들여졌던 것은 '역사적 특수성' 때문이었다. 언론이 개화기에는 '반외세·반봉건', 일제강점기에는 '항일', 해방이후 한동안은 '이데올로기 투쟁'의 수단으로 활용되면서, 언론인의 역할도 계몽과 비판에 중점이 두어질 수밖에 없었던 것이다.[24]

또한 '지적 전통'도 언론인의 지사주의가 형성되는 데 영향을 주었다. 천관우는 전통사회의 이념이었던 유학과 근대사회의 새로운 현상인 저널리즘이 사학을 매개로 결합되었기 때문에 구한말의 저널리즘은 '사학

---

22) 임영호, 「언론인의 직업모델과 전문성 문제」, 『민주화 이후의 한국언론』, 나남, 2007, 240~244쪽.
23) 강명구, 「훈민과 계몽: 한국 저널리즘은 왜 애국적인가」, 『저스티스』 통권 134-2호, 2013, 515~516쪽.
24) 이상우, 『한국 신문의 내막: 상업주의 신문의 정체』, 삼성사, 1969, 17~18쪽.

~경세학(經世學)~저널리즘'의 매개 위에 성립되었다고 주장했다.[25] 이 것은 개화기의 언론인들 중 상당수가 유교적 전통에 입각한 현실 참여 의 한 방법으로 언론활동을 하게 되었다는 것으로, 이들이 언론인이며 동시에 역사가이자 민족운동가였던 '지사적 언론인'이었다는 점을 강조 했던 것이다. 이런 지사적 언론인의 전통은 천관우, 송건호 등으로 이어 졌고, 권위주의 정권 시기에 역사가이자 민족운동가로서도 활동하였던 것이다.[26]

이런 지사적 언론인의 전통은 1950년대까지 계속되다가 1960년대 이 후 급격히 변화되었다. 1960년대 중반 이후 정권의 통제가 강화되고 특 혜가 제공되면서 신문의 정론지적 특성이 사라지고 대중지로 변모했으 며, 언론인의 특성도 급격히 변화되어 나갔던 것이다. 정권의 개입이 언 론의 성격과 언론인의 특성이 변화되는 데 큰 영향을 주었다는 점은 서구 와는 다소 다른 점이었다. 따라서 언론의 상업화와 함께 정부의 언론 정 책도 살펴보아야만 언론인의 직업 정체성의 변화 과정을 이해할 수 있다.

서구의 경우 언론의 상업화 과정에서 '비판적 지식인의 정치적 의견 제 시'에서 '전문적 직업인의 신속한 정보 전달'로 언론의 역할이 변화되어 갔다. 이런 변화 과정에서 전문직으로서의 정체성 확립이나 노동자로서 의 권익옹호를 위한 활동이 벌어지기도 했다. 반면 한국의 경우 언론의 상업화가 정권의 개입에 의해 이루어졌고, 언론의 역할 변화도 정권의 통제가 작용한 가운데 나타났다. 따라서 서구와 같이 언론의 상업화 과 정 속에 언론인이 자연스럽게 전문직으로의 정체성 확립이나 노동자로 서의 권익옹호를 위해 노력하지 못하고 직업 정체성의 혼란에 빠지면서

---

25) 천관우, 「언론인으로서의 단재」, 『나라사랑』 3집, 1971, 34~35쪽.
26) 김영희·박용규, 『한국현대 언론인열전』, 커뮤니케이션북스, 2011, 123~145쪽, 395~406쪽.

'샐러리맨'으로 전락했다고 자신을 비하하기도 했던 것이다.

이렇듯 언론인의 특성이나 역할은 시대별로 변화해 왔을 뿐만 아니라 그 변화 과정도 나라마다 조금씩 다른 모습을 보여주었다. 한국 언론인의 특성이나 역할의 변화 과정에는 근대의 개막과 더불어 국권을 상실해 식민지시기를 경험했고, 해방과 함께 국토가 분단되고 이후 오랫동안 권위주의 정권 시기를 거친 한국 근현대의 역사적 경험이 깊게 투영되어 있다. 그래서 시대적 맥락을 고려하며 한국 언론인의 특성과 역할이 어떻게 변화되어 왔는가를 살펴보는 것이 필요하다.

3. 언론인의 역할 정체성과 직업 정체성

언론인이 자신의 직업을 무엇이라고 생각하는가를 '직업 정체성'이라고 한다면, 자신들이 어떤 역할을 해야 한다고 인식하는가를 '역할 정체성'이라고 할 수 있다. 그동안의 많은 연구는 주로 역할 정체성에 관심을 두어 왔다. 기존의 여러 연구는 언론인의 역할을 두 가지 또는 세 가지로 나누지만, 크게 보면 결국 '중립적 관찰자'냐 아니면 '참여적 비판자'냐 하는 두 가지로 언론인의 역할 정체성을 나눌 수 있다.[27] 대중신문이 등장한 이후 오랫동안 당연한 것으로 받아들여지던 '중립적 관찰자'로서의 언론인의 역할에 대한 회의가 '참여적 비판자'로서의 언론인의 역할을 다시 요구하게 만든 것이다.

위버와 윌호이트는 이런 변화 과정에 관심을 기울이고, 언론인을 상대로 한 지속적인 설문조사를 통해 그 변화 과정을 밝히려고 시도했다. 이

---

27) 황치성·송상근·정완규, 『언론인의 직업 환경과 역할 정체성』, 한국언론재단, 2009, 19~22쪽.

들은 1982년과 1983년에 걸쳐 언론인의 역할을 '해설자'(interpretive), '전달자'(disseminative), '비판자'(adversarial)로 나누어 조사하였는데, 세 가지 역할에 대해 언론인들 중 각각 62%, 51%, 17%가 가장 높은 점수를 주었다고 분석했다.[28] 여기에서 중요한 것은 2%를 제외한 나머지 언론인은 두 가지 이상의 역할에 높은 점수를 주어 자신들의 역할이 대단히 복합적이라는 인식을 보여주었다. 물론 '비판자' 비율이 낮게 나타나서 미국의 언론인이 상대적으로 언론인의 비판적 역할을 낮게 인식하고 있다는 것을 알 수 있다.

1992년의 조사에서는 해설자가 62.9%, 전달자가 51.1%, 비판자 17.6%로, 전체적으로 1983년의 조사와 큰 차이가 없는 것으로 나타났다. 1992년에는 정치적 의제를 설정하고 일반 공중이 자신의 의견을 표출할 수 있도록 기회를 제공하는 '대중동원자'(populist mobilizer)를 새로 분류했는데, 이는 6.2%로 나타났다.[29] 그러나 2002년의 조사에서는 많은 변화가 나타났다. 해설자는 62.6%, 비판자 18.6%로 1992년과 비슷하게 나타났으나, 전달자는 15.6%로 급격히 떨어졌고, 대중동원자는 10.4%로 늘어났다.[30] 1990년대에 들어서서 인터넷 등의 새로운 매체가 급격히 발전하면서 정보 전달 역할이 상대적으로 줄어들었기 때문일 것이다.

위의 조사에서 나타난 것처럼 미국 언론인은 오랫동안 해설자나 전달자의 역할을 비판자의 역할보다 더 중요시하는 경향을 보여주었다. 미국의 경우 독립적이고 중립적인 위치에서 전문성을 갖고 정보를 전달하거

---

28) Weaver, D. H. & Wilhoit, G. C., *The American Journalist*, Bloomington: Indiana University Press, 1986, pp.112~117.

29) Weaver, D. H. & Wilhoit, G. C., *The American Journalist in the 1990s*, Mahwah, NJ: Lawrence Erlbaum Associate, 1996, pp.137~140.

30) Weaver, D. H., Beam, R. A., Brownlee, B. J., Voakes, P. S., & Wilhoit, G. C., *The American Journalist in the 21st Century*, Mahwah, NJ: Lawrence Erlbaum Associate, 2007, pp.141~146.

나 해석하는 역할을 하는 전문직으로서의 언론인을 이상형으로 보고 활동해 왔기 때문이다.[31] 반면 유럽의 경우 정당과의 연계 속에 정파적이고 이념적인 언론활동을 하는 비판적 지식인으로서의 언론인이 자연스럽게 받아들여졌다.[32] 미국과 유럽 언론인의 직업 정체성의 차이는 결국 과거 정론지 시절의 전통이 얼마나 남아 있는가 하는 문제와도 관련이 있다. 미국이 정론지에서 대중지로 변하며 언론인의 직업 정체성이 급격히 변화했던 반면에 유럽의 경우 아직 정론지적 특성이 어느 정도 남아 있는 것이 언론인의 직업 정체성에도 투영되어 있고, 이런 현실에서 언론인이 정치인과 작가의 역할을 겸하기도 하는 것이다.

전문직업인으로 보든 비판적 지식인으로 보든 언론인이 조직의 구성원으로 위계질서에 의해 통제를 받는 노동자라는 측면을 무시할 수 없다. 전문직업인을 지향하지만 현실적으로는 노동자로서 존재하는 언론인의 "존재방식은 근본적으로 이중적이고 모순적"일 수밖에 없는 것이다.[33] 따라서 '기자 전문직'은 하나의 '이념형'이고,[34] 언론인의 직업 정체성은 전문직으로서 지향과 노동자로서의 현실 사이에서 형성된다.[35] 언론노동자로서의 노동조건 개선을 위한 실천을, 전문직으로서의 직업정신이나 지식인으로서의 사회적 책무를 내세우며 무마시키는 경우도 있을 것이다.

---

31) Schudson, M., The U. S. Model of Journalism: Exception or Exemplar?, In H. de Burgh (Ed.), *Making Journalists: Diverse Models, Global Issues*. London: Routledge. 2005, pp.94~105.

32) Mancini, P., Is There a European Model of Journalism?, In H. de Burgh (Ed.), *Making Journalists: Diverse Models, Global Issues*, London: Routledge, 2005, pp.77~92 .

33) 박진우 · 송현주, 「저널리스트 전문직에 대한 인식의 변화」, 『한국언론정보학보』 57호, 2012, 49~50쪽.

34) 강명구, 『한국 언론전문직의 사회학』, 나남, 1993, 50~53쪽.

35) 임영호, 『기술혁신과 언론노동』, 커뮤니케이션북스, 1999, 148~160쪽.

역사적으로 초기에는 어느 나라에서나 대부분의 언론인이 비판적 지식인, 즉 한국적 의미에서의 지사였을 것이다. 정치권력에 저항하는 가운데 이러한 직업 정체성이 형성되었다. 정론지가 대중지로 변모하면서 '비판적 의견 제시'보다 '신속한 정보 전달'이 중요해졌고, 이에 따라 언론인은 전문성과 윤리의식을 갖춘 전문직업인을 지향하지만 현실적으로는 언론기업의 조직적 통제 하에 놓인 노동자가 되었던 것이다. 언론인은 전문직업인으로서 사회적 의무를 다할 것을 요구받지만, 노동자로서의 권익 옹호를 의도하기도 한다.

지사로서의 직업정체성은 정치권력과의 관계로부터 비롯되고, 노동자로서의 직업정체성은 노동조건과 연관되어 있으며, 전문직업인으로서의 직업정체성은 전문성과 윤리의식의 수준에 의해 영향을 받는다. 한국 언론인의 직업 정체성이 '샐러리맨화의 역사적 과정'을 밟았다는 것은[36] 지사로서의 직업 정체성이 약해졌지만, 그렇다고 전문직업인으로서나 언론노동자로서의 직업 정체성은 제대로 확립하지 못한 현실을 반영한 것이다. 따라서 '샐러리맨화'되었다는 표현의 이면에 존재하는 한국 언론인의 직업 정체성 변화의 복합적 과정을 밝힐 필요가 있다.

이를 위해서는 먼저 언론인의 정치권력과의 관계·노동조건·전문성과 윤리의식의 수준 등을 종합적으로 살펴보아야 한다. 다음으로는 이런 요인의 영향으로 지사적 언론인·언론노동자·전문직업인으로서의 언론인이라는 직업 정체성이 형성되고 변화하는 복잡하고 중층적인 과정을 구체적으로 분석해야 한다. 나아가 이런 논의를 토대로 오늘날 한국의 현실에서 바람직한 언론인상은 무엇인가를 모색할 수 있을 것이다.

---

36) 이정훈·김균, 「한국 언론인의 직업 정체성—샐러리맨화의 역사적 과정을 중심으로」, 『한국언론학보』50권 6호, 2006, 59~88쪽.

4. 연구 대상과 내용

이 책에서는 연구대상 기간을 크게 다섯 시기로 나누어 살펴보려고 한다. 즉, 연구대상 기간을 개화기(1883~1910), 식민지 시기(1910~1945), 분단체제 형성기(1945~1961), 권위주의 정권 시기(1961~1987), 민주화 시기(1987~현재)로 나누어 살펴보았다. 이런 시기 구분은, 언론인의 직업 정체성이 변화하는 데 영향을 준 언론정책과 언론산업의 변화를 기준으로 한 것이다.

이 책에서는 개화기(1883~1910), 식민지 시기(1910~1945)까지는 신문사 소속 언론인만을 연구대상으로 하였다. 개화기에는 다른 매체가 없었고, 일제 강점기에는 방송국에 기자가 없었으며, 한국인 자체 통신사도 없었기 때문이다. 분단체제 형성기(1945~1961)에는 신문사 외에 통신사 기자들을 일부 포함시켜 살펴보았다. 권위주의 정권 시기(1961~1987)에는 신문사, 통신사 외에 방송사 기자들도 부분적으로 연구대상에 포함시켰다. 민주화시기(1987~현재)에는 인터넷 매체 언론인들에 대해서도 부분적으로 언급하였다. 그러나 연구대상 시기가 길고 연구대상 언론이 광범위하기 때문에 불가피하게 중앙일간지의 편집국에 근무하는 평기자와 편집간부 등의 언론인을 중심으로 살펴볼 수밖에 없었다.

이 책에서는 '언론인의 사회적 배경', '언론활동의 조건과 특성', '언론인의 직업 정체성과 단체활동' 등 세 가지를 중심으로 살펴볼 것이다. '언론인의 사회적 배경'에서는 언론인의 인구사회학적 특성과 정치·문학활동 등을 먼저 파악할 것이다. '언론활동의 조건과 특성'에서는 언론인의 활동 조건과 자질에 대한 내용을 정리할 것이다. 마지막으로 '언론인의 직업정체성과 단체활동'에서는 언론인의 직업정체성과 각종 단체 활동에 관해 살펴보려고 한다. '언론인의 사회적 배경'이나 '언론활동의 조건과 특성'을 살펴보아야만, 이런 요인들의 영향을 받은 '언론인의 직업의식'을 제대로 이해할 수 있기 때문이다. 다만 각 시기의 특성이나 자료의 수준에 따라 중점적으로 살펴 본 내용이 시기 별로 조금씩 차이가 있을 수 있다.

'언론인의 사회적 배경'에서는 먼저 언론인의 교육수준 · 연령 · 출신 지역 등을 살펴보았다. 인구사회학적 특성 중에서는 이런 요인이 언론인의 사회적 배경을 이해하는 데 가장 중요하다고 보았기 때문이다. 그러나 현실적으로 모든 시기마다 전체 언론인의 관련 자료를 종합해서 분석하는 것은 불가능한 일이었다. 그래서 개화기부터 분단체제 형성기까지는 언론인의 사회적 배경에 대한 분석을 직접 시도했고, 권위주의 정권 시기 이후는 기존 분석 자료를 모아서 정리했다. 또한 언론인들이 정치나 문학 분야에서 활동했던 경력들을 정리하고자 하였다. 언론인의 정치 · 문학 활동이 언론인의 활동이나 의식에 영향을 주고 있기 때문이다.

'언론활동의 조건과 특성'에서는 가장 먼저 정치권력의 언론통제에 대해 살펴볼 것이다. 언론통제에 맞서거나 순응하는 언론인의 활동이 직업정체성에 큰 영향을 주기 때문이다. 다음으로는 언론인의 노동조건을 구체적으로 정리할 것이다. 고용 상황 · 임금수준 · 노동 강도 등이 언론인의 활동과 의식에 큰 영향을 준다고 판단했기 때문이다. 또한 언론인의 취재보도활동과 관련된 자질에 대해 분석할 것이다. 언론인의 전문성이나 윤리규범 등이 언론인의 의식에 영향을 주고 있다는 점을 고려했다.

또한 '언론인의 직업정체성과 단체활동'에서는 먼저 언론인의 직업정체성을 살펴볼 것이다. 언론인이 자신들 직업의 역할을 어떻게 인식하고 있느냐 하는 문제는 곧 언론의 역할을 어떻게 바라보고 활동하느냐 하는 문제와 직결되기 때문이다. 구체적으로는 언론인의 직업 정체성이 '지사, 전문직업인, 언론노동자' 등으로 형성되고 변화된 과정을 살펴볼 것이다. 직업 정체성은 단순히 어떤 하나가 다른 하나를 대체하거나 배제하며 변화해 온 것이 아니라 복합적이고 중층적인 과정을 통해 변화해 왔다는 점을 밝힐 것이다. 또한 직업 정체성과 관련한 문제들을 해결하기 위해 언론인 단체들이 어떻게 활동해왔는가도 정리할 것이다. 언론인 단체들이 '언론자유 수호', '권익옹호와 신분 보장', '자질향상 및 풍토정화' 활동 등을 시기나 상황에 따라 선택적으로 해 왔는데, 이런 활동들이 각 시기 언론인의 직업 정체성을 드러내고 있다고 보기 때문이다.

이 책은 연구목적을 달성하기 위해서 1차 자료를 광범위하게 수집하고 분석하여, 새로운 사실을 밝혀내고 배경과 맥락을 찾아내며, 그 의미를 해석하는 역사적 연구방법을 활용했다. 본 연구의 대상 시기가 넓고, 연구 영역도 광범위한 만큼 수집해야 할 1차 사료의 범위도 대단히 넓었다. 본 연구에서 활용했던 자료는 크게 세 가지로 나누어 볼 수 있는데, 그 내용은 아래와 같다.

이 책에서 활용한 가장 중요한 자료는 잡지나 신문에 실린, 언론인이 쓴 글이나 언론인에 관한 글들이다. 특히 언론인의 의식을 살펴볼 수 있는 자료가 거의 없는 개화기부터 분단체제 형성기까지는 잡지나 신문에 실린 자료들이 가장 중요한 의미를 지녔다. 또한 언론인의 사회적 특성이나 직업적 활동의 조건을 밝히는 데도 잡지나 신문은 아주 유용한 자료였다.

다음으로 이 책에서 활용한 중요한 자료로는 언론인을 상대로 실시한 설문조사 결과를 들 수 있다. 1960년대나 1970년대에는 한국기자협회나 한국신문연구소 등에서 산발적으로 실시한 설문조사 결과들이 언론인의 가치관, 직업관, 역할관, 직업만족도 등을 파악하는 데 대단히 중요한 의미를 지니고 있다. 1988년 이후 자료로는 2년 마다 한국언론연구원(현 한국언론진흥재단)이 실시해 온『언론인의 책임과 윤리-전국기자 직업의식 조사』(현『한국의 언론인- 전국 신문·방송·통신사 기자 직업의식 조사』)가 2013년까지 12회에 걸쳐 언론인의 직업의식을 체계적으로 조사한 것으로서 매우 의미가 크다. 다만 이런 자료조차도 측정척도가 일관되지 못해 "비교를 불가능하게 함으로써 소중한 시계열적 자료의 가치를 반감"시키는 부분이 있다.[37] 비록 시계열적 비교가 어려운 점이 있기는 하지만, 언론인을 상대로 실시한 각종 설문조사 결과는 큰 의미를 갖기 때문에 본 연구에서는 가능한 한 설문조사 자료들을 모아 활용하였다.

세 번째로는 언론인의 회고록이나 평전도 언론인의 사회적 특성을 파악하는데 매우 중요한 의미를 지녔다. 개별 언론인의 회고록이나 평전들 가운데 언론인의 사회적 특성을 파악하는 데 유용한 내용을 찾아내 정리했고, 여러 언론인의 회고나 평가를 모아 놓은 자료집들도 적극 활용했다. 또한 한국기자협회, 한국편집인협회, 관훈클럽, 전국언론노동조합 등에서 간행된 단체사나 기관지 등에 실린 다양한 내용도 언론활동의 조건이나 언론인 단체의 활동을 파악하는 데 큰 도움이 되었다. 특히 10년 주기로 간행한 언론인 단체사들은 매우 유용한 내용을 많이 담고 있어서 적극 활용하였다. 회고록이나 단체사의 내용은, 자료의 특성상 있을 수 있는 과장과 왜곡에 대한 신중한 검토를 통해 활용하려고 노력했다.

---

37) 김세은, 「한국사회와 언론인: '언론'이라는 '직업'에 대한 '만족'의 문제」, 한국언론학회, 『언론인 전문가인가 직장인인가』, 한국언론재단, 2004, 50쪽.

1장
개화기의 언론인

1. 언론인의 사회적 배경

1) 관료와의 경계에 놓인 개신유학자와 신학문 수학자

1883년 10월에 창간된 『한성순보』나 1886년 1월에 창간된 『한성주보』는 관보였기 때문에 당연히 신문 발행진도 모두 통리아문(統理衙門) 동문학(同文學) 산하 박문국(博文局)의 관료였다. 통리아문에는 독판(督辦), 협판(協辦) 등의 책임자가 있었고, 동문학의 책임자로는 장교(掌敎)가 있었으며, 실무자로는 주사(主事), 사사(司事), 사과(司果) 등이 있었다. 『한성순보』의 경우에는 창간 당시 주사(主事) 김인식과 사사(司事) 장박, 오용묵, 김기준 등이 참여하였다. 『한성주보』의 경우에는 장박, 오용묵, 김기준 등 기존의 3인 외에 추가로 이명륜, 진상목, 이혁의, 권문섭, 정만교, 이홍래 등 6인이 참여하였다. 『한성순보』 시절보다 관료의 직급을 높여 이들 9인을 모두 주사로 임명하였다. 1886년 11월 경에는 박세환과 현영운이 추가로 참가하여 총 11인이 활동하게 되었다. 뒤에 일부 주사들이 교체되었지만, 오세창 등 7~8인의 주사가 더 참여하여 박문국은 활기를 띠게 되었다.[1]

---

[1] 이광린, 「한성순보와 한성주보에 관한 일고찰」, 『한국 개화사 연구』, 일조각, 1969, 68~88쪽.

『한성순보』나『한성주보』에 근무했던 이들 중에는 과거에 역관이었거
나 외국에서 공부한 경험을 가진 이들이 많았고, 연령은 대체로 20대 또
는 30대였다.[2]『한성순보』시절에 주사를 지냈던 고영철은 영선사로 중
국에 다녀왔고, 중국에 있는 동안 중서학당에서 영어공부를 했으며, 뒤
에 보빙사로 미국에 다녀오기도 했다.『한성주보』에서 근무했던 현영운
은 일본어 역관 집안 출신으로서 일본 게이오 의숙에서 공부하고 돌아왔
다. 또한 진상목, 이홍래, 정만교, 김득련 등은 중국어 역관 출신이었다.
이는『한성순보』나『한성주보』가 주로 중국과 일본의 신문을 뉴스원으로
했기 때문에 외국어를 잘 하는 사람을 필요로 했다는 것을 보여준다.

　그러나『한성순보』나『한성주보』에서 활동했던 인물은 관료로서 직업
적 언론인이었다고 보기는 어려웠다. 1888년 7월에『한성주보』가 폐간
되고 8년 만인 1896년 4월 7일에『독립신문』이 창간되었다.『독립신문』
을 발행했던 서재필은 중추원 고문으로 봉급을 받았지만, 그를 관료라고
할 수는 없다. 특히 미국에서 교육을 받고 생활하다 돌아 온 그가 신문을
발행하면서, 과거『한성순보』나『한성주보』시절의 관보적 성격에서 벗
어날 수 있었다.『독립신문』에 편집진으로 참여했던 다른 한국인으로는
윤치호, 손승용, 주시경을 들 수 있다.[3] 윤치호는 서재필의 뒤를 이어 운
영을 맡았을 뿐만 아니라 주필로서의 역할도 했다.[4]

　서재필이 "기자는 손주사 외에 한 사람"이 더 있었다고 회고했던 것을
볼 때,[5] 손승용과 주시경이 탐보원(취재 기자)으로 활동했던 것은 분명하
다. 그런데 1898년 초의『주한일본공사관기록』을 보면, 주필과 조필(한

---

2) 정진석, 『인물 한국언론사』, 나남, 1995, 34~39쪽.
3) 채백, 「독립신문의 참여 인물 연구」, 『한국언론정보학보』36호, 2006, 135~161쪽.
4) 신용하, 『독립협회연구』, 일조각, 1976, 54~75쪽.
5) 김도태, 『서재필 박사 자서전』, 수선사, 1948, 214쪽.

글 담당)의 봉급 액수가 나와 있는데,[6] 여기에서 주필이 서재필이었던 것
은 분명한데, 조필은 손승용과 주시경 중에 과연 누구인가가 논란이 되
었다. 신용하는 주시경이 조필이라고 단정했고, 정진석은 손승용이 중
추원 의관에 뽑힐 정도의 사회적 지위가 있었던 반면 주시경은 배재학당
학생이었다는 점을 고려해 손승용이 조필일 가능성이 더 크다고 주장했
다. 채백은 주시경이 이력서에서 쓴 교보원이라는 단어를 새롭게 해석하
며, 신용하의 주장을 지지하고 있다.[7]

　손승용은 1855년 전남 나주 출신으로 한학을 공부하다 서울로 올라
와 관직 생활을 잠시 했고,[8] 그 뒤 『독립신문』 기자가 되었고 독립협회에
도 참여해 활동했으며 중추원 의관으로 선발되기도 했다. 그는 아펜젤
러의 인도로 교회에 나가기 시작했고, 『독립신문』 폐간 직후 목사가 되
어 1900년부터 인천에서 목회를 하였다.[9] 주시경은 1876년 황해 봉산 출
신으로 당시 배재학당에 다니고 있었으며, 뒤에 한글학자로 이름을 높인
인물이다.[10] 한학을 공부한 손승용과 신학문을 공부한 주시경이 『독립신
문』에서 기자로 활동했던 것처럼, 이후의 신문에도 한학을 공부한 개신
유학자들과 신학문을 공부한 일종의 신지식인들이 기자로 활동하였다.
『독립신문』 편집진에 참여한 한국인이 더 있을 듯한데, 위에서 언급한 4

6) 국사편찬위원회, 『주한일본공사관기록』(국역) 12권, 機密本省往信, 「독립신문 매수
　의 건」.
7) 신용하, 『독립협회연구』, 일조각, 1976, 18~19쪽; 정진석, 「서재필과 독립신문에 관
　한 논쟁점들」, 『언론과 사회』 제5호, 1994, 17~19쪽; 채백, 「독립신문의 참여 인물 연
　구」, 『한국언론정보학보』 36호, 2006, 142~145쪽.
8) 한국역사정보통합시스템(www.koreanhistory.or.kr)에서 검색해 보면, 손승용(孫承鏞)
　이 1896년 6월까지 홍주부 사판위원이라는 관직에 있던 것으로 나온다. 한자까지 같기
　는 하지만, 반드시 같은 인물인지 단정하기는 어렵다.
9) 「인천의 인물 100인-손승용 목사」, 『인천일보』 2006.12.14.
10) 김계곤, 「한힌샘 주시경 선생의 이력서에 대하여」, 『한힌샘 주시경 연구』 제4집,
　1991, 5~59쪽.

명만 알려져 있다.[11]

『독립신문』보다 1년 여 앞선 1895년 2월 17일에 창간된 『한성신보』는 일본 외무성의 지원을 받아 일본인이 발행한 신문이었지만 1면과 2면은 국문 또는 국·한문 기사, 3면은 일문 기사, 4면은 광고로 구성되어 있었다. 따라서 이 신문도 한국인들을 필요로 하였는데, 윤돈구와 변하진이 편집진으로 참여하였다. 탐방원 윤돈구는 탁지부 대신 등을 지낸 윤용선의 조카이며 궁내무 협판 등을 지낸 윤정구의 동생이었고, 1907년에는 주시경과 이종일 등이 참여한 국문연구소 위원으로 참여하기도 했다. 윤돈구는 "고등취재에만 치우쳐 하부계층의 잡사(雜事)를 취재하지 못한다"는 평가를 받았다.[12] 윤돈구가 그만 둔 뒤인 1899년 7월 경부터는 변하진이 활동했던 것으로 나와 있는데, 그는 윤돈구에 이어 탐방원으로 활동했을 것이다. 변하진은 독립협회의 평의원과 중추원 의관을 지냈고, 1898년 11월의 독립협회 혁파시 구속된 17인 중의 한 명이었다.[13] 변하진은 1898년 말에 독립협회가 해산되고, 1899년 1월 2일에 중추원 의관에서 면직되었는데,[14] 아마 그 직후인 1899년 초부터 『한성신보』에서 활동했던 것으로 보인다.

『독립신문』이 창간되고 2년 뒤인 1898년에는 『매일신문』(1898.4.9), 『제국신문』(1898.8.3), 『황성신문』(1898.9.5) 등 세 신문이 창간되었다. 『매일신문』은 배재학당 학생회가 1898년 1월 1일에 주간으로 창간했던

---

11) 황상무는 구한말 언론인을 경영진, 편집진, 기자진으로 나누어 살펴보고 있다. 그러나 편집진이나 기자진 중에는 '총무원', '찬무원' 등 일반 업무 담당자가 포함되어 있다. 황상무, 「구한말(1896~1910) 언론인 집단의 사회적 특성에 관한 연구」, 서울대학교 석사학위논문, 1989.

12) 박용규, 「구한말 일본의 침략적 언론활동─한성신보를 중심으로」, 『한국언론학보』 43권 1호, 1998, 161~163쪽.

13) 정진석, 『한국언론사 연구』, 일조각, 1983, 32~33쪽.

14) 신용하, 『독립협회연구』, 일조각, 1976, 511쪽.

『협성회회보』를 개제해 일간으로 발행한 것이다. 『제국신문』은 이종일이 협성회 출신의 이승만 유영석 등과 함께 창간한 신문이었다. 『황성신문』은 윤치호 등에 의해 1898년 3월 4일에 주 2회간으로 창간된 『경성신문』이 4월 6일에 『대한황성신문』으로 개제되었다가, 1898년 9월 5일에 남궁억, 장지연, 유근 등이 이 신문을 인수하여 일간으로 개제해 발행한 신문이었다. 이렇듯 1898년에 일간지 3개가 창간되면서 언론인의 수가 늘어나고 이른바 '언론계'가 형성되었다.[15] 특히 『제국신문』과 『황성신문』은 1910년까지 12년 동안 발행되면서 많은 언론인이 이곳에 재직하며 민족운동을 하기도 했다.

『매일신문』은 배재학당 학생회에서 발행했던 만큼 언론인도 모두 배재학당 학생들이었다. 초기에 『매일신문』 편집에 참여한 것으로 알려진 언론인으로는 '기재원'이라고 나와 있는 최정식과 이승만을 들 수 있고, 6월 24일에는 최정식 대신에 윤하영이 기재원이 되었다.[16] 이들은 모두 독립협회 회원이었고, 이승만과 윤하영은 1898년 11월 29일에 선출된 중추원 의관에 포함되어 있었다.[17] 『매일신문』은 창간된 지 1년 만인 1899년 4월에 폐간되고 말았다.

1898년 8월에 창간된 『제국신문』과 『황성신문』에서 활동했던 언론인들 중에 편집진은 〈표 I -1〉과 〈표 I -2〉와 같다.[18] 순한글로 발행된 『제국신문』이 서민층과 부녀자층을 대상으로 했다면, 국한문 혼용으로 발행된 『황성신문』은 중류 이상의 지식인층이 주로 읽었을 것이다. 『제국신

---

15) 정진석, 『인물 한국언론사』, 나남, 1995, 64쪽.

16) 「협성회 회중 잡보」, 『매일신문』 1898.6.24.

17) 신용하, 『독립협회연구』, 일조각, 1976, 100쪽.

18) 『제국신문』에 편집진으로 참여한 사람들의 명단은 다음을 참조할 수 있다. 최기영, 『대한제국시기 신문연구』, 일조각, 1991, 36~48쪽. 『황성신문』의 주요 인물에 대한 자세한 설명은 다음을 참조할 수 있다. 안종묵, 「황성신문의 애국계몽운동에 관한 연구」, 한국외국어대학교 박사학위논문, 1997, 132~158쪽.

문』같은 "한글 전용의 신문이 주로 서양사상을 중심으로 우리의 전통사
상을 선별적으로 수용"하려고 했던 인물들이 주도한 반면에 『황성신문』
같은 국한문 혼용 신문은 "개신 유학적 전통을 배경으로 전통을 계승하
면서 서구의 사상을 취사선택하려는 사람"들에 의해 제작되었다.[19] 이것
은 〈표 I –1〉과 〈표 I –2〉를 보아도 잘 알 수 있다.

〈표 I –1〉에 나타난 대로 『제국신문』에는 배재학당이나 일본의 대학
에서 공부한 다수의 인물이 참여해 활동하였다. 배재학당 출신 중에 이
승만과 유영석은 『매일신문』을 거쳐 왔고, 주시경은 『독립신문』에서 활
동하다 옮겨 왔다. 창간 초기에 이들은 불과 20대 초반의 나이로 활동하
였다. 김상연은 와세다대를 졸업하고 잠시 관직에 있다가 입사해 활동
하다가 퇴사하여 다시 농상공학교 교관이 되었고, 뒤에는 『황성신문』의
부사장이 되었다. 최영식은 와세다대를 다니다가 한국에 들어와 『제국
신문』 기자로 활동했고, 다시 일본으로 돌아가 대학을 졸업하고 귀국해
『황성신문』 임원으로 활동하였다. 정만교는 『한성주보』에서 활동했던 인
물 중에 다시 대한제국 시기의 신문에서 편집진으로 활동한 유일한 인물
이다. 장효근은 『제국신문』에 재직하다가 1905년 5월에 경무관으로 임명
되어 퇴직했다가 다시 입사하였고, 1907년 1월에 영변관찰부 참서관(參
恕官)으로 임명되면서 다시 퇴직하였다.[20] 이해조도 『제국신문』 기자로
재직하던 1908년 8월에 자신의 고향인 포천군수로 서임되었다는 보도가
나오기도 했다.[21]

---

19) 정진석, 『인물 한국언론사』, 나남, 1995, 77쪽.

20) 최기영, 『대한제국시기 신문연구』, 일조각, 1991, 36~48쪽.

21) 「兩氏郡守云任」, 『대한매일신보』 1908.8.23. 그러나 이 사실은 당시에 이해조가 『제
국신문』에 소설을 연재하고 있었다는 점에서 다소 의문이 든다. 배정상, 「제국신문 소
재 이해조 소설 연구」, 『동양학』 제49집, 2011, 138쪽.

〈표 I -1〉 제국신문 참여 언론인

이름	직책	출생	출신지	교육	관력	타사 근무
이종일	사장, 주필	1858	충남 태안	한학	주사	
장효근	기자	1867	경기 고양	한학	경무관	대한민보
유영석	기자			배재학당		매일신문
이승만	기자	1875	황해 평산	배재학당	의관	매일신문
한용교	탐보원				검사	매일신문
채규하	탐보원					
주시경	기자	1876	황해 봉산	배재학당		독립신문
정만교	탐보원				주사	한성주보
김상연	기자	1874	서울	와세다대	농상공부	황성신문
최영식	기자			와세다대		황성신문
정운복	사장, 주필	1870	황해 평산	대판상업		경성일보
이해조	기자	1869	경기 포천	한학	의관	
박승옥	기자					만세보
장환선	기자					
선우일	기자	1879	평남 평양	관립일어		국민신보

『제국신문』과는 달리 현재 확인할 수 있는『황성신문』의 편집진 중에는 신학문을 공부한 인물이 없었다. 또한 편집진의 연령도『제국신문』에 비해『황성신문』이 상대적으로 높은 편이었다. 1910년 경에 기자가 되어 10대 말에 기자로 활동했던 최창식만이 예외적인 경우였다.[22] 한학적 소양을 쌓은 인물이 많았기 때문에 상대적으로 연령층이 높았다고 할 수 있다. 『황성신문』편집진 중에 성낙영은 1906년 말에 황해도 풍천군수가 되면서 신문사를 떠났다.[23]

---

22) 안재홍, 「신문인 윤락기」하, 『조선일보』1935년 7월 28일자. 최창식은 1983년에 독립유공자로 독립장을 받았다. http://www.mpva.go.kr/narasarang/gonghun_view.asp?id=8242&ipp=10
23)『대한제국관보』제3644호(1906.12.24).

『대한매일신보』는 '선독립론과 국수(國粹)보전론'을 주장하여, '선실력양성론과 문명개화론'을 주장한 『황성신문』 등과 차별화된 논조를 보였다. 또한 『대한매일신보』는 일제나 정부에 대한 논조에서도 『황성신문』 등에 비해 더 비판적인 논조를 보였다.[24] 이것은 편집진 구성에서 차이가 있고, 통감부의 검열에서 상대적으로 자유로웠기 때문이다. 『대한매일신보』의 편집진 명단이 나와 있는 자료들은 있지만, 이 명단에 나와 있는 인물 중에 인적 사항을 파악할 수 있는 인물이 많지는 않다.[25]

〈표 I-2〉 황성신문 참여 언론인

이름	직책	출생	출신지	교육	입사전 관력	타사 근무
유 근	주필, 사장	1861	경기 용인	한학	주사	
박은식	주필	1859	황해 황주	한학	동명왕릉참봉	대한매일
성낙영	탐보원	1860	충북 괴산	한학	무과	
홍정후	탐보원				중추원	의관
장지연	주필, 사장	1864	경북 상주	한학	주사	
한석진	편집	1853	충북 청주	한학		
신채호	주필	1880	충남 대덕	한학	성균관 박사	대한매일
성선경	탐보원					대한매일
현석구	탐보원					
남석우	기자					
최창식	기자	1892	서울			

논설을 집필했던 양기탁, 신채호, 장도빈 등의 입장이 다른 신문의 논설 집필진과 달랐을 뿐만 아니라 나머지 편집진도 최소한 관료로서의 입신을

---

24) 박찬승, 『한국근대정치사상사연구』, 역사비평사, 1992, 69~107쪽.

25) 정진석, 『대한매일신보와 베델』, 나남, 1987, 132~142쪽; 박정규, 「대한매일신보의 참여인물과 언론활동」, 한국언론사연구회 엮음, 『대한매일신보 연구』, 커뮤니케이션북스, 2004, 66~112쪽. 박정규는 신채호의 와병 중에 장도빈이 대신 주필로 활동했다는 것에 대해 의문을 제기했다.

바라다가 들어 온 인물은 아니었다는 점에서도 차이가 있었다. 특히 박은식의 뒤를 이어 신채호가 1907년 11월에 입사해 1910년 5월까지 주필로 재직하면서 논조를 이끌었던 것이 큰 영향을 주었다.[26] 출생연도를 알 수 있는 인물들을 보면, 상대적으로 연령이 낮다는 것을 알 수 있다.

〈표 I -3〉 대한매일신보 참여 언론인

이름	직책	출생	출신지	교육	관력	타사 근무
양기탁	편집	1871	평남 평양	한성외국어학교	번역관	
박은식	주필	1859	황해 황주	한학	동명왕릉 참봉	황성신문
정우택	탐보원	1889	서울			
신채호	주필	1880	충남 대덕	한학	성균관박사	황성신문
이장훈	시사평론					한성신보
양인탁	외보번역	1884	평남 평양		번역관	
김연창	국문편집					
유치겸	국문편집			배재학당		
정태제	영문번역					
이 녹	영문번역					
황희성	영문번역				주사	
장원선	한문편집					
성선경	탐보원					황성신문
이만식	탐보원					
이호근	탐보원					
변영헌	탐보원					대동일보
이두연	기자					한성신보
장도빈	논설기자	1888	평북 영변	보성전문		

---

26) 최기영은 다양한 자료들을 검토한 후 신채호의 『대한매일신보』 재직 기간을 1907년 11월부터 1910년 5월까지라고 주장했다. 한편 신채호의 『황성신문』 재직 기간은 다양한 견해가 있을 수 있다고 하면서, 대체로 1906년 6월 전후부터 1907년 11월까지 근무했을 것이라는 견해를 밝히고 있다. 최기영, 「신채호의 언론활동」, 충남대학교 충청문화연구소, 『단재 신채호의 사상과 민족운동』, 경인문화사, 2010, 105~108쪽.

이외의 인물들 중에 신원 확인이 가능한 사람이 몇 명 더 있다. 양인탁은 양기탁의 동생으로 형과 마찬가지로 번역관을 지냈다.[27] 김연창과 유치겸은 정동교회 초기 교인으로 평신도 전도자였고, 특히 유치겸은 배재학당을 나와 1887년 아펜젤러에게 세례를 받았다.[28] 황희성은 탁지부 주사를 거쳐, 광성상업학교 영어과 교사를 지냈다.[29] 변영헌은 변일의 다른 이름이다.[30] 『대한매일신보』에 참여한 언론인이 다른 신문보다 더 많았던 것은 국문판, 국한문판, 영문판 등 세 가지 신문을 발행했기 때문이다.

『제국신문』이나 『황성신문』 편집진 중에 적지 않은 인물이 입사 전에 관직을 거쳤거나 퇴사 후 관직으로 나갔다. 특히 한학을 공부한 인물의 경우에는 이런 경향이 더 두드러지게 나타났다. 이들은 대부분 관료로의 진출을 간절히 희망했던 전통을 갖고 있었고, 한학을 공부했던 당시 언론인들도 이런 전통으로부터 자유롭지 않았기 때문에 당시에 "조선 정부나 일제와 매우 복잡한 관계를 맺었던 관료 출신" 언론인들이 많았던 것이다.[31] 『대한매일신보』의 경우는 『제국신문』이나 『황성신문』에 비해 관료 출신으로 입사했거나 퇴사 후 관료가 된 경우가 별로 없었다. 전체적으로 관료 출신 언론인이 많았던 것은 "관료지배층의 지식지배층화를 의미"했고, 이들이 '문명개화의 선구자적 역할'을 하였음을 보여주었다. 다만 이들의 신분 배경은 다른 고급관료에 비해 낮았고, 여전히 '관료지향

---

27) 정진석, 『인물 한국언론사』, 나남, 1995, 127쪽.

28) 이만열, 「아펜젤러의 초기 선교 활동과 한국 감리교회의 설립」, 『한국 기독교와 역사』 제8호, 1998, 69~70쪽; http://blog.naver.com/song19742003?Redirect=Log&logNo=20043969856

29) 황희성은 훗날 황인성으로 개명하고, 일제 강점 후 만주에서 활동을 했고, 1950년대에 청주상대(청주대 전신) 교수를 지냈다. http://blog.daum.net/12409/14997430

30) 친일반민족행위진상규명위원회, 『친일반민족행위진상규명보고서』 Ⅳ-8, 2009, 103쪽.

31) 박노자는 당시의 언론인들을 '민족 선각자'로 보는 '민족주의적 낭만화'에서 벗어나야 한다고 주장했다. 박노자, 『우리가 몰랐던 동아시아』, 한겨레출판, 2007, 139~145쪽.

성'을 버리지 못하고 있었다.[32]

대한제국 시기의 대표적인 세 신문에 편집진으로 참여했던 인물은 거의 대부분이 서울, 경기도, 충청도 등의 기호지방이거나 평안도, 황해도 등의 관서지방 출신이었다. 두 지방 출신이 다른 지역 출신에 비해 개화에 대해 더 높은 관심을 갖고 있었고, 애국계몽운동에도 더 적극적으로 참여했기 때문이다. 경영진이 어느 지역 출신이냐에 따라 구성원의 출신 지역 분포가 달라지기도 했다. 최기영은 『제국신문』의 경우 충청도 출신 이종일이 사장이던 시절에는 기호지방 출신 사원이 많았고, 황해도 출신 정운복이 사장이 되면서는 관서지방 출신 사원이 늘어났다고 주장했다.[33] 기호지방과 관서지방 출신 언론인은 해당 지역 출신 인사들이 만든 학회에 참여해 활동했다. 기호지방 사람들이 만든 기호흥학회 소속 언론인으로는 윤치호, 유근, 신채호, 이종일, 이해조, 이인직 등이 있었고,[34] 관서지방 사람이 만든 서우학회 소속 언론인으로는 주시경, 박은식, 김상연, 정운복 등이 있었다.[35]

이런 민족지의 언론인과는 달리 친일지의 언론인에 관해서는 알려져 있는 것이 상대적으로 더 적다. 1906년 1월 6일에 창간된 일진회 기관지 『국민신보』의 편집진으로는 이인직, 황의필, 최영년, 김규형, 신태휘, 임정순, 조두식, 김환, 신재정, 명건동 등이 있었다.[36] 주필을 맡았던 이인직은 1862년 경기도 이천 출신으로 일본정치학교를 졸업하고, 러일전쟁 당

---

32) 김영모, 『조선지배층연구』, 일조각, 1977, 393~399쪽.

33) 최기영, 『대한제국시기 신문연구』, 일조각, 1991, 46~48쪽.

34) 이현종, 「기호흥학회의 조직과 활동」, 조항래 편, 『1900년대의 애국계몽운동연구』, 아세아문화사, 1993, 397~421쪽.

35) 이송희, 「서우학회의 애국계몽운동과 사상」, 조항래 편, 『1900년대의 애국계몽운동연구』, 아세아문화사, 1993, 291~337쪽.

36) 박용규, 「대한제국 말기 국민신보의 특성과 역할」, 『한국언론학보』 56권 1호, 2012, 257~260쪽.

시 일본군 통역관을 지냈다.[37] 이인직을 이어 주필을 맡았던 황의필은 문경군수를 맡으면서 신문사를 떠났다.[38] 최영년은 1856년 경기도 광주 출신으로 원능 참봉을 지낸 후 일본인 발행『대한일보』기자로 활동했고, 다시 한성한어학교 교관을 지낸 후 천도교 기관지『만세보』기자가 되었다.[39] 최영년은 황의필의 후임으로 주필이 되었다가 뒤에 한석진의 후임으로 사장이 되었다.[40] 이들은 다른 신문사 소속 언론인보다 연령이 상당히 높은 편이었고, 관직에 대한 욕망도 더 컸다고 할 수 있다.

천도교에서 1906년 6월 17일에 창간했던『만세보』에 편집진으로 참여한 인물로는 이인직, 최영년, 최영목, 신광희, 차상학, 박승옥 등을 들 수 있다. 1907년 6월에『만세보』가 폐간된 이후, 이인직, 신광희, 차상학은 이완용 내각의 기관지『대한신문』으로, 최영년은 일진회 기관지『국민신보』로, 박승희는『제국신문』으로, 최영목은『대한민보』로 뿔뿔이 흩어졌다.[41] 신광희는 육군무관학교를 졸업하고, 육군 부위로 근무하다가『만세보』기자가 되었다.[42] 차상학은 1879년 강원도 춘천 출신으로 개벽사 운영을 주도했던 차상찬의 형이었다.[43] 이인직, 신광희, 차상학 외에 편집진에 있던 인물로는 주필 최영수, 기자 김길연 등이 있었다.

1909년 6월 2일에 창간된 대한협회 기관지『대한민보』편집진으로는

---

37) 다지리 히로유끼,『이인직 연구』, 국학자료원, 2006, 29~30쪽.

38)「黃脫魔窟」,『대한매일신보』1909.1.27.

39) 다지리 히로유끼,「국민신보에 게재된 소설과 연극기사에 관한 연구」,『민족문화 연구』29호, 1996, 88~89쪽; 최기영,『대한제국시기 신문연구』, 일조각, 1991, 84쪽.

40) 박용규,「대한제국 말기 국민신보의 특성과 역할」,『한국언론학보』56권 1호. 2012, 259쪽.

41) 최기영,『대한제국시기 신문연구』, 일조각, 1991, 84~91쪽.

42) 정진석,『인물 한국언론사』, 나남, 1995, 119쪽.

43) 장기영,「근대언론 발전기의 강원언론인 연구」,『사회과학연구』제45집, 강원대학교 사회과학연구소, 2006, 31~67쪽. 장기영은 차상학의『대한신문』근무 경력은 언급하지 않고 있다.

장효근, 최영목, 심의성, 이종린, 이도영 등이 있었다.[44] 장효근은 『제국
신문』 창간 때부터 활동하다가 1905년 5월에 경무관이 되어 신문사를 떠
났다가 다시 언론계로 돌아온 것이다. 최영목은 『만세보』에서 기자 생활
을 한 바 있고, 장효근의 뒤를 이어 『대한민보』 주필이 된 듯하다. 이종
린은 1883년 충남 서산 출신으로 성균관 박사를 거쳐 『대한민보』 기자가
되었다. 『대한민보』는 사장 오세창을 포함해 현재 확인되는 편집진이 거
의 모두 기호지방 출신이었다.

2) 언론활동과 민족운동의 자연스런 결합

『독립신문』 이후 대부분의 언론인이 자강(自强)운동의 일환으로 언론
활동을 했다. 자강운동이란 "한국민족이 주체가 되어 교육과 실업을 진
흥함으로써 경제적, 문화적 실력을 양성하고 나아가 부국강병을 달성하
여 장차 국권회복의 토대를 마련하려는 운동"이었다고 할 수 있다. 이 시
기 자강운동이 크게 대두하게 된 데는 당시 지식인들 사이에 널리 수용
되어 있던 '개화 자강론'의 사상적 영향과 1905년 일제의 '한국 보호국화'
라는 정치적 배경이 자리 잡고 있었다.[45] 자강운동을 다른 말로는 애국계
몽운동으로 불렀는데,[46] 민족운동가의 언론활동은 애국계몽운동의 일환
이었기 때문에 애초부터 개화기의 언론인에게 직업적 전문성은 별 다른
의미를 갖지 못했다.

『한성순보』나 『한성주보』의 언론인은 주로 개화파 관료였지만, 이들이
직접 정치활동에 나섰던 것은 아니었다. 『독립신문』이 창간되고 독립협
회가 결성되면서 언론인이 본격적으로 민족운동에 참여했고, 다시 민족

---

44) 김훈순, 「구한말 5대지 연구」, 이화여대 석사학위논문, 1980, 94쪽.
45) 박찬승, 『한국근대정치사상사연구』, 역사비평사, 1992, 29~30쪽.
46) 유영렬, 「대한자강회의 애국계몽운동」, 조항래 편, 『1900년대의 애국계몽운동연구』,
    아세아문화사, 1993, 39~41쪽.

운동에 참여한 인물이 언론인으로 활동하기도 했다. 『독립신문』에 참여했던 서재필, 윤치호, 손승용, 주시경은 모두 독립협회에서 적극적으로 활동했다. 『독립신문』에서의 언론활동과 독립협회에서의 민족운동이 긴밀한 관계를 맺고 있었다.

　1898년에 창간된 『매일신문』, 『제국신문』, 『황성신문』 등 세 신문은 모두 독립협회와 직·간접적인 관계를 맺고 있었다. 독립협회의 만민공동회 개최 이후 정부 비판 움직임이 가열되던 사회 분위기 속에 배재학당 학생회인 협성회가 자신이 발행하던 주간지 『협성회회보』를 일간지 『매일신문』으로 바꾸어 발행하였다.[47] 1898년 4월 경 이종일은 자신이 서재필을 방문했을 때, 서재필이 "민권은 곧 인민의 권리가 바른 길이다. 따라서 이를 고수하는 것이 좋다. 이 사업에 진력하는 방도 중에 하나는 신문을 창간하는 것이다. 힘을 다하여 신문을 발간하시오"라고 얘기해준 것이 『제국신문』 창간에 영향을 주었다고 했다.[48] 박은식은 "서재필이 이미 거국(去國)하고 이상재, 윤치호, 남궁억, 이승만, 안창호 및 배재학당 여러 학생들이 그에 계속하여 발언하여 군중이 죽음을 무릅쓰고 독립을 받들기로 맹세하였으며 황성신문을 기관지로 하여 한때 유지(有志)가 전국에서 호응된 바 있었다"고 밝혔다.[49]

　이렇듯 1898년에 창간된 세 신문이 독립협회와의 관계 속에 발행되었기 때문에 세 신문의 편집진 중에 다수가 독립협회 소속이었다. 세 신문 소속의 독립협회 회원들이 '정부'나 '국민'에 대해 다소 입장 차이가 있기는 했지만, 대체로 신문을 민족운동의 한 수단으로 인식하고 있었다는

---

47) 문일웅, 「만민공동회 시기 협성회의 노선 분화와 제국신문의 창간」, 『역사와 현실』 83호, 2012, 263~264쪽.

48) 「옥파 비망록」, 『옥파 이종일 선생 논설집』 3, 한국인문과학원, 1999, 546쪽.

49) 박은식, 『한국독립운동지혈사』, 서울신문사출판국, 1946, 8쪽, 신용하, 『독립협회연구』, 일조각, 1976, 44쪽 재인용.

점에서는 공통점이 있었다. 독립협회 온건파는 대체로 '정부비판을 자제'하고 '제한된 독자'를 상대로 한 정보전달에 치중했던 반면에 독립협회 강경파는 '정부비판을 강조'하고 '일반 대중'을 상대로 한 계몽에 중점을 두고 활동했다. 전자의 세력이 『황성신문』을 발행했다면, 후자의 세력은 『제국신문』을 발행했다.[50] 세 신문의 주요 논설집필진이 모두 독립협회 소속이었지만,[51] 논조에서 다소 차이가 나타난 것은 이들이 정부나 국민에 대한 인식에서 입장 차이를 갖고 있었기 때문이었다.

1905년 이전의 전기 애국계몽운동이 열강의 침탈에 대해 독립하자는 '자주독립'의 차원이었다면, 1905년 이후의 후기 애국계몽운동의 목표는 사실상 잃어버린 국권을 되찾으려는 '국권회복'에 중점을 두었다. 전기 애국계몽운동의 중심적 역할을 독립협회가 했다면, 후기 애국계몽운동은 대한자강회에서부터 본격적으로 시작되었다. 대한자강회는 1906년 3월 31일에 윤효정, 장지연, 심의성, 임진수, 김상범 등 5인에 의해 발기되었으며, 4월 14일에 임원진을 구성해 정식 발족되었다.[52] 대한자강회 내에도 정치적 입장에 차이가 있었는데, 대표적인 인물을 중심으로 보면 윤효정의 '일본 문명화 모델론', 장지연의 '명분론적 자강주의', 박은식의 '비타협적 자강주의', 유근의 '기능적 자강주의' 등을 들 수 있다. 당시에 『황성신문』에 근무하던 장지연, 유근과 『대한매일신보』에 근무하고 있던 박은식 사이에 입장의 차이가 있었고, 실제로 박은식은 1906년 말 이후 대한

---

50) 문일웅, 「만민공동회 시기 협성회의 노선 분화와 제국신문의 창간」, 『역사와 현실』 83호, 2012, 288~289쪽.

51) 신용하의 연구에서는 세 신문의 논설 집필진이 모두 독립협회 회원이라고 나와 있다. 그러나 주진오는 신채호, 박은식, 장지연 등의 독립협회 참여 사실을 인정하기 어렵다고 밝혔다. 신용하, 『독립협회연구』, 일조각, 1976, 89~106쪽; 주진오, 「사회사상사적 독립협회 연구의 확립과 문제점」, 『한국사연구』 149호, 2010, 321~341쪽.

52) 유영렬, 「대한자강회의 애국계몽운동」, 조항래 편, 『1900년대의 애국계몽운동』, 아세아문화사, 1993, 45~49쪽.

자강회 활동을 중단하였다. 대한자강회는 1907년 2월 국채보상운동에의 호응, 같은 해 7월 고종 양위에 대한 저항 움직임 등으로 인해 8월 21일에 해산되었다.[53]

애국계몽운동의 분화 현상은 1907년 8월에 대한자강회가 해체당하고 이어 우파적인 대한협회와 좌파적인 신민회가 결성된 것으로 나타났다.[54] 1907년의 고종 양위, 정미조약, 군대해산 등의 일련의 사태 속에서 일본의 탄압에 대해 어떻게 대응할 것인가를 두고, 일제에 대해 타협할 것인지 또는 저항할 것인지의 기로에서 두 입장으로 나누어진 것이다. 여기에서 우파란 애국계몽운동의 전통을 이어받아 비교적 합법적인 테두리 안에서의 활동을 지향한 집단이라면, 좌파는 애국계몽운동의 새로운 방향 전환을 추구한 집단이었다.

1907년 11월에 결성된 대한협회는 일제에 대해 타협적 경향을 대표하였다. 대한협회는 대한자강회의 후신이었지만, 더 이상 '자강'이라는 입장을 강조하지 않고 "국부 증강을 위한 교육·산업의 발달이 절실함을 강조"하고 있을 뿐이었다.[55] 사실상 국권이 상실된 상황에서 합법적인 범위 내의 활동을 주장하는 이런 운동 방향은 일제와의 타협을 전제로 한 것이었다. 특히 권력지향성이 강했던 대한협회는 1909년 9월에 일진회와 연합해 이완용 정권을 무너뜨리겠다고 함께 활동하다가, 12월 5일 일

53) 홍인숙·정출헌, 「대한자강회월보의 운동성과 지향 연구」, 『동양한문학연구』 제30집 2010, 353~378쪽.
54) 조동걸, 「한말계몽주의의 구조와 독립운동상의 위치」, 『한국학논총』 11호, 1989, 71쪽. 그러나 박찬승은 1907년 8월 이후 '계몽운동의 좌우 분화'가 일어난 것이 아니라, 원래부터 애국계몽운동 진영에는 "출발점부터 입장을 각각 달리"하는 네 집단이 있었다고 주장했다. 네 집단이란 '대한협회계열', '황성신문계열', '대한매일신보계열', '청년학우회계열'을 가리킨다. 박찬승, 『한국근대정치사상사연구』, 역사비평사, 1992, 29~30쪽.
55) 이현종, 「대한협회의 조직과 활동에 관한 연구」, 조항래 편, 『1900년대의 애국계몽운동연구』, 아세아문화사, 1993, 153~158쪽.

진회가 '합방' 성명서를 발표하면서 일진회와의 제휴를 포기하였다.[56] 비록 일진회와의 제휴를 포기하기는 했으나, 대한협회가 어느 정도 친일적 성향을 지니고 있었던 것은 사실이었다.

비록 『황성신문』 소속의 장지연, 유근, 박은식 등이 대한협회 소속이었고 『대한민보』는 대한협회의 기관지였지만, 1909년 12월 일진회의 '합방' 성명서 발표 이후에는 두 신문도 일진회에 대해 비판하기 시작하였다.[57] 『제국신문』은 1907년 10월에 이종일로부터 정운복이 경영권을 인수하면서 친일적 논조를 보이기 시작했고, 일진회의 '합방' 성명서 발표에 대해서도 별 다른 비판을 보이지 않았다. 오히려 정운복은 일진회장 이용구와 몰래 만나 논의하기도 했다고 하여 비판을 받다가 결국 1910년 2월 19일에 대한협회에서 제명되었다.[58]

1907년 4월에 결성된 신민회는 일제에 대해 비타협적 경향을 대표하였다. 신민회는 양기탁과 안창호 등에 의해 발기되었는데, 독립협회와 만민공동회의 전통을 이어받았다고 할 수 있다.[59] 신민회는 "명실상부한 정치단체, 그것도 국왕제를 폐지하고 공화제를 수립하려는 혁신적인 개혁을 지향하였으며, 한편 향후 일제에 국권이 강점될 것에 대비한 항일운동단체"를 구성하고 있었다.[60] 신민회는 국내에서 국권회복을 위한 실력양성운동을 꾸준히 전개하는 한편, 국외에 무관학교를 설립해 독립군기지와 독립군을 창건하고 기회가 오면 독립군이 국내에 진입하여 일본제국주의를 물리치고 자기 실력으로 국권을 회복하려는 시도도 하였

---

56) 김종준, 『일진회의 문명화론과 친일활동』, 신구문화사, 2010, 249~258쪽.
57) 박용규, 「대한제국 말기 국민신보의 특성과 역할」, 『한국언론학보』 56권 1호, 2012, 266~270쪽.
58) 최기영, 『대한제국시기 신문연구』, 일조각, 1991, 56~63쪽.
59) 신용하, 「신민회의 독립군기지 창건운동」, 조항래 편, 『1900년대의 애국계몽운동연구』, 아세아문화사, 1993, 105~108쪽.
60) 윤경로, 『105인 사건과 신민회 연구』, 일지사, 1990, 185쪽.

다.[61] 신민회의 기관지적 역할을 했기 때문에『대한매일신보』는 '합방' 성명서 발표 이전부터 일진회를 비판하였고, 일진회나 그 기관지『국민신보』도『대한매일신보』에 대해 온갖 비난을 퍼부었다.[62]

〈표 I -4〉 주요 정치단체 참여 언론인

단체명	참가자명
독립협회 (1896.7)	서재필(독립), 윤치호(독립), 손승용(독립), 주시경(독립, 제국), 유근(황성), 장지연(황성), 성낙영(황성), 박은식(황성, 매일), 신채호(황성, 매일), 홍정후(황성), 이종일(제국), 유영석(제국), 이승만(제국), 정운복(제국), 양기탁(매일), 변하진(한성), 최영년(만세보, 국민), 한석진(황성, 국민)
대한자강회 (1906.4)	윤치호(독립), 장지연(황성), 유근(황성), 박은식(황성, 매일), 이종일(제국), 정운복(제국), 양기탁(매일)
신민회 (1907.4)	양기탁(매일), 신채호(매일), 장도빈(매일)
대한협회 (1907.11)	주시경(독립), 장지연(황성), 남궁억(황성), 유근(황성), 이종일(제국), 정운복(제국), 이해조(제국), 이두연(매일)
일진회 (1904.8)	한석진(국민), 최영년(국민), 김환(국민), 신재정(국민), 민원식(시사)

이러한 민족운동 단체에 대립하여 친일단체인 일진회가 활동하였다. 일진회는 1904년 8월 20일 구 독립협회 계열 인사들이 주축이 되어 만든 단체인데 러일전쟁 발발 후 일본군 통역으로 온 송병준을 통해 일본인과 연결되고, 1906년 말에는 대륙낭인 우치다 료헤이(內田良平)를 통해 통감부에게 인정받으며 본격적인 친일에 나섰다.[63] 당연히 일진회 기

---

61) 신용하,「신민회의 독립군기지 창건운동」, 조항래 편,『1900년대의 애국계몽운동연구』, 아세아문화사, 1993, 125~139쪽.
62) 박용규,「대한제국 말기 국민신보의 특성과 역할」,『한국언론학보』56권 1호. 2012, 262~265쪽.
63) 김종준,『일진회의 문명화론과 친일활동』, 신구문화사, 2010, 39~48쪽.

관지『국민신보』의 주요 인물은 모두 일진회 소속이었다. 일진회 소속으로 『국민신보』에서 활동하던 김환은 이용구와 송병준에 대한 비판을 하여 일진회에서 출회당했고, 신재정은 월급을 못 받았다는 이유로 사장 최영년을 고소하고 탈회하였다.[64] 또 다른 친일지『시사신문』을 경영하던 민원식은 일진회 소속이었음에도 '합방' 성명서를 적극적으로 지지해 달라는 요구를 거부하며 일진회와 관계를 끊었다.[65]

개화기의 많은 지식인이 언론인이며 동시 민족운동가로 활동하였다. 이에 대해 천관우는 전통적인 유학의 이념과 새로운 문화형태인 저널리즘은 사학을 매개로 해서 접근하기 쉬웠다고 하며, 다음과 같이 주장했다.[66]

> 전통사회에서의 '경세'(經世)란 정권에 참여하여 정책을 구현시키는 경우가 아니면 야에 있어서 대개는 상소의 형식으로 정책론을 개진하여 정권에 의한 그 채택을 기다리는 경우이었다 하겠으나, 서양근대문물의 유입과 함께 재야자의 '경세'적인 정책론에는 저널리즘에 의존하는 새로운 길이 트이는 셈이다. 그들에게 있어서 사학은 경세학의 주요한 일부분이고 저널리즘은 일종의 경세학이었다.

개화기 지식인이 관료로 활동했던 것이 "정권에 참여하여 정책을 구현"하는 것이었다면, 민족운동가로서의 활동은 재야에서 마치 "상소의 형식으로 정책론을 개진"하는 것이었다. 그런데 신문이 등장하면서 이들에게는 언론인으로서 활동하는 새로운 길이 열렸고, 이들 중 적지 않은 수는 역사학자로서도 활동했던 것이다. 박헌호 주장대로 "언론계는 '글쓰는 지식인'의 전통적인 양태를 가지고 있을뿐더러, 국가의 주요현안에

---

64) 박용규, 「대한제국 말기 국민신보의 특성과 역할」, 『한국언론학보』 56권 1호, 2012, 256~259쪽.

65) 「민씨거절도 대동소이」, 『대한매일신보』 1910.2.5.; 「竣責拒絕」, 『대한민보』 1910.2.5.

66) 천관우, 「장지연과 그 사상」, 『백산학보』 제3집, 1967, 506쪽.

직접 개입하며 민중을 계몽하는 위치에 선다는 점에서 구시대의 지식인들도 거부감 없이 받아들일 수 있는 몇 안 되는 근대직업"이었기 때문이었다.[67] 또한 "정부가 개혁을 수행하도록 구슬리거나 꾸짖으려 했던 사람들에게 자신의 주장하는 바를 실천할 수 있는 힘이 있는 자리로 이동하는 것"이 가능했던 현실도 영향을 주었다.[68]

1900년대 후반에는 민족운동가적 기자들과는 다른 새로운 유형의 '소설기자', 문인기자들이 등장하기 시작하였다. 이인직은 『만세보』에 재직하던 1906년 7월 4일부터 10월 10일까지 「혈의 누」를 연재하였고, 다시 1906년 10월 14일부터 5월 31일까지 「귀의 성」을 연재하였다.[69] 이인직은 1907년 5월 17일부터 『제국신문』 1면 하단에 '소설'이라는 표제와 함께 국초(菊初)라는 필명으로 「혈의 누」 하편을 연재하기 시작했다. 이인직이 1907년 6월 1일을 마지막으로 「혈의 누」 연재를 중단하자 『제국신문』 6월 4일자에는 "소설기자가 유고하여 며칠 동안 정지"한다고 나왔다가 결국 다시 연재가 재개되지 못하고, 6월 5일부터는 이해조의 「고목화」가 연재되기 시작했다.[70] 이후 이해조는 『제국신문』에 8편의 소설을 연재하였다.[71] 이미 『소년한반도』라는 잡지에서 활동하며 「잠상태」(岑上苔)라는 한문 소설을 연재했던 경력이 『제국신문』에 '소설기자'로 들어오는 데 도움이 되었을 것이다.[72]

67) 박헌호, 「식민지 조선에서 작가가 된다는 것」, 『상허학보』 22호, 2007, 117쪽.
68) 앙드레 슈미드, 정여울 역, 『제국 그 사이의 한국 1895~1919』, 휴머니스트, 2007, 144쪽.
69) 다지리 히로유끼, 『이인직 연구』, 국학자료원, 2006, 375쪽.
70) 『제국신문』 1907년 5월 17일자 '사고'에는 박정동 · 이인직 · 이해조 3인이 '자원근무'하기로 했다는 내용이 나와 있지만, 최기영은 박정동과 이인직은 '객원의 위치'였고 이해조는 이후 '기자로 신문사에 참여'했다고 주장했다. 최기영, 『대한제국시기 신문연구』, 일조각, 1991, 42~43쪽.
71) 배정상, 「제국신문 소재 이해조 소설 연구」, 『동양학』 제49집, 2011, 135~138쪽.
72) 송민호, 「열재 이해조의 생애와 사상적 배경」, 『국어국문학』 156호, 2010, 263~264쪽.

『국민신보』는 1909년 8월 경부터 최영년의 「금세계」를 연재했고,[73] 『대한민보』도 1910년 6월 5일부터 흠흠자작(欽欽自作)의 「금수재판(禽獸裁判)」이란 풍자소설을 연재했다. 또한 일본인 발행의 국문신문도 소설을 연재했는데, 『중앙신보』가 「명월기연(明月奇緣)」을, 『대한일보』가 「반역자」를, 『조선일일신문』이 최찬식의 「추월색」을 실었다. 당시의 소설은 "거의 기자들의 집필이었고 작가가 따로 독립되어 있지" 않았다.[74]

신소설 작가이자 언론인이었던 이인직이나 이해조의 등장은 대중을 대하는 신문사의 입장이 조금씩 변화하고 있었다는 것을 보여주었다. 당시 신문이 대중을 단순히 계몽의 대상으로만 바라보던 시각에서 조금씩이나마 벗어나기 시작했다는 것이다. '소설기자'의 등장이 아직 전문적인 기자의 등장을 의미하는 것은 아니었지만, 적어도 민족운동가적 기자와는 다소 다른 기자 집단의 등장을 의미하는 것이기는 했다.

2. 언론활동의 조건과 특성

1) 일제에 의한 검열과 언론인 탄압의 본격화

개화기에도 대한제국 정부나 통감부에 의한 언론통제가 강력하게 이루어졌다. 특히 1904년에 '군사경찰훈령'이 실시되고, 1905년에 을사늑약이 체결되면서 언론 탄압이 더욱 강화되었다. 이런 통제를 위해 일제는 신문에 대해 검열을 실시했는데, 『제국신문』은 다음과 같이 일제의 검열에 대해 보도했다.[75]

---

73) 다지리 히로유끼, 『이인직 연구』, 국학자료원, 2006, 129쪽.
74) 최준, 『한국신문사』 중판, 일조각, 1982, 173쪽.
75) 「停報와 解停」, 『제국신문』 1906.3.21.

신문을 매일 편집하여 박힐 때에 경무고문실에 가서 검열을 거친 후에야 인쇄하는데, 만일 검열하는 일인이 그대로 인가하면 그대로 박히고 무슨 귀절이든지 내지 말라고 살을 쳐주면, 부득이하여 그 구절은 그 자를 뒤집어 박히는데, 만일 그 자리에 다른 말을 채우려면 또 검열을 받아야 할 터인데, 매양 날은 저물고 채울 말도 없어서 남이 알아 볼 수 없이 되는 건인데, 본월 십칠일 신문 잡보 중 '시사촌언'이란 구절을 검열에 내지 말라 하여 글자를 뒤집어 놓는 때에 혹 뒤집어 놓기도 하고 혹 그저 두기도 하여, 반박지게 된 때에 경무고문실에서 본 사장을 불러 검열하는 영을 받지 않았다 하고, 삼일 정간을 시키는 고로 그동안 신문을 발간치 못하였다가 작일에 그 기한이 다한 고로 금일부터 발간하오니 첨위는 조량하시려니와, 우리가 한마디 경고할 것은 어서 학문에 힘쓰고 일들 하여 국력이 부강하여 이런 검열을 받지 않고 신문 발간하도록 하시기 바라옵.

이런 검열을 통해 신문사에 대해 내려지는 각종 규제를 가했을 뿐만 아니라 때로는 언론인에 대한 탄압도 실시했다. 언론통제 중에 가장 흔한 것은 취재를 거부하고 경우에 따라서는 취재행위를 규제하는 것이었다. 1898년 『황성신문』의 탐보원 성낙영이 정부기관인 내부(內部)에 들어갔다가 하인에 의해 끌려나오는 일도 있었다.[76] 1899년 6월 17일에는 『독립신문』의 손승용이 "경청(警廳)에 피착(被捉)하였다가" 석방되었는데, 사유는 알려지지 않았다.[77] 1908년 1월 9일에 "제국신문기자 모는 내부문서과에서 과장 조제항으로부터 불문곡직하고 출거"당했다고 한다.[78] 1908년 2월 13일에는 『국민신보』기자 신태휘가 농상공부 문서과에 들어갔지만, 해당 과장인 일본인이 자의로 공문을 보여줄 수 없다고 하며

---

76) 『매일신문』 1898.11.19.

77) 『황성신문』 1899.7.19.

78) 「記者又逐」, 『대한매일신보』 1908.1.10.

차관의 명령이 있은 후에 출입하라고 하며 취재를 거부했다.[79] 여기에서 더 나아가 언론인이 연행되고, 처벌을 받는 일이 적지 않았다.

〈표 I-5〉 개화기의 언론인 탄압 사례

신문명	일시	주요 내용	결정 사항
제국신문	1899.4.24	'도적에 도적'이라는 기사로 무감(武監)들을 비판	탐보원 채규하 태(笞) 50과 징역 1년
황성신문	1900.8.8	일본신문의 '청자(請者)'나 절자(絶者)나'라는 기사 전재	사장 남궁억 3일간 구류 뒤 평리원 이송, 무죄 확정
황성신문	1902.5.7	사유 불명확	사장 남궁억, 총무원 나수연 3개월 구속 후 평리원 이송, 둘 다 석방
제국신문	1904.3.21	한성신보의 '사형실황'이라는 기사 전재	사장 이종일과 기재인 김상연, 장효근 연행, 다음 날 두 기재인 석방, 이종일은 4개월 이상 구속 후 석방
황성신문	1905.11.20	'시일야방성대곡'과 '五件條約請締顚末'을 게재	사장 장지연 경무청에 구금, 신문 정간, 1906년 1월 24일 장지연 석방, 2월 12일 신문 속간
황성신문	1906.12.12	'양씨고역(楊氏苦役)'이라는 기사가 문제됨	사장 남궁훈이 일본군 헌병사령부에 연행되었다가 풀려남
국민신보	1907.11.14	사유 불명확	회계·발행겸 편집인 이인섭과 조두섭 재판, 이인섭은 금고 2월, 조두식은 태(笞) 50, 평리원으로 넘겨져 석방, 이인섭 다시 구속
대한매일신보	1908.7.12	국채보상의연금을 횡령했다는 혐의를 적용	총무 양기탁을 구속. 9월 29일에 무죄 판결
황성신문	1909.3.7	'황철식철(黃鐵食鐵)'과 '민요제압(民擾制壓)' 등의 기사로 경남 관찰사 황철이 고소	사장 유근이 패소하여 태(笞) 50, 항소
대한민보	1910.7.21	사유 불명확	사장 오세창이 경무총감부에 연행되었다가 풀려남

79)「部部相持」,『황성신문』1908.2.13.

〈표 I −5〉를 보면 1905년에 을사늑약이 체결되기 전에도 열강의 압력이나 정부의 불만으로 인해 언론인을 연행하거나 처벌하는 일이 있었다는 것을 알 수 있다. 1905년 이후에는 통감부에 의한 언론규제가 강화되면서 언론인에 대한 탄압도 늘어났는데 대부분이 기사가 문제가 된 것이었다.[80] 특히 일제는 영국인 베델(Bethell, E. T.)이 발행하던 『대한매일신보』가 가장 비판적인 논조를 보이자 베델의 추방을 영국에 요구했고, 영국과 일본 간 교섭 끝에 베델은 재판에 회부되었다. 1907년 10월부터 시작된 재판은 1908년 6월에 끝났고, 베델은 3주일의 금고형을 받았으며, 복역 후 6개월 동안 근신할 것을 서약해야 했다.[81] 이러한 탄압이 언론인에게 어느 정도 영향을 주기는 했겠지만, 민족운동에도 참여하고 있던 언론인의 활동을 크게 위축시킬 정도는 아니었을 것이다. 자신들의 언론활동을 직업적인 것이 아니고 민족운동의 일환으로 바라보았던 이들에게 언론탄압은 어떤 면에서는 당연히 감내해야 할 일일 수도 있었다.

2) 소속 의식의 부재와 보수에 대한 초연함

『한성순보』나 『한성주보』 당시의 언론인은 관료였기 때문에 이들 중 대부분은 신문이 없어지고도 계속 다른 분야에서 관료로 활동하였다. 그러나 이후 신문들에 근무했던 언론인은 안정적으로 한 신문사에 오랫동안 근무하는 경우가 그리 많지 않았다. 또한 여러 신문사를 옮겨 다니거나 동시에 두 신문에서 탐보원으로 활동하는 경우도 있었다. 박은식은 『황성신문』에서 언론인 생활을 시작해, 『대한매일신보』로 옮겼다가 다시 『황성신문』으로 돌아왔다. 이인직의 경우 1906년부터 1910년 사이에

---

80) 정진석, 『극비 조선총독부의 언론검열과 탄압』, 커뮤니케이션북스, 2007, 4~35쪽.
81) 정진석, 『대한매일신보와 베델』, 나남, 1987, 271~398쪽.

『국민신보』, 『만세보』, 『대한신문』 등 세 신문을 거쳤다. 한편 성선경 같은 경우는 같은 시기에 『황성신문』과 『대한매일신보』 두 신문의 탐보원으로 활동했다.[82] 또한 당시 많은 언론인은 '촉탁'으로 일종의 '부업'같이 활동하는 경우도 많아서, 언론인을 안정적인 직업으로 보기는 어려운 상황이었다.[83]

개화기 언론인의 상당수가 한 신문사에서 오랫동안 활동하지 못했던 것은 세 가지 이유 때문이었다. 언론인의 '관료 지향성'으로 인해 기회만 주어지면 언론인이 관료로 진출했고,[84] 또한 상당수 신문사들이 오래 발행되지 못하고 폐간되어 언론인들이 불가피하게 퇴직해야 했으며, 비교적 오래 발행된 신문사도 재정적으로 어려워 월급을 제대로 주지 못해 견디지 못한 언론인이 신문사를 떠나기도 했다.[85]

그중에서도 가장 큰 이유는 신문사의 재정난으로 월급을 제대로 주지 못한 것이다. 개화기 대부분의 신문은 구독료가 제대로 들어오지 않아 재정적으로 심각한 어려움을 겪었다. 정부의 지원이나 독자의 후원으로

---

82) 1908년의 「각회사자료」에는 성성향(成善鄕)이라고 나와 있는데, 이 자료를 인용한 책에는 성선경(成善卿)으로 나와 있다. 박정규는 '향(鄕)'을 '경(卿)'으로 잘못 읽은 오류가 시정되지 않고 답습한 결과라고 주장한다. 그러나 1907년의 자료에 성선경(成宣京)이라는 인물이 나와 있고, 1908년 당시 한 탐보원이 두 신문에서 활동했다는 기록이 있는 것을 보면, 오히려 '향(鄕)'은 '경(卿)'의 오기라고 보아야 할 것이다. 이현종, 「구한말 정치 · 사회 · 학회 · 회사 · 언론단체」, 『아세아학보』 제2집, 1966, 101~103쪽; 정진석, 『대한매일신보와 베델』, 나남, 1987, 138쪽; 박정규, 「대한매일신보의 참여 인물과 언론활동」, 한국언론사연구회 엮음, 『대한매일신보 연구』, 커뮤니케이션북스, 2004, 78~79쪽.
83) 스스기타 잔운, 『暗黑なる朝鮮』, 1908, 송건호, 「구한말의 신문사 풍경」, 『신문평론』 1964년 4월호, 14~15쪽.
84) 신문사에서 가장 고위급 관료로 옮겨 간 경우는 『국민신보』 사장으로 있다가 농상공부 대신이 된 송병준이었다. 「社長被選」, 『황성신문』 1907.5.30.
85) 『대한매일신보』에서는 펜튼이란 인물이 3년 동안 월급을 받지 못했다 하여 일본측에 베델에 관한 정보를 넘겨주고 그 대가를 받으려는 시도를 한 일도 있었다. 그는 편집 업무를 본 것은 아니었다. 정진석, 『대한매일신보와 베델』, 나남, 1987, 129쪽. 펜튼만 월급을 안 주었다고 볼 수는 없고, 『대한매일신보』가 사원들에게 전반적으로 월급을 제대로 주지 못했다고 보아야 할 것이다.

간신히 꾸려나갈 수는 있었겠지만, 항상 '폐간의 위협' 속에서 운영해 나갔다고 해도 과언이 아닐 정도였다.[86] 이런 상황에서 언론인의 임금수준은 그리 높지 않았고, 또 제대로 지급되지 않는 경우도 많았을 것이다.

1896년 5월 현재 『한성신보』는 월급으로 주간 20원, 한문기자 1명 20원, '언문'(한글)기자 2인 1인당 20원, 영문에 능하고 시문(時文)에 능한 자 40원(종래에 비하여 25원 증가함), 탐방원 3인(일본인 1인, 한국인 2인) 1인당 10원, 지역 통신원 7인 1인당 평균 7원을 주기로 예산을 편성하며 다음과 같이 주장하였다.[87]

> 종래의 조직에 대하여 그 절약할 수 있는 것은 추호의 여지도 남기지 않고 절약했지만 지금까지 이미 극도로 긴축경제였기 때문에 다만 회계 · 서무 · 식자공 · 기계담당 및 주방담당에 대하여 겨우 그 인원 및 지급액을 감할 수 있음에 불과했다. 생각건대 15원을 지급하는 기자를 폐하고 새로이 40원의 기자(영문에 통하고 시문에 능한 자)를 초빙하고, 이 나라 각지에 책임 있는 통신원을 두고, 혹은 한인 탐방원을 둔 일 같은 것은 이것이 신문의 가치를 고양시키고 발매부수를 증가시키기 위하여, 즉 본사의 유지상 가장 필요한 개선책이라고 믿는 바이다.

그러나 1898년 1월 『독립신문』의 월급을 보면 주필 150원, 조필(언문담당) 50원으로 되어 있다.[88] 『한성신보』에 비해 주필과 조필의 월급이 상당히 높게 책정되어 있었지만, 실제로 이렇게 지급되지는 않았던 듯하다. 신용하는 서재필이 중추원 고문으로 300원을 받고 있었기 때문에 주

---

86) 채백, 「개화기의 신문경영」, 김남석외 편, 『한국 언론산업의 역사와 구조』, 연암사, 2000, 11~41쪽.

87) 기밀 제38호, 「한성신보의 보조금 증액에 관한 건」, 『주한일본공사관기록』 9권, 국사편찬위원회, 1993, 194~202쪽.

88) 기밀 제3호, 「독립신문 매수의 건」, 『주한일본공사관기록』 12권, 국사편찬위원회, 1995.

필 월급 150원을 받지 않고 무보수로 주필 일을 함으로써『독립신문』의 적자를 메워나갔다고 주장했다.[89] 또한 서재필 자신도 나중의 회고에서 기자인 '손주사'의 월급이 15원이었다고 밝힌 바 있다.[90]

변영로는 신채호가 1907년 경『황성신문』에 근무할 때 "3~40원 월급으로 그달 그달 살아가던 중이었다"고 회고 했다.[91] 정우택도 비슷한 시기에 '탐보기자'로서 매월 15원을 받았다고 밝혔다.[92] 신채호가 주필이었고 정우택은 탐보원이었다는 점을 감안하면, 1900년대 중반 경에 대략 주필의 월급은 3~40원이었고 탐보원의 월급은 15원 가량이었다는 것을 알 수 있다. 1896년 경의『한성신보』주간과 탐방원 월급이 20원,『독립신문』의 탐보원 월급이 15원이었던 것에 비해 언론인들의 월급이 10년 사이에 별로 오르지 않았다는 것을 알 수 있다.

관료들의 월급과 비교해보면, 언론인의 임금수준이 어느 정도인가를 알 수 있다. 당시 판임관 9품은 15원, 8품은 20원, 7품은 25원을 받았고, 주임관 6품은 30원, 5품은 35원, 4품은 40원, 3품은 80원을 받았다.[93] 또한 1909년 6월 현재 판임관(7품 이하)의 평균 연봉은 256.1원이었고, 주임관 (3품 이하 6품 이상)의 연봉은 665.7원이었으며, 칙임관(2품 이상)의 연봉은 2,248.6원이었다.[94] 이것을 월급으로 환산하면, 판임관의 평균

89) 신용하,『독립협회연구』, 일조각, 1976, 36~37쪽.

90) 김도태,『서재필 박사 자서전』, 수선사, 1948, 214쪽.

91) 변영로, 「신채호론」,『사조』1958년 10월호, 73쪽. 신채호의『대한매일신보』입사가 1907년 11월이었으니 변영로가 언급한『황성신문』재직 시기는 늦어도 1907년 중반 경일 것이다.

92) 정우택, 「신문기자 고백서-초대기자 회상록」,『개벽』1935년 3월호, 62쪽. 정우택이 '탐보원'이라고 나오는 최초의 기록은 1907년 1월 9일자이다. 「商學發起」,『대한매일신보』1907.1.9.

93) 황상무, 「구한말(1896~1910) 언론인 집단의 사회적 특성에 관한 연구」, 서울대학교 석사학위논문, 1989, 59~63쪽.

94) 조선통감부,『제3차 통감부 통계연보』, 1910, 614쪽.

월급은 21.34원이었고, 주임관의 평균 월급은 55.48원이었으면, 칙임관의 평균 월급은 187.4원이었다. 대략 탐보원의 월급은 판임관과 비슷했고, 주필의 월급은 판임관과 주임관 중간 수준쯤이었다. 실제로도 당시 『제국신문』 주필이었던 정운복이 학부 편집국위원으로 참여하면서 주임관 대우를 받았다고 한다.[95] 이 내용을 보면, 언론인의 책정된 월급이 아주 낮은 것은 아니었다는 것을 알 수 있다.[96]

그러나 문제는 신문사들이 구독료가 제대로 걷히지 않는 등의 문제로 월급을 제대로 지급하지 못했다는 점이다. 1910년에는 기자가 임금을 지급받지 못하자 소송을 제기하는 일도 벌어졌다. 『국민신보』의 기자이자 일진회 평의원이었던 신재정은 수 개월 동안 임금을 받지 못했다고 사장 최영년을 고소했다.[97] 결국 최영년과 신재정은 재판을 통해 서로 화해하기로 결정하였다.[98] 또한 『시사신문』에서도 세 달이나 월급이 밀렸다고 '사원 일동'이 소송을 제기하였다.[99] 1910년 8월 경에는 "국민신보사에서는 근일에 재정이 곤궁하여 여러 사원들이 거월 월봉을 주지 못함으로 곤란이 막심하다더라"는 말이 나오기도 했다.[100]

이렇듯 친일지에서는 월급을 제대로 받지 못했다는 이유로 소송이 제기되기도 했지만, 민족지에서는 이와 같은 일이 표면에 드러나는 경우는 없었다. 민족운동에 적극 참여했던 언론인도 아닌 박정동, 이인직, 이해

---

95) 「정씨출각」, 『황성신문』 1907.8.27.
96) 1910년대 초 총독부 기관지 편집장의 월급이 50원, 기자의 월급이 30원이었다고 하는 것을 보아도 책정된 월급 자체가 낮은 것은 아니었다는 것을 알 수 있다. 유광열, 『기자반세기』, 서문당, 1969, 254쪽.
97) 「최사장 피소」, 『황성신문』 1910.5.7.
98) 「互相私和」, 『황성신문』 1910.5.31.
99) 「사원의 연합기소」, 『대한매일신보』 1910.6.26.
100) 「국민보 재정곤란」, 『대한매일신보』 1910.8.5.

조 같은 인물들도[101] "이상 제씨는 본 신문이 우리 한국 개명기관에 요점 됨을 생각하여 보수의 다소를 구애치 않고 다 자원 근무하오니 일방 동포는 조량하시기 바라오"라고 「사고」를 통해 공개적으로 임금에 구애받지 않겠다는 입장을 밝힐 정도였다.[102] 따라서 민족운동에 적극 참여했던 언론인들에게 적어도 임금이 언론활동을 계속하느냐를 결정하는 데 가장 중요한 요인은 아니었다고 할 수 있다.

3) 언론인의 다양한 명칭과 미분화된 취재보도 체제

개화기에는 언론인의 명칭도 명확하게 정해 있지 않았고, 신문사의 조직 분화도 거의 이루어지지 않았다. 국민을 계몽하고 외세에 저항해야하는 신문의 역할에 대한 인식만 있었을 뿐이지 구체적으로 신문이 사회적으로 어떤 역할을 해야 하는지에 대한 인식이 없었기 때문이다. 최초의 근대 신문이라고 할 수 있는『한성순보』의 경우에는 박문국이라는 정부기관에서 발행된 관보였기 때문에 여기에 관여했던 인물은 당연히 모두 관료였다. 따라서 이들을 부르는 명칭도 관직명인 '주사(主事)'나 '사사(司事)'라는 단어를 사용했다. 다만 기사에서 기자를 가리킬 때는 '채방인(採訪人)', '탐사인(探事人)', '방사인(訪事人)',[103] '탐방자(探訪者)' 등으로 표현했다.[104]

『독립신문』이 등장한 이후 '기자'라는 단어가 사용되기 시작했는데, 그

---

101) 이들을 입사시켰던 정운복과 이때 객원으로 참여한 이인직은 1908년 4월에 일본이 러일전쟁 때 종군한 사람들에게 주는 포상금을 각각 30원과 80원을 받았다.『황성신문』1908.4.3.

102) 「사고」,『제국신문』1907.5.17.

103) 정진석,『인물 한국언론사』, 나남, 1995, 28~29쪽.

104) '탐방자(探訪者)'란 용어가 사용된 예로는『한성순보』4호(1883.11.30) 8면과『한성주보』4호(1886.2.22) 10면 등을 들 수 있다.

예로 1896년 7월 16일자 기사에서 "일전에 독립신문 기자 한 분이 일본 공사관에 가서 새로 온 공사를 찾아보고"라는 표현이 있던 것을 들 수 있다.[105] 주한일본공사관 기록을 보면, 비슷한 시기에 나온 『한성신보』에서도 '기자'라는 단어가 사용된 것을 알 수 있는데, 이 기록에는 '한문기자' 또는 '언문기자'라는 표현이 나오고 있다.[106] 이후에도 『독립신문』에 기자라는 단어가 계속 나타나기는 했지만, 오늘날과 같은 똑같은 의미로 사용한 것은 아니었던 듯하다. 오늘날의 기자는 취재와 기사작성을 모두 하는 것이 당연한 일이지만, 『독립신문』이 초기에 사용한 기자라는 단어는 어느 한 쪽 역할만 하는 사람들을 가리키고 있었던 것으로 보이기 때문이다.

서재필은 자신이 기자에게 "재료수집에 대한 모든 순서를 일일이 지도해 주었"다고 하고, "기자는 손주사 외에 한 사람" 더 있었는데 "손기자의 임무는 시내 각 상점과 시장을 돌아다니며 그날그날의 물가 시세를 조사하여 신문에 게재하는 것이었고, 그 외 한 기자는 소위 관청 출입기자였는데 서임사령이며 기타 관청의 모든 행사를 적어오는 것"이었다고 주장했다.[107] 아마 여기에서의 기자는 취재를 담당하는 인력을 가리켰던 듯하다. 한편 1898년 『매일신문』 1898년 5월 24일자의 '잡보'를 쓴 "황성신문 기자는 이후부터 이런 말을 한만히 게재하여"라는 표현이나 『제국신문』 1898년 9월 14일자의 "제국신문 기자 이승만이라고 성명을 들어 책망하였으니"라는 표현에서의 기자는 기사 작성자를 가리키는 것이었다.[108]

당시에는 취재를 담당하는 사람을 주로 '탐보원'으로 불렀고, 탐보원이 취재해 온 내용을 가지고 기사를 작성하는 사람을 주로 '기재원'이라

---

105) 『독립신문』 1896.7.16, 논설.
106) 기밀 제38호, 「한성신보의 보조금 증액에 관한 건」, 『주한일본공사관기록』 9권, 국사편찬위원회, 1993, 194~202쪽.
107) 김도태, 『서재필 박사 자서전』, 수선사, 1948, 213~215쪽.
108) 『매일신문』 1898.5.24, 논설; 『제국신문』 1898.9.14, 논설.

고 불렀다. 『황성신문』 1898년 9월 16일자에는 "각 신문 탐보원들이 재회(齋會)하여 철도 좌우에 열립하고"라고 나와 있고, 『매일신문』 1898년 11월 19일자에는 "황성신문사 탐보원 성낙영 씨가 내부에 들어갔더니"라고 보도되었으며, 『독립신문』 1898년 12월 28일자에는 "어제 밤에 본사 탐보원이 한 친구의 집에 갔더니…"라고 나와 있었다.[109] 또한 『매일신문』 1898년 6월 24일자에는 "기재원 최정식씨는 갈리고"라고 나와 있고, 『황성신문』 1899년 4월 4일자에는 "기재원을 초거(招去)하려는데 적자(適者) 부재함을 인하여…"라고 나와 있었다.[110] 당시에 탐보원을 탐방자라고 부르기도 했고, 기재원을 기재인이라고 부르기도 했다.

그러나 1900년대 중반까지도 기자, 탐보원, 기재원 등의 용어가 모두 사용되었는데, 특히 기자는 논설을 집필하는 사람을 가리키는 경우가 많았다. 한 예로 『대한매일신보』 1906년 4월 3일자의 논설에서는 '본기자'라고 하여 집필자 본인을 밝히고, 문장 중에 탐보원과 기재원이라는 단어를 모두 사용하고 있다.[111]

1908년에 일제가 조사한 자료에는 『대한매일신보』의 편집진이 '논설·편집·시사논평·번역·탐방자'로 구성된 것으로 나와 있다. 1908년에 조사된 또 다른 자료에는 『국민신보』의 편집진은 '주필·편집·기자·번역'으로 나와 있고, 『대한매일신보』의 편집진은 '주필·편집·탐보'로 구분되어 있고, 『제국신문』의 편집진은 '주필·편집·기자'로 구성되어 있는 것으로, 『대한신문』의 편집진은 '주필·편집·기자'로 나와 있고, 『황성신

---

109) 「철도예식」, 『황성신문』 1898.9.16; 『매일신문』 1898.11.19; 『독립신문』 1898.12.28, 논설. 1906년에 『대한매일신보』에 입사했던 정우택은 당시에 자신이 '탐보기자'였다고 표현했지만, 당시 기사에는 '탐보원'이라고 나와 있다. 정우택, 「신문기자 고백서-초대기자 회상록」, 『개벽』 1935년 3월호, 62쪽; 「商學發起」, 『대한매일신보』 1907.1.9.

110) 「層層事端」, 『매일신문』 1898.4.3.

111) 「虛言之囊」, 『대한매일신보』 1906.4.9.

문』의 편집진은 '편집 · 기자 · 탐보' 등으로 나와 있었다.[112] 이렇듯 신문사마다 사용된 용어가 다른 것은 과도기적 현상이었다고 할 수 있다.

대체로 논설을 집필하는 사람은 주필로 표현했지만, 『황성신문』의 경우에는 주필이라는 표현 없이 논설을 쓰던 유근을 기자로 표현했다. 실제로 대부분의 논설에서 필자들은 자신을 '본기자'라고 표현하였다. 기사를 작성하는 역할을 하던 사람을 가리키는 용어로는 '기재원' 대신 '편집'(원)이란 용어가 쓰였던 것을 알 수 있다. 취재하는 역할을 하는 사람을 가리키는 단어로 『대한매일신보』와 『황성신문』은 여전히 '탐보'(원)이라는 용어를 사용했지만, 친일지인 『국민신보』나 『대한신문』, 그리고 통감부 기관지 『경성일보』를 거쳤던 정운복이 운영하던 『제국신문』은 '기자'라는 용어를 사용하였다. 『만세보』 탐보원으로 있던 박승옥이 『제국신문』 기자로 나와 있는 것을 보아도, 탐보원이라는 명칭이 이제 서서히 기자로 바뀌기 시작했다는 것을 알 수 있다. 이미 일본에서는 기자라는 단어가 널리 쓰이기 시작했던 현실에서, 상대적으로 일본의 영향을 더 많이 받은 친일지에서 이런 변화가 더 빨리 나타났던 것이다.

1908년에 쓴 책에서 스스기타 잔운(簿田斬雲)은 당시 한국의 언론인을 주필기자라고도 불리는 논설기자, 일반 기자, 탐방 등의 세 가지로 나누어 설명하고 있다. 스스기타는 논설을 담당하는 "논설기자는 일류가는 기자이다"라고 하며, 당시 가장 유명한 언론인은 주로 논설기자라고 주장하였다.[113] 또한 일반기자와 탐방(선생)에 대해 다음과 같이 주장하고

---

112) 이현종, 「구한말 정치 · 사회 · 학회 · 회사 · 언론단체」, 『아세아학보』 제2집, 1966, 100~103쪽.

113) 19세기 일본의 경우에도 "당대 대신문의 기자의 개념은 일정한 입장에 서서 정치적 평론을 행하는 사람이었으며 사건을 취재하는 사람은 탐방(探訪)이라 불러 기자와 구별하였다"고 한다. 야마모토 후미오, 김재홍역, 『일본매스커뮤니케이션사』, 나남, 2000, 42쪽.

있다.[114]

일반기자는 어떤가 보면 이들 역시 곤란하다. 기자라고 하면서 자기의 머릿속에서 생각해내는 재료란 아무것도 없다. 이것을 일본기자와 비교해본다면 기가 막혀 말이 나오지 않는다. 3인, 4인씩 우선 10시경부터 예의 의관을 갖추고 유유히 사에 나타난다. 그리고 자기의 자리에 앉는다. 각지에서 가끔 들어오는 통신을 검열하여 잡보를 만드는 것과 하나는 관보에서 서임사령(敍任辭令)이나 법령 중 필요한 것들을 추려서 공장으로 보낸다. 그런데 요즘은 신문에 재료를 공급하는 통신사라는 아주 편리한 기관이 있다. 이것은 물론 일본의 '가나'가 섞여 있는 문장이지만, 다행히도 신문기자 측에는 일본의 '가나' 혼문의 뜻을 알 수 있는 모양으로 그것을 번역한다.

다음은 탐방의 이야기다. 그런데 이 탐방도 조선의 신문에서는 사의 전속이 아닌 경우가 많다. 가령 모모 두 신문사에 탐방재료를 공급하여 양사로부터 일정한 봉급을 받고 있는 자가 있다. 하오 4시쯤 되면 탐방선생한테서 재료가 사환에 의해 전달된다. 탐방선생은 결코 신문사에 얼굴을 나타내는 법이 없다. 편집국의 기자는 탐방선생에게서 보내 온 원고를 검열하고 하나하나 정사(淨寫)한다. 대체로 이러한 실정임으로 기자의 하는 일이란 단지 정서(淨書) 정도나 하는 것뿐이며 실로 간단하고 기계적이다.

스스기타 잔운은 언론인을 주필(기자) · 일반기자 · 탐방(자)으로 나누었지만, 당시에 반드시 이런 용어로 통일해 사용한 것은 아니었다. 이렇듯 당시에 직접 기사를 쓰는 사람을 '기자'로 부르고, 기사거리를 찾아오는 사람을 '탐방'이라고 불렀던 것은, 직접 돌아다니면 기사거리를 찾는 행위를 낮게 보는 인식이 있었기 때문이었다. 기자가 자신이 직접 취재한 것을 기사로 작성하는 체제가 뿌리내리지 못했다는 것은 곧 직업적인 기자가 아직 등장하지 않았다는 것을 의미하는 것이기도 했다.

---

114) 스스기타 잔운, 『暗黑なる朝鮮』 1908, 송건호, 「구한말의 신문사 풍경」, 『신문평론』 1964년 4월호, 14쪽.

3. 언론인의 직업정체성과 단체활동

1) 계몽하고 저항하는 지사적 언론인상의 형성

『한성순보』나 『한성주보』가 발행되던 개화기 초기 언론인은 모두 관료였던 만큼 아직 언론인으로서의 직업적 정체성을 명확히 갖고 있었다고 보기는 어렵다. 특히 이들은 관료로서 전통적인 정부기구 속에서 일종의 언론인으로서의 역할을 하던 간관(諫官)이나 사관(史官)의 전통 속에서 자신들의 역할을 이해하고 있었다. 유길준이 『서유견문』의 '신문지'(新聞紙)라는 항목에서 "신문국이 국가를 위하여 간관의 직책을 행하고 인세(人世)를 향하여 사필(史筆)의 포폄(褒貶)을 집(執)한 자"라고 규정한 것은 이런 의식을 잘 드러내주고 있다. 이러한 인식은 『한성주보』의 나온 다음의 내용을 통해 다시 확인할 수 있다.[115]

> 서양 말에 "신문은 새로운 것을 들음으로써 나라를 날로 혁신하는 것이다"라고 했다. 대개 신문에 대한 얘기는 비록 옛날엔 없었다가 지금 있는 것이긴 하지만, 신문의 의의는 비단 지금에 와서 있는 것이 아니라 옛날에도 역시 있었다. 원래 신문의 의의는 국민들의 고통을 애써 찾고 막힌 것을 제거함은 물론이고, 국가를 이롭게 하고 백성을 편하게 하는 모든 방법을 다 게재하여 정치가 상리(上理)에 도달하게 하는 데 있다. 옛날에 인군(人君)은 구언(求言)을 간절히 바라고, 제치(制治)를 삼가서 침소에서 편히 쉴 때도 언제나 잠간(箴諫)을 훈송(訓誦)하였으며, 선비는 간언(諫言)을 대부(大夫)에게 전달하고, 서인(庶人)은 임금의 과실을 들으면 비방하고, 상인들은 당시 사람들이 숭상하는 물화(物貨)를 시장에 진설하여 간하고, 백공(百工)은 자신들의 기예(技藝)로 정사(政事)의 잘못을 드러내었다. 또 매년 맹춘(孟春)에 주인(遒人)이 목탁을 두드리고 길을 순회하면서 잘못된 정사가 있으면 간하도록 하

---

115) 「論新聞紙之益」, 『한성주보』 제30호(1886.9.27).

게 한다. 이러한 것이 모두 구언과 제치의 근본이다. 이리하여 천하 사람들의 막힌 정이 뚫리고 천하의 현준(賢俊)한 자들이 오게 되므로 아름다운 말이 묻히지 않게 되고 만방이 모두 편안하게 된다.

위의 글에서는 근대에 들어와 등장한 신문과 이런 신문에서 활동하는 언론인의 역할을 수행하는 존재들이 과거에도 있었음을 주장하고 있다. 특히 위의 내용에서 드러나는 특징은 비단 간관뿐만 아니라 다양한 사람들이, 임금에게 간언하는 것뿐만 아니라 널리 정보를 유통하기 위해 나름대로 노력해왔음을 주장한 것이다. 이와 같은 내용은 『한성순보』나 『한성주보』의 창간사에 해당하는 '순보서'(旬報序)나 '주보서'(周報序)에서도 잘 나타난다. 『한성순보』는 '순보서'에서 "조정에서도 박문국을 설치하고 관리를 두어 외보를 폭넓게 번역하고 아울러 내사까지 기재하여 국중(國中)에 알리는 동시에 열국에까지 반포(頒布)하기로" 했다고 밝혔다.[116] 『한성주보』는 '주보서'에서 "관직을 갖지 않은 사람의 투고는 그 내용을 따지지 않고 별본으로 출간한다"고 하며 "위로는 성의(聖意)를 받들고 아래로 여론에 따른 것이니 국원들은 그 일을 삼가고 그 직책을 부지런히 하여 충군애민(忠君愛民)의 도에 미력이나마 도와야" 한다고 주장하였다.[117]

『한성주보』는 "본 박문국을 창설한 것은 옛 훈송(訓訟) 잠간(箴諫)의 법을 도습하여 취하고 또한 서양의 체례(體例)를 모방하였다"고 했는데,[118] 이것은 동도서기(東道西器)적 관점에서 근대 언론을 수용했다는 것을 보여주는 것이었다.[119] 즉, 간관과 사관이라는 정치적 전통을 이어 받고, 근

116) 「순보서」, 『한성순보』 제1호(1883.10.31).

117) 「주보서」, 『한성주보』 제1호(1886.1.25).

118) 「論新聞紙之益」, 『한성주보』 제30호(1886.9.27).

119) 김영희, 「한국 근대언론사상의 형성과 그 성격에 관한 연구」, 한양대학교 박사학위 논문, 1994, 48쪽; 채백, 「한국근대신문 형성과정에 있어서 일본의 역할에 관한 연구」, 서울대학교 박사학위논문, 1990, 114쪽.

대적 언론을 수용해 결합시켜 발전시켰음을 주장한 것이었다. 이렇듯
『한성순보』와 『한성주보』는 언론인의 역할을 전통적 유교사상을 기반으
로 하면서도 백성을 계몽하고 개화시키는 것으로 규정하고 있었다. 비록
전제군주체제의 관료들이라는 한계가 있기는 했지만, 당시 언론인은 자
신들의 역할을 국민 계몽에 두고 있었던 것이다.

　이러한 계몽적 언론인관은 『독립신문』 발행 시기에 오면서 다소 변화
를 보여주었다. 서재필이 중추원 고문을 맡고 있기는 했지만 직접 관료
로서 활동했던 것이 아니고, 또한 그가 미국에서 생활하며 그곳의 신문
을 지켜보았기 때문에 언론인의 역할에 대해 과거와는 다른 관점을 보여
줄 수 있었다. 『독립신문』은 창간호의 논설에서 "정부관원이라도 잘못하
는 이 있으면 우리가 말할 터이요 탐관오리들을 알면 세상에 그 사람의
행적을 폐일터이요 사사 백성이라도 무법한 일 하는 사람은 우리가 찾아
신문에 설명할 터"라고 주장하였다.[120] 『한성순보』나 『한성주보』와는 달
리 신문과 언론인의 비판적 역할을 주장하기 시작했던 것이다. '국민계
몽'에 치중해 바라보던 것에서 벗어나 '정부비판'에도 관심을 두고 언론인
의 역할을 모색하기 시작했던 것이다.

　『독립신문』은 "오늘 우리가 특별히 하는 말은 각처 신문 기자들을 위하
여 말하노니 이 중임을 맡은 제 군자는 우리말을 자세히 듣고 아무쪼록
기자의 목적을 잊어버리지 아니하기를 바라노라"라고 하며, 기자의 사회
적 역할을 다음과 같이 주장하였다.[121]

　　인민을 위하여 언제든지 그 마음 하나를 가지고 의논하며 전국 정치와 사회
　　상 일을 집안 이야기와 같이 하여 전국 인민이 사회상 일과 정부상 일이 자

---

120) 『독립신문』 1896.4.7, 논설.
121) 『독립신문』 1898.4.12, 논설.

기 집안 일 같이 알도록 말을 하여 주어야 하며 사람을 칭찬하되 실상을 가지고 칭찬하고 누구를 시비할 때에 실상 일을 가지고 무슨 일을 어떻게 하였다고 자세히 하여 시비하지 아니 하여서는 시비를 하여도 중계가 아니 되고 칭찬을 하여도 찬양이 아니 될 터이라 신문의 직무와 권리가 세계상에 대단히 높고 크다는 것은 다름이 아니라 신문이 나라에 등잔불 같은 것이요 인민의 선생이라 몇 만 명의 선생 노릇 하는 직무가 어찌 가볍다고 말을 하리요 만일 그 선생이 다른 사람들보다 마음을 천하고 비루하게 먹는다든지 사정과 욕심에 걸려 종노릇을 한다든지 남이 듣고 공부 되도록 말을 하여 줄 학문이 없다든지 하면 그 신문이 등잔불 같이 밝혀 주는 힘도 없고 선생 같이 일러 주는 효험도 없고 해 육군 같이 의리를 보호하는 힘도 없을 터이니 신문이 그 지경이 되면 차라리 없느니만 못 한지라.

위의 내용을 통해 『독립신문』은 언론인의 역할을 '계몽'과 '비판'에 두고 있었다는 것을 알 수 있다. 『독립신문』이 비판적 역할을 하자 "모종 기사는 게재치 말라고 뇌물을 주려는 자도 있었으며 자기네의 그늘진 정치적 행사를 폭로하다가는 신변에 위해가 있으리라는 협박까지 하는 자도 있었다"고 한다.[122] 비록 『독립신문』 필진이 '국민계몽' 과정에서 '관념적이고 엘리트적인 인식'을 보이기는 했지만,[123] 이전 신문과는 달리 '정부비판'을 했다는 것은 언론인의 역할을 넓히는 데 기여했다고 할 수 있다. 이와 같이 『독립신문』이 정부에 대해 어느 정도 비판적 역할을 할 수 있었던 것은 독립협회 활동과 관련이 있었다. 특히 독립협회가 1898년을 기점으로 과격파와 온건파로 분화되는데, '과격파'는 서재필을 중심으로 입헌군주제를 추구했다면, '온건파'는 황제권과의 연대를 통해 근대화를 이루하고자 했는데 과격파의 입장이 『독립신문』을 통해 어느 정도 표현되

---

122) 서재필, 「회고 갑신정변」, 민태원 편, 『갑신정변과 김옥균』, 국제문화협회, 1947, 91~92쪽.
123) 김영희, 「독립신문 발행주체의 언론사상」, 『언론과 사회』 제14호, 1996, 53쪽.

었던 것이다.[124]

언론인의 계몽적, 지도적 역할에 대한 강조는 이후에도 계속되었다. 『제국신문』 사장이었던 이종일은 "신문이란 본래 국민의 개명을 계도하는 기관이다. 기자가 사건 내용을 분석해서 기자 뜻대로 지도기사를 쓰는 것은 가장 중요하며 마땅한 일이다"라고 주장하였다.[125] 나아가 이종일은 언론인이 당대 사람들을 계몽하는 것뿐만 아니라 후대 사람들에게 교훈을 주는 사관으로서의 역할을 해야 한다고 주장하였다. 이종일은 "신문은 옛날의 사기(史記)와 같다"고 하며, "이에 뜻 있는 사람들이 요즈음 세상에 문란함을 한탄하고 이를 바로잡고 국민을 개명시키는 방법으로 옛날 사기를 쓰듯 신문을 창간했다"고 하며, 언론인은 '사관'과 같은 역할을 해야 한다고 주장하였다.[126] 같은 맥락에서 장지연도 『시사총보』의 창간사에서 다음과 같이 주장하였다.[127]

옛적에 패관(稗官)과 야사(野史)가 있어서 사기(史記) 짓는 사람이 혹 취(取)하더니, 지금은 변하여 신문이 되었으니 그 법이 대개 유럽과 미국에서 창설하여 근래에는 각국에 성행하니, 이도 사기의 유(流)라. 그 체가 두 가지 있으니 일왈 논설이요 이왈 잡보(雜報)니 논설이란 자(者)는 사가(史家)의 평론하는 체(體)요 잡보란 자는 사가의 기사(記事)하는 체라.

장지연은 위의 글에서 언론인에게는 '사관'의 역할뿐만 아니라 '간관(諫

124) 주진오, 「19세기 후반 개화 개혁론의 구조와 전개: 독립협회를 중심으로」, 연세대학교 박사학위논문, 1995, 144~155쪽.

125) 「적반하장인 한성신보의 곡필」, 『제국신문』 1898.9.21, 『옥파 이종일 선생 논설집』 권 3, 한국인문과학원, 1999, 139쪽.

126) 「신문은 옛날의 史記와 같다」, 『제국신문』 1899.3.17, 『옥파 이종일 선생 논설집』 권 3, 한국인문과학원, 1999, 152~153쪽.

127) 「本報發刊之趣旨」, 『시사총보』 1899.1.22, 『장지연전서』 8, 단국대학교 부설 동양학연구소, 1986, 706쪽.

官)의 직책'까지 있다고 주장하기도 했다.[128] 또한 장지연은 "현세와 같은 우승열패·적자생존의 시기"를 맞아 "정치로서 국민을 교화시키고 문명이 발달하도록 하는 것"이 신문의 제1목적이라고 주장하였다.[129] 사회진화론에 영향을 받았던 장지연은 언론인을 전통적인 '사관'과 '간관'의 역할을 해야 할 뿐만 아니라 근대적인 계몽적 지식인으로서의 역할도 해야하는 것으로 파악하였다. 즉 "장지연은 유교중심주의적 개신유학자로서 언론에 투신했지만 언론문필가로서 끊임없이 논설을 쓰고 또 근대적 의미의 계몽적인 저술활동을 활발하게 했다는 점에서 근대언론인의 특징을 가지고 있다"고도 할 수 있다.[130]

『황성신문』도 동양에 과거 요순시절부터 민의를 파악하고 선도하는 역할을 하는 오늘날의 신문과 같은 제도들이 있었음을 주장하고 있는데, 이것은 곧 신문에게 과거의 간관과 같은 역할이 있음을 주장한 것이었다. 이 같은 인식은 "신문기자(新聞紙之記者)는 지위도 권력도 없으나 세상일을 눈을 부릅뜨고 보며, 시대의 어려움에 관심을 두어야 하며, 그 논리의 전개는 공정하며 사건에 대한 논평은 정당해야 하며, 권세를 두려워하거나 간특한 자들을 겁내지도 않으며, 이치에 맞지 않는 일이나 따져야 할 곳은 모두 냉정히 따져야 한다"고 주장한 데서도 잘 드러난다.[131] 『황성신문』은 과거의 간관이 민의를 수렴하는 역할을 했듯이 오늘날에

---

128) 『제국신문』에서는 간관의 역할이 신문보다는 '중추원'으로 이어졌다고 보았다. 김영희, 「한국 근대언론사상의 형성과 그 성격에 관한 연구」, 한양대학교 박사학위논문, 1994, 116~117쪽. 장지연이 주필이던 『시사총보』도 간관제도의 변형이 중추원이라고 주장했다. 이훈옥, 「장지연의 변혁사상의 형성배경과 전개」, 『위암 장지연의 사상과 활동』, 민음사, 1993, 215쪽.

129) 「황성신문사기」, 이훈옥, 「장지연의 변혁사상의 형성배경과 전개」, 『위암 장지연의 사상과 활동』, 민음사, 1993, 225쪽 재인용.

130) 김남석, 「장지연의 언론활동에서 근대의식의 영향에 관한 연구」, 『언론학연구』 16권 2호, 2012, 47~48쪽.

131) 『황성신문』 1898.9.6, 논설.

는 신문이 그런 역할을 한다고 하며, 자신들이 쓰는 "논설이 가히 우리나라의 여론을 만들 것이라"고 주장하기도 했다.[132] 특히 『황성신문』이 간관의 역할을 강조했던 것은 사림(士林)을 '국가의 원기(原基)'라고 바라보는 인식과 긴밀한 관계가 있었다.[133] 과거 사림이 간관을 배출하는 가장 중요한 근거였기 때문에 사림을 중요시하는 것은 곧 언론의 역할을 강조하는 것이기도 했다. 『제국신문』이나 『황성신문』은 대상독자 면에서는 큰 차이가 있었고, 필진들의 사회적 특성에서는 다소 차이가 있었으나, 언론인의 역할에 대한 인식에서는 별로 차이를 보이지 않았다. 일제의 언론 탄압이 강화되면서, 이제 언론인은 "목숨을 내놓을" 정도의 '저항적 선비'로서의 역할을 해야 한다는 주장이 나왔다.[134]

> 그동안 한두 신문이 있어 미약한 힘으로나마 이들의 호소를 들어주고 시비를 가려 왔음은 국민에게 다행한 일이었다. 우리 국민들은 신문으로 힘을 얻어 폐습을 차차 없애고 개화정신을 진작하여 그 성과가 전국 국민에게 미친 후 그 개화정신이 신문을 위하는 힘이 될 때 비로소 신문은 옳고 바른 말을 하는 논조가 강해지게 된다. 이렇게 되면 민심의 수준과 신문의 위력이 이 정도가 된 후엔 감히 신문사를 압제하거나 행패를 부리지는 못할 것이다. 혹 생명의 위협을 느끼는 경우에 이르러도 국민을 위하는 일이라면 선비들이 앞 다투어 목숨을 내놓을 것이며 위험을 두려워해서 입이 있어도 말 못하는 벙어리처럼 좌시하지는 않을 것이다.

위의 내용을 보면 언론인의 역할을 '국민 계몽'과 '정부 비판'에 두던 것에서 '외세에 대한 저항'으로까지 나아가게 되었다는 것을 알 수 있다. 이

---

132) 『황성신문』 1899.2.24, 논설.
133) 박찬승, 『한국근대정치사상사연구』, 역사비평사, 1992, 78~79쪽.
134) 「신문은 공기, 정론 펴야 국가발전」, 『제국신문』1902.9.13, 『옥파 이종일 선생 논설집』 권 3, 한국인문과학원, 1999, 182쪽.

시기에 "신문사를 압제하거나 행패를 부리"는 집단이 바로 일본이었기 때문이다. 언론인이 이제는 '계몽'과 '비판'에 더해 '저항'까지 해야 하고, 이런 저항을 위해 "선비들이 앞 다투어 목숨을 내놓"는 일까지 해야 한다고 주장했던 것이다. 비단 '선비'로 상징되는 개신유학자적 전통의 언론인만이 아니라 이승만 같이 신학문을 공부한 언론인들도 정부와 외세에 대한 비판적인 의식을 갖고 있었다.[135] 이렇듯 개화기 언론인들은 자신들의 직업적 역할을 점차로 '계몽'과 '저항'에 두고 활동해 나갔다.

특히 『대한매일신보』는 이런 경향을 주도해 나갔다. 『대한매일신보』는 "나라의 정신을 보전하려 하는 언론을 창도하려면 삼천리 안에 있는 수구하는 완고(頑固)"들이 나서서 "성리지설과 강남풍월로 일평생 큰 사업을 삼아 넓은 소매와 큰 갓으로 일신을 구속하며 가라대 이것은 우리나라 오백년 전래하는 유풍"이라고 하며 방해한다고 비판했다. 또한 "신 공기를 마시려는 언론을 창도하려 하면 외국인에게 아첨하는 악물들이 타인의 창귀되기를 달게 여기며 문명개화의 겉껍질"만 흉내내며 "사천년 이래 인물에는 한 사람도 성현호걸이 없다 하여 자기의 조선을 조소"하며 왜곡하고 있다고 비판하였다.[136] 『대한매일신보』의 이런 입장은 '자력에 의한 실력양성을 주장'하던 것으로,[137] 봉건적 전통으로부터 벗어나기 위해 실력을 양성하되, 외세에 의존하지 않고 스스로 노력해야 한다는 것이었다.

또한 『대한매일신보』는 일제에 대한 비판과 저항뿐만 아니라 친일 세력에 대한 비판에도 앞장섰다. 일진회 기관지 『국민신보』와 이완용 내각 기관지 『대한신문』을 비판하는 논설을 자주 실었는데, 한 논설에서는

---

135) 이승만, 「청년 이승만 자서전」, 『뭉치면 살고…: 1898~1944년 언론인 이승만의 글 모음』, 조선일보사, 1995, 88~90쪽.
136) 「언론의 극난」, 『대한매일신보』 1907.3.28, 논설.
137) 박찬승, 『한국 근대정치사상사 연구』, 역사비평사, 1992, 90쪽.

"작일에 한 마귀를 경계하니 금일에 또 한 마귀가 오니 내 붓이 건장하나 좌수우응하기 실로 괴롭도다"라고 하며, "이 두 마귀에 대해서는 신문기자의 자격으로 책망치 아니하고 특별히 그 정상을 헤아려 밑둥을 감할지니"라고 격하게 비판하기도 했다.[138] 이제 『대한매일신보』는 언론인이 '신문기자의 자격'을 넘어서서 더욱 적극적으로 일제나 친일세력에 맞서야 한다고까지 주장했던 것이다.

　이렇듯 계몽과 비판에 이어 저항까지 하는 언론인의 활동을 통해 이른바 '지사(志士)적' 언론인상이 만들어지기는 했지만, 정작 당대의 언론인이 스스로를 지사라고 부르지는 않았다.[139] 『한성순보』 7호(1883.12.29), 14호(1884.3.8) 등에서 이미 '지사'(志士)라는 단어가 나타났고, 그 뒤에도 신문에 간혹 사용되었지만, 비판적이고 저항적인 지식인이라는 의미를 갖고 사용되지는 않았다.[140] 『대한매일신보』는 자신들 스스로를 '지사'라고 표현하지는 않았지만, '가지사(假志士)'를 비판함으로써 자신들이 진짜 '지사'라는 것을 은연중에 주장했다.[141]

　　천하에 가장 밉고 가장 괴이한 자는 곧 가지사(假志士)라. 그 외모를 볼진대 의젓한 참지사나 뱃속에는 이욕(利慾)만 잔득 찼으며 그 말을 들으면 완연(宛然)한 참지사나 그 행위는 간음(奸陰)이 백출하는지라. … 오호라 입으로는 나라를 근심한다 나라를 사랑한다 하여도 그 마음은 실상 나라를 근심함도 아니오 나라를 사랑함도 아닌 일종 가지사들아 너희가 비록 간휼(奸譎)한

138) 「국민 대한 두 마귀를 경계함」, 『대한매일신보』 1909.5.23, 논설.
139) 장지연은 1908년 6월 26일자 일기에서 자신을 '한국 지사(志士) 장지연'이라고 표현했다. 장지연, 「장지연 海港日記」, 김영호 편역, 『항일운동가의 일기』, 서문당, 1975, 236쪽.
140) 윤효정은 대한협회의 구성원을 "학문이 있으며 자산이 있을 뿐만 아니라 경험이 풍부한 신사(紳士)며 학사(學士)며 지사(志士)"들이라고 설명했다. 윤효정, 「我會의 本領」, 『대한협회회보』 9호, 1908, 64쪽. 초기에 지사라는 단어는 그냥 '지식인'이라는 의미에 가까웠던 듯하다.
141) 「가지사(假志士)를 책함」, 『대한매일신보』 1908.11.21, 논설.

심술을 품고 부끄럽게도 그 악함을 숨기고 그 잘한 것을 드러내고자 하나 세상 사람이 너희 심장을 이미 아는지라. … 오호라 가지사들이여 가장 가증한 자는 너희들이 지사의 이름을 내세워 참지사를 해롭게 함이로다. 세상 사람이 너희 가지사의 행위를 보고 참지사에 대하여도 의논하면 반드시 가라대 소위 지사라 하는 것은 다만 말로만 지사며 붓끝으로만 지사라 하여 지사의 명예를 파괴하며 지사의 사업을 방해하느니 오호라 가지사여 우리는 그대네가 억지로라도 회개하여 진심으로 나라를 근심하며 진심으로 나라를 사랑하는 참지사가 되기를 축원하노라.

이 글 속에서 거론한 가지사(假志士) 중에는 "연설단에 올라서 평론"하는 사람도 있고, "외국에 여러 해를 유람하여 문명한 기운을 많이 받은" 사람도 있었는데, 이들이 빈번하게 "정부와 외인의 사냥개와 매"가 되기도 했다고 비판했던 것이다. 이 글은 1908년 11월의 현실에서 『대한매일신보』가 친일의 길을 걷고 있는 다른 신문이나 많은 인사들을 상대로 비판을 하며, 자신들이야말로 '참지사'라고 자부했던 것이었다. '상업주의'를 배격하고 '계몽주의'적 역할을 강조하던 풍토가 언론인들에게 지사적 특성을 갖게 만들었던 것이다.

그러나 신문에 '충군애국론(忠君愛國論)'이 계속 나타나고 있는 데서 알 수 있듯이,[142] '정부비판'의 필요성에 대한 언론인의 인식에는 분명히 한계가 있었다. 정부의 재정 지원을 받았던 것이 다소 영향을 주었을 수도 있겠지만, 이보다는 외세에 맞서야 한다는 '국익' 차원의 판단이 더 앞선 결과라고 보아야 할 것이다. 이에 따라 "신문을 통한 외세의 견제는 국익 차원의 일일 수도 있겠지만, '사회의 스승'임을 자임한 계몽주의 신문들이 정부와 '보조 맞추기'를 함으로써 적지 않은 문제점을 드러냈다"는 평가를 듣기도 했

---

142) 김민환, 『개화기 민족지의 사회사상』, 나남, 1988, 128~134쪽.

다.[143] '국민 계몽'을 기본적인 역할로 규정하며 활동했던 언론인들이 때로는 '정부에 대한 비판'과 '외세에 대한 저항' 사이에서 고민할 수밖에 없었다.

일제의 강점을 앞두고 언론인의 역할에 대한 인식에서 변화가 나타났다. 이런 변화를 보여준 대표적인 인물이 이인직이었다. 『국민신보』나 『대한신문』 같은 친일신문에서 활동했던 이인직은 1900년대 초에 일본의 대중신문에서 견습기자 생활을 한 바 있었다. 그는 견습 당시에 "나는 신문을 가지고 세계 문명을 그대로 옮기는 사진기계가 되고 새로운 소식을 말로 전하는 기계가 되겠다. 나는 그 문명의 참모습을 그대로 그려서 우리 국민에게 충고하는 중계자가 되기를 바란다"고 주장했다.[144] 그가 운영을 주도한 『만세보』가 계몽적인 역할을 하겠다고 주장했지만, 다른 신문에 비해 상대적으로 친일적이고 대중적이었다는 점에서도 언론인의 역할에 대한 이인직의 인식을 알 수 있다.[145] 1907년 중반부터 『제국신문』에서 활동했던 정운복과 이해조도 '사실성'을 강조하는 활동을 했는데,[146] 과거의 계몽적·저항적 지식인으로서의 언론인에서 아주 부분적이나마 기능적 역할을 위주로 활동하는 언론인으로의 변화를 보였던 것이다.

2) 신문사친목회의 '친목도모'적 활동의 한계

1898년 10월에 언론인은 '신문사친목회'라는 모임을 결성하였는데, 이 모임에는 『독립신문』, 『매일신문』, 『제국신문』, 『황성신문』 같은 민족지만이 아니고 일본의 지원에 의해 발행되던 『한성신보』도 참여하였다.[147]

---

143) 박노자, 『우리가 몰랐던 동아시아』, 한겨레출판, 2007, 142~144쪽.
144) 다지리 히로유끼, 『이인직 연구』, 국학자료원, 2006, 62쪽.
145) 최기영, 『대한제국시기 신문연구』, 일조각, 1991, 100~111쪽.
146) 배정상, 「제국신문 소재 이해조 소설 연구」, 『동양학』 제49집, 2011, 144~146쪽.
147) 「신문사친목회」, 『독립신문』 1898.10.25.

『한성신보』는 일본의 조선 침략을 위한 수단으로 발행되고 있었는데, 신문의 4면 중 1면과 2면을 국문과 국한문혼용기사, 3면은 일문기사, 4면은 광고로 구성하여 조선인과 일본인을 모두 대상독자로 하고 있었다.[148] 이런 『한성신보』가 참여했던 것을 보면, 신문사친목회는 단지 조선인 독자를 대상으로 하는 신문사들이 경영상의 현실적 문제들을 해결하기 위해 만든 단체라는 것을 알 수 있다. 또한 이 모임에는 경영진과 편집진 구분 없이 모든 언론인이 참가하였다.

이 모임은 매월 제2 토요일에 윤번으로 회원사에 모여 '평상회'를 열고, 연 2회의 총회를 열기로 규정하였다.[149] 신문사친목회는 1899년 1월에 그리스도신문사에서 3차 회의를 열어서, '신문상에 유익한 의논'을 하기로 하였다.[150] 이 기사 내용을 보면 『그리스도신문』이 추가로 참여했다는 것을 알 수 있다. 1899년 1월 모임에서는 대한제국 정부가 추진하던 신문지조례의 제정에 관한 논의를 하였다. 신문사친목회는 "내부에서 신문조례를 마련한다 하니 우리도 일본 서양 각국 신문조례를 널리 취득하여 일간 특별회를 하고 내부에 질문"하기로 결정하였다.[151] 이렇듯 신문사친목회는 언론통제에 맞서는 데 공동으로 대응하기도 했다.

다음 달 『독립신문』 기사에는 이 모임의 명칭이 '신문사동맹'이라고 나와 있고, "서울 안에 있는 내외국 각 신문사 사원들이 돌아간 토요일에 제4차 친목동맹회를 독립신문사에서 열고 동서양 각국 사람들이 모여 신문 사업에 관계 되는 일을 토론 강명하였다"고 보도되었다.[152] 『황성신

148) 박용규, 「구한말 일본의 침략적 언론활동」, 『한국언론학보』 43권 1호, 1998, 162~163쪽.
149) 「新社總遊」, 『황성신문』 1899.4.17.
150) 「신문사친목회」, 『독립신문』 1899.1.11.
151) 「신문 조례 의논」, 『독립신문』 1899.1.17.
152) 「신문사동맹」, 『독립신문』 1899.2.20.

문』기사에는 이 모임의 명칭이 '신문사간친회'라고 나와 있고, "신문 발달할 방책을 상론"하고, 새로 창간된 『시사총보』의 참여를 권유하기로 결정하였다.[153] 이런 기사들을 통해 모임의 명칭이 확정되어 있지 않았고, 참여 범위도 상당히 개방되어 있었으며, 주로 신문사의 운영에 관한 공동협의를 했다는 것을 알 수 있다. 1899년 3월에는 '신문사동맹회(친목회)'가 3월 11일에 열려 "아펜젤러가에서 의론하는 몇 조목을 결의"하였다고 보도되었다.[154]

1899년 4월의 '신문사간친회'에는 마침 서울에 와 있던 동경과 대판의 신문사 사장도 참석하기로 했다.[155] 이날 모임에는 "한성, 독립, 크리스도, 대한황성, 제국 각사 사원 근 30인"이 남산 노인정에 모여 "회식(會式)에 의하여 사무를 대강 의결"하고 다과를 먹으며 음악을 듣고 '도도한 흥'을 즐겼다고 한다.[156] 1899년 6월의 신문사간친회는 한성신보사에서 모였는데 "신문사 사무로 강론한 후 다과례를 행하는데 화기가 융융"했다고 한다.[157] 이렇듯 민족지들과 대립적 논조를 보이던 『한성신보』가 참여한 신문사간친회의 분위가 좋았던 것은, 이 단체가 단순한 친목도모의 성격이 강했기 때문이었다고 할 수 있다. 1899년 7월의 신문사간친회는 『독립신문』 차례였는데, 사장 엠벌리 집에서 열려 "신문사 사무를 강론하고 놀았다"고 한다.[158]

1899년 9월 신문사간친회서는 황성신문사에서 주관했는데 '제일 문

---

153) 「報社懇親」, 『황성신문』 1899.2.20. 이후의 보도에는 거의 모두 '신문사간친회'라고 나와 있다.
154) 「신문사동맹회(친목회)」, 『제국신문』 1899.3.14.
155) 「간친회 손님」, 『독립신문』 1899.4.15.
156) 「新社總遊」, 『황성신문』 1899.4.17.
157) 「신문사간친회」, 『독립신문』 1899.6.12.
158) 「신문사간친회」, 『독립신문』 1899.7.12.

제는 루-다(Reuter) 전보'에 관한 것이었다고 한다.[159] 당시 신문들은 외국 뉴스통신사와 계약을 맺고 뉴스 수신을 하였는데, 이에 대해 공동 대응할 문제가 발생했던 듯하다.[160] 1899년 10월에는 그리스도신문사 사장 언더우드 집에서 신문사간친회를 열어서 "신문상 사무에 긴요한 일들을 강론"하였다.[161] 1899년 12월에는 제국신문사가 간사가 되어 열렸는데, 『독립신문』 사원은 아무도 참석하지 않았다.[162] 『독립신문』은 12월 4일자를 마지막으로 사실상 폐간된 상태였기 때문에 참석할 수 없었다.

『제국신문』을 발행하던 이종일이 남겨놓은 『옥파비망록』에는 1898년과 1899년에 민족지 소속 언론인들 사이의 교류가 상당히 활발했던 것으로 나와 있다. 이종일이 서재필, 남궁억, 장지연, 박은식, 유근 등을 자주 만나 '신문사운영문제' 등에 대해 논의하기도 했다. 그럼에도 일본인 발행의 『한성신보』나 외국인 발행 『그리스도신문』까지 참여한 신문사간친회를 운영했던 것은 신문운영상 필요한 문제를 논의하기 위해서는 이런 단체가 필요하다는 인식 때문이었을 것이다.

1899년 이후 상당히 오랜 기간 동안 언론인단체의 활동을 자료에서 찾아보기 어렵다. 『독립신문』이 폐간되고 나머지 신문이 대부분 재정난을 겪으면서 언론인들이 단체활동을 하기 어려웠기 때문이었을 것이다. '신문간친회'가 다시 등장한 것은 1907년 3월이었다. 이번에 결성된 신문간친회는 "한자(韓字)로 발행하는" 신문뿐만 아니라 잡지에 재직하는 '사장 및 기자'들이 모두 참여하는 단체였다. "제국, 황성, 만세, 매일, 국민, 경

---

159) 「신문사간친회」, 『독립신문』 1899.9.19.
160) 『황성신문』은 1899년 1월 5일에 영국의 '루터'(Reuters)와 '전보' 계약을 했다고 보도했다. 『황성신문』 1899.1.5, 사고. 1898년에 "한성에 영국의 로이터통신이 들어왔다"고 한다. 최준, 『한국신문사』 중판, 일조각, 1982, 142쪽.
161) 「신문사간친회」, 『독립신문』 1899.10.16.
162) 「신문간친회」, 『황성신문』 1899.12.11.

성 6사와 잡지사는 대한자강회월보, 조양보사, 소년한반도사, 야뢰보사 등 19인"이 참여하였다.[163] 과거의 신문사간친회처럼 이번에도 민족지와 친일지가 모두 참여했지만, 과거와는 달리 이번에는 신문사뿐만 아니라 잡지사도 참여했다. 특히 통감부 기관지인 『경성일보』가 포함된 것은 이 신문이 1906년 9월 1일부터 1907년 9월 21일까지 1년 동안 한글판을 발행했기 때문이었을 것이다.[164] 회원사들은 회비를 걷어서 신문사간친회를 운영하였다.[165]

1907년 5월에 열린 신문간친회에는 일본인 경무(警務) 담당자들이 참석하였다. 이미 일본 헌병사령부에 의해 언론탄압이 자행되던 현실에서 경무 고문, 경부, 경시 등이 참석한 것은 언론통제에 대한 언론인들의 의견을 전달하기 위한 시도였을 가능성이 있다. 이 모임의 명칭이 '신문간친회', '기자간친', '기자간회' 등 신문마다 다르게 표기된 것을 보면, 모임의 형식이 비교적 느슨한 형태로 운영되었던 듯하다.[166] 민족지와 친일지가 함께 간친회에 참여하면서 내부에서 갈등이 벌어지기도 했는데, 다음의 기사는 그런 상황을 잘 보여주고 있다.[167]

> 지난 일요일에 명월관에서 각 신문기자들이 간친회를 하는데 국민신보 기자와 대한신문 기자가 서로 귀를 대이고 비밀한 수작이 은근하다더니 필경 본보에 대하여 수컷은 부르거나 암컷은 화답하거니 능욕을 하였으니 양 신보

163) 『제국신문』에는 '신문간친회'로 나와 있고, 『황성신문』에는 '기자간친'이라고 나와 있다. 「신문간친회」, 『제국신문』 1907.3.12; 「기자간친」, 『황성신문』 1907.3.12.

164) 정진석, 『언론 조선총독부』, 커뮤니케이션북스, 2005, 36~37쪽.

165) 서북학회 기관지 『서우』는 1907년 4월에는 1원, 6월에는 2원, 7월에는 3원, 8월에는 2원, 9월에는 1원, 10월에도 1원을 신문사간친회 회비로 냈다. 회비납부 내용이 『서우』 5호(1907.4), 7호(1907.6), 8호(1907.7), 9호(1907.8), 10호(1907.9), 11호(1907.10) 「회계원보고」에 '신문사간친회 시비용조(時費用條)'라는 항목에 나와 있다.

166) 「신문간친회」 『만세보』 1907.5.7.; 「기자간친」, 『제국신문』 1907.5.7.; 「기자간회」, 『황성신문』 1907.5.7.

167) 「마귀들이 수군수군」, 『대한매일신보』 1907.12.15.

기자의 동심 주모하는 것은 세상 사람들이 다 아는 바라더라.

당시에 가장 항일적 논조를 보였던『대한매일신보』와 일진회 기관지
『국민신보』, 이완용 내각의 기관지『대한신문』등의 친일지 사이에는 치
열한 대립 속에 논쟁이 벌어지곤 했는데, 이런 갈등이 간친회에서도 그
대로 나타났던 것이다. 이런 갈등 속에서도 간친회는 나름대로 언론통제
에 대응하는 활동을 하려고 시도했다. 정부가 언론의 통제에 제대로 응
하지 않자, "근일에 각부 관리가 신문기자를 거절하고 들이지 아니하는
폐가 있는 고로 모 신문 사장이 본일에 간친회를 하고 해 사건을 내각에
교섭하기로 결의한다더라"는 보도가 나왔다.[168] 그러나 민족지와의 갈등
때문인지『대한신문』에서 아무도 참여하지 않아서 '기자간친회'는 유회
되었다.[169]

이렇듯 대립과 갈등이 벌어지면서도 간친회는 계속되었다. 1908년 7
월 5일에 '신문기자간친'회를 열었고, 7월 12일에는 "한일 양국 신문기자
들이" 함께 간친회를 열기도 했다.[170] 1908년 7월 26일에는 한일 신문 기
자들이 간친회를 열기로 했는데, 간친회는 각부 대신, 경시 총감과 부총
감, 부통감, 한성부윤 등 일본인과 조선인 고등관들을 초청하였다.[171] 그
러나 야외에서 열려다가 비로 인해 일주일 연기된 행사에 고등관이 모두
일정이 겹친다는 이유로 참석하지 못해 간친회가 열리지 못했다.[172] 조선
인 발행 신문과 일본인 발행 신문의 기자들이 함께 모였던 기자간친회는

---

168)「기자간친회」,『대한매일신보』1908.2.9.

169)「간친회의 불성」,『대한매일신보』1908.2.11.

170)「신문기자간친」,『대한매일신보』1908.7.7.;「기자간친회」,『대한매일신보』
    1908.7.12.

171)「기자간친회」,『대한매일신보』1908.7.26.

172)「懇會退定」,『황성신문』1908.7.26.;「有事退期」,『황성신문』1908.8.2.

일제의 언론통제에 맞서는 역할을 제대로 하지 못했고, 이후에는 아예 간친회가 제대로 열리지 못했다.[173] 개화기의 언론인단체는 당시 언론인들의 활동에 가장 커다란 영향을 주었던 언론 탄압에 대해 제대로 대응하지 못했던 것이다.

1909년 7월 11일에는 『大阪毎日新聞』 사장을 초대하여 간친회를 열었는데, 일본인 발행 신문들인 『京城新報』, 『大韓日報』, 『京城日報』, 『서울프레스』, 『朝鮮新聞』, 『朝鮮日日新聞』의 사장이나 편집국장이 참석하였다. 한편 조선인 발행 신문인 『황성신문』의 사장 유근과 기자 남석우, 『제국신문』 사장 정운복과 기자 선우일, 『국민신보』 사장 한석진과 기자 김규형, 『대한신문』의 사장 이인직과 기자 신광희, 『대한민보』의 사장 오세창과 기자 장효근 등이 참석하였다.[174] 이 자리에 참석하지 않은 『대한매일신보』는 "한국 각 신문 기자가 일본 대판매일신보 사장 야마모토 히코이치(山本彦一)를 재작일에 명월관으로 청하여 연회를 하는데 각 신문 사장과 사원 사십여 인이 회동하였고 그날 연회비는 각신문사에서 이십 원씩 판비하였다더라"고 비판적으로 보도하였다.[175]

그래도 1909년 말까지 아직은 친일 신문에 대한 반감이 있었는지 기자단에서 일진회 기관지인 『국민신보』를 배척하기로 했다. 『대한매일신보』는 "국민신보는 일진회의 기관이라 하여 각 신문 기자단에서 발기하고 국민신보사와 교섭을 거절하기로 한다더라"고 보도하였다.[176] 일진회 기관지 『국민신보』가 본격적으로 '합방의견서'를 게재하는 등 노골적인 친일 활동을 하자 기자단에서도 『국민신보』를 비판하고 나섰던 것이다.

---

173) 「간친회퇴정」, 『대한매일신보』 1908.11.15.

174) 「한일기가간화」, 『대한민보』 1909.7.13.

175) 「기자연회」, 『대한매일신보』 1909.7.13.

176) 「신문기자단 발기」, 『대한매일신보』 1909.12.12.

이미 조직적 활동을 하지 못하고 있기는 했지만, 민족지의 기자들로서는 노골적으로 친일 활동에 앞장서던『국민신보』를 그대로 두고 볼 수는 없었기 때문이었다.

그러나 1909년 말부터 언론인의 단체활동은 사실상 일제의 정책에 동조하는 방향으로 이루어지기 시작하였다. 이미 1909년 10월에는 재경한인기자단을 대표하여『황성신문』사장 유근과『제국신문』사장 정운복이 대표로 이토오 히로부미 장례식에 조문을 하기도 하였다.[177] 또한 1909년 12월에는『황성신문』사장 유근과『대한민보』사장 오세창이 대표적인 '매국노'로 지탄받던 내각총리 이완용을 병문안 하는 일도 있었다.[178] 더욱이 일진회가 '합방의견서'를 발표해 민족지와 친일지의 대립이 격화되던 상황에서, 친일세력 내부의 주도권을 두고 일진회와 경쟁을 하던 이완용을 병문안 했다는 것은, 일부 언론인이 지닌 의식의 한계를 보여주는 것이었다.

당시 언론인은 신문사 운영에 필요한 실무적 문제들만을 해결하려는 소극적인 자세를 갖고, 민족지와 친일지, 그리고 잡지까지 참여하는 언론인단체에 참여했던 것으로 보인다. 이렇듯 일제의 언론탄압이 강화되던 현실에서 민족지 소속 언론인이 신문사친목회라는 조직을 통해 일제의 언론탄압에 맞서려는 공동의 노력을 기울이지 않은 것은 한계로 지적할 수 있다. 언론인으로서의 직업적 정체성이 별로 없던 시기였던 만큼 직업적 안정성이나 전문성을 위한 활동이 없었던 것은 당연했지만, 일제의 언론탄압에 맞서는 저항적 언론활동을 하면서도 정작 언론인단체를 통해서는 아무런 대응을 하지 않았던 것은 당시 언론인의 의식의 한계를 보여주는 것이었다.

---

177)「기자단 弔禮」,『대한매일신보』1909.10.31.
178)「兩社慰問」,『대한민보』1909.12.24.

2장
식민지 시기의 언론인

1. 언론인의 사회적 배경

1) 언론인 집단의 사회적 특성

(1) 새로운 언론인 집단의 형성

일제의 문화정치 실시로 1920년에 3개의 조선인 민간지가 창간되었다. 친일단체인 대정친목회에 의해 발행된 『조선일보』나 친일파인 민원식에 의해 창간된 『시사신문』은 말할 것도 없고, 소위 '민족주의' 세력의 대변지임을 자처하던 『동아일보』까지도 총독부 기관지였던 『매일신보』나 조선 내 일본어 신문에서 근무했던 언론인들이 실질적인 신문 제작을 주도했다. 1910년 일제의 강점 이후 조선 내에는 조선인들에 의한 조선어 신문의 발간이 일체 금지되어 있었기 때문에 경험 있는 언론인이 없었고, 1910년 이전의 근대 신문에서 활동했던 언론인은 대부분 연로하여 언론활동을 할 수 없었거나 독립운동을 위해 해외로 망명했기 때문이었다.[1]

---

1) 박용규, 「일제하 민간지 기자집단의 사회적 특성의 변화과정에 관한 연구」, 서울대학교 박사학위논문, 1994, 117~122쪽. 2장에서는 이 논문의 내용을 정리하고, 일부 내용을 보완했다. 특히 2장의 표는 이 논문의 표를 대부분 그대로 활용했다.

『동아일보』의 경우 창간 당시에 『매일신보』 출신인 이상협·김형원·유광열·서승효, 일본인 발행 『평양일일신문』의 장덕준, 일본의 『大阪朝日新聞』의 진학문 등과 1909년 창간된 『대한민보』의 발행 겸 편집인을 지냈던 최영목까지 7명이 언론계 경력자였다. 또한 『동아일보』에는 이후에도 『매일신보』 출신의 민태원, 『대한매일신보』를 거쳐 『매일신보』의 발행 겸 편집인을 지냈던 정우택, 3·1운동 당시의 지하신문인 『조선독립신문』을 발행했던 장종건이 입사했다.

『조선일보』의 경우에는 창간 당시 편집국장으로 『제국신문』 사장을 지냈던 최강, 일본인 발행 『조선신문』 조선어판 주임을 지냈던 최원식, 일본인 발행 주간 조선어 신문인 『반도신문』의 편집 주임을 지낸 최찬식 등이 창간과정에 참여했다. 창간한 후 얼마 지나지 않아 『대한매일신보』, 『국민신보』, 『매일신보』를 거쳐 『만주일보』 사장을 지냈던 대표적인 친일 언론인 선우일이 최강의 후임 편집국장으로 입사했다.

이들 외에도 민간지 입사 이전에 언론계 경력을 지닌 인물이 몇 명 더 있었다. 1918년에 공채로 『매일신보』에 입사한 이후 『조선일보』, 『시대일보』, 『동아일보』 기자를 지냈던 아동음악가 유지영, 『매일신보』를 그만 두고 잡지 『신천지』를 발행하다 구속되기도 했으며 1932년에 잠시 『조선일보』의 편집부장을 지냈던 백대진, 그리고 『반도신문』의 기자를 지냈고 일본 유학 후에 『동아일보』의 지국 주재기자를 거쳐 『조선일보』 기자가 되었던 이종모 등이 있었다.

민간지 창간 초기에 실질적으로 신문발간 업무를 담당할 수 있는 경력기자의 채용이 불가피하기는 했지만, 이들 중 상당수가 총독부 기관지인 『매일신보』 출신이었다는 점에서 일제의 강점 이전에 활발하게 전개되었던 '민족주의적 언론' 활동의 전통 계승이라는 점에서는 문제가 있는 것이었다. 『동아일보』의 경우에 이런 한계를 보완하기 위해 1910년 이전에 민족주의적인 언론활동을 했던 유근과 양기탁을 편집감독으로 초빙했지만, 이들이 실질적인 신문제작 업무에 거의 참여하지 않았다는 점에서 이들의 편집감독 취임은 단지 상징적 의미만을 지니는 것이었다.[2] 창간을 전후한 시기에 『조선일보』에 참여했던 최강, 선우일 등은 신석우에 의한 인수 이후에 모두 언론계를 떠났다. 하지만 『동아일보』 창간에 참여하여 실질적으로 신문 제작을 주도했던 『매일신보』 출신이나 기타 일본어 신문 출신 기자들이 계속 활동했을 뿐만 아니라 이들에 의해 많은 기자들이 훈련되었다는 점은 일제 강점기 언론인 집단의 성격에 많은 영향을 주었다.

이러한 언론계 경력자와 함께 민간지 초기에 커다란 역할을 했던 집단이 바로 일본 유학생들이었다. 이들은 대부분 1910년대 중반부터 1920년대 초반 정도까지 일본에서 유학생활을 했던 사람들로, 『동아일보』의 경우 창간 당시의 편집진 중에서 장덕수, 진학문, 박일병, 김명식, 고희동, 염상섭, 변봉현 등이 일본에서 유학을 했던 인물들이었다. 이렇듯 『동아일보』에 일본 유학생 출신이 많이 참여했던 것은 김성수나 송진우가 1910년대에 일본 유학을 하며 다양한 인맥을 형성해 놓았다는 점에 기인한다. 일본 유학생 출신은 1924년 『조선일보』가 신석우에 의해 혁신되고, 최남선에 의해 『시대일보』가 창간되면서 더 많은 수가 언론계에 참여하게 되었다. 이렇듯 민간지 초창기에는 주로 『매일신보』 출신의 언론계 경력자나 일본유학 출신의 기자들이 주류를 이루었다. 따라서 민간지 창간 초기의 기자의 사회적 특성은 바로 이러한 두 집단의 사회적 특성이 결합된 형태로 나타났던 것이다.

---

2) 독립협회의 부회장과 『황성신문』의 발행인을 지냈던 유근은 1921년 5월 재직 중 사망했고, 『대한매일신보』의 총무를 지냈던 양기탁은 1920년 8월에 퇴사한 후 만주로 가서 독립운동에 참여하였다. 나중에 그의 아들 양효손이 『동아일보』에 기자로 입사하기도 하였다. 동아일보사사 편찬위원회, 『동아일보사사』 권1, 동아일보사, 1975, 108~110쪽.

(2) 취업난 속 높은 교육수준의 언론인

일제강점기의 어려운 조건 속에서 고등교육을 받았던 많은 수의 지식인이 졸업 후 직면하는 가장 커다란 문제는 취직이 매우 어려웠다는 것이다. 즉, 실업기관, 교육기관, 관공서 등에 이러한 고등교육을 받은 지식층을 수용할만한 여지가 별로 없어 '가두에 방황하는 지식군'이 점차로 늘어가고 있다고 지적될 정도로 일제하 지식층의 취직난은 매우 심각했다.[3] 따라서 이들 고등교육을 받은 지식인들 가운데 취직을 못한 많은 사람은 신문사와 같은 언론기관에 취직하기 위해 온갖 개인적 연고를 동원하기도 하였다. 다음과 같은 지적은 이러한 당시의 상황을 잘 드러내고 있다.[4]

> 외국은 갔다 오고 할일은 없고 그렇다고 **(독립: 저자)운동할 용기가 없고 그러니까 제 밥 먹고라도 기자 명함만 쓰게 해달라는 사람이 수두룩하지 않은가. 이렇게 해서 두 서너 개 밖에 안 되는 민간신문이 조선의 지식계급, 정치계급의 총집중소가 된 셈일세.

이렇듯 일제하의 민간지가 '조선의 지식계급의 총집중소'가 되었다는 것은, 이들 지식인이 처음부터 언론인으로서의 사명감을 가지고 기자가 되었다기보다는 취직난으로 인해 어쩔 수 없이 기자가 된 경우가 적지 않았다는 사실에 기인하는 것이었다. 이것은 일제하 기자의 학력수준을 분석한 〈표Ⅱ-1〉에서처럼 민간지 초기부터 기자의 학력수준이 매우 높았다는 사실에서 잘 드러난다.[5]

---

3) 「지식층의 취직난」, 『조선일보』 1928.3.9, 사설.

4) 무명거사, 「조선 신문계 종횡담」, 『동광』 1931년 12월호, 77쪽.

5) 일제 강점기의 언론인 중에서 명단이 파악된 사람은 374명이다. 그러나 이들 중에 학력, 연령, 출신지역 등에 관한 정보를 찾지 못한 사람들이 적지 않다. 이 때문에 표마다 전체 숫자가 다르다.

〈표II-1〉: 일제하 언론인의 학력수준

	대학원 이상	대졸(중퇴)	전문교(중퇴)	고졸(중퇴)	기타	계
1920~1932	3(1.7%)	80(46.0%)	37(21.3%)	33(19.0%)	21(12%)	174
1933~1940	3(3.4%)	47(54.0%)	25(28.7%)	10(11.5%)	2(2.3%)	87

1) 기타는 한학수학이나 보통학교 졸업자를 포함
2) 전문교는 전문학교뿐만 아니라 일본 소재 대학의 전문부를 포함

〈표II-1〉에 나타난 대로 1920년대에도 이미 전문학교 이상의 학력을 가진 기자가 70%에 가까울 정도로 민간지 초기의 기자들이 비교적 높은 학력수준을 가졌던 반면에, 근대적인 제도 교육을 받지 못한 기자도 적지 않았고 전체적으로는 30% 이상이 고등학교졸업 이하의 학력수준이었다. 그러나 1933년 이후에 채용된 기자의 경우에는 거의 85% 이상이 전문학교 이상의 학력수준을 나타내고 있다. 이것은 부분적으로 이루어졌던 기자 공채에서 전문학교 졸업 이상의 학력을 요구했던 것은 물론 연고를 통한 채용의 경우에도 전문학교 이상의 학력을 요구하는 경우가 많았기 때문이었다. 이러한 기자들의 학력수준의 향상에 대해 유광열은 다음과 같이 주장하고 있다.[6]

조선에는 연연(年年)히 대학과 전문 출신이 배출되고 새로운 기자가 뒤를 이어 나온다. 일시 매일신보사에서 나온 이들이 조선민간신문에서 독주를 하던 시대는 지나갔다. 광대한 신지독군(新智讀群)이 뒤에서 뒤에서 밀고 나온다. 시대의 급격한 조류는 작일(昨日)의 명기자 대기자로 자처하는 이들의 안색이 없게 한다. 당년(當年)에 명성이 쟁쟁하던 이들이 점차 몰락하여 낙일(落日)의 세를 이룸은 신조류에게 밀리는 구수군(舊殊軍)의 패퇴를 의미한

<hr>

6) 이런 주장을 이해하기 위해서는 필자인 유광열이 한문수학만 했을 뿐 정규교육은 받지 않았고 『매일신보』를 거쳐 『동아일보』 창간 당시 기자로 입사했다는 사실과, 이 글이 기자들의 세대교체가 본격화되기 시작한 1932년 말에 쓰였다는 사실을 염두에 둘 필요가 있다. 유광열, 「신문기자군상」, 『신동아』 1932년 10월호, 55쪽.

다. 더욱 조선의 신문계는 다른 나라의 그것과 판이하여 금후부터는 더욱 다
난하고 광범한 사회상식을 가진 일신(日新)의 신인을 요함에랴.

위의 지적에서처럼 민간지 초기의 기자의 경우 학력수준이 낮더라도
『매일신보』등 기존 신문에서의 경력을 인정받아 기자로 채용되는 경우
가 많았지만[7] 점차로 "기민하고 총명하고 기능이 탁월하고 특수한 것이
있고 각 방면에 상식이 풍부하지 않으면 신문기자가 못되는 시대가 왔
다"고 주장될 정도로 고학력자가 아니면 기자로 채용되기가 쉽지 않았
다.[8] 이렇듯 1933년 이후 기자의 학력수준이 높아졌던 배경에는, 『동아
일보』와 『조선일보』가 경쟁 과정에서 더욱 우수한 기자를 채용하려고
했다는 점도 작용하였다. 특히 『조선일보』는 경성제대, 동경제대, 경도
제대 등 관립대학 출신을 주로 채용했는데, 이에 대해 안덕근은 이는 "실
력의 우수성을 인정하는 방씨의 신념의 반영이라기보다는 그것은 외형
적 간판에 치중하는" 것일 뿐이라고 비판하고 있다.[9] 마찬가지 맥락에서
정진석도 방응모가 이렇듯 관립대학 출신을 주로 채용했던 것이 "자신이
내세울만한 학력을 갖지 못한데 대한 보상심리"였을지도 모른다고 지적
했다.[10] 그러나 기자의 학력수준은 점차로 높아지면서도 공개채용이 일
반화되지 않고 학연이나 지연을 통한 충원이 주로 이루어졌다. 이에 따
라 특정 학교 출신이 기자로 채용되는 경우가 많았는데 이는 기자의 주
요 출신학교를 정리한 〈표Ⅱ-2〉에서 잘 드러난다.

---

7) 『동아일보』 창간 당시 편집진 중에서도 『매일신보』를 거쳤던 이상협과 김형원이 각각
   보성중학 졸업과 중퇴의 학력을 가지고 있었고, 유광열과 이서구는 아예 근대교육을 받
   지 않고 한문 수학만 하고도 기자가 될 수 있었다.
8) 안석주, 「신문기자 참회록」, 『별건곤』 1934년 3월호, 21쪽.
9) 안덕근, 「조선일보론」, 『비판』 1939년 1월호, 28쪽.
10) 정진석, 「인물로 본 한국언론 100년」(7), 『신문과 방송』 1992년 1월호, 59쪽.

〈표 II −2〉 일제하 언론인의 주요 출신학교

출신학교	1920~1932	1933~1940	계	출신학교	1920~1932	1933~1940	계
早稻田大	28	15	43	보성전문	8	10	18
明治大	8	3	11	경성제대	2	6	8
東洋大	8	1	9	연희전문	3	3	6
日本大	4	3	7	경성법전	5	0	5
法政大	1	6	7	경성의전	4	0	4
京都帝大	3	3	6	이화여전	0	3	3
中央大	2	4	6				
慶應大	5	0	5	구미유학	4	5	9
東京帝大	3	2	5				

1) 일본 대학의 경우 출신자가 5인 이상인 경우만 대상으로 함, 2) 대학 중퇴자와 대학교 전문부도 대학에 포함, 3) 2개 이상 학교를 졸업한 경우 중복 체크함, 4) 기자로 입사하기 이전의 학력만을 기준으로 함

〈표 II −2〉에서 드러나는 것처럼 일본 유학생의 경우 압도적으로 많은 수가 와세다(早稻田) 대학 출신이었다. 이것은 『동아일보』의 경우 김성수와 장덕수가 와세다 대학 출신으로서 이 대학 출신자들을 많이 채용했기 때문이었고[11] 또한 제국대학 출신자가 적었던 것은 이들이 주로 관료를 지망하여 기자를 지원하는 경우가 그리 많지 않았다는 사실과 관련이 있었다. 일본 유학생의 경우 민간지 초기에 비해서는 수적으로 적지만 후기에도 기자로 채용되는 일이 많았다. 따라서 일본 유학생의 사상적 동향은 민간지의 논조에 많은 영향을 주었는데, 특히 1910년대에 일본에서 유학한 세대와는 달리 1920년대 초에 일본 유학을 한 세대는 민족주의뿐만

11) 김성수뿐만 아니라 그의 아들 김상만도 와세다 대학 출신이었다. 이러한 경영진과의 학연에 따른 채용은, 와세다 대학 유학생 동창회장을 지냈고 일제 말기에 『동아일보』의 기자로 채용된 이상돈의 회고에서 잘 드러난다. 이상돈, 『회상반세기』, 통문관, 1982, 504~505쪽.

아니라 사회주의 사상에도 영향을 받았고 이들의 다수가 기자가 됨으로써 민간지에도 사회주의적인 논조가 나타나게 되었다. 박찬승은 한말에서부터 1910년대에 일본 등지에서 신교육을 받았던 세대들은 "근대서양 문화, 일본 문화의 위력 앞에 굴복하여 자기문화의 전통을 송두리째 부정하였던" 반면에 1920년대에 들어 광범위하게 형성된 지식층들은, 민족주의나 사회주의 사상의 소용돌이 속에서 식민지의 현실을 극복하기 위한 과제의 수행을 위해 노력했다는 점에서 차이가 있다고 지적했다.[12]

1930년대에 들어서서는 이러한 일본 유학생 출신 기자들뿐만 아니라 국내에서 경성제국대학이나 여러 전문학교를 나온 기자도 상당수 있었다. 초기에 경성제국대학 출신이 언론계에 적었던 것은 이들이 주로 관료를 지망했기 때문이었다. 보성전문학교 출신 기자들이 많았던 것은 『동아일보』가 자신들과 같은 재단 소속인 이 학교 출신을 많이 채용했기 때문이었다. 특히 민간지 초기에는 관립 전문학교인 경성법률전문학교나 경성의학전문학교 출신이 기자로 채용되기도 했으나 후기에는 이들보다 주로 경성제국대학이나 사립전문학교 출신들이 주로 기자로 채용되었다. 그러나 연희전문학교 출신 기자들은 보성전문학교에 비해 상당히 적어 민간지 후기에는 『조선중앙일보』의 이정순, 『조선일보』의 김광섭, 최영해 등이 있는 정도였다. 이렇듯 연희전문학교 출신은 민간지에는 거의 채용되지 못했던 반면에 이후 『매일신보』나 『경성일보』에는 다수가 채용되었다.[13]

이러한 일본 유학생 출신이나 국내의 대학·전문학교 출신자들 이외에 미국이나 유럽 유학을 다녀온 기자도 있었다. 스위스에서 철학박사학위를 받고 연희전문학교에서 강의를 하기도 했던 이관용과 프랑스에서

---

12) 박찬승, 「근대적 지식인의 출현과 민족사적 과제」, 『역사비평』 18호, 1992, 260~261쪽.
13) 이에 대해서는 다음을 참조하라. 강영수, 「반트럭 타고 임상시찰이 큰 나들이」, 『언론비화 50편』, 한국신문연구소, 1978, 421~426쪽.

학부를 마치고 돌아왔던 이정섭을 제외하고는 모두 미국 유학 출신이었다. 『동아일보』 논설반 기자와 『조선일보』 주필을 지내고 1925년에 미국으로 유학을 갔던 김양수는 당시의 미국유학생들이 대체로 "온건한 진보주의와 철저한 개인주의" 사상을 지니고 있었다고 하며 이들의 보수성을 지적했다.[14] 최초의 미국유학 출신 기자로서 신문학을 전공했던 김동성[15] 이후 미국유학을 다녀와 기자가 된 인물로는 김우평, 변영로, 한보용, 홍익범, 김여제, 이훈구 등을 들 수 있다.

미국이나 유럽 대학 출신자는 논설반이나 정치부, 경제부 같이 당시로서는 직접 취재를 별로 하지 않아도 되는 부서에서 근무하는 경우가 대부분이었다. 특히 1930년대에 채용된 기자들 중에서 평양 숭실전문학교 교수를 하다 『조선일보』 주필로 취임한 농업경제학 박사 이훈구를 제외하고는 4명이 모두 미국유학 출신의 정치부 기자였다는 점에서 이들을 채용한 이유를 짐작할 수 있다. 즉, 당시 정치부 기자들이 주로 통신문을 번역, 게재하는 일을 했기 때문에 미국 유학 출신이 국제정세에 대해 폭넓은 시각을 지니고 있을 것이라는 점이 고려되어 기자로 채용되었던 것이다.

그러나 이들 구미유학 출신자에 대해 "조선의 기자들 중에는 기자의 본령이라 할 사회부 훈련과 기술이 없는 기형아"[16]들이 많다는 지적까지 나올 정도로 이들의 기자로서의 활동이 그리 활발했다고 볼 수는 없었다. 이것은 이들 구미유학 출신자 중에 해방 이후 언론계에서 계속 활동

---

14) 김양수, 「미국유학생 출신을 어떻게 보는가」, 『우라키』 2집, 고정휴, 「태평양문제연구회 조선지회와 조선사정연구회」, 『역사와 현실』 6호, 1991, 305쪽 재인용.

15) 김동성에 대한 자세한 내용은 다음의 자료들을 참조할 수 있다. 김욱영, 「일제하 언론인 김동성의 언론활동에 관한 연구」, 『한국언론정보학보』 26호, 2004, 83~103쪽; 김을한 편, 『千里駒 김동성』, 을유문화사, 1981.

16) 「조선 신문 기자론과 평」, 『혜성』 1931년 7월호, 60쪽.

했던 사람이 거의 없었다는 점에서도 잘 드러난다. 이들 중 이관용과 홍익범은 일제 때 사망했고, 해방 이후 김동성은 합동통신 사장을 거쳐 공보처장과 국회의장, 김우평은 국회의원과 부흥부 장관, 한보용은 『민주일보』 주필을 거쳐 대구시장, 이훈구는 미군정 농무부장과 국회의원을 지내는 등 거의 대부분이 정계나 관계로 진출했다. 이외에 이정섭은 해방 이후 잠시 방송협회장을 지냈고, 변영로는 학계로 진출하여 성균관대 교수를 지냈고, 김여제는 미국의 소리방송(VOA)에서 근무하다 주로 영어교육을 위한 책을 저술하는 활동을 했다.

(3) 젊은 언론인이 주도하는 '청년신문'

창간 당시 『동아일보』의 경우 '청년 신문'이라고 불릴 정도로 경영진, 편집간부, 기자들이 대부분 20대나 30대 초반의 나이였다. 이것은 1910년 일제에 의해 강점된 이후 10년 만에 다시 신문발간이 허가되면서 1910년 이전에 활동했던 세대와는 단절된 새로운 세대에 의해 민간지가 주도되었다는 것을 의미하였다. 이후 창간 초기의 기자들이 계속해 활동하고 새로운 기자가 충원됨에 따라 연령에 따른 신문사 내의 위계화가 이루어지게 되는데, 이를 시기별로 살펴보면 〈표 Ⅱ - 3〉과 같다. 〈표 Ⅱ - 3〉은 각 시기의 편집 간부들과 기자들의 평균연령을 살펴본 것으로 입사 당시의 연령을 살펴보는 데는 다소 한계가 있으나, 전체적으로 평균연령의 변화를 알 수 있다는 점에서는 유용하다.

〈표 Ⅱ - 3〉을 보면 창간 당시 『동아일보』의 경우에는 편집간부의 평균 연령이 기자들의 평균 연령보다 낮다. 주필 장덕수가 26세, 편집국장, 사회부장, 정리부장을 겸했던 이상협이 27세, 정경부장 겸 학예부장 진학문이 26세, 조사부장 겸 통신부장 장덕준이 28세, 논설반 기자 김명식이 29세, 논설반 기자 박일병이 28세로 편집간부들은 모두 언론계 경력자나 일본 유학생 출신 20대의 인물들이었다. 반면에 기자 중에는 『대한민보』 발행인 겸 편집인을 지냈던 최영목이 38세, 한글학자인 이승규가 37세, 학예부 기자였던 신길구가 36세, 화가로서 미술담당 기자였던 고희동이 34세, 『매일신보』 기자를 지냈던 서승효가 32세, 극작가인 김정진이 32세, 중앙학교 교사출신인 김태등이 31세로 30대가 7명이나 되었다. 이렇듯 기자들 중에 30대가 많았기 때문에 기자의 평균연령이 편집간부의 평균연령보다 높았던 것이다.

〈표II-3〉기자 집단의 연령대 변화

	동아일보		조선일보		시대일보		합계	
	편집간부	기 자	편집간부	기 자	편집간부	기 자	편집간부	기 자
1920	27.3	28.6					27.3	28.6
1926	32.2	27.4	33.6	28.0	34.6	27.4	33.4	27.5
1931	34.7	31.4	29.3	29.2	34.4	27.5	33.5	30.2
1934	36.4	31.4	37	29.2	37.5	28.7	36.9	30.1
1940	40.6	32.9	36.3	31.9			38.3	32.6

1) 편집진은 주필, 편집국장, 부장, 차장과 논설반 기자까지를 포함한 것임
2) 『시대일보』는 『중앙일보』(1931)와 『조선중앙일보』(1934)를 포함한 것임

그러나 1926년 이후에는 기자의 세대교체가 이루어져, '노기자'(老記者)라고 할 수 있는 인물이 언론계를 떠나고 젊은 기자들이 충원되면서 편집간부진과 일반 기자 사이에 연령에 따른 위계화가 이루어졌다. 〈표 II-3〉에 나타난 편집진과 일반기자들의 평균연령의 변화과정을 보면 편집진의 연령은 30대 초반에서 점차로 30대 후반으로 늘어났지만, 일반 기자는 20대 후반에서 30대 초반까지로 늘어나 큰 변화가 없었다는 것을 알 수 있다. 다만 두 집단 사이의 연령 차이가 비교적 크게 나지 않

는 것은, 위계를 무시한 인사정책으로 언론계 경력이 짧은 인물이 부장이나 편집국장이 되기도 했고 특정 부서의 필요에 따라 고연령의 기자 충원이 비교적 빈번했기 때문이었다.

(4) 지연에 의한 충원과 언론인의 지역적 편중

일제하의 기자충원이 대부분 경영진이나 출자자와의 개인적 연고에 의해 이루어졌고, 특히 지역적 연고가 이러한 충원과정에 가장 크게 작용했다는 점에서 기자의 출신지역을 살펴보는 것은 의미가 있다. 아래의 〈표Ⅱ-4〉는 입사 당시를 기준으로 기자의 출신지역을 각 도별로 나누어 살펴본 것이다. 1932년 이전에는 기자의 이동이 빈번하여 전체적으로 기자의 출신 지역을 살펴보았고 1933년 이후에는 『동아일보』, 『조선일보』, 『조선중앙일보』 세 신문 입사자의 출신지역을 신문사별로 나누어서 살펴보았다.

〈표Ⅱ-4〉를 보면 대체로 서울과 경기도 출신 기자들이 전체적으로 가장 많았다는 것을 알 수 있다. 이것은 기호지역이 타지역에 비해 고등교육을 받은 비율이 비교적 높았고, 서울에서 신문 사업을 하기 위한 현실적 필요 때문에 지방 출신의 신문 경영자들이 서울 출신자를 다수 채용했기 때문이었다. 『동아일보』의 경우 창간 당시에는 이상협이나 진학문 계열의 기호지방 출신 기자들이 다수를 차지하여 전체 기자 21명 중에서 11명이나 될 정도였다.[17]

---

17) 동아일보사사 편찬위원회 『동아일보사사』 권1, 동아일보사, 1975, 418~419쪽; 주
   요한, 「만보산 사건과 송사장과 그 사설」, 『언론비화 50편』, 한국신문연구소, 1978,
   118쪽.

<표II-4> 언론인 집단의 출신 지역 변화

출신도	1920~32년	1933년 이후			계	출신도	1920~32년	1933년 이후			계
		조선	동아	조중				조선	동아	조중	
서울	50	5	8	7	70	충남	12	4	1	1	18
강원	5			1	6	충북	9	1	1	1	12
경기	26	2	3	1	32	평남	12	2	3	3	20
경남	15	3	1	2	21	평북	8	14	2		24
경북	15	4	2		21	함남	15	4	1	2	22
전남	10	2	9		21	함북	10	3			13
전북	8	1	6		15	황해	14	3		1	18
제주	3			1	4	총계	212	48	37	20	317

『동아일보』의 경우 창간 이후 한 동안 기호지방 출신들이 더 늘어났다. 홍증식을 영업국장으로 영입한 후, 홍증식은 이상협과 함께 '기호파'를 결성해 김성수 계열의 인물들에 대항하는 양상까지 보일 정도가 되었다. 이러한 대립에 대해 한 논자는 조선 이래로 심화되었던 '지방열'이 상해나 노령의 민족운동 세력 사이에서도 벌어지더니, 근년에 다시 『동아일보』에서 과열되고 있다고까지 비판했다.[18] 박춘금의 식도원 위협사건과 관련된 송진우의 태도에 대한 반발로 이상협 중심의 기호지방 출신 기자들이 대거 퇴사하여 역시 기호지방 출신인 신석우, 최선익과 함께『조선일보』에 참여했고, 최남선과 진학문에 의해 창간된『시대일보』도 역시 대부분의 기자들이 기호지방 출신이었기 때문에 1920년대 중반까지는 기호지방 출신 기자들이 가장 많았다.[19]

---

18) 樂啞子, 「동아일보에 대한 불평」, 『개벽』 1923년 7월호, 42쪽; 채필렬, 「십자가상의 동아일보」, 『비판』 1935년 11월호, 54쪽.

19) 이상협, 홍증식, 최남선, 진학문은 서울 출신이고 신석우는 의정부, 최선익은 개성 출신이었다.

이렇듯 『조선일보』나 『시대일보』가 기호지방 출신 기자들에 의해 주도되자 『동아일보』는 "순호남판으로 차리자 한즉 너무 편협하다는 조소"를 받을까 하여 "신진 기운이 비교적 많고 낡은 정치적 수완이 적은 서북인물을 우대 수용"[20]하여 이승훈을 사장으로 영입하고 주요한, 서춘 등 평안도 출신을 기자로 채용했다. 한편 『시대일보』를 개제하여 이상협이 발행한 『중외일보』에서는 경남 의령 출신인 이우식이 출자해 안희제가 사장이되었다. 안희제는 민간지 창간 당시 부산을 중심으로 신문 발행을 의도했으나 총독부의 발행 불허로 좌절되고 『동아일보』의 창간자금 모집에 참여했지만 결국 김성수계에 의해 신문 운영에서 배제되었다고 한다.[21] 『중외일보』는 안희제가 사장이 된 이후에 다수의 영남출신이 기자로 충원되어 '영남 먼로주의'라는 비판을 받기도 했다.[22] 안희제가 사장이 된 후, 『중외일보』에는 '경상도 재벌들의 친속 심지어 숨音(마름: 저자)'까지 사원이 될 정도였고, 주요 출자자인 이우식과 동향인 이시목이 다른 언론인에 비해 비교적 일천한 언론계 경력에도 편집국장 대리로 임명되어 "사계에 있어서 이처럼 급진, 아니 돌진적 출세를 한 이"는 없었다는 지적까지 받았다.[23]

이렇듯 경영진과의 지역적 연고에 따른 기자의 충원은 1933년 방응모가 『조선일보』를 인수하여 경영하게 되면서 『동아일보』에 근무하던 평안도 출신의 이광수, 서춘, 김동진 등을 끌어들이면서 더욱 강화되었다. 〈표 Ⅱ-4〉에서 보듯이 1933년 이후에 『조선일보』는 평안도와 황해도를 합쳐 21명의 기자를 채용한 반면에 호남출신 기자는 3명밖에 뽑지 않았을 정도

---

20) 벽상생, 「조선일보 대 동아일보 쟁패전」, 『별건곤』 1933년 11월호, 28~29쪽.

21) 채필렬, 「십자가상의 동아일보」, 『비판』 1935년 11월호, 52쪽; 채백, 『부산언론사 연구』, 산지니, 2012, 111~114쪽.

22) 벽상생, 「중앙일보, 조선일보의 그 뒤 소식」, 『제일선』 1932년 12월호, 30쪽.

23) 임우성, 「조선신문사」, 『비판』 1938년 8월호, 10쪽; 최상덕, 「민간 3대신문 편집국장 인상기」, 『철필』 2호, 1930, 42~43쪽.

로 지방색을 노골화했다. 『동아일보』도 1933년 이후에는 호남 출신을 15명이나 충원해 채용과정에서 지방색을 어느 정도 드러냈지만 『조선일보』보다 노골적이지는 않았다. 이는 비록 호남 출신이 아니더라도 중앙학교나 보성전문학교 출신자들을 기자로 채용했기 때문이었다. 『동아일보』와 『조선일보』가 이렇듯 지방색을 드러내는 충원과정을 하는 상황에서 『조선중앙일보』도 일정 정도 지방색을 드러내어 기호지방 출신 기자를 8명이나 채용했다. 윤치호는 『조선일보』가 방응모에 인수된 후 '서북파' 기관지가 되었고, 이후 언론계에도 지역감정이 더 강하게 나타났다고 비판했다.[24]

이러한 지역적 연고에 따른 기자의 충원방식은 '지방열'을 심화시키는[25] '일대 역행'적인 행위라는 비난을 받았으며, 이러한 지역 편중이 심한 기자의 충원에 따라 『조선일보』는 '평안도 신문', 『동아일보』는 '전라도 신문', 『조선중앙일보』는 '경기도 신문'이라는 비판까지 나왔다.[26] 1935년 가을에 『조선중앙일보』에 평안도 출신 인사가 투자하려고 하자 "기호신문이 몰락하고 평안도신문이 된다"고 반대하는 움직임까지 있을 정도였다.[27] 신규 기자채용뿐만 아니라 『동아일보』와 『조선일보』의 경우에는 기존의 기자들 중에서도 각각 전라도와 평안도 출신이 많았다는 점에서 더욱 문제가 심각했다.[28] 이러한 지방색의 노골화는 1930년대 중반 이후 더 이상 민간지들이 민족 현실에 대해 관심을 갖지 않고 자신의 기업적 이윤추구를 위해 '파벌주의적' 운영에만 몰두했다는 것을 드러내는 것이었다. 나아가 이러한 민간지의 지방색은 기자의 자질과 성실한 활동보다도 개인적 연고를 위주로 한 인사정책으로까지 연결되어 신문의 발

24) 박지향, 『윤치호의 협력일기』, 이숲, 2010, 136~141쪽.
25) 김동환, 「반도언론계」, 『삼천리』 1935년 8월호, 70쪽)
26) 암행어사, 「시대 역행의 지방열」, 『호외』 1호, 1933, 2쪽.
27) 탐방생, 「중앙일보 정변의 진상」, 『논평』 1호, 1936, 16~17쪽.
28) 황금산인, 「조선·동아의 일 기전」, 『호외』 1호, 1933, 12쪽.

전에 많은 한계로 작용했다.

2) 언론인과 정치·문학활동

(1) 생계유지와 민족운동을 병행하기 위한 신문사 입사

1920년에 창간된 신문의 기자는 상당수가 나름대로의 민족적 저항 의
식을 지닌 지식인들이었다. 이들은 어느 정도 생계를 유지하면서도 민족
운동을 할 수 있는 합법적 무대는 언론계뿐이라고 간주해 신문사에 입사
했다. 즉, 민족운동에 참여했던 지식인들이 '생활'과 '운동' 모두를 위해 언
론계에 들어갔던 것이었다.[29] 즉, 기자를 하나의 직업으로 생각했다기보
다는 자신들의 활동을 위한 하나의 수단으로 보았던 것이다. 1910년대에
일본유학을 했던 지식인들 중에서 상당수가 실력양성운동이나 문화운동
등과 같이 민족개량주의 운동을 주도하기도 했고,[30] 이들 중 일부는 반제
국주의적인 문제의식이나 사회주의 사상에 영향을 받아[31] 1920년대 이후
국내의 다양한 입장의 사회운동에서 적극적인 활동을 했는데, 이들이 사
회운동을 지속할 수 있는 직업으로서 언론인을 선택했다는 것이다.

이렇듯 민족운동가들이 민간지를 통해 활동할 수 있었던 또 다른 요인
은, 신문 경영진들이 당시의 사회적 분위기에서 신문을 판매할 수 있는 전
략의 하나로 사회운동에 참여하고 있던 사람을 기자로 채용해 활용하려
고 했던 것이다. 이것은 당시 신문의 주된 독자가 청년층이었다는 점에서
이들의 의식에 대한 일종의 영합이었다. 이에 대해 김명식은 "동아일보 창
간 시대의 조선청년은 사상적 기근이 극도에 달하였었다"고 하고는, 초기

---

29) 이정식·스칼라피노, 한홍구 역, 『한국공산주의 운동사』 1권, 돌베개, 1986, 181쪽.

30) 박찬승, 『한국근대정치사상사연구』, 역사비평사, 1992, 112~122쪽.

31) 「김철수 친필유고」, 『역사비평』 5호, 1989, 349~351쪽; 이균영, 「김철수 연구」, 『역사
비평』 3호, 1988, 244~245쪽; 이경남, 『설산 장덕수』, 동아일보사, 1981, 79~80쪽.

에는 '자유사상'에 만족하던 독자들이 점차 "좀 더 자극성 있는 사상을 요구"하여[32] 신문들이 사회주의 기사를 게재하게 되었다고 주장했다. 이러한 사회주의적인 성향의 논설이나 사설의 게재건수는 특히 1923년부터 급격히 늘어나기 시작했다. 이것은 대체로 1923년부터 사회주의적인 사상의 소개와 단체의 조직이 활발해졌다는 것을 반영하는 것이었다.[33]

〈표 II-5〉 주요사상단체 참여 기자명단

북풍회	손영극(조선), 서범석(조선,시대,중외,동아)[34], 변희용(시대)[35], 박찬희(동아)[36]
서울청년회[37]	조기승(동아), 신일룡(조선) 임봉순(동아), 홍양명(조선), 박팔양(동아, 조선, 조선중앙), 정홍교(조선)
화요회[38]	홍명희(동아, 시대), 김병희(조선), 이승복(동아, 시대, 조선), 조규수(시대),구연흠(동아,시대), 홍덕유(조선,중앙, 조선중앙), 박일병(동아),이재성(동아), 임원근(동아,조선,조선중앙), 박헌영(동아, 조선),조동호(동아), 김재봉(조선), 조봉암(조선), 김단야(조선), 조이환(시대)

1) 편집국장 이하 기자의 경력이 있는 사람들만 대상으로 함
2) 1920~1929 사이에 기자활동을 한 경우만 대상으로 함
3) 화요회는 1차공산당 결성 때까지의 참가자만 대상으로 함

특히 1924년 이후에는 다양한 사상단체들이 조직되고 사회운동내의 이념적 분화가 진전되면서 사회주의운동이 활성화되었다. 이런 사상단

---

32) 김명식, 「필화와 논전」, 『삼천리』 1934년 11월호, 33~36쪽.
33) 유재천, 『한국 언론과 이데올로기』, 문학과 지성사, 1990, 294~295쪽.
34) 서범석, 「을축년 대홍수와 북풍회사건」, 『언론비화 50편』, 한국신문연구소, 173~174쪽.
35) 일파 변희용선생 유고간행위원회 편, 『一波 卞熙瑢 선생 유고』, 성균관대학교 출판부, 1977.
36) 秋汀 任鳳淳선생 편찬위원회 편, 『추정임봉순선생 소전』, 1969, 140~141쪽.
37) 전명혁, 『1920년대 한국사회주의 운동 연구』, 선인, 2006, 117~154쪽, 237~271쪽.
38) 다음의 책에 실린 명단을 참조했다. 김준엽 김창순, 『한국공산주의운동사』2, 청계연구소, 1986, 41~42쪽; 서대숙, 『한국공산주의 운동사 연구』, 이론과 실천, 1985, 67~69쪽; 이정식·스칼라피노, 한홍구 역, 『한국공산주의 운동사』 1권, 돌베개, 1986, 101~103쪽.

체에 속했던 사람들이 민간지의 기자로 재직했거나 이후에 기자로 입사하는 경우가 많았다. 특히 이러한 사상단체 가운데, 초기 사회주의 사상 연구단체였던 신사상 연구회를 개칭한 화요회, 일본 유학생의 사회주의 단체였던 북성회(北星會)의 국내 본부격이었던 북풍회, 1920년에 장덕수 등의 우파와 함께 결성했다가 이들을 배제하고 사회주의자들이 주도권을 잡았던 서울청년회 등 세 사상단체 소속 기자들이 적지 않았다. 앞에서 언급한 주요 사상단체소속으로 1920년대에 기자생활을 했던 사람들을 정리하면 〈표Ⅱ-5〉와 같다.

〈표Ⅱ-5〉에 나타난 것처럼 북풍회나 서울청년회에 비해 화요회계가 훨씬 많이 기자로 활동했던 것은 화요회가 조직적으로 언론계에 진입했기 때문이었다.[39] 또한 이 시기까지는 사상 단체의 활동이 어느 정도 합법적으로 이루어질 수 있었고, 신문사는 이러한 사상단체소속 기자 등을 안배해 채용하기도 했다.[40] 다른 사상단체 출신의 경우 기자가 된 이후에는 거의 조직 활동을 하지 않았던 것에 비해, 화요회는 입사 이후에도 조직적 차원에서 적극적으로 활동했다.

〈표Ⅱ-6〉은 신문사에 근무했던 사람 전체를 대상으로 1, 2차 조선공산당에 참여했다가 검거되었던 사람의 수를 정리한 것이다. 〈표Ⅱ-6〉을 보면 특히 2차 조선공산당 관련 언론인이 『동아일보』보다 『조선일보』나 『시대일보』에 훨씬 더 많았다는 것을 알 수 있다. 이것은 원래 『조선일보』나 『시대일보』에 조선공산당 소속 기자들이 더 많기도 했지만, 1925년 중반 이후 『동아일보』에 있던 조선공산당 소속 기자들이 『조선일보』

---

39) 「김낙준 예심종결결정서」, 김준엽·김창순, 『한국공산주의운동사』 2, 청계연구소, 1986, 209~211쪽.

40) 북풍회였던 서범석에 따르면, 자신은 화요회계와의 안배 차원에서 『조선일보』에 채용되었다고 한다. 서범석, 「을축년 대홍수와 북풍회사건」, 『언론비화 50편』, 한국신문연구소, 1978, 174쪽.

나 『시대일보』로 옮긴 상태에서 검거되었다는 점도 영향을 주었다.

〈표II-6〉 조선공산당 관련 언론인의 수

	동아일보	조선일보	시대일보
1차 사건 (신의주)	3	7	1
2차 사건 (종로서 검거)	5	23	15
합 계	8	30	16

* 검거 당시 재직하였던 사람만을 산정함, 기자만이 아니라 사원 전체를 정리.
　출처: 京城地方法院檢事局, 第二次朝鮮共産黨事件檢擧二關スル件
　　　　김준엽 김창순, 『한국공산주의운동사』 2, 청계연구소, 1986, 471쪽 재인용

　이들 좌익계 기자의 대부분은 언론활동보다 조직활동에 더 열성을 보였다. 그러나 이들 중 언론인으로서의 활동에서도 뛰어났던 경우가 없지는 않았다. 특히 김단야나 임원근은 당시에 사회부 기자로서도 능력을 인정받았고,[41] 『조선일보』에 근무했던 이석은 언론인 단체인 무명회나 1925년 4월에 열린 전조선기자대회에서 매우 활발한 활동을 보여 주었다. 그러나 조선공산당 참여 기자들이 일제에 의한 계속된 검거로 1927년 이후에는 모두 언론계를 떠났다.

　이후 언론인의 정치활동은 민족협동전선이었던 신간회를 통해 나타났다. 1927년 2월의 창립대회를 계기로 본격적인 활동을 전개했던 신간회 창립의 직접적 계기는 『동아일보』를 중심으로 하는 민족개량주의 세력의 자치론에 대해 『조선일보』를 중심으로 하는 비타협적 민족주의 세력이 반대했던 것이었다.[42] 따라서 당시에는 "신간회에 입회하지 않으면 『조선일보』에서 기자로 채용하지 않는다는 소문"이 있을 정도로[43] 『조선일보』

---

41) 「조선신문기자론과 평」, 『혜성』 1931년 7월호, 61~62쪽.

42) 이균영, 『신간회 연구』, 역사비평사, 1993, 103쪽.

43) 조선일보 70년사 편찬위원회, 『조선일보 70년사』 조선일보사, 1990, 191쪽.

가 신간회와 밀접한 관계를 지니고 있었는데, 이것은 『조선일보』 소속 언론인이 신간회에 압도적으로 많이 참가했다는 것을 통해 알 수 있다. 특히 사장 이상재, 부사장 신석우, 전무 백관수, 이사 최선익, 주필 안재홍, 편집국장 한기악, 영업국장 이승복 등도 참가해 『조선일보』가 신간회의 기관지적 성격을 지녔다는 평가를 듣기도 했다.[44] 한편 『동아일보』에서는 최원순, 한위건, 김준연 등이 참여했지만 최원순이 창립 직후 사퇴했고, 한위건과 김준연은 사실상 조선공산당원으로서 신간회에 가입했던 것뿐이었다. 반면 『중외일보』는 문일평, 이정섭, 황신덕 등이 참여해 『동아일보』 보다는 비교적 신간회에 대해 더 호의적 논조를 보였다.[45]

그러나 일제가 1928년 5월 9일의 사설을 문제 삼아 정간처분을 내리고 그 해제의 조건으로 신간회에 참여한 소속 언론인의 퇴진을 요구하자 『조선일보』는 이 요구를 받아들여 신간회에서 대부분 물러나게 되었다. 이에 대해 "조선일보 그룹은 정간해제를 애원하기 위하여 신간회간부의 자리로부터 달아났다. 급진적 운동의 단념이 부르주아 분자들에 의해 선전된다. 그들은 개량주의로 급속히 추락했다"는 비판도 나왔다.[46] 일제의 탄압으로 대부분의 사회주의적 언론인이 검거되거나 망명길에 올랐던 상황에서 이렇듯 1928년에 조선일보계 언론인이 신간회에서 물러나면서 기자의 민족운동단체 참여 활동은 사실상 소멸되었다.

1930년대에 들어서서는 민족운동이 전체적으로 쇠퇴하고 신문도 점차 기업화됨에 따라 민족운동가적 기자의 활동은 완전히 사라지게 되었다. 1930년대에도 과거 사회주의 운동을 한 바 있던 인물이 기자로 활동

---

44) 이승복선생망구송수기념회 편, 『삼천백일홍』, 인물연구소, 1974, 149쪽.

45) 박만춘, 「조선 세 신문 전략상」, 『비판』 1933년 3월호, 48쪽.

46) 사공표, 「조선의 정세와 조선공산주의자의 당면임무」, 배성찬 편역, 『식민지시대 사회운동론 연구』, 돌베개, 1987, 99쪽.

하는 경우가 있기는 했지만,[47] 이것은 단지 생계를 위한 것이었을 뿐이며 더 이상 기자의 본격적인 정치활동은 존재하지 않았다.

(2) 작품활동보다 언론활동에 치중하는 문인기자

3·1운동 직후 문예지들이 등장하면서 문인집단이 형성되었고, 이들은 나름대로 특정한 문예 사조에 따른 문학활동을 전개했다.[48] 문인은 대부분 동인지를 매개로 문단을 형성했지만, 문예지의 영세성으로 인해 오래 발행되지 못했기 때문에[49] 작품 발표의 장이 제약되었고, 원고료 수입으로 생계를 유지할 수 없었다. 당시 한 필자는 조선의 문필가들은 "작품을 발표할 물적 조건은 부재하고, 오직 빈궁이 있고 말살이 있고 압수가 있다"고 하며 어려움을 토로했다.[50] 또한 현실적으로 취업 기회도 매우 제한되어 있었기 때문에 생활이 궁핍하여 결국 신문사나 잡지사 등에 기자로 입사하는 경우가 많았다.[51] 이렇듯 생계의 해결을 위해 기자로 입사한 것이 결국 문학을 부업으로 만들었다는 평가까지 듣게 했다.[52]

한편 신문사로서는 체계적으로 글 쓰는 훈련을 받은 사람들이 드물었기 때문에 불가피하게 문인을 기자로 채용할 수밖에 없었다. 민간지 초기에 기자생활을 했던 한 인물은 자신이 "얼치기 문학에 중독이 되어 글이

---

47) 특히 『조선중앙일보』에는 이러한 기자들이 많았다. 鷲公, 「중앙의 躍起와 조선,동아 제패전」, 『삼천리』 1936년 4월호, 7쪽.

48) 조연현, 『한국현대문학사개관』 증보판, 정음사, 1987, 121~122쪽.

49) 염상섭, 「나와 폐허시대」; 박종화, 「백조시대와 그 전야」; 주요한, 「나와 창조시대」, 『신천지』 1954년 2월호, 14~163쪽.

50) 이량, 「문단 시장론에 대한 편언」, 『개벽』 1926년 5월호, 115~116쪽.

51) 염상섭, 「나와 폐허시대」, 『신천지』 1954년 2월호, 142~143쪽.

52) 박영희, 「초창기의 문단측면사」, 『현대문학』 1959년 12월호, 임규찬 한기형 편, 『카프 시대에 대한 회고와 문학사』, 대학사, 1989, 350쪽 재인용.

나 조금 쓴다"는 이유로 기자가 되었다고 회고하기도 했다.[53] 특히 학예면에서 문예란이 차지하는 비중이 매우 컸기 때문에 이를 담당하기 위해 문인을 기자로 채용했던 것이다.[54] 1920년대 중반에 『동아일보』의 학예면을 담당했던 주요한은, "재료수집과 편집을 전부 혼자서 맡아보고 원고료 지불 같은 것은 꿈도 아니 꾸는 때였다. 아는 친구에게 구걸하는 원고와 투서 중에서 고르는 것 외에는 전부가 자작자급(自作自給)이었다"[55]고 했을 정도로 학예면 담당 문인은 직접 기사의 대부분을 작성해야 했다. 특히, 민간지 초기에는 신문연재소설을 그 신문사 소속 기자가 담당하는 경우도 있을 정도였다. 『동아일보』 초기에는 기자였던 민태원, 김동성, 진학문 등이 번안한 소설을 연재했다. 1923년에 『동아일보』에 입사한 이광수가 당시 자신의 담당이 소설과 논설이었다고 회고한 것으로 보아 연재소설 집필도 입사의 한 동기가 되었다는 것을 알 수 있다.[56]

1920년의 창간 직후 『동아일보』에는 소설가 염상섭, 극작가 김정진 등과 『매일신보』 때부터 번안소설을 쓰기도 했던 이상협, 『매일신보』에서부터 기자 생활을 했고 시인이기도 했던 김형원 등이 있었다. 또한 『조선일보』에는 신소설 작가였던 최찬식과 박종화, 현진건 등이 잠시 기자로 근무했다.[57] 문인기자의 활동은, 동인지를 통해 문단을 형성한 다수의 문인이 연고를 통해 민간지에 대거 입사하면서 더욱 활발해졌다. 1919년에 창간된 최초의 순문예지 『창조』의 동인 출신으로는 김억, 주요한 등이 기자가 되었다. 이후 나온 동인지 가운데 가장 대표적인 것으로 『폐

53) 舊記者, 「글 배운것이 죄」, 『별건곤』 1928년 8월호, 52~55쪽.

54) 박종화, 『월탄 박종화 회고록』, 삼경출판사, 1979, 400~401쪽, 453쪽.

55) 주요한, 「기자생활의 추억(속)」, 『신동아』 1934년 6월호, 73쪽.

56) 이광수, 『나의 고백』, 춘추사, 1948, 147~148쪽.

57) 박종화, 앞의 책, 400~401쪽; 현진건, 「7년전 11월 말일」, 『별건곤』 1927년 2월호, 50쪽.

허』와 『백조』를 들 수 있는데, 『폐허』 동인 중에는, 민태원, 염상섭, 황석
우 등이 기자로 활동했고, 『백조』 동인 출신 중에서는,[58] 박종화, 현진건,
노자영, 나도향, 안석주, 김기진 등이 기자로 활동했다.

　1920년대 중반 문학계 내부에도 이념적 분화가 일어나면서[59] 1925년
8월에 카프(KAPF, 조선프로레타리아예술동맹)가 결성되었다.[60] 카프에
참가했던 문인 중 다수는 이미 언론계에서 활동을 하고 있었고, 일부는
카프의 연고를 통해 새로 민간지에 입사했다. 카프 소속 문인은 『동아일
보』를 제외한 나머지 민간지에서 활동했는데, 이 시기에는 사회주의 성
향의 문예물이 이런 신문들에 자주 등장했던 반면에 『동아일보』에는 잘
실리지 않았다. 이에 대해 백철은 "동아일보는 민족주의 진영의 기관지
격이기 때문에 적대시하며 편견하는 태도였다"고 회고했다.[61] 카프 소속
문인기자들이 생계 문제로 민간지에 입사하기는 했지만, 대부분이 나름
대로의 목적의식을 가지고 문예활동을 했다는 점에서 직업적 기자로서
의 성격은 비교적 약했다. 그러나 1930년대에 들어서서 카프에 대한 대
대적 탄압이 가해지고, 민간지들이 기업화되는 현실에서 이들 중 상당수
는 언론계를 떠났고, 일부는 직업적인 기자로 변신했다. 카프에 대한 1
차 검거(1931.2~1931.8)와 2차 검거(1934.2~1934.12)는 카프의 활동
을 거의 불가능하게 만들었고 결국 1935년 5월에 공식적으로 해산되었

---

58) 이들은 특히 학연으로도 연결되어 있는데, 박종화와 안석주는 휘문고보, 박영희, 나도
　　향, 김기진은 배재고보 출신이었다. 박영희, 「신흥문학의 대두와 개벽시대 회고」, 『조
　　광』 1938년 6월호, 57~58쪽.
59) 김윤식, 『한국근대문예비평사연구』, 일지사, 1976, 28~30쪽.
60) 카프 결성에 참여했던 파스큐라 소속의 사람들은 대체로 서울청년회와 밀접한 관계
　　였고, 염군사의 주요 인물이었던 송영, 이적효 등은 대체로 북풍회와 밀접한 사이였
　　다. 홍정선, 「KAPF와 사회주의 운동단체의 관계에 대한 일고찰」, 『한신논문집』 3집,
　　1986, 94~100쪽.
61) 백철, 『진리와 현실』, 박영사, 1975, 216쪽.

는데,[62] 카프 소속 문인도 일부는 전향과 함께 직업적 기자가 되었던 것이다.

1930년대에 들어서면서 직업적 기자 집단이 생겨나면서 문인기자에 대한 비판들이 나왔다. 즉 일제하의 특수한 상황에서 대부분의 문인들이 기자생활을 하는 것에 대해, 한 평자는 "본업으로의 작품 같은 것으로는 생명을 유지할 수 없고 보니 부업을 본업보다 더 중요시하지 않을 수 없다는 우스운 현상을 보게 되는 것이다"라고 지적하며, "문사가 기자가 되는 것은 먹고 입고 살기 위해서 그 자신을 본의와는 다른 길로 포기하지 아니할 수 없는 비참 이외에는 아무것도 의미가 없는 것"이라고 비판했다.[63] 나아가 "어떤 사람이 문예인으로 신문인은 대개 불성공"이라는 주장까지 나오기도 했다.[64]

그러나 문인기자에 대한 일부의 비판에도 불구하고 1930년대의 민간지들이 '오락성을 가미한 문화적 교양에 치중하는 경향을 보이면서 여전히 문인 기자를 필요로 했다.[65] 다만 1930년대 들어서서 신문의 기업화에 따라 상업주의적 요소가 등장하면서 초기 지사적 경향을 어느 정도 지녔던 비판적 문인기자의 전통과는 단절하게 되었다. 백철은 1933년을 기점으로 사상적으로는 전향의 시대가 오고 저널리즘은 급격히 대중취향적인 것으로 변화되어 갔고 여기에 타협하는 문인이 많아졌다고 비판했다.[66]

1930년대 들어서면서 기존의 '프로문학'과 '민족문학'에 대한 비판을

62) 김윤식, 『한국근대문예비평사연구』, 일지사, 1976, 34~37쪽.

63) 啞然子, 「문사기자 측면관」, 『동광』 1931년 10월호, 65쪽.

64) 「조선 신문 기자론과 평」, 『혜성』 1931년 7월호, 64쪽.

65) 김윤식, 『박용철·이헌구 연구』, 법문사, 1973, 62쪽.

66) 백철, 『진리와 현실』, 박영사, 1975, 225쪽.

통해 새롭게 등장하기 시작한 해외문학파는,[67] 일본에서 외국문학을 전공했던 사람들이 주축이 되었다. 이들은 1930년을 전후하여 귀국했고 일부가 언론계로 진출했는데, 김윤식은 이들의 신문사 입사가 "저널리즘을 지배, 문단적 영향력을 발휘하게 하는 계기가 되었다"고 평가했다.[68] 이선근은 1929년 4월에 『조선일보』에 입사하여 1932년까지 정치부장과 편집국장 대리를 지냈고, 서항석도 1929년 4월에 『동아일보』에 입사하여 1938년 9월까지 학예부장 등을 지냈다. 또한 이하윤은 1930년대 초의 『중외일보』 학예부 기자를 거쳐 1939년에는 『동아일보』 학예부 기자를 지냈고, 이헌구도 1938년에 『조선일보』에 학예부 기자로 입사했다.

또한 기존의 "카프계열의 프로문학에 반대하여 좋은 작품을 써서 그들을 압도할 것"을 표방했던 9인회도 1933년에 결성되었는데, 여기에도 다수의 문인기자들이 포함되어 있었다.[69] 김기림은 1930년에 『조선일보』에 입사해 1940년에는 학예부장이 되었고, 이종명은 1930년에 『중외일보』에서 사회부 기자생활을 했었다. 또한 이태준은 1930년에 『중외일보』 기자를 거쳐 1935년에는 『조선중앙일보』 학예부장을 지냈고, 이무영은 1935년에 서항석의 추천으로 『동아일보』에 입사했고, 한때 카프에 가담했고 당시에는 『조선중앙일보』 사회부장이던 박팔양도 가입했다.[70]

---

67) 해외문학파와 프로문학 사이의 대립적 논쟁의 자세한 내용은 다음을 참조하라. 김영민, 『한국문학비평 논쟁사』, 한길사, 1992, 440~456쪽.
68) 김윤식, 『한국근대문예비평사연구』, 일지사, 1976, 141쪽.
69) 창립회원으로서 『매일신보』 기자였던 조용만은 9인회가 처음부터 '계급문학' 반대의 의도를 가지고 있었음을 밝히고 있다. 조용만, 『30년대의 문화예술인들』, 범양사, 1988, 129~139쪽.
70) 이청원, 「박팔양론: 휴머니즘의 역사적 전개」, 권영민 편, 『월북문인 연구』, 문학과 지성사, 1989, 200~211쪽.

<표II-7> 주요 문예단체 참여 기자명단

단체(동인지)	창립시기	참여한 언론인
창조	1919	김 억, 주요한, (김동인)
폐허	1920	민태원, 염상섭, 황석우,(변영노)
백조	1922	박종화, 현진건, 노자영, 나도향, 안석주, 김기진 (박영희)
파스큐라	1923	김형원, 이익상,안석주,김기진,(박영희),(김복진)
염군사	1923	심 훈
KAPF	1925	박팔양, 이익상, 김동환, 심 훈, 안석주, 김기진 조명희,최학송,(홍양명)(홍효민)(권경완)(박완식) (김복진)(김남천)
해외문학연구회	1926	이선근, 서항석, 이하윤, 이헌구
9인회	1933	박팔양, 김기림, 이종명, 이무영, (이태준)

1) 민간지에서 기자생활을 한 경력이 있는 사람만 대상으로 함.
2) 초기 동인지나 카프의 경우, ( )안의 사람들은 1930년 이후 언론계에 입사한 사람들임.
3) 명단의 순서는 언론계 입사 순에 따름

1930년대 이후 민간지들이 민족적 현실에 대해서는 침묵한 채 기업적 경쟁에만 몰두하면서, 문화운동이라는 미명하에 해외문예사조의 소개나 해외문학작품의 번역물 게재에 치중하고 늘어난 지면을 채우기 위해 소설 등 다양한 문예물을 게재하려고 했다.[71] 해외문학파나 9인회는 바로 이러한 필요를 충족시켜줄 수 있는 인적 자원을 제공했던 것이다. 즉, 1930년대 이후의 문인기자들은 증가된 학예면[72]을 흥미 위주의 문예물로 채우기 위한 필요성에 의해 기자로 채용되는 경우가 많았다.[73] 백철은 해외문학파가 "오늘날 조선 저널리즘계의 총애받기를 소원하는 것이

---

71) 1930년대 전개되었던 민간지의 문화운동에 대한 비판은 다음을 참조하라. 최민지, 『일제하 민족언론사론』, 일월서각, 1978, 192~208쪽.
72) 염상섭, 「최근 학예란의 경향」, 『철필』 1권 2호, 1930, 29~30쪽.
73) 김윤식, 『한국현대문학사상사론』, 일지사, 1992, 162~163쪽.

며 또 사실 총애를 받고 있는 듯하다"고 비판했다.[74] 이렇듯 '해외문학연구회'와 '9인회'로 대표되는 1930년대의 문인기자들은 과거의 문인기자보다는 상대적으로 기자로서의 직업적 정체성을 더 많이 지니고 있었다.

2. 언론활동의 조건과 특성

1) 일제의 강력한 검열과 제한적 언론인의 사법처분

(1) 강력한 검열로 인한 언론활동의 위축

일제의 언론정책은 식민지지배 정책에서 매우 중요한 의미를 지녔다. 특히, 무력에만 의존하던 무단정치 시기와는 달리 탄압과 회유를 결합하여 지배하던 문화정치의 시기에는 언론정책이 더욱 중요해졌다. 일제가 문화정치의 실시에도 불구하고 언론에 대한 강력한 통제를 의도했다는 것은, 1919년 8월에 이루어진 총독부 관제 개혁에서도 잘 드러난다. 문화정치의 실시에 따라 헌병경찰제도가 보통경찰제도로 바뀜에 따라 이루어진 관제개혁을 통해 총독부 하에 경무국, 학무국, 법무국, 식산국, 재무국, 내무국 등이 설치되었는데,[75] 여기에서 가장 특징적인 것 중의 하나가 바로 경찰업무를 담당하는 경무국(警務局)이 신설되었고 이러한 경무국내의 고등경찰과(高等警察課)가 신문, 잡지, 출판물에 대한 검열 업무 등을 담당하게 되었다는 것이다.[76] 이런 고등경찰과는 신문지법의 규정대로 납본된 신문을 검열하고 문제가 되는 기사가 있을 경우 이에 대한 사전통제 또는 경우에 따라 사후통제를 가하기도 했던 것이다.

---

74) 백철, 「조선 문단의 신전망」, 『혜성』 1932년 1월호, 19~20쪽.
75) 『朝鮮總督府 官報』 號外, 1919.8.20.
76) 임종국, 『일제하의 사상탄압』, 평화출판사, 1985, 115~116쪽.

이렇듯 사상문제에 대한 탄압을 담당하던 고등경찰과가 언론통제 업무를 전담하게 되었다는 것은, 일제가 신문에 대한 철저한 통제를 의도하고 있었을 뿐만 아니라 그러한 통제의 방향도 정치적 · 사상적 통제와 같은 맥락에서 설정하고 있었다는 것을 보여준다. 민간지 창간 직후 신문의 논조가 일제에 대해 어느 정도 비판적이자, 일제는 독립운동의 고취나 일제의 지배에 대한 비판은 허가할 수 없다는 입장을 강조하며, 처음부터 치안방해 등을 이유로 신문의 기사에 대해 사전검열을 통해 철저한 통제를 가했다. 이에 따라 『동아일보』는 창간한 지 불과 20여일 밖에 안 지난 4월 19일자 사설에서, 사실상의 사전검열제를 비판하고, 이는 문화정치를 표방한 총독부의 입장에 모순이라고 하면서 검열제 폐지를 주장했다.[77]

또한 고등경찰과가 언론관련 업무를 담당하던 1920년대 전반기에는 정간 해제 조건으로 반일적 기자의 해고를 요구하여 민간지에 근무하던 기자들의 저항적 경향을 순치시키려고 하는 시도도 있었다. 일제는 이미 1920년 8월의 조선일보 1차 정간 때에도 정간해제의 조건으로 배일기자의 해고를 요구하여 최국현, 방한민 등 3인이 해직되었던 적도 있었고, 1925년에도 3차 정간의 해제조건으로 사회주의적인 기자들의 축출을 요구하여 전체적으로 17명이 해직되었던 적도 있었다.[78] 이것은 고등경찰과가 단순히 신문기사의 검열업무 뿐만 아니라 기자의 사상적 동향과 활동에 대한 파악과 이에 대한 대책까지 강구하고 있었음을 보여 주는 것이었다. 이러한 기자 해고 요구는 논조의 약화뿐만 아니라 언론인의 심리적 위축까지를 노린 것이었다.

일제는 일본과 조선에서 사회주의 운동이 활발해지자 1925년에 사상통

---

77) 「원고검열을 폐지하라」, 『동아일보』 1920. 4. 19, 사설.
78) 조선일보 70년사 편찬위원회, 『조선일보 70년사』, 조선일보사, 1990, 146~150쪽.

제를 목적으로 한 치안유지법을 제정, 공포하였다.[79] 특히 조선에서는 1925년에 조선공산당이 결성되고 노동자, 농민 등에 의한 민중운동이 활발히 전개되어 고등경찰의 업무량이 늘어나고 출판물이 양적으로 증대하여, 신문·잡지·출판물 등에 대한 검열을 전담하는 부서의 필요성이 생기면서 1926년 4월에 총독부 훈령 13호로 경무국 내에 도서과를 설치했다. 경무국 내의 고등경찰과를 보안과와 도서과로 분리시켜, 보안과가 정치적·사상적인 문제들을 다루고 도서과는 언론관계 업무를 전담하게 했던 것이다.[80] 도서과의 설치는 사상통제의 강화라는 맥락에서 검열 등의 업무를 더욱 강력하게 추진하기 위한 경무국 내 업무분담 차원에서 이루어진 것이었다.[81]

민간지들이 일제의 검열을 피하기 위해 가능하면 일제에 대한 직접적 비판이나 민족운동에 대한 적극적 주장을 하지 않고 다소 우회적인 형태로 보도하는 변화를 보이자 이에 대해 더욱 철저하고 세밀한 검열이 필요해졌기 때문에 도서과를 설치했던 것이다. 신경순의 회고에 따르면, 일제에 의해 신문이 압수되는 일이 빈번하자 "어느 날은 고심 고심한 끝에 검열관이 무어라고 꼬집어낼 수는 없고 배짱은 상하도록 편집"을 하였더니 도서과의 검열관이 "글쎄 어느 점이 나쁘다고 얼른 지적하기는 곤란하나 전체지면의 공기가 고약하다"고 하여 압수를 한 적도 있었다고 한다.[82] 이런 상황에서, 일제는 점차로 검열업무의 전문성에 대한 필요를 느꼈을 것이다.

이렇듯 경무국 산하에 도서과가 설치될 무렵에는 총독부는 '조선통치의 근본정신'에 위배되는 기사에 대한 강력한 통제를 시도하겠다고 하며 심지어 일본, 일본인, 일본정부를 내지(內地), 내지인(內地人), 아정부

79) 鈴木敬夫, 『법을 통한 식민지 지배에 관한 연구』, 고려대 민족문화연구소, 1989, 196~215쪽.
80) 김규환, 『일제의 대한 언론·선전 정책』, 이우출판사, 1978, 210~211쪽.
81) 정진석, 『극비 조선총독부의 언론검열과 탄압』, 커뮤니케이션북스, 2007, 48~49쪽.
82) 신경순, 「기자생활 20년기」, 『신천지』 1950년 3월호, 202쪽.

(我政府)로 지칭하고 무장투쟁세력에 대해서는 비적단(匪賊團), 불령단(不逞團)으로 지칭하도록 하는 등 구체적인 용어의 사용까지 지시하며 "이를 위반할 경우 발행권 취소처분도 불사하겠다"는 입장을 밝혔다.[83] 1927년에도 다시 경무국장은 민간지의 간부들을 소집하여 민간지들이 총독부정책에 대하여는 반대만 할 뿐이요 "해외 불령운동단(不逞運動團)을 국사(國士), 지사(志士), 인인(仁人)과 여(如)히 찬탄"하고 있다고 지적하고 앞으로는 이러할 경우 그 신문의 '존립을 인정할 수 없게 될 것'이라고 하여 거듭 발행취소도 불사하겠다는 입장을 밝혔다.[84]

이렇듯 도서과가 설치되면서 이전보다 더욱 철저한 검열이 실시되고 언론에 대한 강력한 제재가 행해졌는데, 일제하에 기자로 활동했던 우승규는 "그때 소위 총독부 경무국엔 매섭게도 우리 언론의 생사여탈을 좌우하던 마의 도서과가 있었다. 신문을 초쇄(初刷)하면 첫 장이 나오기 무섭게 으레 도서과에 납본부터 해야 됐고, 그 다음 만약 놈들이 말하는 불온한 기사나 평론이 발견되면 즉각 깍으라는 긴급명령의 전화가 오곤 했다. 그러기에 신문이 나온 뒤 몇 시간 지나지 않으면 안심을 못하고 전 사원이 조마조마했다"고 회고하여, 도서과의 언론통제가 당시의 언론활동을 크게 위축시키는 역할을 했음을 밝히고 있다.[85] 위의 회고에서처럼 도서과에는 검열계가 있어서 한국어에 능한 통역관이 전문적으로 신문과 잡지의 검열을 시행했다.

일상적으로 이루어지는 일제의 강력한 검열은 언론인에게 '심리적 위축'을 가져오고, '자기 검열'을 하게 만들었다. 특히 신문이 기업화되면서 검열로 인한 탄압을 피하기 위해 내적 통제가 더욱 강화되었다. 주요한은

---

83) 『매일신보』 1926.4.22.

84) 이 자리에는 도서과장과 경찰부장이 참석하였다. 『매일신보』 1927. 5.31.

85) 우승규, 『나절로 만필』, 탐구당, 1978, 101쪽.

1929년 말에 자신이 『동아일보』 편집국장이 되었을 때 "회사의 방침이 되도록이면 압수를 당하지 아니할 정도에서 논설이나 기사를 쓰라는 것으로 바뀌었다"고 하며, "편집국장이란 자리는 총독부 도서과의 대행기관이냐고 자학하기도 했다"고 밝혔다.[86] 한편 언론인들은 검열을 회피하기 위한 다양한 방식을 사용하며, 소극적인 저항을 시도하기도 했다.[87]

일제는 1937년 중일전쟁이 발발한 이후 전시체제 구축을 위해 1938년에 국가총동원법을 공표하고 더욱 강력한 언론 통제를 시도하였다. 이러한 상황에서 경무국 도서과는 1939년 6월 검열기준을 더욱 강화하여 발표하였는데, 그 특징적인 내용은 신문이 철저히 '내선일체'(內鮮一體), '내선융화'(內鮮融和)를 위해 기능해야 하며 가능한 한 일본어를 사용하는 기사를 게재하거나 일본어의 사용을 권장해야 한다고 규정하여 민족 말살정책의 본질적인 성격을 드러냈다.[88]

1930년대 중반 이후에는 일제의 언론탄압이 더욱 강화되면서, 신문들의 비판적 논조가 사라졌고 기자도 저항 의지를 완전히 상실했다. 또한 일제는 1930년대 말에는 기사를 삭제하거나 압수하는 등의 소극적 통제를 하던 것을 넘어서서 이제는 특정한 기사 등의 게재를 강제하는 등의 적극적 통제 위주의 언론정책을 실시했다.[89] 일제의 언론정책이 친일언론활동을 강요하는 단계로까지 나아가면서, 언론인은 신문사를 떠나거나 아니면 친일에 동참하는 길 중에 하나를 선택할 수밖에 없게 되었다.

---

86) 주요한, 「만보산 사건과 송사장과 그 사설」, 『언론비화 50편』, 한국신문연구소, 1978, 111쪽.

87) 박용규, 「식민지 시기 문인기자들의 글쓰기와 검열」, 『한국문학연구』 29집, 동국대학교 한국문학연구소, 2005, 99~113쪽.

88) 최준, 『한국신문사』 증보판, 일조각, 1982, 309~310쪽.

89) 이민주, 「일제시기 조선어 민간신문의 검열에 관한 연구」, 서울대학교 박사학위논문, 2010, 163~169쪽.

2) 언론인에 대한 사법처분의 제한적 사용

일제는 사전검열을 통해 각종 삭제나 압수 등의 행정 처분을 내리던 것에서 더 나아가 1920년대 중반부터는 언론인에 대한 사법 처분도 내렸다. 1925년 9월에는 『조선일보』가 신일룡이 쓴 사설이 문제가 되어 3차 정간을 당하며, 발행인 겸 편집인 김동성이 징역 4월에 집행유예 2년을 선고받았고, 인쇄인 김형원이 징역 3월을 선고받았다. 1926년 3월에는 『동아일보』가 국제농민본부로부터 온 글을 게재했다는 이유로 2차 정간을 당하며, 주필 겸 편집국장 송진우가 징역 6월을, 발행인 겸 편집인 김철중이 금고 4월을 선고받았다. 1928년 1월에는 『조선일보』에 안재홍이 쓴 사설이 문제가 되어 편집인 백관수가 벌금 1백원을, 안재홍이 금고 8월을 선고받았다. 1928년 2월에는 『중외일보』에 이정섭이 쓴 세계일주 기행문으로 인해 필자 이정섭이 징역 6월에 집행유예 2년, 발행인 겸 편집인 이상협이 벌금 200원을 선고받았다. 1928년 12월에는 『중외일보』의 사설이 문제가 되어 1차 정간을 당하며, 필자인 편집국장 민태원이 징역 3월에 집행유예 2년을, 발행인 겸 편집인 이상협이 벌금 200원을 선고받았다.

일제는 행정처분만으로는 각 민간지에 있는 민족운동가적 기자에 대한 통제의 효과가 없자, 직접 언론인에 대해 체형을 가하는 사법처분을 통해 기자의 언론활동을 전반적으로 위축시키려고 했던 것이다. 사법처분에 적용된 법률을 보면, 집필자의 경우에는 주로 '보안법'이나 '치안유지법'이 적용되었고, 발행인이나 편집인의 경우에는 '신문지법'이 적용되었다는 것을 알 수 있다. 집필자의 경우에는, 치안유지법이 적용되었던 신일용[90]을 제외하고는 모두 보안법 7조의 치안방해 위반으로 사법처분을 받았다.

---

90) 1925년에 해외 탈출로 기소 중지되었던 신일용에 대한 치안유지법 위반사건 재판이 다시 열려 1933년 9월 6일 경성지법은 신일용에 대해 징역 1년 6월에 집행유예 3년을 선고하였다. 『조선일보』 1933.9.7.

발행인이나 편집인은 주로 신문지법 26조의 규정에 의해 집필자와 함께 사법 처분을 받았는데, 이렇게 신문지법의 규정에 의해 발행인이나 편집인이 사법처분을 받게 되는 것에 대비해, 1920년대 중반 이후에는 사장이나 주요 출자자가 아닌 비교적 낮은 직급의 인물을 발행인이나 편집인으로 등록시키는 경우가 많았다. 이에 따라 주요 출자자나 경영진이 아니었던 사람들이 발행인 겸 편집인으로 등록되어 사법 처분을 받았다. 이에 대해 일제는 "출자자들이 교묘히 자기의 처벌을 모면할 방법을 안출하여 명의상의 발행인, 편집인, 인쇄인을 고용하여 당국에 계출"하였다고 지적하고 언론통제에 있어서 신문지법 26조의 비효율성을 지적했다.[91] 따라서 일제는 이러한 관행 때문에 발행인에 대한 처벌이 커다란 효력을 발휘하지 못하자, 1930년대 중반 이후에는 방침을 바꾸어 사장이 반드시 발행인 겸 편집인을 맡도록 하였다.[92]

신문지법이나 보안법 등에 의한 사법적 처분 이외에도 명예훼손으로 인한 사법 처분도 적지 않았다.[93] 명예훼손 사건으로 사법 처분을 받았던 대부분이 지국 기자들이었지만,『동아일보』의 한위건,『시대일보』의 홍남표와 유완희 등 본사 기자들이 명예훼손으로 사법 처분을 받은 경우도 적지 않았다.[94] 이러한 명예훼손 사건으로 본사 기자들이 체형을 받은 일은 드물었지만,[95] 이러한 명예훼손 조항이 일제의 말단경찰이나 관리들에 의해

---

91) 독립운동사 편찬위원회,『독립운동사 자료집』12 집, 1977, 1068~1067쪽.

92) 한국신문연구소 편,『한국언론인물지』, 1981, 144~145쪽.

93) 정진석,『일제하 한국언론투쟁사』, 정음사, 1975, 107~115쪽.

94) 김형원과 안재홍도 명예훼손으로 벌금형을 받은 적이 있다고 한다. 이렇듯 신문에도 나타나지 않은 사건들을 포함하면 당시에 명예훼손 사건으로 인한 언론인에 대한 탄압이 적지 않았다는 것을 알 수 있다. 독립운동사 편찬위원회 편,『독립운동사 자료집』12 집, 1977, 1072쪽, 1080쪽.

95) 유완희는 경성복심법원의 확정판결로 3개월의 금고형을 살았다.『동아일보』1926.11.7.

악용되어 신문의 비판적 논조를 약화시키는 데 일정한 역할을 했다.

〈표II-8〉 1920년대의 언론인에 대한 사법처분

성명	직책	사유	적용법률	판결 내용
김동성	조선일보 편집 겸 발행인	1925년 9월 8일자 사설 "조선과 노국과의 정치적 관계" (3차 정간)	신문지법 25조	징역 4월(발행인, 편집인으로서 각각 2월), 집행유예 2년
김형원	조선일보 인쇄인		신문지법 25조	징역 3월
신일용	조선일보 논설반기자		치안유지법	기소중지(1933년 징역1년 반, 집행유예3년)
송진우	동아일보 주필 겸 편집국장	1926년 3월 5일 국제농민회본부가 조선 농민에게 전해달라고 한 전보문 게재 (2차 정간)	보안법 7조	징역 6월
김철중	동아일보 발행인 겸 편집인		신문지법 26조	금고 4월(발행인과 편집인으로 각각 2월)
최원순	동아일보 기자	1926년 8월 22 일자 횡설수설	보안법 7조	면소
백관수	조선일보 편집인	1928년 1월21일자 사설 "보석 지연의 희생, 공산당 사건의 실례를 見하고"	신문지법 26조	벌금 1백원
안재홍	조선일보 주필 겸 발행인		신문지법 26조	금고 8월
이정섭	중외일보 촉탁	1928년 2월 21,, 22일 "세계일주 기행−조선에서 조선으로"	보안법 7조	징역 6월, 집행유예 2년
이상협	중외일보 발행인 겸 편집인		신문지법 26조	벌금 200원
민태원	중외일보 편집국장	1928년 12월 6일자 사설 "직업화의 추화" (1차 정간)	보안법 7조	징역 3월, 집행유예 3년
이상협	중외일보 발행인 겸 편집인		신문지법 26조	벌금 200원

자료: 박용규, 『식민지 시기 언론과 언론인』, 소명출판, 2015, 56쪽.

일제의 언론인에 대한 사법처분은 1920년대에 집중적으로 이루어졌다. 물론 이 시기에는 언론에 대한 사전탄압과 사후탄압을 포함하는 행정처분도 많이 내려졌다. 특히 조선공산당이나 신간회 등의 민족운동이 전개되고, 민족운동가적 기자의 언론활동도 활발했던 1925년부터 1928년 정도까지 언론인에 대한 사법처분이 많이 이루어졌다. 그러나 기사로 인해 언론인이 사법처분을 받은 사례들 중에 체형을 선고받은 경우는 많지 않고, 그 기간도 비교적 짧은 편이었다. 사전검열을 통해 비판적인 기사를 어느 정도 미리 걸러낼 수 있었기 때문인지 기사로 인한 언론인에 대한 사법 처분은 다른 분야의 민족운동에 비해서는 상대적으로 가벼운 편이었다.

1929년 이후 언론인에 대한 사법처분은 거의 사라졌다. 1929년 12월에 『동아일보』 편집국장 주요한이 광주학생운동과 관련된 민중대회에 참여해 구속되었다가 풀려난 일이 있었지만, 이미 사표를 낸 후 민중대회에 참여했고 기사가 직접 문제가 되어 구속되었던 것은 아니었다.[96] 1936년 8월의 『동아일보』 일장기 말소사건은 1930년대 들어서서 드물게 언론인에 대한 연행과 조사가 이루어진 경우였다. 과거의 언론인 조사보다 훨씬 가혹한 고문이 이루어진 것은, 일장기 말소사건이 가져올 수 있는 민족 감정의 확산을 사전에 차단할 필요가 있었기 때문이었다.[97]

한편 일제는 언론인을 회유해 친일적 언론활동에 동원하려는 시도도 했다. 즉, 언론을 담당하던 도서과의 소속이 "사상범의 매수나 회유, 중대사건의 첩보활동"을 담당하는 경무국이었다는 점에서[98] 일제가 단순히 언론을 검열하는 차원을 넘어서서 식민지 통치를 위해 언론을 적극적

96) 주요한, 「만보산 사건과 송사장과 그 사설」, 『언론비화 50편』, 한국신문연구소, 1978, 112~113쪽.
97) 채백, 「동아일보의 일장기 말소사건 연구」, 『한국언론정보학보』 통권 39호, 2007, 25~31쪽.
98) 김을한, 『한국신문사화』, 탐구당, 1975, 439쪽.

으로 활용하고자 했을 가능성이 있다. 이미 1920년대에 일제는 최남선이나 이광수 같은 민족개량주의적인 인물의 언론활동을 지원했던 일이 있었고, 1930년대에도 비슷한 활동을 보여주었다. "옛날의 주장하던 바와 정반대되는 비계급적 논문을 써서 자기의 개전하는 뜻과 온순한 태도를 보였다"고 사회적 비판을 받았던 신일용을 1932년에 '임경래의『조선일보』'에 주필로 앉히도록 했고,[99] 1937년에는 다시『동아일보』편집국장으로 앉히도록 강요했던 것이 대표적인 예였다.[100] 또한 서춘 같은 민간지 내부의 언론인을 회유해 친일적 언론활동을 하도록 만들기도 했다.[101] 1930년대 말에 많은 언론인이 친일로 돌아선 것은, 일제의 회유와 본인들의 선택이 결합한 결과였다.

2) 고용 상황과 임금수준

(1) 심각한 고용 불안과 빈번한 이직과 전직

1920년대 내내『동아일보』를 제외한 다른 신문의 경우에는 경영난에 따른 사주의 잦은 변동으로 인해 기자의 이동도 매우 많았다. 비교적 안정적 운영을 했던『동아일보』의 경우에도 경영진과 직접적 연고가 없던 기자들의 재직기간은 매우 짧았다. 이것은 1932년 이전에『동아일보』에 근무했던 기자 109명 중에서 27명이 불과 1년도 못 되어 신문사를 떠났다는 사실에서 잘 드러난다. 소유구조의 변동이 없었던『동아일보』의 경우가 이 정도였다면, 다른 신문의 경우는 이보다 훨씬 더 심각한 상황이

---

99)「망명객들의 귀국 裏面 비사」,『제일선』1932년 9월호, 71쪽.
100) 동아일보 사사 편찬위원회,『동아일보사사』권1, 동아일보사, 1975, 378쪽.
101) 박용규,「일제의 지배정책에 대한 신문들의 논조 변화」,『한국언론정보학보』28호, 2005, 131~132쪽.

었을 것이다.[102] 특히 1932년 이전에는 기자들이 경영진과의 불화로 인해 집단적으로 타 신문사로 옮겨 가는 경우나 경영진에 의해 집단으로 해고되는 일도 있어서 기자의 직업 안정성은 거의 보장되지 않았다.

기자들이 경영진과의 불화로 인하여 타 신문사로 집단적 이동을 했던 대표적 경우로는 1924년에『동아일보』에서 송진우와 이상협의 불화로 인해 이상협계 기자들이 대거『조선일보』로 옮긴 것과, 1931년『조선일보』에서 안재홍이 신석우를 이어 사장이 된 후 신문 경영이 제대로 이루어지지 않자 이에 반발한 기자들이 집단으로 퇴사해『중앙일보』로 이동했던 것을 들 수 있다.[103] 특히 1931년의 경우에는 노정일의『중앙일보』로 옮겨간 기자들이『조선일보』의 '만주동포 구제금 횡령사건'을『중앙일보』에 폭로해 사장 안재홍과 영업국장 이승복이 구속되도록 했다는 풍문이 나돌았을 정도로 신문사 경영진과의 대립이나 기자들 사이의 파벌적 반목이 심각했었다.[104] 기자의 집단적 이동은 신문사의 판권 이동에 따라 불가피하게 이루어지는 경우도 많았다. 조강희는 판권이 바뀌면 제일 먼저 기존 사원들에 대한 해고가 이루어지고 "말단의 배달부, 급사까지 모두 새로운 사람들로 충원"될 정도였다고 비판했다.[105] 특히『시대일보』,『중외일보』,『중앙일보』등의 경우에는 사주와 제호가 바뀔 때마다 거의 대부분의 기자들이 다른 민간지나 총독부 기관지『매일신보』로 이동을 할 수밖에 없었는데, 이에 따라 일제하 기자들은 보통 두세 군데 신문을 옮겨 다니는 경우

---

102) 『조선일보』 창간 초기 박종화가 3일 동안 기자생활을 했고, 염상섭은 3일 동안 편집국장을 했을 정도로 불안정했다. 박종화, 『월탄 박종화 회고록』, 삼경출판사, 1979, 400쪽; 신철, 「조선일보에 대하여」, 『개벽』 1923년 7월호, 47쪽.

103) 정태철, 「신구 양간부의 세력전으로 문제 많은 조선일보사」, 『별건곤』 1931년 9월호, 21쪽.

104) 綠眼鏡, 「중앙일보가 조선일보 간부 재만동포 구제금 사건을 왜 폭로하였는가?」, 『별건곤』 1932년 5월호, 15쪽; 김기진, 「나의 회고록」(9), 『세대』 1965년 6월호, 103~104쪽.

105) 조강희, 「신문 隨感」(1), 『현대평론』 1927년 5월호, 103쪽.

가 많았다. 유광열과 같이 심한 경우에는 1920년에서 1932년 사이에 무려 6번이나 신문사를 옮겨 다녔다. 그는 민간지 창간 이전『매일신보』, 주간『반도신문』을 거쳐 1920년 이후『동아일보』→『조선일보』→『시대일보』→『중외일보』→『조선일보』→『중앙일보』를 거쳐 결국 1933년에는 그가 처음 입사했던『매일신보』에 재입사했다.

　외부적 압력이 작용한 경우도 있었는데, 이런 경우의 대표적 예는『조선일보』가 정간 해제를 위해 기자 등 사원 17명을 집단 해고시킨 경우를 들 수 있다. 『조선일보』는 신일용이 집필한 사설의 내용이 문제가 되어 2차 정간을 당한 상황에서 총독부가 정간 해제의 조건으로 좌익기자 등의 해고를 요구하자 이를 받아들여 박헌영, 임원근 등 좌익계 기자는 물론 이상협계 기자들까지 포함하여 17인을 집단으로 해고시켰다. 기자들의 해고 사유에 대한 문의에 대해 경영진은 단지 '재정상 형편과 기타관계' 때문이라고 답변해 일제의 요구와 신문사의 재정적인 요인이 동시에 작용해 집단 해고가 이루어졌음을 시사했다.[106] 이러한 집단해고에 대해 이상협계를 중심으로 한 해고기자들은 신석우 등 경영진이 '사리사욕에 광분'하여 조금이라도 재산상의 손실을 보지 않으려는 의도에서 자신들을 해고시키는 '뿔쥬아적 횡포'를 자행했다고 하며 강력히 반발했다.[107]

　이러한『조선일보』집단해고의 경우에는 외부의 정치적 압력과 내부의 경제적 요인이 모두 작용해 집단해고가 이루어졌지만,[108] 나머지 대부분

---

106)『동아일보』1925.10.24.

107)『동아일보』에 '광고'로 게재된 성명서에는, 해고자 중에 화요회계인 박헌영, 임원근, 김단야, 북풍회계인 손영극, 문제가 된 사설의 집필자인 신일용 등 7명의 서명은 빠져 있다. 조선일보 70년사 편찬위원회, 『조선일보 70년사』, 조선일보사, 1990, 149쪽;『동아일보』1925.10.27.

108) 이런 점에서 일제하의 한 논자가 '출자자의 모의'가 집단해고의 주된 원인이라고 지적했던 것은 상당히 정확한 것이었다. XY생, 「현하 신문잡지에 대한 비판」, 『개벽』1925년 11월호, 52쪽.

의 경우에는 신문사의 재정적인 어려움 때문에 기자들을 해고시킨 것이었다. 유완희는 "일반 공장 등에서의 사원 도태에 대해서는" 비판적인 기사나 논평을 싣는 신문사에서 "일보를 더 나아가 이 이상의 가혹한 행동"까지 하고 있으며, 특히 경영자의 변동이나, 정간 해제의 제물로서 흔히 대량 도태가 이루어진다고 지적하고 두세 달 씩 월급을 받지도 못하는 기자들은 항상 '실직의 공포'를 느끼고 있고, 이에 따라 기자를 '기자'(飢者)라고까지 부르고 신문사 자금을 유용하는 신문사 간부를 '간배'(奸輩)로까지 부른다고 비판했다.[109]

이렇듯 기자의 해고가 빈번했던 또 다른 이유로는 경영진의 의식의 '전근대성'을 들 수 있다. 경영진은 자신의 뜻과 맞지 않거나 자신에게 반대하는 경우에는 쉽게 기자들을 해고하기도 했다. 『중앙일보』 사장이었던 노정일의 배재학교 시절 은사로서 편집국장을 맡고 있던 강매(姜邁)는 기자들을 '남의 집 고용살이하는 사람'이라고까지 표현했다. 이러한 노정일의 『중앙일보』는 경영진에 반대했다는 이유만으로 창간 직전 김세용과 임영달을 해고시켰고 창간 직후에도 유광열, 배성룡 등 4인의 기자를 해고시켰다.[110] 이렇듯 기자의 해고가 빈번했던 당시의 상황을 아래의 지적은 잘 보여주고 있다.[111]

> 소위 기자라는 각자(各自)를 쓰고 있는 사람들은 매월 기십 원의 봉급을 주는 만큼 사용인으로의 천대가 오히려 다른 기업에 그것보다 심하다. 시간의 장단(長短), 생활의 안불안(安不安), 치구사역(馳驅使役)의 심불심(甚不甚)을 막론하고 그 노력의 착취야말로 임의자재(任意自在)이면서도 간부급에 속한 인물들에게 다소라도 반항을 한다든지 이유의 부당함을 항변할 때에는 그야

109) 조강희, 「신문수감」, 『현대평론』 1927년 6월호 97~98쪽.
110) 「노정일과 중앙일보」, 『제일선』 1932년 6월호, 68쪽.
111) 邵城閑人, 「신문기자비애」, 『개벽』 1935년 3월호, 56~57쪽.

말로 큰 변이 난 듯이 그 기자는 '반역죄인' 이상으로 배격하고 즉시로 파면을 하는 것이다.

위의 지적에서처럼 1932년 이전 기자의 경우 항상 해고로 인한 '실직의 공포'에 휩싸여 있었다고 할 정도로 직업적 안정성이 없었다. 그러나 1933년 이후에는 비교적 이전 시기보다 직업적으로 안정되어 『동아일보』의 경우 1933년 이후 입사한 기자들 중에 1년 안에 그만 둔 경우가 단한명도 없었으며, 특히 이 시기에 입사한 기자들 중 상당수는 폐간할 때까지 계속해 근무했다. 또한 『조선일보』의 경우에도 방응모가 인수한 이후에 입사한 기자들 중 상당수가 비교적 장기간 근무한 것으로 보아 이전같은 빈번한 해고는 어느 정도 줄어들었다는 것을 알 수 있다.[112] 그러나 『조선중앙일보』의 경우에는 경영의 불안정으로 인하여 여전히 기자의 이동이 빈번했다. 1932년 10월 31일 최선익에 의해 인수되어 속간될 당시의 『중앙일보』의 편집진 19명 중에서 『조선중앙일보』로 개제된 이후인 1934년 8월에는 9명만 남아 있던 것으로 보아 편집진의 변동이 매우 심했다는 것을 알 수 있다.[113] 특히 『조선중앙일보』가 1936년에 폐간됨으로써 많은 기자들이 실직하여 이들 중 일부가 『조선일보』나 『매일신보』로 옮겨가게 되었다.

이렇듯 1933년 이후에는 『조선중앙일보』를 제외한 『동아일보』나 『조선일보』의 경우에는 비교적 기자의 고용 안정성이 보장되기도 했지만, 여전히 일정한 한계를 드러내기도 했다. 즉, 『동아일보』의 경우는 지나치게 '고정적'이고 '가족주의적'인 인사정책을 실시해, 김성수와 '정실관

---

112) 『조선일보』는 1938년 5월 2일 '혁신 5주년 기념식'에서 5년 근속사원을 표창했는데, 이 중에 편집국에서 12명의 기자들이 포함되어 있었다. 『조선일보 사보』 제7호 (1938.8.15), 1~2쪽.

113) 창랑객, 「조선·중앙 양 신문 부활내막」, 『삼천리』 1932년 11월호, 8쪽; 「언론계문단내보」, 『삼천리』 1934년 8월호, 12쪽.

계'가 없는 경우는 "최초 입사조차 허락치 않는 지방주의적 결함" 때문에 기자들의 이동이 거의 없었다는 비난을 들었다.[114] 이에 반해, 『조선일보』는 지나치게 '유동적'이고 '불안정한' 인사정책을 실시해 "어느 때 입사했다가 어느 때 퇴사했는지 모르는" 경우가 적지 않았다고 지적되기도 했다.[115] 이러한 불안정한 『조선일보』의 인사정책은 "방응모는 사장으로서 사내를 통제하되, 인격으로서가 아니라 인사이동으로서 하였으니 세상에 돌아다니는 말과 같이 조선일보 사원들은 침석(針席)에 앉은 격이란 말이 무리한 말이 아니다"라고 비판을 받기도 했다.[116] 『조선일보』는 1938년 10월에 새로이 사칙을 정하여 직급 정년제를 규정했는데, 서승효가 이에 저촉되자 본인에게 일방적으로 해직 통고를 한 일도 있었다. 안덕근은 이에 대해 『조선일보』가 "사원의 상품가치에서의 평가 경향과 방씨가 의리의 인이 아니란 것"을 드러냈을 뿐이라고 비판했다.[117] 이렇듯 1933년 이후에는 집단해고가 사라지고 기자들이 비로소 어느 정도 안정적인 언론활동을 할 수 있게 되었지만, 여전히 근속 기간이 짧은 경우가 적지 않을 정도로 고용 불안이 남아 있었다.

(2) 높은 임금수준과 잦은 체불

일제하 민간지 기자의 책정된 임금수준만 보면 결코 다른 직업에 비해 낮았던 것은 아니었다. 먼저 『동아일보』 창간 당시와 1932년의 임금수준을 보면 〈표Ⅱ-9〉와 같다.

---

114) 節山生, 「신문」, 『비판』 1938년 5월호, 107쪽.
115) 안덕근, 「조선일보론」, 『비판』 1939년 1월호, 26~27쪽. 사보에 실린 '인사란'을 보면 불과 1달도 못되어 그만둔 경우도 있었다. 『조선일보 사보』 제1호(1936.6.15), 5~6쪽.
116) 채필렬, 「세신문의 나체상」, 『비판』 1936년 11월호, 33쪽.
117) 안덕근, 「조선일보론」, 『비판』 1939년 1월호, 27쪽; 『조선일보 사보』 제8호(1938.12.10), 1쪽.

〈표 Ⅱ-9〉 동아일보의 임금수준(1920년, 1932년)

	주간	국장	사진반	부장	논설반	기자	정리부원
1920	120	100	100	80~70	80~70	80~60	
1932		150		90~80		80~60	40이상

1) 1920년: 주간 및 국장 수당 30, 기자 중 전속화가 80, 일반기자 70~60
2) 1932년: 국장대리 100
자료: 동아일보 사사 편찬위원회, 『동아일보사사』 권1, 동아일보사, 1975, 114쪽; 『삼천리』
      1932년 9월호, 44~46쪽.

〈표Ⅱ-9〉에서처럼 『동아일보』는 1920년의 창간 당시 주간이나 국장
은 수당까지 합치면 각각 150원과 130원, 일반 기자들은 60원에서 70원
정도로 임금을 책정했으며,[118] 『조선일보』도 창간 당시 『동아일보』와 비
슷하게 부장급은 100원, 일반기자는 70~80원으로 월급을 책정했다.[119]
이러한 1920년 『동아일보』의 임금은 1932년에 가면 약간씩 올라 국장
의 경우 수당을 합쳐 130원이었던 것이 150원으로, 부장의 경우 70~80
원에서 80~90원 사이로, 일반 기자의 경우 60~70원에서 70~80원으로
10원 정도씩 인상되었다는 것을 알 수 있다. 특히 1932년에는 대학졸업
사원은 70원, 전문학교 졸업생은 50원으로 초봉을 정했고 상여금도 1년
에 100%씩 주었다. 그러나 1932년의 경우 정리부원의 월급이 낮게 책정
된 것은, 정리부가 일종의 수습과정으로서의 성격을 지녔고[120] 기존의 정

---

118) 책정된 액수와 달리 실제 지급된 액수는 이에 훨씬 못 미쳤던 것 같다. 이것은 1925
    년 5월에 철필구락부의 결정에 의한 임금인상 투쟁시 『동아일보』 기자들의 임금수준
    이 45원에서 55원 정도였다는 것에서 확인할 수 있다. 정진석, 『일제하 한국언론투
    쟁사』, 정음사, 1975, 175쪽.
119) 조선일보 70년사 편찬위원회, 『조선일보 70년사』, 조선일보사, 1990, 앞의 책, 74
    쪽. 창간 직후 『조선일보』에서 기자로 근무했던 현진건은 당시 60원의 월급을 받았
    다고 하며 이것은 당시로서는 '꽤 많은' 액수였다고 회고했다. 현진건, 「7년전 11월
    말일」, 『별건곤』 1927년 2 월호, 50쪽.
120) 이상돈, 『회상반세기』, 통문관, 1982, 507쪽.

리부원의 학력이 비교적 낮았던 이유도 작용했다.[121]

〈표 II −10〉 일제하 교원과 관리의 평균임금

년도	소학교 교원		주임관		판임관	
	조선인	일본인	조선인	일본인	조선인	일본인
1920년	51.19	105.31	201.54	331.45	74.03	132.19
1924년	51.25	106.61	216.66	348.40	73.75	132.69
1928년	51.29	112.29	230	341.80	86.13	135.54
1932년	53.39	111.11	191.80	313.05	83.16	124.91
1936년	54.17	102.57	164.66	290.23	84.57	120.11
1940년	56.41	93.34	177.25	263.01	85.42	93.77

※ 각 연도의 임금은 평균치를 나타낸 것임
자료 : 『조선총독부 통계연보』각 연도판 정리

앞에서 본 기자의 수입이 낮은 수준이 아니었다는 것은 일제하의 교원과 관리의 평균임금을 나타낸 〈표 II −10〉과 비교해 보면 쉽게 알 수 있다. 『동아일보』의 임금수준을 위의 표와 비교해보면 1920년의 경우나 1932년의 경우 모두 일반 기자의 임금수준이 보통학교 조선인 교사들의 평균임금보다 높았고, 판임관급의 조선인 관리들과는 비슷했다는 것을 알 수 있다. 특히 〈표 II −10〉에 나타난 교사와 관리의 임금이 평균액이라는 점을 감안하면, 기자의 임금수준은 보통학교 교사나 판임관급 관리의 초봉보다 상당히 높았다는 것을 알 수 있다. 한 조사에 의하면 1932년의 경우 고용의사는 75원, 은행원은 60원 정도의 월급을 받았다고 하는데 이와 비교해도 기자의 월급은 결코 낮은 수준이 아니었다.[122]

---

121) 『동아일보』의 경우 고용원이나 일반직 사원에서 기자가 된 경우 대부분 정리부 기자가 되었는데, 이를 통해 볼 때 정리부 기자들의 학력이 비교적 낮았을 것이라고 판단할 수 있다.

122) 「도시의 생활전선」, 『제일선』 1932년 7월호, 88~91쪽.

1924년 10월에 『조선일보』에 입사했던 최은희는 당시 쌀 1가마 가격이 5원이었는데, 자신의 월급은 기본급 50원에 수당과 교통비를 합쳐 30원으로 총 80원을 받아 쌀 16가마 값 정도의 월급을 받았다고 한다.[123] 일제 하의 쌀값은 등락이 심하고 특히 후기에는 폭락까지 하여 쌀값을 기준으로 임금수준의 변화를 살펴보는 데 한계가 있기는 하지만, 그럼에도 쌀값을 기준으로 할 때 기자의 임금수준이 대단히 높은 수준이었던 것만은 분명하다.

이렇게 임금이 비교적 높게 책정되어 있기는 했지만 대부분의 신문이 임금을 제대로 지불하지는 못 했다. 이상협이 발행하던 『중외일보』의 경우에는 『동아일보』보다도 기자들의 월급을 더 높게 책정했으나 실제로 지급한 경우는 거의 없었다.[124] 『동아일보』도 처음 1년 반 정도는 기자뿐만 아니라 배달사원에게도 제대로 지불하지 못해 기자들이 직접 신문 호외를 돌리기도 하다가,[125] 주식회사 체제가 확립된 1921년 9월부터 비로소 제대로 임금을 지급하기 시작했다. 『동아일보』를 제외한 대부분의 신문은 자본 부족뿐만 아니라 특히 '경영의 방만함'과 '금전의 출입불명' 등 운영상의 미숙으로 재정난을 더욱 가중시켜 월급을 제대로 지불하지 못하는 경우가 많았다.[126] 일제하 『조선일보』 정치부장이었던 이상철은 당시 『조선일보』 경영진인 신석우, 최선익, 안재홍 등이 월급은 몇 달 씩 밀린 채, 회사자금을 유용하여 유흥비로 쓰는 것에 반대해 부장을 중심으

123) 최은희, 「남성 밀림에서 특권누린 여기자」, 『언론비화 50편』, 한국신문연구소, 1978, 47쪽.

124) 서경학인, 「휴간 중외일보론」, 『철필』 2권 1호, 1931, 5쪽.

125) 이서구, 「초창기의 동아일보사」, 『삼천리』 1939년 1월호, 4~5쪽. 『동아일보』의 경우 1921년 9월에는 전체 사원에게 위로금을 지급하고 연말에는 50%의 상여금도 지급했다고 한다. 동아일보 사사 편찬위원회, 『동아일보사사』 권1, 동아일보사, 1975, 166쪽.

126) 황윤성, 「신문패가론」, 『혜성』 1931년 6월호, 62~65쪽.

로 출근거부 등 파업을 시도했으나 다른 사람들의 이탈로 결국 실패하고
권고사직 당했다고 밝혔다.[127] 이렇듯 월급이 제대로 지급되지 못하면서
민간지에 근무하던 기자들이『매일신보』로 옮기는 경우도 생겼는데, 일
제강점기의『조선일보』와『조선중앙일보』에서 기자생활을 했던 윤성상
은 당시의 상황에 대해 다음과 같이 회고하고 있다.[128]

> 그때 신문사로서 제때 봉급이 지불된 곳은 총독부 기관지였던 매일신보를
> 제외하고는 민간사로는 동아일보뿐이었다고 한다. 아무리 사명감으로 무장
> 하고 직필을 곤두세워도 배고픈 데는 역정이 나지 않을 수 없었다. 마침내
> 이탈자가 생기고 매신(매일신보–저자)으로 옮긴 분도 있었다. 이런 곤궁 속
> 에서도 매신으로 간 분들에게 어떤 저항의식을 느꼈던 것이 대부분의 솔직
> 한 심경이 아니었던가.

이렇듯『동아일보』를 제외한 다른 민간지의 경우 실제로 월급이 제대
로 지불되지 않는 일이 빈번했는데, 이관구는 당시의 상황에 대해 재정
난으로 "경영주는 뻔질나게 바뀌고 사원의 월급은 경영주가 갈릴 때에
조금씩 탔을 뿐, 또 다시 밀리는 판이었다"고 회고했다.[129] 그러자 생활의
어려움 때문에 총독부 기관지『매일신보』로 옮겨가는 기자들이 늘어났
다. 민간지 기자의『매일신보』입사가 본격화된 것은, 박석윤이 최초로
한국인 부사장이 된 1930년 직후부터였다. 특히 이 시기는『조선일보』
와『중외일보』의 재정난이 심각하여 월급을 제대로 지불하지 못하던 시
기였다. 이 때『매일신보』로 옮겨 간 기자로는『동아일보』의 이익상,『중

---

127) 이상철, 「나의 이력서」(12)~(13), 『한국일보』 1976.2.6; 1976.2.8.
128) 윤성상, 「3전짜리 팥죽 한 그릇에 구국의 필봉」, 『언론비화 50편』, 한국신문연구소, 1978, 13쪽.
129) 이관구, 『하루살이 글 한평생』, 휘문출판사, 1978, 274쪽.

외일보』의 정인익, 최독견, 『조선일보』의 김을한 등이 있었다.[130] 『매일신보』 기자를 했던 조용만은 "지조를 지켜 나가자니 부모의 유산이 없는 사람은 처자를 먹여 갈 길이 없어서 입에 풀칠을 하기 위하여 부득이 총독부 기관지인 매일신보에 입사하게 되는데 이것을 세상에서는 매신(每新)에 '매신(賣身)'했다고 비웃었다"고 회고했다.[131]

이렇듯 1932년 이전에는 월급 체불이 빈번해 기자들의 생활이 극도로 곤란했으나, 1933년 이후에는 『동아일보』뿐만 아니라 『조선일보』와 『조선중앙일보』도 경영면에서 어느 정도 안정되어 월급을 제대로 지급할 수 있게 되었다. 이렇듯 경영이 안정된 1930년대 중반의 임금수준을 정리해보면 아래의 표와 같다. 〈표 Ⅱ-11〉에 나타난 대로 『동아일보』나 『조선일보』가 『조선중앙일보』나 『매일신보』보다 임금수준이 높았다는 것을 알 수 있지만, 이러한 신문들도 일본 신문들에 비해서는 훨씬 낮은 편이었다. 또한 기자의 최저임금이 40원으로 되어 있는 것은, 인건비 부담을 줄이기 위해 학력수준이 낮은 사람을 정리부 같은 곳에 기자로 채용해 낮은 임금을 주었기 때문이었다. 『동아일보』는 1933년에 『조선일보』에 '거물급' 기자들을 빼앗긴 이후 임금을 낮추기 위해 무명인물을 채용했다. 이에 대해서는 "이 분도 최고 조직중의 일원이든가 하리만치 사회적으로 알려지지 못한, 일찍이 민중의 벗이 되어보지 못한, 사회의 이해 속에서 움직여보지 못한 분이 있음을 찾아보고 일말의 비애를 느낀다"라고 비판되기도 했다.[132]

---

130) 김을한, 『한국신문사화』, 탐구당, 1975, 238~239쪽.

131) 조용만, 「일본 패망과 매일신보와 자치위」, 『언론비화 50편』, 한국신문연구소, 1978, 576쪽.

132) 「동아일보 대 조선일보 신문전」, 『삼천리』 1933년 10월호, 33쪽.

〈표 II -11〉 언론인의 임금수준 비교

	동아일보	조선일보	조선중앙	매일신보	동경조일	동경일일	요미우리(讀賣)
부장급	70~100	70~100	60~100	60~100	250~400	250~400	150~200
차장급					200~300	200~300	130~150
평기자	40~90	40~90	40~80	45~90	70~250	70~250	50~150

자료:『삼천리』1934년 5월호 21쪽.

이렇듯 1933년 이후에는 기자의 월급이 제대로 지급되기 시작했고, 과거에 비해 어느 정도 월급이 인상되기도 했다. 특히 1930년대 말 이전까지는 물가의 상승이 거의 없었다는 점에서 기자의 생활이 어느 정도 안정되었으리라는 것을 알 수 있다. 이러한 월급의 변화는『조선일보』가 1938년에 사칙을 개정하여 새롭게 제정한 임금규정을 보면 알 수 있는데, 그 내용은 다음과 같다.

〈표 II -12〉 조선일보의 임금수준(1938년)

직위	사장	주필	국장	차장	부장	사원
임금	2,500 이상	2,000 이상	150 이상	130 이상	100 이상	60 이상
비고	겸무수당은 국장이상 월 20, 부장 월 15, 주임 월 10					

* 사장과 주필은 연봉, 국장 이하는 월급을 규정
  자료 :『조선일보 사보』8호(1938.12.10), 1쪽.

『조선일보』의 1938년 임금규정을 보면, 부장의 경우 수당을 합쳐 115원이나 되고 기자의 초봉도 전문대 졸업자나 동등한 실력이 있는 자는 60원, 대학졸업자나 동등 실력이 있는 자는 70원을 주도록 규정되어 있는데 이것이 기본급이라는 점에서 전체적으로 임금수준이 상당히 올랐다는 것을 알 수 있다.『조선일보』의 임금수준과 비슷하게『동아일보』도

1930년대 후반에는 대학을 졸업한 기자들의 경우 초봉 60원 정도를 주었다.[133] 또한 1934년 말부터는 연말 상여금까지 지급하게 되어, 『조선일보』와 『동아일보』는 200%, 『조선중앙일보』는 100%를 지급했고 이후에도 연말상여금이 계속 지급되어 1938년에는 『조선일보』가 200%, 정간이 해제된 지 얼마 안 되던 『동아일보』도 100%를 지급했다.[134]

이렇듯 비교적 높은 수준의 임금이 제대로 지급되고 연말상여금까지 지급할 수 있었던 것은 『동아일보』와 『조선일보』가 구독료 수입과 광고 수입의 증가로 점차 재정적인 안정을 이룩하게 되었고, 나아가 기자의 직업적 안정성도 어느 정도 확보되었다는 것을 의미하는 것이었다. 따라서 당시 격심한 취직난을 겪던 지식인에게 신문사는 확실히 '선망의 대상'이 되는 취직자리였을 것이다. 이러한 상황에서 기존의 기자들은 안정적 직장으로서의 기자생활을 유지하기 위해 더욱 노력하게 되었다.

3) 취재보도체제의 형성과 전문화 교육의 부재

(1) 근대적 취재보도체제의 형성

1920년대까지 상당수의 언론인이 민족운동가이거나 문인들로서 직업적인 기자는 아니었다. 그럼에도 이 시기에는 근대적인 취재보도체제가 형성되고 직업적인 기자도 등장했다는 점에서 개화기와는 명확한 차이가 있었다. 1920년 민간지 창간 당시 신문사의 조직구조나 취재보도체제는 거의 일본 신문이나 총독부 기관지 『매일신보』를 따랐다. 이것은 1920년 민간지 창간 당시 기자들 중 상당수가 일본어 신문이나

---

133) 와세다대를 졸업하고 1939년에 『동아일보』에 입사한 이상돈은 입사 당시 초봉이 기본급 60원에 수당 20원을 합쳐 80원을 받았는데, 이것은 당시 쌀값이 10원 정도였으므로 상당히 높은 액수였다고 회고하였다. 이상돈, 『회상반세기』, 통문관, 1982, 507쪽.

134) 『삼천리』 1935년 2월호, 2쪽; 『삼천리』 1938년 12월호, 16~17쪽.

『매일신보』 기자 출신이었기 때문이었다.[135] 식민지였던 조선의 현실이 일본과 달랐음에도 신문사 조직구조나 취재보도 관행은 거의 비슷한 모습을 보였다. 이에 따라 "조선신문은 일본신문의 모방"인데 식민지인 조선의 현실을 고려하지 않고 "일본 그대로를 모방하였으니 일종의 기형이 되고" 말았다고 비판받기도 했다.[136] 그럼에도 개화기에 비해서는 이 시기에 상대적으로 근대적인 취재보도 체제가 형성되었다고 할 수 있었다.

민간지 창간 초기의 기자는 취재보도에 대한 교육에서 대부분 기존 경력기자들의 경험을 답습하는 수준에 머물렀다.[137] 체계적으로 기자들을 교육 및 훈련시키는 과정은 전혀 없었고, 일본어 신문이나 『매일신보』출신 언론인의 경험을 전수받는 형식으로 훈련이 이루어졌다. 민간지 창간 초기에는 사회부를 제외한 나머지 부서들이 단순히 일본어 통신문을 번역하여 게재하거나 외부 기고를 받아 이를 게재하던 수준을 크게 벗어나지 못했고, 기자의 민족적 의식이 더 중요시되던 상황에서 전문적 지식이나 체계적인 훈련이 별로 요구되지 않았던 영향도 있었다.

1920년대에는 나름대로 활발한 취재보도 활동을 했던 사회부 기자들만이 철필구락부를 조직하고 신문강연회를 개최하는 등 비교적 전문적인 직업적 활동을 해나갔다. 정치나 경제 등의 영역은 사실상 제대로 취재를 할 만한 일이 별로 없던 식민지 현실에서 사회부가 중심적인 역할을 할 수밖에 없었기 때문이다.[138] 일본에서는 사회부 기자가 '연파 기자'

---

135) 김을한, 『한국신문사화』, 탐구당, 1975, 70쪽; 윤홍렬, 「신문의 존재까지 부인할 수 없는 조선사회관」, 『여명』 1926년 6월호, 39~40쪽.

136) 설의식 외, 「신문 경영·편집 좌담회」, 『동광』 1932년 7월호, 40쪽.

137) 유광열, 「기자생활 10년 비사」, 『동광』 1932년 9월호, 167~168쪽.

138) 탐보군, 「신문 편집실의 비밀」, 『별건곤』 1928년 8월호, 141쪽; 편집계, 「신문사와 그 조직」, 『철필』 1권 2호, 1930, 13~15쪽.

나 '3면 기자'로 비하되었지만[139] 식민지 조선에서는 조선인의 삶을 생생하게 취재해 보도하는 사회부만이 활발한 활동을 하였다. 따라서 일제강점기에는 사회부 기자만이 어느 정도 자체적인 훈련을 통해 나름대로의 전문화 경향을 보였다고 할 수 있다. 반면 다른 부서들은 대부분 그부서와 관련된 분야에서 활동하던 사람을 기자로 채용해 활용하는 경우가 많았다.

정리부의 경우 1920년대에는 한글학자들이 기자로 활동하는 경우가 많았는데,『동아일보』창간 당시의 이승규,『조선일보』에 1926년에 입사하여 정리부장과 지방부장을 지냈던 장지영,『시대일보』와『중외일보』에 근무했던 한징 등은 모두 한글학자로 조선어연구회에 참여했던 사람들이다.[140] 이렇듯 한글학자들이 정리부 기자로 활동함으로써 민간지의 문장이 점차 국문법에 따라 표기될 수 있었다. 민간지 창간 초기부터 신문 문장을 국어문법에 맞게 쓰려는 노력이 있었지만, 이것이 결정적으로 확립된 것은 1930년 이후로서 특히『조선일보』의 장지영은 1930년 4월 1일부터 '한글철자법강좌'를『조선일보』에 게재하여 큰 역할을 하였다.[141]

사회부 내 운동담당 기자들은 대부분이 운동선수 출신이었는데, 1920년대에 활동했던『동아일보』의 변봉현은 야구, 고영한은 야구와 축구,『조선일보』의 진번은 체조와 육상, 이원용은 야구,『중외일보』의 마춘식은 육상·야구·축구, 이순재는 야구선수였다. 1930년대의 운동담당 기

---

139) 일본에서는 1900년대 초반까지 정치부, 경제부 기사나 논설을 쓰는 기자를 '경파(硬派)기자'로, 사회부, 학예부 등의 기사를 다루는 기자를 '연파(軟派)기자'로 부르며, 경파기자는 고급기자이고 연파기자는 저급기자라는 인식이 있었다. 사회면이 3면에 실려 연파기자를 3면기자라고도 불렀다. 특히 사회부 기자들이 과거에 '탐보원'을 고용해 취재하던 관행도 부정적 인식에 영향을 주었다. 김을한,『한국신문사화』, 탐구당, 1975, 321~324쪽.

140) 한글학회,『한글학회 50년사』, 1971, 3~19쪽.

141) 최진우,「신문문장의 변천」,『저널리즘』9호, 1976, 49쪽.

자들 중에도 다수가 운동선수 출신이었는데, 『조선일보』의 고봉오는 빙상, 김수영은 야구, 『조선중앙일보』의 조인상과 유해붕은 육상, 『동아일보』의 김용식은 축구선수 출신이었다.[142] 운동선수 출신이 운동담당 기자로 활동하여 저널리즘의 후원하에 일제하의 체육계가 발전할 수 있었다. 『동아일보』 운동담당 기자였던 김동철과 『조선일보』 운동담당 기자였던 이원용 등은 조선 체육계의 창설에 중요한 역할을 했고, 1927년 결성된 운동기자단도 조선운동계의 발전을 목적으로 하였다.[143]

또한 학예부의 문예란 담당자는 모두 문인들이었고, 가정란은 모두 여기자들이 담당하였으며, 삽화나 만화 등을 그리기 위해 화가들이 기자로 채용되기도 했다.[144] 화가 기자들인 고희동, 김규택, 노수현, 안석주, 이상범, 정현웅 등은 삽화나 만화 등을 그리는 것뿐만 아니라 학예부나 조사부 소속의 미술담당 기자로서 활동하는 경우도 많았다.

1920년대까지 신문을 민족운동의 수단으로 보는 인식이 강했기 때문에 기자의 전문성에 대한 인식이 부족했다. 1920년대 중반까지 신문들은 비판적 논조로 일제의 강력한 언론탄압을 받았다. 일제는 비판적 기사에 대해 삭제를 하거나 아예 신문을 압수하는 조치를 취했는데, 1924년부터 1927년에 이르는 시기까지 가장 많은 압수처분이 있었다.[145] 독자들도 일제에 대한 비판적 기사에 대해 더 큰 기대를 갖고 있었기 때문에 민족적 저항의식이 직업적 전문성보다 더 중요시되었던 것이다.

---

142) 월강, 「운동기자 열전」, 『신동아』 1934년 3월호, 87~93쪽; 이길용, 「체육기자인상기」, 『신문평론』 1947년 10월호, 51~55쪽; 『동아일보』 1926.9.10, 1936.6.28.

143) 월강, 「운동기자 열전」, 『신동아』 1934년 3월호, 87~93쪽.

144) 일제하의 시사만화를 그렸던 화가들에 대해서는 다음을 참조하라. 윤영옥, 『한국신문만화사』, 열화당, 1986, 21~58쪽.

145) 정진석, 『극비 조선총독부의 언론검열과 탄압』, 커뮤니케이션북스, 2007, 107쪽.

(2) 전문화 교육의 부재와 언론윤리의 초보적 인식

1920년대에는 각 분야에서 이미 활동하고 있던 사람들을 그와 관련된 부서에 기자로 채용하는 일이 많았지만, 1920년대 말부터는 점차로 기자들에 대한 입사 이후의 체계적 교육과 전문화에 대한 필요성이 제기되었다. 이것은 1928년에 조선신문연구협회가 창립되었던 것에서도 알 수 있다.[146] 그런데 이 협회는 이사들이 모두 각 신문사의 사회부장들이고, 실무자인 주간이 사회부기자 단체인 '철필구락부'에서 적극적인 활동을 했던 강호였다는 점으로 미루어 볼 때, 사회부 기자들이 중심이 되어 창립된 단체였을 것이다. 특히 사회부 기자들이 나름대로 전문화에 대한 인식수준이 높았던 것이 이런 조직의 결성을 가져왔다고 볼 수 있다. 이렇듯 기자들에 대한 체계적 교육과 전문화에 대한 필요성이 제기되었던 것은, 일제의 강력한 통제로 비판적인 논설의 기능 등이 급격히 약화된 반면에 보도중심주의가 대두되면서 늘어난 지면의 내용을 채우기 위해서는 특정 분야에 대한 어느 정도의 전문적 지식이 불가피하게 요구되었기 때문이었다.

이런 변화는 체계적인 기자양성의 필요성에 따라 전문학교나 대학에서 '신문 연구'에 관한 것을 가르칠 필요성이 있다는 주장이 나왔던 것에서도 잘 드러난다.[147] 그러나 일제하에서 이러한 체계적 신문 연구나 교육이 이루어질만한 기반이 전혀 없었다는 점에서, 기자들의 언론인으로서의 교육은 입사 이후의 훈련 과정을 통해 이루어질 수밖에 없었다. 일제강점기 언론인 중에서 김동성은 오하이오 주립대학에서 신문학을 전공했고, 장덕수도 『동아일보』주필을 그만두고 미국에 유학을 가서 오리곤

---

146) 정진석, 「언론사 탐구—현존 최고의 언론전문지 '신문춘추'」, 『신문과 방송』 2010년 11월호, 102쪽.

147) 한기악과 유광열은 대학이나 전문학교에서 신문에 대해 가르치는 학과를 개설하거나 참고재료를 제공할 필요가 있다고 주장하였다. 한기악, 「연구과를 두었으면」, 유광열, 「범백에 용의주도하라」, 『철필』 1권 1호, 1930, 10~14쪽.

주립대학 신문학과를 다닌 적이 있었고, 김현준은 독일의 라이프찌히 대학에서 신문관련 논문으로 박사학위를 받았다. 그러나 이들 중 계속 언론계에 있었던 김동성만이 『신문학』이라는 저서를 통해 신문교육에 기여했고 나머지 두 사람은 각각 경제학과 사회학 분야에서 주로 활동했을뿐, 신문학 연구나 교육과는 전혀 무관한 생활을 했다.[148]

⟨표Ⅱ-13⟩ 편집국 인원의 변화과정

	1920	1926	1931	1934	1940
동아일보	21	25	27	33	32
조선일보	(15)	24	17	31	43
시대일보		25	12	23	

* 촉탁이나 고문은 제외한 수자임

1930년대에 들어서서도 입사 후의 기자의 훈련과정은 그리 체계적인 것은 아니었다. 다만 ⟨표Ⅱ-13⟩과 같이 기자의 수가 늘어나고 조직의 분화가 진전되면서 전문지식의 필요성과 기자로서의 체계적 훈련의 필요성이 더욱 자주 주장되었다. 당시 민간지 편집국에 촉탁이나 고문 등의 이름으로 다수가 참여해 1933년 이후 『동아일보』나 『조선일보』의 경우 편집국 인원이 거의 40명 정도가 되었다. 편집국 인원이 늘어나면서 조직구조가 점차 체계화되었고, 이런 과정에서 전문화의 필요성도 비교적 높아졌던 것이다.

1930년대에 들어서서, 특정 부서의 필요성에 의해 채용된 일부 기자를 제외한 대다수의 기자들은, "기자의 본령이라 할 사회부 훈련과 기량"

---

148) 정진석, 『한국현대언론사론』, 전예원, 1985, 381~382쪽; 차상찬, 「장덕수론」, 『백광』 1937년 3·4월호, 24쪽; 이경남, 『설산 장덕수』, 동아일보사, 1981, 220쪽.

의 필요성에 대한 주장 때문에[149] 사회부에 배속되어 견습과정을 밟았다. 하지만 이는 단순히 선배기자와 동행하는 수준을 크게 벗어나지는 못했다.[150] 그러나 점차 외근기자는 "입사 초부터 곧 외근을 내보내지 말고 1년이나 2년간 내근을 시켜서 신문사 분위기를 충분히 흡수한 후에 외근을 내보냈으면 효과가 더 클 것 같이 생각"된다는[151] 지적처럼 점차로 정리부에서의 견습과정을 요구하는 경우가 늘어났다. 송지영은 『동아일보』의 경우 입사 이후 반드시 견습과정을 거쳐야 했다고 주장했고, 이상돈도 "제아무리 명문대학을 마친 사람이라도 정리부에서 일 년간 조판된 초교 원고의 오자를 교정, 정리하는 과정을 거치고 난 다음에야 각 부서에 배치하는 것이 관례가 되었다"고 회고했다.[152]

이렇듯 1930년대 후반에는 기자의 훈련을 위해 '강화회'(講和會)까지 시행되기도 했지만[153] 실제로는 여전히 견습제도가 체계적으로 실시되었다고 볼 수는 없었다. 이것은 1938년부터 『조선일보』에서 경제부 기자생활을 했던 김광섭이 기자의 훈련제도가 제대로 마련되어 있지 않아 "기사 문장 하나 쓸 줄 모르는 올챙이가 대번에 총독부 출입을 하게 되었다"고 회고했던 것에서 잘 드러난다.[154] 『조선일보』의 경우에는 사보를 통해 견습 제도가 어떻게 실시되었는지 윤곽을 살펴볼 수 있다. 사보가 발행된 시기 동안 견습기자로 입사한 사람은 21명인데, 이들의 견습 기간은 평균 9.4개월이

---

149) 「조선신문 기자론과 평」, 『혜성』 1931년 7월호, 60쪽; 이태준, 「두 강도의 면영과 직업적 냉정문제」, 『철필』 2권 1호, 1931, 24쪽.

150) 우승규에 의하면 1930년대 초반에 사회부 기자들은 한 달 정도를 선배 기자와 동행하여 출입처를 다니는 것으로 견습 기간이 끝났다고 회고했다. 우승규, 『나절로 만필』, 탐구당, 1978, 88쪽.

151) 양재하 외, 「신문기자 좌담회」, 『신동아』 1933년 1월호, 76쪽.

152) 송지영, 「올챙이 기자시절」, 『신문평론』 1947년 4월호, 40쪽; 이상돈, 『회상반세기』, 통문관, 1982, 507쪽.

153) 『조선일보 사보』 6호(1938.4.1), 2쪽.

154) 김광섭, 『고백과 증언』, 정우사, 1988, 37쪽.

고 개인별로는 4개월에서부터 25개월까지 일정치가 않다. 또한 견습기자 시절의 부서도 대체로 사회부나 교정부인 경우가 많기는 했지만, 바로 정치부나 학예부 등으로 가는 경우도 적지 않았다.

1930년대에도 여전히 특정 부서의 경우에는 그 분야와 관련된 사람들을 채용하는 일이 많았는데, 이는 학예란이 세분화되면서 아동란이 중요해지자 그 담당자로서 소년운동가나 소년문학가를 채용했던 것에서 잘 드러난다. 소년운동가로서 1928년 사회주의 성향의 조선소년총동맹의 위원장을 지냈던 정홍교[155]는 1930년대 전반에 『조선일보』의 기자를 지냈고, 아동문학가인 윤석중도 『조선중앙일보』와 『조선일보』의 아동란 담당 기자였고, 아동문학가이던 이정호가 『매일신보』 아동란을 담당하기도 하였다.

한편 특정 부서에서는 이전 시기와는 달리 어느 정도 전문적인 지식을 요구하는 경우도 있었는데, 특히 이러한 경향이 잘 나타났던 부서는 정치부와 경제부였다고 할 수 있다. 1920년대까지만 해도 주로 통신문 번역에 치중하던 정치부와 경제부에 대한 중요성이 크게 인식되지 않아 학력수준이 그리 높지 않은 기자들이 담당하는 경우가 많아서, 정치·경제면의 통신문 번역에 오역이 많다는 지적이 자주 나왔다.[156] 1930년대에 들어서서 정치부와 경제부의 역할이 어느 정도 늘어나면서 정치부 기자는 국제 정세에 대한 이해와 외국어가 필요해졌고, 경제부 기자는 전문적 지식과 시세 변동에 대한 통찰력이 필요하다는 지적이 나오기도 하였다.[157]

1920년대 말까지 정치부에서 번역했던 '외보'(外報)는 대체로 일본어 통신이었고 단순히 이를 번역하여 게재하였기 때문에 전문적 지식이 별

155) 나절로, 「신문인 백인촌평」, 『신천지』 1948년 7월호, 131쪽.
156) 이현우, 「최근 신문계 만담」, 『비판』 1932년 9월호, 16~17쪽; 이석훈, 「신문에 대한 대중의 요구」, 『별건곤』 1934년 3월호, 19쪽.
157) 고영환, 「신문사의 조직과 그 기능」, 『신동아』 1934년 5월호, 67쪽.

로 필요하지 않았다.[158] 그러나 1930년대에 들어서서 번역 이외에 해설이
나 논평 등이 게재되면서 정치부 기자는 대체로 국제정세에 대한 감각이
나 영어 등의 외국어 실력을 갖춘 구미 유학 출신이나 일본의 대학 출신
자들이 주로 채용되게 되었다. 1930년대에 민간지의 정치부 기자로 근
무했던 사람 중에서 미국 유학출신자로는 김우평, 변영노, 한보용, 홍익
범, 김여제 등을 들 수 있다. 이외의 정치부 기자도 대부분 일본 명문대
학 출신들이었다. 당시 통신문은 거의 대부분 일본어였기 때문에, 미국
유학생 출신을 선호했던 것은 단순히 어학 능력 때문이었다기보다는 미
국유학을 통한 이들의 국제정세에 대한 감각이 필요했기 때문이었다.

또한 1920년대 중반까지도 경제면에 대한 인식 부족으로 경제부 기자
들의 전문성이 결여되어 주식기사를 제대로 쓸 수 있는 능력을 갖추지
도 못한 경제부 기자도 있을 정도였다.[159] 하지만 1930년대에 들어서서
"외근의 범위가 늘어나고 이제는 경제통이 아니면 기자로서의 활동을 제
대로 하기가 어렵다"는 지적을 받을 만큼 전문적 지식의 확보가 요구되
자,[160] 경제 분야에 대해 어느 정도 전문적 지식이 있는 기자들이 등장했
다. 경제학을 전공하고 1930년대에 경제부 기자로 활동했던 사람들 중
에는 1920년대부터 경제부 기자로 활동했던 사람도 있지만, 많은 수가
1930년대에 새로 입사한 사람이었다. 전자로는 서춘, 이건혁, 신태익,
배성룡, 이관구 등이 있었고 후자로는 고재욱, 전홍진, 장현칠, 이훈구,
김광순 등이 있었다. 이들은 대체로 경제학을 전공했고, 입사 이후에도

---

158) 1929년에 『동아일보』 정치부 기자로 입사했던 서항석은, 당시 정치부에서는 단순히
'일본문 통신의 번역'만 하여 일어 이외의 어학능력이나 전문 지식이 필요하지 않았
다고 회고했다. 서항석, 「사령 써놓고 입사 기다린 동아」, 『언론비화 50편』, 한국신
문연구소, 1978, 156쪽.

159) 정수일, 「경제부 기자 10년」(1), 『철필』 1권 2호, 1930, 80쪽.

160) 牧丹峯人, 「신문편집이면비사」, 『개벽』 1935년 3월호, 90~91쪽; 신현준, 「신문 경
제면 보는 법」, 『신동아』 1934년 5월호, 126쪽.

계속 경제부에서만 근무했던 사람들이다.

이런 내용들을 종합해 볼 때, 1920년대 말부터 기자에 대한 체계적인 훈련과 전문적 지식의 필요성이 어느 정도 제기되면서, 제한된 범위에서나마 기자들의 직업적 전문성의 확보가 이루어졌다. 그럼에도 직업적인 취재활동의 경험을 축적했던 사회부, 전문지식에 기반한 경제논평 등을 위주로 활동했던 경제부, 조선의 현실을 감안한 지면 구성을 시도했던 편집부의 업무 정도만이 어느 정도 전문화되었다고 할 수 있었고, 여전히 전반적인 기자의 직업적 전문성의 확보 수준은 매우 낮았다.

이런 변화과정에서 언론인의 윤리와 책임 문제가 간혹 제기되기도 하였다. 이서구는 사회부를 중심으로 지나친 취재경쟁이 벌어지면서 '오보' 발생이 불가피한 측면이 있다고 하며, 오보로 인한 피해에 대해 대책이 필요하다고 하며 언론인의 윤리를 강조하였다.[161] 『동아일보』는 1926년경에 기자헌장을 제정하여 보도의 객관성과 기자로서의 자세를 규정하기도 했다.[162] 나아가 이정섭은 자신이 쓴 기사에 서명함으로써 기자들이 스스로 보다 책임감을 느끼고 더욱 객관성과 공정성을 기하기 위해 노력하게 될 것이라고 지적하며 기명기사의 필요성을 주장하기도 하였다.[163]

또한 촌지수수와 같은 문제는 비교적 없어서, 언론인의 직업윤리 수준은 어떤 면에서는 상당히 높은 편이었다. 김을한은 1926년 『조선일보』에 입사해 경기도청을 출입할 때 도지사가 회계과장을 통해 촌지를 준 것을 받지 않자 회계과장은 "조선인 기자는 돈에는 깨끗하단 말이야"라고 말했다고 한다. 김을한은 "그와 같이 해방 전의 한국인 기자들은 나뿐만 아니라 누구나 적어도 물질에 대해서는 지나칠 정도로 담백하였으니 그것

---

161) 이서구, 「신문오보에 대한 사견」, 『별건곤』 1927년 12월호, 62~65쪽.

162) 동아일보 사사 편찬위원회, 『동아일보사사』 권1, 동아일보사, 1975, 276~277쪽.

163) 이정섭, 「기자 서명론」, 『중외일보』 1930.4.14.

은 나라가 없는 설움에다가 민족적 차별을 받는 것도 분하거늘 무엇 때문에 사소한 물질 문제로 개인의 인격마저도 멸시를 당할까 보냐' 하는 심정이었다고 주장했다.[164] 그러나 박람회 개최 같은 특별한 행사가 있을 때 간혹 조선인 기자도 촌지를 받는 일이 있었다고 하니 아예 촌지를 안 받았던 것은 아니었다.[165]

3. 언론인의 직업정체성과 단체활동

1) 언론인의 직업 정체성

(1) 언론인의 조심스런 지사주의 표방

1920년대 중반 정도까지 기자들 중 상당수는 민족운동가이거나 저항적 문인이었고, 이들은 재정난으로 월급이 제대로 지급되지 못하는 열악한 조건하에서도 직업인 이상의 역할을 하는 존재로 자처하며 적극적으로 활동했다. 『동아일보』창간 당시 기자인 김동성은 당시 기자들이 "모두 젊은 지식층이었고 사명감에 불타고 있었기 때문에 물질적인 것을 가지고 적다 많다 따위는 염두에 없었다"고 회고했다. 또한 진학문도 "일반 민중이나 관청에서도 역시 우리들을 손색없는 사회인사로서 깍듯한 대접을 해주었다"고 회고했다. 이러한 회고들은 모두 당시 기자들이 "생계의 방편으로서가 아니라 일종의 민족운동에 참여한다는 자각"으로 기자생활을 했고 따라서 사회적 대접도 상당히 높았다는 것을 주장하고 있다.[166] 상당수의 기자들이 실제로 나름대로의 정치적인 목적에서 기자직

---

164) 김을한, 『한국신문사화』, 탐구당, 1975, 328~329쪽.
165) 김을한, 『김을한 회고록―인생잡기』, 일조각, 1989, 44~45쪽.
166) 동아일보 사사 편찬위원회, 『동아일보사사』권1, 동아일보사, 1975, 114~115쪽.

을 택했기 때문에 자신의 언론활동이 단순히 생활을 위한 것이 아니라 일종의 민족운동 차원에서의 활동이라는 점을 강조하였던 것이다.

한참 세월이 흐른 뒤의 회고에서 이런 주장들이 나오면서 일제 강점기 기자들의 지사주의가 당연한 것으로 받아들여졌지만, 식민지 당국의 검열을 의식해서인지 당시에는 이런 주장을 드러내고 하는 경우는 매우 드물었다. 다만 당시에도 기자들은 자신의 직업이 지니는 중요성을 강조하기는 했다. 민간지 초기의 기자들은 "우리 신문기자의 업이란 방금 조선에 있어서는 많은 청년들의 적지 않은 선망을 받는 업이다"라고까지 주장했다.[167] 이런 분위기에서 당시 기자들은 직업적인 전문성보다 사회문제에 대한 의식을 더욱 중시하였다. 유완희는 "신문기자를 쓰고자 할 때는 먼저 그 사람의 의식 여하를 보아야 할 것이요, 따라서는 그 비판안(批判眼)을 보아야 할 것이다"라고 지적하면서, 신문기자는 "민중과 더불어 민족의 진로를 모색하는 역할을 수행해야 한다"고 주장했다.[168]

이렇듯 1920년대 중반까지만 해도 기자들은 사회운동 조직에 대한 참여 여부에 관계없이 대부분이 나름의 정치적 목적의식을 가지고 기자생활을 했다. 또한 신문들도 일정 정도 민족운동의 합법적 수단으로 기능했기 때문에 기자에 대해서 '직업적 전문성'보다는 '민족적 저항의식' 등을 더 중요시하는 경향이 있었다. 이런 맥락에서 언론의 자유가 봉쇄되어 있는 식민지의 현실에서 신문의 기업화나 기자의 직업화를 추구한다는 것은 비판의 대상이 되기도 했는데, 안재홍은 다음과 같이 주장했다.[169]

조선인의 언론기관은 영리를 목적으로 하지 않고 본래부터 정치적 무기의

---

167) 유지영, 「기자사리 다섯 고통」, 『별건곤』 1927년 1월호, 27~28쪽.
168) 유완희, 「조선의 신문과 민중」, 『조선지광』 1928년 11월호, 40~41쪽.
169) 「언론기관정책의 필요」, 『조선일보』 1928.2.4, 사설. 원래 사설은 무기명으로 필자를 알 수 없지만, 안재홍이 쓴 것은 그의 선집에 묶여 있어서 필자 확인이 가능했다.

사명을 띠고 건설된 것과 같이 조선 기자도 개인의 생계를 동기로 한 직업생활보다 정치운동자의 임무를 그 주안에 두는 것이다. 즉, 조선인 정치운동자로서는 기자의 임무를 띠고 언론기관에 참가하게 된 것이 종래의 조선 정치운동계의 특수사정이요, 민족적 총역량의 집중을 표어로 한 오늘 각 개인, 각개 단체의 정치적 의식을 집중하여 이것을 다시 민족적으로 자각시킴이 현하 조선 언론기관의 가장 중요한 당면임무임을 잊어서는 안 될 것이다.

위와 같이 1920년대에는 기자들이 "개인의 생계를 동기로 한 직업생활보다 민족운동가의 임무를 그 주안에 두는 것"이 필요하다는 주장이 자주 나왔다. 비슷한 맥락에서 안재홍은 '신문의 상품화'나 '기자의 직업화'가 언론계의 자멸을 초래할 뿐이라고 주장하기도 했다.[170] 한편 1920년대 중반 이후 신문들 사이의 경쟁이 벌어지는 상황에서 지사연하고 사상가를 자처하는 것은 한심할 뿐이라는 비판이 나오기도 했다.[171] 이런 비판이 부분적으로 나오기는 했지만, 1920년대까지는 여전히 신문의 정치적 사명이나, 기자들의 저항적 언론활동을 강조하는 분위기가 지배적이었다.

신문이 본격적으로 기업화되기 이전인 1920년대까지는 대체로 신문의 정론성(政論性)이 강조되면서 논객 또는 지사류의 기자들이 대기자로 평가를 받았다. 이런 경향은 민태원이 대기자와 명기자를 구분해 '대기자'를 "원만한 인격과 고매한 식견과 담당(擔當)한 조예(造詣)를 비(備)한 인사로서 그 경국제세적(經國濟世的) 포부를 지면에 통하여 전개하는 인물"이라고 정의하고, 이와는 달리 '명기자'는 "예리한 관찰력, 민활한 행동, 성실성 등을 겸비하여 신속 정확한 보도를 할 수 있는 인물"이라고 정의한 후, "대기자는 최선이고 명기자는 차선"이라고 평가했던 것에서

---

170) 「중외일보의 정간」, 『조선일보』 1928.12.8, 사설.
171) 조강희, 「신문수감」(1), 『현대평론』, 1927년 5월호, 103~104쪽.

도 잘 드러난다.[172] 또한 안재홍도 이런 맥락에서 "신문의 매개적 또 선구적 직임"을 강조하고 따라서 기자들도 "지도자적 혹은 국사적(國士的) 기풍"을 잃어서는 안 된다는 점을 강조하기도 했다.[173] 이런 분위기에서 당시 기자들이 직업적인 전문성보다 사회문제에 대한 비판 의식을 더욱 중시했던 것은 당연한 일이었다.

검열로 인해 자유로운 표현이 어려웠기 때문에 일제강점기 언론인들이 글을 통해 지사주의를 제대로 드러내지는 못했을 것이다. 따라서 당시에 쓰인 글을 통해 확인할 수 있는 것 이상으로 당시 언론인들이 '지사적 기풍'을 중요시했다고 보아야 한다. 당시 지식인들이 하나의 직업으로서보다는 민족운동의 일환으로 언론인의 길을 선택하는 경우가 많았기 때문이다. 대체로 1920년대까지는 '운동'과 '생계'라는 두 가지 모두를 위해 언론인이 되는 경우가 많았던 만큼 언론인이 '지사연'(志士然)하는 풍토가 강했을 것이다. 그러나 1930년대에는 '생계'만을 위해 언론인이 되는 경우가 크게 늘어나면서 언론인의 직업 정체성에도 변화가 나타나기 시작했다.

(2) 언론인의 노동자화 주장 속에 담긴 자학

1920년대 중반을 넘어서면서 언론인의 의식이 점차로 변화되어 나갔다. 언론에 대한 일제의 탄압이 강화되는 한편 신문의 기업화가 이루어지면서 지사적 언론인이 활동하기 어려워졌기 때문이다.[174] 또한 기자들의 의식 변화에 결정적인 영향을 주었던 것은, 1925년 『조선일보』의 기

---

172) 민태원, 「대기자와 명기자론」, 『철필』 1권 1호, 1930, 3~4쪽.

173) 안재홍, 「기자도덕에 관하야」, 『철필』 1권 1호, 1930, 6~7쪽.

174) 권일문은, 기존 사회를 개혁하려는 사람들을 '지사'라고 정의하고, 3·1운동을 전후해 등장한 '영웅주의적 지사'들의 변절에 따라 이제는 노동자, 농민 등 '민중적 지사'가 등장해야 한다고 주장했다. 이것은 초기 '지사적' 민족운동가들이 일제의 탄압에 의해 점차로 변화되어 이제는 '지사적' 성격을 상실했음을 지적하는 것이었다. 권일문, 「지사토벌론」, 『비판』 1932년 1월호, 71~75쪽.

자 대량해고 사건이었다. 즉 경영진이 자신의 이익을 위해서는 기자들을 희생시킬 수도 있다는 현실 인식이 기자들의 의식 변화에 영향을 주었다.[175] 이런 의식 변화는 비단 좌익 성향의 기자들뿐만 아니라 우익 성향의 기자들에게서도 마찬가지로 나타났다. 김동진은 신문강연회에서 다음과 같이 기자의 성격변화를 지적하고 있다.[176]

> 신문사는 신문을 만들어내는 공장과 마찬가지로 되어버려 신문기자라 하면 공장주 밑에서 물품을 제조하는 직공과 같이 되어 버렸습니다. … 경영자의 요구에 의지하여 잘 팔릴 상품을 만듦이 신문기자의 사명같이 되어버렸습니다. 자기에게 어떠한 주장이 있던지 어떻게 높은 기개가 있던지 간에 신문사라는 대조직 밑에서는 직공이라는 한 단위에서 벗어나지 못하는 신문사의 한 고원(雇員)에 지나지 못합니다.

이렇듯 이미 1927년에 기자를 신문이라는 상품을 만들어내는 '직공'으로까지 인식하는 경향이 생겨나기는 했지만 아직까지는 이런 인식이 지배적이었던 것은 아니었다. 이런 의식은 1930년대에 들어서서 비로소 확산되어 나갔다. 김동진은 1930년에는 다시 신문기자는 결코 "무관의 제왕도 아니고 사회의 목탁도 아니며" 단지 자본주와 광고주의 눈치를 봐야하는 '문필노동자'일뿐이라고 주장했다.[177]

1930년대에 들어서면서 신문들이 점차로 기업화되는 경향을 보이면서도, 여전히 재정적 불안정이나 내부적 파벌싸움으로 인해 기자들을 해

---

175) 1925년 10월 당시에는 신문사 경영진을 '뽈쥬아'라고 규정하면서도 자신들을 단순히 '사우'라고만 지칭하였다. 조선일보 70년사 편찬위원회, 『조선일보 70년사』, 조선일보사, 1990, 149쪽;『동아일보』1925.10.27.

176) 김동진, 「신문기자의 사회적 고민」,『별건곤』1927년 12월호, 60~61쪽. 김동진은 1925년 5월의 철필구락부의 결정에 따른『동아일보』사회부 기자들의 임금인상투쟁에서 빠져 '배신행위'를 했다는 이유로 철필구락부에서 제명되었던 인물이다.『동아일보』1925.5.23.

177) 김동진, 「7년간의 회고」,『철필』1권 1호, 1930, 58쪽.

고하거나 경영진에 반발하는 기자들이 집단 퇴사하는 일이 벌어지는 상황에서 기자들의 직업의식에 변화가 나타났던 것이다. 『조선일보』 경제부 기자와 부장을 지냈던 정수일은 신문기자는 단지 '문필노동자'에 불과함에도 취재를 위해 경찰서장이나 도지사 등과도 자유롭게 만날 수 있다는 것을 특권으로 여겨 '안하무인'적인 행동을 하고 있는데, 이것은 일종의 '허영심'일 뿐이라고 비판했을 정도로 기자들의 사회적 지위에 대해 변화된 관점들도 나타나기 시작했다.[178]

1930년 이후 점차로 기자의 '노동자화' 경향을 주장하는 일이 늘어났는데, 이런 주장은 특히 사회주의적 성향의 인물들에게서 많이 제기되었다. 천두상은 "자본주의 신문지배가 철저하면 그만큼 어떤 종류의 기자를 불구하고 그 경제적, 사회적 지위는 노동자화"되어가기 때문에 기자들은 '노동자적 자각'으로 이에 대항해야 한다고 주장했다.[179] 이렇듯 사회주의적 성향의 기자나 논객들의 위와 같은 주장은 상당히 많은데, 카프에 참여했던 평론가 이갑기의 주장을 살펴보면 아래와 같다.[180]

기업화하기 이전의 시대에 있어서는 신문기업가에 고빙(雇聘)되는 기자는 상대적 사회의식과 대중적 여론의 표현기관으로서 신문기업가를 이용하는 힘을 가지고 있었든 것이나 금일의 소위 신문기자란 것은 신문기업의 과정에서 순응하게 발육되었든 것으로 자본주의 상품으로서의 신문의 생산과정의 일 예속적 존재로 되어 모세관적 역할을 하게 되는 것이니 그 자신의 계급적, 정치적 의식 등이 전연 상품 생산과정으로 인하여 배제되어 버리게 되는 것이다.

---

178) 정수일, 「경제부기자10년」(하), 『철필』 1권 3호, 1930, 86~87쪽.

179) 천두상, 「사회조직의 변천과 신문」, 『철필』 1권 3호, 1930, 27쪽.

180) 이갑기, 「신문기업론」, 『비판』 1932년 9월호, 4쪽. 이갑기는 1937년에 『조선일보』 편집국 촉탁기자로 일한 적도 있었다. 『조선일보 사보』 4호(1937.7.25), 5쪽.

위의 지적에서와 같이 당시 좌익적 기자나 논객들은 신문의 기업화에 따라 기자가 '상품으로서의 신문의 생산과정에 일 예속적 존재'로 전락하여 자신의 정치적 의식에 따라 기사를 쓸 수 없는 상황에 처하게 되었다고 주장하는 경우가 많았다. 이와 유사한 주장은『조선일보』,『중앙일보』,『조선중앙일보』 등에서 경제부장과 정치부장을 지냈던 배성룡의 다음과 같은 주장에서도 잘 드러난다.[181]

> 금일의 신문기자는 그가 본질에 있어 신문생산에 종사하는 노동자인 것은 물론이지만은 출자자의 뜻대로 운전하는 교묘한 자동기계이다. 기자 개인적 생활의식 비판적 태도가 없을 것도 아니지만은 그와 신문면에 나타나는 의식과는 아주 멀어진 것이 아니면 정반대의 것이 되지 아니치 못한다. 그러므로 유명한 기자보다 무명한 문필노동자의 고용은 경영자의 수족과 같이 사용하기에 가장 이편(利便)한 것이라.

배성룡은 기자의 '노동자화'에 따라 기자 나름의 정치적 의식이 신문에 반영될 여지가 없어졌고, 기자의 작업이 단순해짐에 따라 신문사 경영진으로서는 임금부담이 큰 유명한 기자보다 저임금으로도 쉽게 사용할 수 있는 '무명한 문필노동자를 고용'하는 경우가 많아졌다고 주장했다. 이런 변화에 따라 기자들을 단순히 '경영자의 대서인'에 불과하다는 주장까지 나왔는데,[182] 일제하의 거의 대부분의 신문을 거쳤고 해방 이후까지 언론계 활동을 했던 유광열도 이와 유사한 다음과 같은 주장을 하고 있다.[183]

> 신문기자도 다른 직업과 일반으로 고주(雇主)에게 사용되는 한 개의 고용인에 지나지 않습니다. 어떠한 학식과 명망이 높은 명기자일지라도 아무것도

---

181) 배성룡, 「조선신문의 특수성과 타락상」,『비판』 1932년 10월호, 59쪽.
182) 김영진, 「신문잡관」,『호외』 1호, 1933, 30쪽.
183) 유광열, 「기자생활의 고락」,『저널리즘』 1호, 1935, 16쪽.

모르면서 무슨 인연으로 돈을 쥐인 무식하고 명망 없는 경영주에게 해고되는 것은 다른 직장의 노동자와 조금도 다를 것이 없습니다. 그러므로 신문기자의 붓도 자연 여러 가지 방면으로 제약을 받아서 자기의 개성을 몰각(沒却)하는 일이 많습니다. 설사 신문사에서 개인의 서명으로 쓰일지라도 붓의 자유는 그 사의 사시나 또는 본질과 양립하는 한에만 글을 쓸 수 있는 것입니다.

이렇듯 신문의 기업화에 따라 기자가 일종의 '노동자화' 되어 간다는 주장들은 사실상 신문기자가 "일종의 직업이요 결코 전일(前日) 일컬어 내려오든 바와 같이 과대평가한 무관의 제왕이나 백두의 제왕이라는 존경을 받는 영귀한 명칭을 받는 것이 못 된다"[184]라는 의식의 변화로부터 비롯되었던 것이다. 또한 이런 주장들은 1920년대 중반까지 기자들이 제대로 월급을 못 받으면서도 '지사'를 자처하며 나름대로의 정치적 목적을 가지고 기자생활을 했던 것과는 달리, 1930년대에 들어서서 더 이상 정치적인 목적의식 때문이 아니라 단지 '생활을 위해' 기자직을 선택하는 하는 경우가 많아졌다는 것을 보여주는 것이기도 했다. 이에 대해 『동아일보』, 『시대일보』, 『조선일보』에서 기자생활을 했던 김동환은 1933년 말에 쓰인 글에서 다음과 같이 지적하고 있다.[185]

오늘날 수다한 신문기자 중에는 두 가지 종류가 있다. 하나는 직업적 심리로 다니는 것이요 다른 하나는 사회적 정치적 무슨 경륜을 실현하는 한 방편으로 다니는 그것이니 수년전까지는 조선의 민간신문기자라 하면 의례히 후자에 속하더니 오늘에 이르러는 은행이나 회사원 모양으로 화폐를 목적삼고 다니는 분이 점차 늘어나게 되었다.

김동환의 지적대로 1933년 이후에는 대체로 기자의 '지사적' 풍토가 사

---

184) 邵城閑人, 「신문기자비애」, 『개벽』 1935년 3월호, 57쪽.
185) 김동환, 「조선의 신문기자여! 코바디스」, 『호외』 1호, 1933, 24쪽.

라지고 기자들이 주로 '직업적 심리'로 기자생활을 하는 경우가 일반화되었다. 이러한 변화에 대한 비판은, '직업적 심리'로부터 기자생활을 시작한 기자들이 이전 시기까지의 '지사적' 기자들과는 달리 자신들을 대체로 일종의 '노동자화'되었다고 보는 인식과도 연관되어 있었다. 이렇듯 기자가 일종의 '문필 또는 지식노동자화' 되었다고 하는 주장은 경영진에 의한 해고가 빈번하고 신문의 논조가 급격히 변화되었던 1930년대 초반부터 활발히 제기되어, 신문의 기업화가 진전된 1933년 이후에도 부분적으로 계속되었다.

　　그러나 이런 주장들과는 달리 여전히 식민지적 특수성을 강조하여 기자 나름의 사회적 역할을 강조하는 경우도 없지 않았다. 당시 『조선일보』 부사장이었던 안재홍은 "상품화하는 일면에 오히려 매개적 또 선구적 직임을 가지고 있는 신문"의 기자들은 자기를 '지식직공 이상'의 직위로 끌어올리는 노력을 기울여야 한다고 주장했다.[186] 유광열도 1931년에 쓴 글에서 기자는 "조선에 있어서는 한 상품을 만드는 동시에 선악간(善惡間) 그것이 현대 추진(推進)상 어떠한 임무를 하는 것도 사실이다"라고 하여 기자가 단순히 신문이라는 상품생산을 하는 '직공'이 아니라 그 이상의 임무가 있다고 주장했다.[187]

　　『조선일보』 기자였던 양재하는 기자들이 "생산과정에 함(陷)하여 사회적 역할을 찾지 못하는 가련한 조선의 '인테리 룸펜'들이라 하더라도 황금과 권세 밑에서 의분이 없다면 참으로 위험한 존재가 될 뿐"이라고 주장하여 지식인인 기자들이 경영진에게 예속되어 가는 경향을 극복할 필요가 있다고 주장했다.[188] 또한 일제하에서 『동아일보』, 『조선일보』 기자로 활동했던 오기영도 한국은 식민지라는 특수성이 있기 때문에 "조선의 신문경영은 구매

---

186) 안재홍, 「기자도덕에 관하야」, 『철필』 1권 1호, 1930, 6쪽.
187) 유광열, 「신문기자에 대한 호사광란」, 『비판』 1931년 1월호, 76쪽.
188) 양재하, 「조선일보 사원회 역할의 평가」, 『동광』 1932년 9월호, 166쪽.

자의 영합에 급급할 기업이 아니오, 조선의 신문인은 독자의 기호에 알맞은 상품생산의 직공이 아니다"라고 하며 언론인의 특수한 역할을 강조했다.[189]

기자들이 스스로 노동자화 되었다고 주장했던 것은, 일제의 언론통제와 신문의 기업화 속에 제 역할을 할 수 없게 된 자신들 스스로에 대한 비판을 내포한 것이었다. 즉, 지사적 언론인으로서 제 역할을 할 수 없게 되면서, 자신들이 노동자화 되었다고 일종의 자기비하를 했던 것이다. 당시에는 샐러리맨이라는 단어가 쓰이지 않아 사용되지 않았을 뿐이지, 이런 주장은 사실상 언론인이 '샐러리맨화'되었다는 훗날의 주장과 크게 다르지 않은 것이었다.

이러한 의식의 변화는, 채용 인원이 적어서 민간지의 입사가 어려웠던 현실에서 지식인들로 하여금 자연스럽게 하나의 직장으로서 총독부 기관지 『매일신보』를 선택하게 하는 데 영향을 주었다. 일제하에서 『매일신보』에서 근무했던 백철은 당시의 기자생활을 "자연인 백철이 하는 일이 아니고 신문기자라는 직업인으로 하는 사무적인 일밖에 되지 않는다"라고 합리화시키기도 했다.[190] 기자를 하나의 직업으로 인식하면서, 총독부 기관지 근무도 친일적 행위였다기보다는 일종의 직업 선택이었다는 강변이 나올 수 있었던 것이다.

(3) '보도중심주의'의 대두와 전문성에 대한 인식

주요한은 일제의 강력한 언론통제가 가해지는 한편, 『동아일보』를 제외한 다른 신문들은 경제적 기반이 취약해 제대로 운영되지 못하던 1930년에 "신문기자란 것이 직업으로 일 제도로서 존재할 가능성도 없

---

189) 오기영, 「신문인과 신문도」, 『신동아』 1934년 5월호, 85쪽.
190) 백철, 「일본의 이중 얼굴과 보호색의 대결」, 한국신문연구소, 『언론비화 50편』, 한국 신문연구소, 1978, 364쪽.

는 것이다"라고 주장했다.[191] 그러나 이런 지적이 나왔던 1930년 이후 기자의 직업화가 급격히 진전되었다. 즉, 1920년대까지의 기자들이 주로 정치적 목적의식 때문에 기자생활을 했던 것과는 달리 점차로 단순히 생계를 위해 직업적으로 기자활동을 하는 경우가 늘어났다. 김동진은 신문들이 "영업중심화 또는 자본화되면서 정의감이니 지도적 자존심이니 과거의 기자가 가지고 있던 모든 영광이 여지없이 유린되고 만다"고 지적해 기자들이 점차로 단순한 직업인이 되어간다고 주장했다.[192]

이런 변화에 대해 최준은 "어쨌든 신문인의 사회적 명망이란 1920년 이후 10년 동안 최절정이라 보겠고 그 후 점차 민중들의 개명과 함께 종래의 영웅시하던 무조건적으로 과대평가하는 풍조는 꼬리를 감추게 되었다"고 평가했다.[193] 또한 당시의 한 필자는, 신문이 기업화되면서 신문기자라는 것도 "일종의 직업이요 결코 전일 일컬어 내려오던 바와 같이 과대평가한 무관의 제왕이나 백두의 제왕이라는 존칭을 받는 영귀(榮貴)한 명칭을 받는 것이 못 된다"고 주장하기도 했다.[194]

기자의 직업화 경향은 『동아일보』, 『조선일보』, 『조선중앙일보』 등 세 신문이 정립해 치열한 경쟁이 벌어지면서 두드러지게 나타났다. 세 신문이 정립하게 된 1933년 초 좌담회에서 기자들은 기자직이 '사회봉사적' 성격이 없지는 않지만 점차로 단순한 '개인적 직업'으로 전락해가고 있다고 지적했다.[195] 이런 변화는 홍종인의 다음과 같은 주장에서도 잘 드러난다.[196]

191) 주요한, 「신문기자 양성에 대하야: 재능과 실습이 肝要」, 『철필』 1권 1호, 1930, 8쪽.
192) 김동진, 「7년간의 회고」, 『철필』 1권 1호, 1930, 59쪽.
193) 최준, 『한국신문사』 증보판, 일조각, 1982, 253쪽.
194) 邵城閑人, 「신문기자 비애」, 『개벽』 1935년 3월호, 57쪽.
195) 양재하 외, 「신문기자 좌담회」, 『신동아』 1933년 1월호, 73~74쪽.
196) 『조선일보 사보』 11호(1939.10.26), 6쪽.

신문기자의 지위 또는 사명이란 것이 그동안 여러 가지 점으로 변해왔다. 지사풍·정객풍의 신문기자시대, 그 시대는 어디까지나 신문기자의 지도적 입장이 보다 더 주장되던 때이었다. 그렇다고 상품화한 오늘의 신문이 보도기술자 이상의 지사풍 논객을 전혀 거부하고 있느냐 하면 반드시 그렇지도 않다. 옛날의 신문이 논설 중심으로 기염만장의 지도기관적 색채를 충분히 가졌다고 한다면 오늘의 신문은 보도제일주의로 해석, 비판의 자료 상태를 신속, 명민히 제공하는 보도역할의 기관임에 틀림없다.

홍종인은 '지사풍', '정객풍' 기자의 시대는 갔고, 이제 '보도제일주의' 시대로 접어들었다고 주장했다. 이것은 더 이상 신문이 사설의 지도적 역할을 중요시하지 않게 되었다는 것을 의미하기도 했다. 이여성은 사설은 일정한 이데올로기에 기초해 '기탄없는 비판과 소신'을 솔직히 피력하는 것이어야 하는데, "금일의 조선신문 사설은 그 주관적 객관적 조건이 아울러 결핍"되어 있는 것이 사실이기 때문에 사설이 제 역할을 할 수 없다고 지적했다.[197] 즉, 이제는 신문들이 사설 등을 통한 지도적 역할보다도, '속도주의'와 '흥미본위'에 입각한 취재보도활동에 더 치중하게 되었던 것이다. 『조선일보』 기자였던 이태우는 신문은 "이제 일 분 일 초를 다투어 가며 민속히 보도하는 초스피드 뉴스시대를 현출(現出)하고" 있다고 주장하며 1930년대 중반 이후의 신문들의 보도 중심적 경향을 지적했다.[198] 또 안광함은 이에 대해 다음과 같이 지적한다.[199]

쩌널리즘에 있어서 무엇보다도 중요한 것은 속도의 존중이다. 생산과 판매 과정에 있어서 물론이겠거니와 기사의 선택에 있어서도 속도의 존중은 결정적 중요성을 갖고 있다. 물론 이 경우에 있어서의 속도의 존중은 기사의 질

197) 이여성, 「사설에 대하야」, 『신동아』 1934년 5월호, 88~89쪽.
198) 이태우, 「현역신문기자군상」, 『백광』 1937년 6월호, 42쪽.
199) 안광함, 「쩌널리즘과 문학의 교류」, 『조선문학』 1939년 3월호, 133쪽.

적 면을 규정하고 있다. 즉, 새롭고 재미있는 것 이것이 현대 쩌널리즘의 기
사취급의 규준이다.

이렇듯 신문들이 '홍미 본위의 소란스런 보도'에 치중하고 객관보도를
강조하게 되면서 사설 등을 통한 지사적 논객들의 역할이 위축되어[200] 신
문사로서는 이러한 지사적 기자의 필요성을 크게 느끼지 않게 되었다.
이에 대해 김경재는 다음과 같이 주장했다.[201]

> 신문은 그가 초기에 있어서는 민족과 사회를 위하여 희생하는 한 개의 소비사
> 업이라고 알았고 또 사회의 어떠한 통제의식을 보급시키기에 필요불가결의 경
> 영으로 알았다. 그래서 신문사에서는 기자 한명을 채용하는 데 있어서도 정치
> 적 소질을 비(備)한 자이라야 환영했고 기자 자신도 사회조직에 대한 불평분자
> 로서 지사적 또는 정객적 행위를 취하기에 주저하지 않았다. 상품화한 신문은
> 종래의 태도를 청산하게 되었다. 종래의 지도적, 계몽적 태도로부터 주장적 태
> 도와 의식적 존재를 몰각(沒却)하고 오직 보도적 임무만을 가지게 되었다. 보
> 도적 방면에로 무의식한 민중의 호기심을 이끌기 위하여 저급한 홍미본위의
> 보도에 치중케 되었으며 그리고 신문사가 정치적 경향을 가진 지식분자의 진
> 영으로 자처하던 것이 변하야 영리기관의 사무인을 모아놓은 것이 되고…

위의 지적에서처럼 신문사가 "정치적 경향을 가진 지식분자의 진영으
로 자처하던 것이 변하여 영리기관의 사무인을 모아놓은 것"이 되었다
는 지적은 민간지에서 민족운동가적 기자들이 사라지고 생계를 목적으
로 한 직업적 기자들이 등장하게 되었다는 것을 의미하는 것이었다. 이
제 기자가 단순히 하나의 직업으로 정착되어 갔을 뿐만 아니라 기자에게
요구되는 직업적 특성도 변화되어 갔다. 즉, 원래 신문은 "천하와 국가

---

200) 리용필은 신문들이 "불평부당을 표방하면서 객관성을 운운할 때, 의견과 주장을 내세
우는 논설적인 글, 즉 사설 · 논설 · 논평 · 정론 등은 지면에서 거의 사라지게 되었다"
고 지적했다. 리용필, 『조선신문 100년사』, 나남, 1993, 124쪽.
201) 김경재, 「조선신문의 대중적 비판」, 『개벽』 1935년 3월호, 27쪽.

를 의논하는 공기(公器)요 미미한 시정의 소식을 전하는 것은 창피하게 생각하던 시대"[202]의 지사적 기자들은 속보성을 중요시하는 단순 보도보다는 민족적 현실에 대한 비판적 논설 등을 더욱 중요시 했지만, "점차로 기민하고 총명하고 기능이 탁월하고 특수한 것이 있고 각 방면에 상식이 풍부하지 않으면 신문기자가 못되는 시대"[203]에 들어서서는 기자들에게 기민함과 나름의 직업적 전문성이 요구되게 되었다.

이에 따라 "옛날에는 지사적 이론분자가 많은 편이었다면 근자에는 좀 더 기술적이라고도 한다. 허장성세보다 침착 면밀한 사무가적 활동이 더 기대될 것이다"[204]라고 지적될 만큼, 점차로 직업적인 기자들이 등장하게 되었던 것이다. 따라서 논설도 "한문식 문장과 웅문체적(雄文體的) 문장을 위한 문장으로부터 범박(汎博)한 정치, 경제 등 시사평론으로 다시 거기서 분과적으로" 담당하게 되었다고[205] 지적될 정도로 나름대로의 '분과적 전문성'이 요구되었다. 홍종인도 기자들이 보다 폭넓은 지식을 가져야 하며, 특히 이러한 지식은 학문적 근거가 있는 것이어야 한다고 주장하기도 했다.[206]

이런 변화에 따라 1930년대에는 민족적 현실에 대한 기자들의 비판적 의식이나 정치적 목적보다는 나름대로 전문지식에 기초한 직업적 전문성을 더욱 중요시하는 경향이 생겨났다. 물론 이런 변화가 나타났다고 해서 지사적 언론인의 기풍이 완전히 사라졌다고 보기는 어렵지만, 적어도 1930년대 중반 이후 언론인의 의식에 상당한 변화가 나타났던 것만큼은 분명했다. 언론인을 하나의 직업으로 보고, 전문성이 필요하다는 인식이 서서히 나타나기 시작했던 것이다.

202) XYZ, 「신문기자 무식폭로」, 『동광』 1932년 11월호, 62쪽.
203) 안석주, 「신문기자 참회록」, 『별건곤』 1934년 3월호, 21쪽.
204) 「조선 신문기자론과 평」, 『혜성』 1931년 7월호, 67쪽.
205) 유광열, 「신문기자군상」, 『신동아』 1932년 10월호, 52~53쪽.
206) 홍종인, 「신문기자 고심론」, 『개벽』 1935년 3월호, 48쪽.

2) 언론인 단체의 결성과 활동

(1) 무명회의 언론 탄압 대응과 정치 · 사회 문제 참여

일제강점기에 최초로 결성된 언론인 단체는 1921년 11월 27일에 결성된 무명회(無名會)였다. 무명회는 규약 1조에서 회원의 자격을 '조선인 기자'라고 광범위하게 규정했다.[207] "현재 사업을 경영하는 언론기관에 집필하는 기자"는 모두 참여할 수 있다고 하여,[208] 신문뿐만 아니라 잡지의 언론인도 참가했고 기자뿐만 아니라 발행인이나 편집인도 참여했던 언론인 단체였다.[209] 무명회가 조직될 무렵에는 이미 민간지에 대한 압수처분 등이 빈발했고 이미 『조선일보』는 2회, 『동아일보』는 1회 정간처분을 당한 바 있었다. 잡지의 경우에도 조선노동공제회 기관지였던 『공제』나 천도교에서 발행하던 『개벽』 등이 기사의 삭제나 압수로 잡지 발행이 곤란한 지경이었다.

이런 상황에서 결성된 무명회는 규약 2조에서 그 활동의 목적을, "문화 보급의 촉진, 언론자유의 신장, 여론의 선도, 회원의 명예와 권리의 옹호 및 회원 상호간의 친목을 도모할 것"이라고 밝혔다.[210] 『동아일보』는, 무명회가 "회원간의 친목 도모는 물론 혼란한 여론을 선도하고 압박에 함구한 언론의 자유를 신장"시키는 역할을 해야 한다고 주장했다.[211] 『조선일보』에도 "생활의 가치가 무(無)하고 무의식, 무의미한 조선에서 언론자유의 신장과 여론의 선도를 위한 무명회의 역할이야말로 매우 중요한

---

207) 『동아일보』 1921.11.29.

208) 『동아일보』 1921.11.25.

209) 정진석, 『일제하 한국언론투쟁사』, 정음사, 1975, 483쪽.

210) 『동아일보』 1921.11.29

211) 「기자단 무명회의 탄생」, 『동아일보』 1921.11.26, 사설.

것"이라는 기고문이 게재되었다.[212]

무명회의 운영은 11명의 간사에 의해 이루어졌는데, 그 중 상임감사 5 인은 정우택(매일신보) · 김형복(시사신문) · 이병조(서광) · 백대진(신천지) · 김형원(동아일보)이었고, 나머지 간사 6명은 오상근(아성) · 김기전(개벽) · 박용환(매일신보) · 신백우(조선일보) · 최상현(기독청년회연합회) · 유재풍(천도교) 등이었다.[213] 이들 중 이병조와 오상근은 그들이 관계하던 잡지들이 이미 폐간된 상태였고, 둘 다 모두 조선노동공제회와 조선청년회연합회에 참여했던 사람이었다는 점에서,[214] 무명회가 순수한 언론인만의 단체였다기보다는 언론인과 노동운동가, 청년운동가들이 함께 참여한 단체였다고 할 수 있다. 즉, 무명회의 결성 당시 간사 11명 중에서 현직 언론인으로는 정우택, 백대진, 김형원, 김기전, 박용환 등 5명이 있었고, 나머지는 전직 언론인이거나 청년 · 노동운동가들이었다는 점에서 무명회가 다분히 정치적 목적의식을 가지고 조직되었다는 지적도 받을 수 있었다. 실제로 김동진은 당시 무명회의 발기가 주로 직접 신문과 관계가 없는 세력에 의해 주도되었다고 지적하기도 했다.[215]

무명회의 실제 활동은 매우 부진하여, 결성된 다음해인 1922년 1월 26일에 만국기자대회에 참가하고 돌아온 김동성의 환영회를 겸해 월례회 및 임시총회를 개최해 신문과 잡지에 대한 검열제도와 허가제를 철폐하도록 노력하고 김윤식의 장례에 조사와 대표를 보내 조문하기로 결정했을 뿐이었다.[216] 1922년에는 잡지 『신생활』과 『신천지』의 언론인에 대해 사법 처분이 가해지는 등 일제의 언론탄압이 강화되던 상황에서 무명회

212) 일해, 「무명회에 대하여」, 『조선일보』 1921. 12. 1.
213) 정진석, 『일제하 한국언론투쟁사』, 정음사, 1975, 128쪽.
214) 김준엽 · 김창순, 『한국공산주의운동사』 2, 청계연구소, 1988, 104쪽.
215) 김동진, 「무명회에 독촉함」, 『별건곤』 1931년 1월호, 91쪽.
216) 정진석, 『일제하 한국언론투쟁사』, 정음사, 1975, 129쪽.

는 1922년 12월 26일 연말예회를 열었다. 두 잡지 탄압에 대해 법조계와 언론계는 '언론의 옹호를 위한 결의문'을 채택하였는데, 여기에 참여한 언론계 대표는 염상섭(동명), 김원벽(신생활사), 오상은(신천지사), 남태희(시사평론사), 최국현(조선일보), 송진우(동아일보), 이재현(개벽) 등 7명인데, 이러한 언론계 대표 중 무명회 간사는 한 사람도 없었다는 것으로 보아,[217] 무명회가 이 시기에 제대로 운영되고 있지 않았다는 것을 알 수 있다. 특히 구속된 백대진이 무명회 간사였음에도 무명회가 자체적인 대응책을 마련하지 못하는 한계를 드러냈다.[218]

일제의 언론탄압이 강화되고 있었음에도 1923년부터 1924년 전반기까지는 무명회의 활동이 전혀 없었다. 1924년 6월에 조선노농총동맹(노농총)과 조선청년총동맹(청총)의 발의로[219] 언론집회압박탄핵회가 결성되어 13명의 실행위원이 선출되었다.[220] 실행위원은 서정희(북풍회, 노농총), 한신교(서울청년회, 청총), 이종천(불교청년회), 윤홍렬(동아일보), 안재홍(시대일보), 이봉수(조선일보), 차상찬(개벽), 김병로(변호사), 이인(변호사), 이종린(천도교월보), 김필수(기독교), 신명균(청년운동), 김봉국 등이었다. 이렇듯 언론계, 법조계, 운동단체들이 모두 참가한 탄핵회는 일제의 언론·집회에 대한 탄압을 탄핵하기 위한 대회의 개최를 시도했다. 일제에 의해 대회가 금지되자 각 단체 대표회의를 열어 언론과 집회를 압박하는 것은 곧 생존권을 박해하는 것이기 때문에 이러한 일제의 횡포를 탄핵한다는 내용의 결의문을 발표했다.[221] 탄핵회의 활동은 일제의 강력한 탄압으로 결국 좌절되고 말았지만, 언론계로 하여금 일제의

---

217) 一記者, 「당국의 언론탄압과 민중의 여론격앙」, 『개벽』, 1922년 12월호, 30쪽.
218) 최민지, 『일제하 민족언론사론』, 일월서각, 1978, 376쪽.
219) 『동아일보』 1924.6.5.
220) 『동아일보』 1924.6.9.
221) 『동아일보』 1924.6.30.

언론통제에 대한 조직적인 대응이 필요하다는 인식을 갖게 만드는 계기가 되었다.

일제의 언론탄압에 대한 탄핵회와 같은 활동에서 무명회가 제대로 역할을 하지 못하던 상황에서, 언론인들 사이에는 언론 탄압에 대응할 수 있는 언론단체의 결성이 필요하다는 인식이 확산되었다. 1924년 8월 17일 언론인 30명이 모여 "그동안의 활동의 문제점이 회원가입의 원칙 없이 아무나 가입시켜 운동의 통일성이 없었다"는 점을 지적하고[222] "차후로는 민중의 정신과 배치되지 않는 기자"만 가입시키기로 결정하고 1924년 8월 17일에 무명회를 부활시켰다. 이러한 결의에 따라 회의에 참석했던 『매일신보』 기자 2명이 퇴장했다.[223] 무명회의 부활에 따라 지도체제도 과거의 '간사제'에서 '위원제'로 바꾸어 새로이 7명의 위원을 선출했다. 새로 선출된 위원들은 이종린(천도교월보), 김기전(개벽), 이석(조선일보), 최원순(동아일보), 신철(해방운동사), 박동완(기독교), 이재갑 등이었다.[224] 신문·잡지 관계자, 종교단체 대표자, 사회주의 운동가 등 다양한 세력들이 집결한 무명회는 기존과는 달리 적극적인 활동을 전개했다.

무명회는 결성 직후 사회 문제에 대해서도 적극적인 참여를 하여, 1924년 9월초에 결성된 조선기근대책강구회에는 이종린과 최원순이 무명회를 대표해 참가했다. 즉, 무명회는 '각지의 굶주리는 참상'을 제대로 보도하기 위해 이러한 대책강구회의 결성을 주도했고, 이 회의 결성 전까지의 비용을 무명회가 부담하기로 결정했다.[225] 이렇듯 무명회가 사회적 활동을 시작하자 총독부는 그 배경에 사회주의 운동가들이 있다고 하

222) 정진석, 『일제하 한국언론투쟁사』, 정음사, 1975, 155쪽.
223) 『조선일보』 1924.8.19.
224) 정진석, 『한국언론사』, 나남, 1990, 408~500쪽.
225) 『동아일보』 1924.9.4.

며 다음과 같이 지적했다.[226)]

> 재경 조고업자(操觚業者-문필업자, 저자)에 의해 조직된 무명회에 의하여
> 1924년 9월에 한 때 구제 목적의 조선기근대책 강구회가 조직되자 노농총
> (勞農總), 청총(靑總) 두 총동맹(總同盟)에서도 각 세포단체에 대하여 한해(旱
> 害) 상황을 조사하게 함과 동시에 이것의 구제대책을 강구하고자 각각 통지
> 장을 발송한 일이 있는데, 무명회 속에도 다수의 주의자가 있어 그 대책강구
> 회에서 선임된 위원은 거의 모두가 두 총동맹과도 관계가 있는 주의자들이어
> 서, 그들은 한해(旱害) 구제문제를 빙자하여 그 세력을 신장하고자 신문 기타
> 를 이용하여 고의로 사실을 과장보도하여 민심에 충동을 주어 오다가 3자합
> 동(노농총, 청총, 무명회)하여 조선기근대책회를 조직하는 한편 신문사(동아,
> 조선, 시대 3신문사)에 후원을 의뢰하여 극력 취지 선전에 진력하여…

위와 같은 총독부의 분석처럼 실제로 무명회는 사회문제에도 적극적
으로 참여했다. 1926년 6·10 만세사건 관련 학생들에 대한 가혹한 처
벌에 대해 일제에 항의했고,[227)] 일제의 아세아 협회가 개최하고 박춘금 등
다수의 친일파가 참여하려 했던 아세아민족대회에 대한 대책을 논의하
는 것을 주도하기도 했다.[228)]

무명회는 언론인단체로서 일제의 언론탄압에 대해 공동 대응하는 활
동을 주도했다. 즉, 무명회 활동 중 가장 대표적인 것이 일제의 언론탄압
에 대해 항의하고 시정을 요구하는 등 제한적이나마 언론자유를 획득하
고자 시도했던 것이다. 또한 무명회는 사회적으로 중요한 사건을 정확히
보도하기 위해 공동취재를 한다거나 잘못된 보도에 대해 시정을 요구하
기도 했다. 무명회가 기자대회를 발의하여 1925년 4월 15일부터 3일 동

---

226) 조선총독부 경무국, 『치안개황』 1925년, 김준엽·김창순, 『한국공산주의운동사』 2,
    청계연구소, 1988, 207~208쪽 재인용.
227) 정진석, 『일제하 한국언론투쟁사』, 정음사, 1975, 159쪽.
228) 『동아일보』 1926.7.21; 『조선일보』 1926.7.26.

안 최초의 전조선기자대회가 열리고 전국에서 언론인 723명이 참가해 성황을 이루었다.[229] 그러나 무명회는 1927년 7월 14일에 긴급위원회를 열어 통영지국 기자폭행사건 응징 결의문을 채택한 이후에는 별다른 활동을 하지 못하다가 결국 사라졌다.

무명회는 애초부터 구체적인 가입절차나 조직운영방식 등에 대한 명확한 규정이 없이, 경영진부터 일반 기자에 이르기까지 폭넓은 대상을 조직한 단체였다.[230] 따라서 무명회는 그 활동이 "매우 분산적, 비투쟁적이었고 그 주장이 너무 범박(汎博), 몽롱"하다는 비판을 듣기도 했다.[231] 또한 무명회는 규약이 있기는 했지만 구체적인 운영체제, 즉 활동의 주체와 책임소재가 명확하지는 않았던 것 같다. 이것은 구체적인 해산절차도 없이 무명회의 활동이 슬그머니 없어졌던 데서도 잘 드러난다.

또한 무명회는 순전한 언론인의 단체였다기보다는 언론인과 다양한 민족운동세력들이 함께 참여한 단체였다는 점 때문에 비판을 듣기도 했다. 김동진은 무명회가 당시의 고조된 정치적 분위기의 영향 하에 "소수의 언론인과 직접 신문과 관계없는 예비신문인들에 의해 결성되어 신문기자라는 직업적 의식을 제이의적(第二義的) 조건으로 하고 정치가, 지사, 조선의 지도자의 위치를 점함을 제일의적(第一義的) 조건"으로 하여 현실과 동떨어진 사업을 위주로 했다는 점에서 한계가 있었다고 비판했다. 또한 무명회가 신문기자로서의 직업적 의식에 기초하여 언론인의 지식을 계발하고 기사의 공정성을 확보하기 위한 방법을 연구하는 데 주력했어야 했다고 주장했다.[232]

---

229) 임경석, 「1925년 전조선기자대회 연구」, 『사림』 제44호, 수선사학회, 2013, 32쪽.

230) 김동진, 「무명회에 독촉함」, 『별건곤』 1931년 1월호, 92쪽.

231) K.W.H., 「신문기자의 맹파」, 『삼천리』 1931년 5월호, 33쪽.

232) 김동진, 앞의 글, 92~94쪽.

지사적 기자들이 활발하게 활동하던 시기에 결성된 무명회가 언론탄압에 대한 대응뿐만 아니라 사회문제 해결을 위해서도 나섰던 것은 당연한 일이었다. 민족운동에 대한 일제의 강력한 탄압에 대항하기 위해서는 언론인이 다른 부문의 민족운동가들과 공동대응할 필요가 있다고 인식했기 때문이었다. 또한 당시까지는 신문사 사이의 경쟁이나 신문사의 경영진과 편집진의 갈등보다는, 일제의 언론통제라는 외부적 요인이 더 중요했기 때문에 경영진부터 기자들까지 모든 언론인을 포함한 언론인 단체가 결성될 수 있었던 것이다. 즉, 무명회 같은 언론인 단체가 결성되었던 것은, 언론인들이 모두 식민지라는 현실에 대한 문제의식을 공유하고 있었고, 아직 신문사내의 경영진과 편집진 사이의 분화와 대립이 별로 심각하지 않았다는 것을 보여주는 것이었다.

(2) 철필구락부의 임금 인상 요구 파업

철필구락부는 1924년 11월 19일 『조선일보』, 『동아일보』, 『시대일보』, 『매일신보』 등 네 신문의 사회부 기자 20여 명에 의해 결성되었다. 부원의 자격을 "어떤 신문사를 물론하고 부내에 있는 신문사에 재근(在勤)하는 조선인 사회부 기자"라고 제한하고 취지는 "서로 친목하며 결속하여서 기자생활의 향상을 도모 하려는 것"이라고 밝혔다.[233] 철필구락부는 무명회가 막연히 조선인 기자라는 자격조건으로 잡지 언론인, 경영진, 지방 언론인들을 망라한 언론인 단체였던 것과는 달리 경성내 신문사에 근무하는 사회부 기자들만을 대상으로 한 기자단체였다는 점에서 의의가

---

233) 당시 신문들에는, 철필구락부가 각 신문 사회부 기자로 조직된 기자단체로서 기존의 '동우구락부'의 후신이라고 보도되었다. 이러한 보도로 보아 철필구락부 이전에도 사회부 기자단체가 있었던 것이 아닌가 생각해볼 수 있지만, 이에 대해서는 당시 신문은 물론 언론인들의 회고록에서도 확인할 수 없었다. 『동아일보』 1924.11.21; 『조선일보』 1924.11.21.

있었다. 그러나 철필구락부에는 총독부 기관지였던 『매일신보』 기자들까지 포함했다는 점에서 일정한 한계도 있었다.

이렇듯 사회부 기자들만의 언론인단체 결성이 이루어졌던 배경에는 식민지시기 언론의 특수성이 작용했다. 식민지라는 현실에서 조선인의 정치적, 경제적인 활동이 사실상 거의 없었기 때문에 정치부나 경제부는 주로 통신문을 번역해 보도하는 데 그쳤고 기자도 한 두 명 정도만 있었다. 반면에 사회부에는 5~6명 정도의 기자가 외근을 통해 적극적인 취재보도 활동을 했기 때문에 자연스럽게 사회부 기자들이 당시 언론계를 주도할 수밖에 없었다. "조선신문의 활동무대는 오직 사회면"이라고 주장될 정도였기 때문에[234] 사회부기자들만의 언론인단체 결성이 가능했던 것이다. 다만 철필구락부는 이들이 내세웠던 결성취지에서도 드러나듯이 단순히 친목도모를 목적으로 했다는 점에서 다소 한계가 있기는 했지만, 기자들만의 최초의 단체였고 1925년 2월 5일에는 신문 강연회를 개최하여 이론 방면에도 관심을 기울였다는 점에서 의의가 있었다.[235]

철필구락부가 기자들만의 단체로서 무명회와 차별성을 보여주었던 대표적인 사건이 바로 임금인상 요구를 결의하고 파업을 벌인 일이었다. 철필구락부는 전조선기자대회가 끝나고 한 달 정도 지난 1925년 5월 20일의 임시총회에서 기자들의 대우 향상을 도모하기로 결의하고 각사 경영진과 교섭했다. 그 결과 "조선일보와 시대일보에서는 원만히 해결되도록 노력한다는 회답"이 있었으나 "동아일보에서는 시간의 여유를 부쳐서 요구하였음에도 불구하고 즉석에서 거절"하여 『동아일보』 기자들이 동맹파업을 결행했다.[236] 그러나 『동아일보』의 경영진은 이에 대해 강경하

---

234) 김을한, 「사회 이면의 폭로 – 신문계의 내막」, 『별건곤』 1930년 11월호, 127~128쪽.
235) 『동아일보』 1925. 2. 5; 『조선일보』 1925. 2. 5.
236) 『조선일보』 1925. 5. 23.

게 대응하여 하루의 여유를 주고 회사에 출근하지 않으면 퇴사한 것으로 간주하겠다고 하면서 지국기자들을 동원해 신문제작을 계속해나갔고, 결국 김동진[237]을 제외한 사회부 기자들이 모두 사표를 제출하고 그만두었다.[238] 『동아일보』는 임금수준이 이미 타신문사보다 높고 철필구락부가 요구한 최저임금 80원이 지나치게 높은 수준이었기 때문에 강경하게 대응했다는 주장도 있다.[239]

철필구락부가 임금인상을 요구하며 파업을 했던 것은, 기자들만으로 조직된 이 단체가 노조 같은 활동을 했던 것이라고 볼 수 있다. 하지만 결과적으로 『동아일보』에서만 파업이 이루어졌다는 점에서, 이런 동맹파업을 단순히 경제적인 이유 때문이었다고만 보기 어려운 점도 있다. 유광열의 회고에 따르면, 김동환은 당시의 파업에 대해 "선동하는 선배 기자들이 좌익계인 줄을 모르고 그런 우(愚)를 범했다"고 후회했다고 한다.[240] 이런 주장을 전적으로 믿을 수는 없지만 적어도 파업을 주도한 것이 임원근 등 좌익계 기자들이었다는 것은 분명했다. 따라서 이런 파업에는 민족개량주의 세력의 대변지였던 『동아일보』에게 타격을 가하기 위한 정치적인 요인도 작용했던 것이라고 할 수 있다.

이것은 동맹파업으로 퇴사한 기자들이 대부분 조선공산당원이거나 1925년 8월에 결성되었던 카프에 참가했던 문인들이었다는 점에서도 어느 정도 드러난다. 당시 퇴사한 기자들 중 박헌영과 임원근은 조선공산당원이었고, 허정숙은 임원근의 부인이었으며, 김동환, 안석주, 심훈은

---

237) 철필구락부는 김동진에 대해 '배신 행위' 등의 이유로 제명처분을 내렸다. 이는 아마 김동진이 동맹파업에 불참했기 때문이었을 것이다. 『조선일보』 1925.5.23.

238) K.W.H., 「신문기자의 맹파」, 『삼천리』 1931년 5월호, 33~34쪽.

239) 정진석, 『일제하 한국언론투쟁사』, 정음사, 1975, 175쪽.

240) 대한언론인회편, 『한국언론인물사화』 하, 1992, 195쪽.

모두 같은 해 8월에 결성된 카프에 참여했던 문인들이었다.[241] 또한 좌익계 기자들이『조선일보』나『시대일보』로 쉽게 옮겨갈 수 있던 상황에서 이광수의 입사 이후『동아일보』의 민족개량주의적인 성격이 더욱 강화되자 퇴사를 각오하고 파업을 했다고 볼 수도 있다. 이것은 동맹파업으로『동아일보』를 퇴사했던 기자들 중에서 안석주, 유완희, 김동환, 장종건 등은『시대일보』에 바로 입사했고, 박헌영, 임원근 등은 퇴사 직후 바로『조선일보』에 입사했던 사실을 통해 어느 정도 짐작해 볼 수 있다.[242]

철필구락부는 1925년에 신문 강연회 개최, 전조선 기자대회 참여와『철필시보』발행, 임금인상요구 파업,『시대일보』지방부장 홍남표 구금 대책강구 등의 적극적인 활동을 보여주었다. 1926년 이후에는 활동이 줄어들어 무명회와 공동으로『조선일보』의 오보에 대한 진상조사 등에 참여한 것 이외에는 활동이 전혀 없었다. 1927년 8월에 조선공산당 사건으로 구속되어 조사 중에 사망한 박순병의 일주기 추도식을 거행한 이후 활동이 완전히 중단되고 말았다.

그러나 철필구락부는 무명회보다 늦게 결성되어 무명회 활동의 한계를 인식했기 때문에 회원자격을 처음부터 신문사의 사회부 기자로 제한하여, 다양한 구성원들로 이루어졌던 무명회처럼 활동에 있어서 내부적으로 갈등을 겪는 일은 거의 없었다.[243] 사회부기자 단체인 철필구락부는 일제의 언론통제에 대해 무명회와 공동대응을 했을 뿐만 아니라 한 필자가 "시내 각 신문사의 제일선에 나서서 활약하는 기자들은 직업조합적

---

241) 이들 외에 1925년 5월에 퇴사했던 기자 중에 조동호도 조선공산당원이었고, 유완희도 카프에 참여하지는 않았지만 좌익 성향의 문인이었다. 단지 장종건만은 특별한 정치적인 이유와 상관없이 이 시기에 퇴사한 것으로 보인다.

242) 『신문총람』 1926년판, 일본전보통신사, 2편 65쪽; 김기진, 「나의 회고록」 (3), 『세대』 1964년 10월호, 155쪽.

243) 정진석, 『일제하 한국언론투쟁사』, 정음사, 1975, 160쪽.

성질을 가미한 이 구락부를 결성하여 둘 필요를 느끼었다"고 지적했듯이 자신들의 권익을 위해 신문사의 경영진에 대항하는 '노조적 활동'을 전개했던 것이다.[244] 철필구락부가 결성되어 이러한 활동을 할 수 있었던 것은, 1924년 5월『동아일보』사장 송진우와 기타 간부들의 퇴진 요구처럼 점차 경영진과 편집진의 대립에 대한 새로운 인식이 생겨나고,[245] 1924년 9월에『조선일보』가 혁신된 이후 신문들끼리의 경쟁이 치열해지면서 점차 상업주의적인 경향을 보이기 시작한 것과 관련이 있었다.

또한 "서로 친목하고 결속하여 기자생활의 향상을 도모"한다는 목표아래『매일신보』기자들까지 참여시켰던 철필구락부는 정치적 활동보다는 직업적 활동에 주력했다. 즉, 철필구락부는 주로 신문강연회를 개최하거나[246] 기관지『철필』발간을 시도하는 등의 활동을 했다. 다만 이런 시도는 오래가지 못했고, 임금인상 투쟁이 있었던 1925년 5월 이후로는 별다른 활동을 하지 못하다가 1927년에 아예 사라지고 말았다. 철필구락부를 결성했던 기자들 중에서 좌익계 기자들은 1925년 10월의『조선일보』대량해고 사태 때 언론계를 떠났거나 이후의 조선공산당 사건과 관련해 검거되거나 망명해 언론계를 떠났고, 우익계 기자들은 고용 불안으로 인해 점차 경영진에 굴복하는 의식의 한계를 드러냈다. 이런 현실에서 언론탄압에 대한 대응 뿐 아니라 기자들의 직업적 발전과 권익의 옹호를 목표로 했던 철필구락부의 활동은 사실상 불가능해졌다.

---

244) K.W.H., 「신문기자의 맹파」, 『삼천리』 1931년 5월호, 33쪽.

245) 최민지, 『일제하 민족언론사론』, 일월서각, 1978, 384~391쪽.

246) 신문강연회는 김동진(동아)의 사회로 민태원(조선), 최원순(동아), 이서구(조선), 홍승구(매일신보) 등의 예정된 강연 후에, 이석(조선)과 최긍(동아) 등의 자유 강연이 있었다. 이날 예정된 강사 중에 송진우는 불참했다. 이 강연회는 "근래에 처음 보는 성황"을 이루었고 "조선 신문사상에 영원의 기록"을 남겼다고 보도되었다. 『동아일보』1925.2.7.

(3) 항일적 전위기자동맹과 친일적 조선언론보국회

1927년 중반에 무명회와 철필구락부가 활동을 중단한 이후 한 동안 언론인단체가 아예 없었다. 두 단체가 사라지고 얼마 안 된 1927년 10월 27일에 '의식분자'들을 망라했다고 하는 전위기자동맹이 결성되었다. 좌우익이 함께 참여했던 신간회가 결성되어 본격적인 활동을 시작했던 것에 자극을 받아 결성되었을 것이다. 전위기자동맹에는 유완희(조선), 김동환(조선), 김남주(중외), 서범석(중외), 정인익(중외), 박팔양(조선), 이호태(조선), 김기진(중외), 안석주(조선), 김두백(동아) 등이 참가했다.[247] 이렇듯 전위기자동맹에는 신간회에 적극적으로 참여했던 『중외일보』와 『조선일보』 기자들이 주로 참여했다.

전위기자동맹은 강령으로 봉건적 소시민적 관념의 극복, 대중의 당면이익 획득을 위한 투쟁, 투쟁적 기자단과 국제적 결성 등을 내세웠다.[248] 강령의 내용으로 보아, 다분히 진보적인 성향을 지닌 기자들의 모임이었다고 할 수 있었다. 『조선일보』는 이 동맹에 대해, "밖으로는 대중의 요구를 가장 적절하게 표현하며 그의 이해를 가장 쉽게 하기 위하여 민활한 활동과 평이한 문체를 쓰도록 끊임없이 주의하기를 바라며 안으로는 소속한 기관에 소기의 목적을 관철하도록 적극적 활동을 시작하여 모든 위험을 무릅써 가면서도 굳세게 항쟁할 용기와 각오가 필요한 것"이며 나아가 "각 언론기관 자체의 목적의식의 통일을 더욱 발전시켜 나가야만 한다"고 주장했다.[249] 그러나 이러한 전위기자동맹은 실제로 본격적인 활동은 별로 해보지도 못하고 사라졌다. 지사적 언론인들이 활동하기 매우

---

247) 『조선일보』 1927.10.29.

248) 『조선일보』 1927.10.29.

249) 「전위기자동맹」, 『조선일보』 1927.10.30. 사설. 이 사설은 당시 『조선일보』 논설반 기자 겸 정경부장으로서 신간회 경성지회 간사였던 이관구가 집필했다. 이신복 편, 『성재 이관구 논설선집』, 일조각, 1986, 372쪽.

어려워진 상황 탓이 컸을 것이다.

1930년대에 들어서서는 일제의 언론탄압이 더욱 가중되고 급격히 기업화가 이루어졌음에도 언론탄압에 대한 공동 대응이나 경영진에 대한 조직적 대응을 할 수 있는 언론인 단체의 결성은 전혀 없었다. 기업화된 민간지들 사이의 경쟁이 더욱 가열되자, 무명회의 위원이었고 1925년 전조선기자대회의 임시의장이었던 이종린은 "항상 전체에 착안하여 모든 문제를 대국에서 바라보며 조선의 언론계 향상을 위하야 노력하는 기관"으로서 무명회와 같은 언론인 단체를 다시 결성할 필요가 있다고 주장했다.[250] 또한 민간지들 사이의 상업적 경쟁이 가열되면서 이를 조정하기 위한 기관의 필요성이 제기되기도 했다.[251] 그러나 일제의 강력한 언론 통제로 대부분의 민족운동가적 기자들이 언론계를 떠났고 합법적 공간에서의 사회운동이 완전히 사라질 수밖에 없었던 현실에서 기자들은 자신들의 직업적 안정성 속에 안주하는 의식의 한계를 드러냈을 뿐 더 이상 언론인단체를 결성하려는 시도를 하지 못했다.

일제말기로 가면서 탄압이 강화되자 많은 언론인이 친일의 길을 걸었다. 그리고 나중에는 친일활동을 목적으로 하는 언론인 단체가 결성되기에 이르렀다. 1945년에는 민간지를 거쳤던 정인익, 김기진, 신태악, 유광열, 김동진, 함상훈, 이정섭, 이윤종, 안재홍, 홍명희, 최남선, 송진우, 장덕수, 여운형 등이 참가한 친일언론인 단체인 조선언론보국회를 결성했던 것이다.[252] 명단에 포함되어 있었다고 해도 이들이 모두 조선언론보

---

250) 이종린, 「무명회의 부활을 재촉」, 『삼천리』 1936년 4월호, 36쪽.

251) 잡지 『삼천리』는 주필 김동환의 제안으로 3대 민간지 사장이었던 여운형, 송진우, 방응모에게 시국문제 토의의 첫 항목으로 '전선기자대회 개최의 요구'라는 질의를 하였는데, 이에 대해 대체로 세 사람 모두 신문들 사이의 지나친 경쟁 때문에 필요성에 대해서는 어느 정도 공감한다고 하면서도 개최에는 현실적 어려움이 있다고 대답하였다. 『삼천리』 1935년 1월호, 26~35쪽.

252) 임종국, 『친일문학론』, 평화출판사, 1966, 173~177쪽.

국회에서 활동했다고 단정하기는 어렵다. 다만 전위기자동맹에 참여했던 인물이 조선언론보국회에도 참여했던 것은 식민지시기의 언론인이 지사로서의 지조를 지키기 대단히 어려웠다는 것을 잘 보여준다.

3장
분단체제 형성기의 언론인

1. 언론인의 사회적 배경

1) 언론인 집단의 사회적 특성

(1) 광복 직후 교육 수준의 급락과 전후 교육수준의 완만한 상승

일제하 경력 기자들의 수는 매우 적었던 반면에 광복 직후 새로이 등장했던 신문이 아주 많았기 때문에 기자들에 대한 수요가 전체적으로 크게 늘어났다. 해방 직후 갑자기 신문사 수가 크게 늘어나면서 우선 "턱없이 모자라는 기성기자의 스카우트전이 치열"하게 전개되었다.[1] 해방 직전까지 발행되던 총독부 기관지『매일신보』나『경성일보』출신이 다양한 신문으로 흩어져 활동했고, 1940년에 폐간된『동아일보』나『조선일보』출신도 일부는 자신이 근무하던 신문사로 돌아갔지만 상당수는 새로운 신문에서 활동하게 되었다.[2]

그러나 언론계 경력이 있던 인물만으로는 늘어난 신문사의 인력 수요를 감당할 수 없었다. 1946년 초에 벌써 신문사 수가 20개에 달할 정

---

1) 「김영상 녹취」, 『녹취 한국언론사』, 대한언론인회, 2001, 37쪽.
2) 강영수, 「해방 이후 남조선 신문인 동태」, 김사림 편, 『신문기자수첩』, 모던출판사, 1948, 앵 2~6쪽.

도로 늘어나면서 언론계 경력이 없는 것은 물론 교육수준도 높지 않은 사람도 기자가 될 수 있었다. '신문의 범람'으로 인해 기자 수가 급증해 1948년 초에는 좌우익 언론인 단체인 '조선신문기자회'와 '조선신문기자협회'의 회원을 합쳐 972명이나 되었다.[3] 최병욱은 1947년 9월에『독립신보』에서 기자를 모집한다는 공고를 보고 지원했는데, "그때도 실업자가 넘치던 시절이라서인지 수백 명이 되는 지원자가 몰렸다"고 회고했다.[4] 취업이 어려웠던 시절이라 당시에도 고학력자들이 신문사로 몰렸었다는 것이다. 실제로『독립신보』의 기자모집 공고에도 자격에는 "전문대학 졸업정도 이상"으로 나와 있었다.[5]

1946년 6월에는『민주일보』가 기자공채를 실시했는데 대부분 대학을 졸업했거나 중퇴한 인물들이 입사했다. 이혜복은 보성전문 출신이었고, 그가 당시 공채로 함께 들어간 것으로 거론한 이한용은 서울대 정치학과 중퇴, 구철회는 일본 릿쿄대 중퇴, 안림은 동북제대 중퇴의 학력을 갖고 있었다.[6] 1949년 7월에는『국도신문』도 기자를 공개 모집했는데, 역시 자격을 "전문대학 졸업자"로 규정하였다.[7] 한편 1947년 3월부터 교육을 시작한 조선신문학원 출신들도 인력이 부족한 언론계로 많이 진출하였는데, 당시 편집간부의 좌담회에서 "신문학원 출신자들에 대해서는 비난도 대개 있습니다. 그러나 전반적으로 우수합니다"라는 평이 나왔다.[8] 조선신문학원은 "대학 전문학교 남녀졸업자 또는 동 최고학년 재학중인

3)「서울 내 신문기자」, 김사림 편,『신문기자수첩』, 모던출판사, 1948, 학11쪽.

4)「최병욱 녹취」,『녹취 한국언론사』, 대한언론인회, 2001, 393쪽.

5)「독립신보」1947.8.19. 계훈모,『한국언론연표』Ⅱ, 관훈클럽 신영연구기금, 1987, 292쪽.

6) 이혜복,「미군정기의 한국언론─첫 월급 6백원 그것도 제대로 못 받아」,『신문과 방송』, 1986년 8월호, 52쪽.

7)「국도신문」1949.7.15. 계훈모,『한국언론연표』Ⅱ, 관훈클럽 신영연구기금, 1987, 539쪽.

8) 김사림 외,「기자 좌담회」, 김사림 편,『일선 기자의 고백』, 모던출판사, 1949, 44~46쪽.

자"를 입학시키기로 하고 출범했다.[9]

물론 해방 이후 입사한 기자들 중에도 언론인으로서의 소양을 갖추었던 인물이 없었던 것은 아니지만 전체적으로는 식민지 시기보다도 기자의 자질이 떨어졌다고 할 수 있다.[10] "워낙 신문사태가 난 지경이니 누구나 다 무관제왕의 기자를 자처"하고 있었기 때문에 "신인 채용에는 인물과 소질에 치중할 것이요 현역에 있어서는 다시 한 번 더 그 인격 도야와 기자도의 재훈련에 자력적인 방침이 세워졌으면 하는 바이다"라는 주장도 나왔다.[11] 또한 "적격 기자의 태부족(太不足)은 저절로 기자도(記者道)의 자질을 가속도적으로 낙하시키어 신문의 기능과 언론의 권위는 이중 삼중으로 떨어지고 있는 실정입니다"라는 평가까지 나왔다.[12]

정부수립 직후에도 소양과 경력을 갖춘 기자들이 적어서 '언론 인재의 빈곤'이 커다란 문제로 지적되었고, 여전히 "급조속보(急造速步)의 기자가 범람"하고 있다는 지적이 나왔다.[13] "일제의 탄압이 그의 말년에서 더욱 심하여져서 우리들의 손에 언론기관을 거의 하나도 남겨주지 않았었고 국제정세를 광범하게 관찰, 파악할 온갖 기회를 일률로 폐쇄, 차단하여 언론인의 소양과 경험을 자닌 인물이 배출될 수 없었다"는 점이 가장 큰 이유였다.[14] 이런 상황에서 한 비평가는 "신문기자란 직업이 이렇게 하잘 것 없이 쉽고 화려한 직업입니까. 아무런 수련도 없이 대번에 들어

9) 「신문과학의 전당−조선신문학원의 전모」, 김사림 편, 『신문기자수첩』, 모던출판사, 1948, 앵17~18쪽.

10) 안덕근, 「조선신문론」, 『신세대』 1946년 7월호, 27쪽.

11) 이정순, 「언론의 정화로」, 『개벽』 1948년 1월호, 59쪽.

12) 설의식, 「신문과 신문기자도」, 『신문평론』 1947년 4월호, 18쪽.

13) 송지영, 「신문임상학」, 김사림 편, 『일선 기자의 고백』, 모던출판사, 1949, 68쪽.

14) 안민세, 「현하 한국 언론기관의 사명」, 『신천지』 1949년 2월호, 61쪽.

갈 수 있는 그런 평탄하고 무난한 직업입니까. 아닙니다"라고 하며 쉽게 기자가 되는 풍토를 비판했다.[15]

이렇듯 정부 수립 이후에도 계속 기자의 질적 수준이 논란이 되었던 것은 일제하부터 활동했던 경력 있는 언론인이 별로 많지 않던 상황에서, 좌익계 언론인은 정부수립 이후 월북 등으로 인해 언론계에서 사라졌고 우익계 언론인은 "생활의 안정을 기하고자 신문인으로서의 프라이드를 버리고 벼락감투를 찾게"되었기 때문이었다.[16] 이런 경향은 일제하 기자의 상당수가, 취업기회가 지극히 제약되어 있던 식민지 현실에서 불가피하게 기자가 되었다가 정부수립 이후 자신들이 원하던 분야로 진출했던 것으로 볼 수도 있다. 이런 상황에서 기자의 교육수준이 낮아졌던 것도 문제였지만, 이보다는 언론사 입사 후 제대로 훈련을 받지 못했던 것이 더 큰 문제였다.[17] 주요 중앙일간지를 제외한 나머지 신문의 경우 대다수의 기자들이 교육수준이 낮아 제대로 취재할 수 있는 능력을 갖추지 못하고 있었다.

6·25전쟁이 끝난 1953년 이후 본격적으로 기자의 공개채용이 이루어졌다. 1953년부터 시작한 『서울신문』, 1954년부터 시작한 『한국일보』와 『조선일보』, 1957년에 실시했던 『연합신문』, 1959년에 실시한 『세계일보』 등 1950년대 중반부터 기자의 공개채용이 본격화되었다.[18] 1954년 『조선일보』에 공채로 입사했던 이정석은 "한국전쟁 휴전 다음 해인 1954년은 취직난이 극심했다. 공개채용 시험이라고는 은행과 신문사가 고작이었던 시절이었다"고 하며 경쟁률이 20대1을 넘었다고 했다.[19]

---

15) 雅生, 「수필－凉風通信」, 『신문평론』 1948년 12월호, 29쪽.
16) 조원환, 「범람하는 신문홍수」, 『민성』 1949년 5월호, 67쪽.
17) 김사림 외, 「기자 좌담회」, 김사림 편, 『일선 기자의 고백』, 모던출판사, 1949, 39~46쪽.
18) 정진석, 『인물 한국언론사』, 나남, 1995, 435~437쪽.
19) 「이정석 녹취」, 『녹취 한국언론사』, 대한언론인회, 2001, 298쪽.

1956년에 『한국일보』에 공채로 입사했던 김성우도 당시에 공채로 갈 수 있는 곳은 은행과 신문사밖에 없었다고 하며 "신문사에는 대학 졸업생들이 우르르 몰렸다. 연줄도 없고 갈 데도 없이 가진 것이라고는 시험 칠 재주밖에 없는 인재들의 각축장이었다"고 표현했다.[20]

〈표Ⅲ-1〉 1950년대 중반 언론인의 교육수준

교육수준	편집간부	일선기자	합계
대학원	4(4.8)	15(11.7)	19 (9.0)
대졸	46(54.8)	62(48.4)	108(50.9)
대학중퇴	17(20.2)	31(24.2)	48 (22.6)
고졸	9(10.7)	9(7.0)	18 (8.5)
중졸 이하	3(3.6)	4(3.1)	7 (3.3)
불명	5(6.0)	7(5.5)	12 (5.6)
합계	84	128	212(100)

1955년 8월 현재 『조선일보』, 『동아일보』, 『서울신문』, 『경향신문』, 『한국일보』, 『평화신문』, 『연합신문』, 『국도신문』, 『합동통신』, 『동양통신』 등 10개 중앙언론사 편집국에 근무하던 인원은 344명이었다.[21] 주필, 논설위원, 편집위원, 심의위원 등은 제외하고 편집국에 근무하던 국장, 국차장, 부장, 차장, 기자만을 계산한 것이었는데, 이를 통해 대략 한 신문 당 편집국에 34명 정도가 근무했던 것을 알 수 있다. 식민지시기에 비해 지면이 늘지 않은 만큼 편집국 인력도 거의 증가하지 않았다.

---

20) 김성우, 『돌아가는 배』, 삶과 꿈, 1999, 148쪽.

21) 다음의 자료에 나와 있는 명단의 인물들에 대해 다양한 자료들을 통해 인적 사항을 확인했다. 대한신문연감 편찬위원회, 『대한신문연감 1956』, 대한신문연감사, 1955.

〈표Ⅲ-1〉에 나타난 대로 이들 중에서 학력, 연령, 출신 지역 중에 하나라도 파악이 된 인물은 212명이었다. 이들 중에서 대학 중퇴 이상의 학력을 지닌 기자는 175명으로 82.5%를 차지하였다. 대학 중퇴 이상 학력자 비율이 편집간부(국장, 국차장, 부장, 차장)의 경우는 79.7%였고, 일선기자의 경우는 84.4%였다. 일선기자의 대학중퇴 이상 비율이 높았던 데는 기자 공개채용 제도의 도입이 영향을 주었다. 강상현이 1955년『조선일보』, 『동아일보』, 『서울신문』, 『경향신문』, 『한국일보』 등 5개 신문의 편집간부의 학력을 분석한 결과도 대학교육 경험자가 72.2%로 나타나 비슷한 결과를 보였다.[22]

박동운은 "한국의 신문인은 거개라 해도 좋으리만큼 대학교육을 받은 '인테리'들이다. 특히 최근 년에는 입사시험 때에 수십 대 일 내지는 수백 대 일의 경쟁률을 뚫고 들어 온 신진기예의 수재들이 신문계에 많아졌다. 일류 신문사의 입사시험은 그야말로 실력 본위로서 '빽'이 전혀 통용되지 않는다"고 주장했다.[23] 특별한 배경 없이도 갈 수 있는 직장이었기 때문에 신문사에 대학졸업생이 몰렸고, 이에 따라 경쟁률도 높았고 1950년대 말 이후 입사한 기자들은 거의 대부분이 대학 졸업자라는 것이었다.

---

22) 강상현, 「한국신문기업의 조직인구변동에 관한 연구」, 연세대학교 박사학위논문, 1988, 238쪽. 이 논문에 나와 있는 '인구적 속성' 중에 학력에 대한 것은 '언론활동 부문'과 '기업활동 부문'으로 나누어 정리되어 있지만, 그 외 분야는 두 분야 종사자의 속성이 모두 포함되어 있다. 따라서 이 자료에서 학력 이외의 부분을 활용할 때는 해석에 유의할 필요가 있다.

23) 박동운, 「신문의 생태」, 『새벽』 1960년 4월호, 58쪽.

〈표Ⅲ-2〉 1950년대 중반 언론인의 출신학교

출신학교	편집간부	일선기자	합계
서울대	8(12.0)	30(27.8)	38(21.6)
연세대	11(16.4)	11(10.2)	22(12.6)
고려대	11(16.4)	9(8.3)	20(11.4)
동국대	1(1.5)	15(13.9)	16(9.1)
국학대	1(1.5)	3(2.8)	4(2.3)
국민대	1(1.5)	2(1.9)	3(1.7)
국제대	1(1.5)	2(1.9)	3(1.7)
기타 국내대	5(7.5)	22(20.4)	27(15.4)
일본대학	26(38.8)	13(12.0)	39(22.3)
중국대학	2(3.0)	1(0.9)	3(1.7)
합계	67(100)	108(100)	175(100)

〈표Ⅲ-2〉에 나타난 대로 대학 중퇴 이상의 학력을 가진 175명 중에서 일본 대학 출신자가 39명으로 22.3%를 차지하였다. 특히 편집간부 중에 일본에서 대학을 나온 사람들이 많았던 것은, 이들이 일제강점기부터 기자로 활동하다 1950년대에는 대부분이 편집간부로 활동하고 있었기 때문이었다. 서울대, 연세대, 고려대 출신이 일선 기자 중에 많았던 것은 당시 다른 곳에 취업할 수 없었던 현실 때문에 이들 대학 출신자들이 언론사로 몰렸기 때문이었다.[24] 편집간부에서는 일제강점기부터 활동했던 일본 내 대학 출신이 다수를 차지하고 있었다면, 일선 기자는 서울의 주

___
24) 1954년 5월에 실시된 『조선일보』 공채에서 선발된 8명 중 5명이 서울대 출신이었다. 조선일보사 사료연구실, 『조선일보 사람들—광복 이후 편』, 랜덤하우스 중앙, 2004, 235쪽.

요 대학 출신이 다수를 차지하고 있었던 것이다.

(2) 언론인의 연소화와 조로화

해방 이후 경력 있는 언론인은 별로 없고 신문사는 크게 늘어나면서, "기성 신문인들은 부장, 국장급으로 들어앉게 되었고 진공상태인 제일선에는 신인들로 보충하게 되었다"고 할 수 있다.[25] 따라서 편집간부와 일선기자의 연령이 일제강점기 말기에 비해 전반적으로 낮아졌다고 할 수 있다. 이런 현상에 대해 우승규는 다음과 같이 비판하고 있다.[26]

> 해방 후 신문이 많이 쏟아져 나옴에 따라 신문기자수도 상당히 배출되는 것은 매우 좋은 현상이거니와 대체로 신문인들이 조로병적, 안고연비(眼高年卑)한 데는 다상(多祥)한 '쩌날리즘' 조선의 전도에 암영을 던지는 중대한 문제 않을 수 없다. 즉 모두가 각자 이위천자격(以爲天子格)으로 자기의 역량과 응분을 망각하고 높은 자리에만 앉으려고 한다. 해방 후의 신인들은 고사하고 소위 해방 전의 전직 경력을 다소 가졌든 사람들만 보더라도 가령 과거에 일 평기자를 지낸 사람은 해방 후 오늘에 와서는 으레 부장, 부장 경력이 있는 사람은 국장, 국장 자리에 앉았든 사람은 사장, 이렇게 적어도 한 단계씩은 올라가야만 만족하며 또 그렇지 않으면 당초부터 아무리 후봉(厚俸)을 준다 해도 취직을 불응하는 것이 통례처럼 되었었다.

광복 이후 경력이 길지 않고, 연령도 별로 높지 않은 사람도 모두 편집간부로 부장이나 국장을 차지하려고 하여, '신문인의 조로병'이 나타나고 말았다는 것이다. 이와 같은 현상은 1950년대까지 계속되었다. 〈표Ⅲ-3〉에 나와 있는 대로 1955년에도 편집간부의 연령은 일선기자와 큰 차

---

25) 조원환, 「범람하는 신문홍수」, 『민성』 1949년 5월호, 67쪽.

26) 우승규, 「조선 신문계 전망」, 『백민』 1947년 4 · 5월 합본호, 25~26쪽.

이를 보이지 않았다. 물론 편집간부의 평균연령이 36.2세로 나타난 것은 편집간부에 차장까지 포함되어 있었던 것이 다소 영향을 주었을 것이다.

〈표Ⅲ-3〉 1950년대 중반 언론인의 연령

연령대	편집간부	일선기자	합계
21~25		23(18.0)	23(10.8)
26~30	8(9.5)	65(50.8)	73(34.4)
31~35	37(44.0)	30(23.4)	67(31.6)
36~40	24(28.6)	9(7.0)	33(15.6)
41~45	11(13.1)	1(0.8)	12(5.7)
46~50	2(2.4)		2(0.9)
51~55	1(1.2)		1(0.5)
56~60	1(1.2)		1(0.5)
평균	36.2	29.1	
합계	84	128	212

그러나 실제로 비교적 연령이 높지 않은 인물이 편집국장이나 부장이 되었던 것을 보면, 전반적으로 편집간부의 연령이 낮았다는 것을 알수 있다. 1955년에 편집과 영업 부문 부장급 이상을 대상으로 한 조사에서도 39세 이하가 52.6%나 되었다는 것은[27] '언론인의 연소화'를 잘 보여주는 증거이다. 오소백이 사용한 용어를 빌리자면, 1950년대 중반에는 이미 '해방 이후' 기자가 된 '해방파 기자'들의 다수가 편집간부가 되었다는 것을 알 수 있다. 1950년대 중반에 대체로 국장급은 일제강

---

27) 강상현, 「한국 신문기업의 조직인구변동에 관한 연구」, 연세대학교 박사학위논문, 1988, 215쪽.

점기부터 활동했던 언론인이, 부장급은 '해방파 기자'들이 주로 차지하고 있었다.[28]

천관우가 1958년에 불과 33세의 나이로 『조선일보』 편집국장이 되었던 것은 "30대 국장을 내세워 조선일보를 혁신하겠다는 포석"이었다고 한다.[29] 1951년에 기자가 되어 '전후파 기자'인 천관우가 편집국장이 된 것은 언론계의 세대교체를 상징하는 사건이 되었다. 1920년대 중반 이후 태어나 '친일' 혐의로부터 자유롭고 해방 이후 본격적으로 근대교육을 받은 '신지식인'에 대한 사회적 요구가[30] 언론계에도 영향을 주었던 것이다.

3) 연고주의의 완화와 기호지방 출신의 약진

해방 직후에는 한 동안 지연이나 학연보다는 정치적 관계에 의해 기자로 충원되는 일이 크게 늘어났다. 한동안 신문이 정치적 대립과 투쟁의 수단이었기 때문에 가능하면 자신들과 이념적으로 같은 지향을 갖는 인물을 기자로 충원했다는 것이다. 또한 1950년대 중반 이후에는 기자 공개채용 제도가 정착을 하면서, 과거처럼 지연에 의해 기자를 뽑는 일이 줄어들 수밖에 없었다.

---

28) 오소백은 "해방 이후 기자가 된 사람을 해방파 기자"라고 하고, "6 · 25 이후 기자가 된 사람을 전후파 기자"라고 부르고 있다. 이런 두 집단과 일제 강점기부터 활동한 기자 집단까지 세 집단이 1950년대 중반 이후 갈등을 겪으며 활동했다. 오소백, 「현대의 신문기자 기질」, 『신사조』 1963년 11월호, 67쪽.

29) 조선일보사 사료연구실, 『조선일보 사람들—광복 이후 편』, 랜덤하우스 중앙, 2004, 154쪽.

30) 김건우, 「1950년대 후반 문학과 『사상계』 지식인 담론과 관련 양상 연구」, 서울대학교 박사학위논문, 2002, 95~101쪽.

〈표Ⅲ-4〉 1950년대 중반 언론인의 출신지역

출신지역	편집간부	일선기자	합계
서울	27(32.1)	31(24.2)	58(27.4)
경기도	7(8.3)	11(8.6)	18(8.5)
강원도	3(3.6)	8(6.3)	11(5.2)
충청도	13(15.5)	11(8.6)	24(11.3)
전라도	2(2.4)	12(9.4)	14(6.6)
경상도	6(7.1)	19(14.8)	25(11.8)
황해도	6(7.1)	7(5.5)	13(6.1)
평안도	7(8.3)	10(7.8)	17(8.0)
함경도	10(11.9)	10(7.8)	20(9.4)
해외		1(0.8)	1(0.4)
불명	3(3.6)	8(6.3)	11(5.2)
합계	84	128	212

1955년 8월 현재 언론인의 출신 지역을 보면, 서울과 경기도를 합쳐 35.9%로 가장 많고, 나머지 지역은 비교적 고르게 분포되어 있다. 개화기나 식민지시기와 달리 분단으로 인해 서북지방 출신은 줄어들었지만, 그래도 황해도, 평안도, 함경도를 합쳐서 23.5%나 되어 아직까지는 이북 출신이 상당한 비중을 차지한 편이었다.

서울과 경기 지방 출신의 비율이 높은 것은 비단 편집국만이 아니라 신문사 간부진 전체에서 나타난 현상이었다. 『조선일보』, 『동아일보』, 『서울신문』, 『경향신문』, 『한국일보』 등 5개 신문의 편집 및 영업 조직 전체의 국장과 부장의 출신 지역도 서울 41.1%, 경기 8.2%로, 기호지방 출신의 비율이 대단히 높은 것으로 나타났다.[31] 북한 지역 출신 언론인의 비율이 낮아진 것은 기존 이북 출신 언론인이 여러 가지 사정으로 언론계를 떠난 반면 '월남 지식인'들은 인맥 부족 등의 이유로 중앙일간지에 많이 진출하지 못했기 때문이었다.

2) 언론인과 정치 · 문학활동

(1) 좌 · 우익지, 여 · 야당지 대립과 언론인의 정치적 활동

해방 직후 이념적 색채가 비교적 분명한 신문이 대거 등장했던 언론계의 상황은 기자들에게도 커다란 영향을 주어서 언론인도 특정 정파에 소속되어 활동하는 것을 당연히 여겼다. 최준은 신문의 경우 "좌우중(左右中)을 막론하고 다시 그 경영 자체를 들여다 볼 것 같으면 당파적 관계가 절대 다수를 차지하고 있음을 알 것이다. 간혹 유달리 진정한 여론기관으로서의 신문을 제작하는 중립지가 있다 하여도 보신책의 하나로 투자된 자본가의 손으로 매수 내지 흡수되어 가고 있음을 발견할 것이다"라고 평가하였다.[32] 이런 상황에서 우승규는 "요사이 신문인들이 거개 모당 모파에 속하지 않으면 어떤 정실관계를 갖고 있는 듯한 인상을 주는 것은 일대 통탄사가 아닐 수 없다"고 비판하였다.[33]

이렇듯 신문과 신문인이 모두 특정 정당에 소속되거나 그 영향 하에 활동을 하자 오기영은 "언론인의 어깨에 부하된 최초의 중책은 민중의 혼란한 정치의식의 정리와 아울러 자주국가건설을 위한 자주적 이념의 창도이어야 할 것임은 두말한 것도 아니었건만은 이제 반성하여 누가 감

---

31) 강상현, 「한국 신문기업의 조직인구변동에 관한 연구」, 연세대학교 박사학위논문, 1988, 216쪽.
32) 최준, 「당파신문의 운명」, 『신문평론』 1947년 7월호, 63쪽.
33) 우승규, 「조선 신문계 전망」, 『백민』 1947년 4 · 5월 합본호, 24쪽.

히 "내 그러하였노라"고 손을 들 수 있는가. 대부분이 정당의 기관지가 아니었던가. 기관지인지라 자당의 논리는 모두 정당하였고 타당의 논리는 모두 부당하였다"고 비판했다.[34] 이런 언론인이 많은 현실에 대해 "유아독존식의 애국자와 혁명가가 언론계에도 범람하고" 있으며 이들은 "신문의 사명을 왕왕히 선전물이나 변명문서"로 활용하고 있다는 비판까지 나오기도 했다.[35] 즉 언론인이 "정쟁에 휩쓸리어 기자 자신이 당파적인 선입견의 포로가 되어 냉정한 관찰과 비판력을 잃은 일도 많았"다는 것이다.[36] 최준은 이런 현실에서 신문경영자를 다음과 같은 세 가지 유형으로 나누었다.[37]

① 정당으로부터 직접 재정적인 지원 아래 신문의 창간을 서두른 무리
② 사재를 투자하였으나 처음부터 어느 정당을 지지함으로써 후일의 개인적인 영달을 꿈 꾼 무리
③ 신문 사업을 기업으로 알고 투자한 무리

또한 최준은 "이상과 같은 동기로 창간된 신문에 투신한 기자군"은 다음과 같은 세 가지 유형으로 나누었다

① 특정 정당의 정식당원 내지 비밀당원의 무리
② 특정 정당의 당원은 아니나 어느 이데올로기에 사로 잡혔거나 그렇지 않으면 시류에 발맞추는 것으로서 오피니언 리더로 자처한 무리
③ 정당측의 매수에 순종하는 무리

34) 오기영, 「언론과 정치」, 『신천지』 1947년 1월호, 17쪽.
35) 啞亭生, 「신문인론」, 『신문평론』 1947년 7월호, 68쪽.
36) 홍종인, 「정계와 언론과 정당」, 『신천지』 1946년 6월호, 20쪽.
37) 최준, 「한국 신문해방 20년사」, 『신문연구』 7권 1호, 1966, 52쪽.

이렇듯 미군정기의 많은 신문은 특정 정치세력과의 관계가 비교적 명확하며 그 논조가 각 정치세력의 입장을 대변하고 있었다. 이런 신문들 중에서도 중도 좌익 또는 중도 우익보다는 극좌 또는 극우 신문들의 경우에 정치세력과 더욱 가까운 관계를 맺고 있었다. 조선공산당의 기관지『해방일보』나 조선공산당을 포함해 좌익 3당이 결합해 결성된 남로당의 기관지『노력인민』은 말할 것도 없고, 조선인민공화국을 지지하고 민주주의민족전선의 기관지 역할을 한『조선인민보』의 경우에도 이곳에서 활동한 인물들의 거의 대부분이 당원이었고, 또한 이들 중 거의 대부분이 월북했다.[38] 대표적인 예로『조선인민보』편집국장 김오성은 여운형의 조선인민당 선전국장과 좌익 세력의 통일전선체인 민족주의민주전선의 중앙상무위원 겸 선전부장을 맡고 있었지만, 실제로는 '인민당 내 공산당 프락치 간사'로서 인민당이 공산당과 합당하도록 하는 데 앞장섰다.[39] 우익의 경우에도『동아일보』는 경영진 김성수, 송진우, 장덕수 등이 모두 한민당의 핵심 당직을 맡았고, 실제로도 한민당의 입장을 적극적으로 대변하는 기관지 역할을 했다.[40] 다만 좌익계 신문과는 달리『동아일보』의 경우 편집진 모두가 한민당 당원이었다고 보기는 어려웠다. 미군정기 신문과 주요 정치세력과의 관계를 정리해보면, 〈표 Ⅲ-5〉와 같다.

---

38) 정진석, 『전쟁기의 언론과 문학』, 소명출판, 2012, 33~55쪽.
39) 서중석, 『한국현대 민족운동 연구』, 역사비평사, 1991, 424~438쪽.
40) 심지연, 『한국민주당 연구』Ⅰ, 도서출판 풀빛, 1982, 55~61쪽.

〈표Ⅲ-5〉 미군정기 신문과 정치세력

좌익	정치세력(중심인물)	신문	우익	정치세력(중심인물)	신문
	조선공산당 남로당	해방일보 노력인민		이승만(독립촉성 중앙협의회)	대동신문 가정신문
	조선인민공화국 민주주의민족전전	조선인민보		한민당	동아일보
	북로당계	우리신문		김구(상해 임시정부)	독립신문 조선일보
	여운형 백남운	독립신보 중외신보		김규식	민주일보
				안재홍	한성일보

미군정기에는 경영진, 편집간부, 일선기자 모두 정당 소속이었기 때문에 특정 정당과 관련 있는 신문의 경우 내부적인 갈등은 없었다. 다만 일부 우익 신문이나 중도파 신문에서는 좌익 정당의 프락치가 숨어서 활동하여 갈등이 생기는 경우도 있었다. 『조선일보』에 있었던 이갑섭과 문동표, 『서울신문』에 있었던 홍기문과 박승원 등이 대표적인 경우였다.[41] 이들은 중도신문이나 우익신문에 있으면서 좌익에게 유리한 논조를 펼치도록 하는 활동을 했다. 1945년 말에 『서울신문』에 근무하던 김영상은 박승원이나 주련 같은 좌익계 인물들이 자신이 취재한 우익 정당 관련 기사를 빼놓는 일은 비일비재했고 어떤 경우는 밤새 1면 톱기사를 좌익에게 유리한 기사로 바꾸어 놓는 등의 활동을 했다고 회고했다.[42]

---

41) 정진석, 『전쟁기의 언론과 문학』, 소명출판, 2012, 102~103쪽, 153~154쪽, 167~169쪽; 조선일보사 사료연구실, 『조선일보 사람들-광복 이후 편』, 랜덤하우스 중앙, 2004, 44~48쪽.
42) 「김영상 녹취」, 『녹취 한국언론사』, 대한언론인회, 2001, 36~40쪽.

정부가 수립되고 전쟁이 발발하면서 언론인의 정치활동은 표면상으로는 거의 사라졌다. 다만 언론인들이 선거를 통해 국회에 진출하는 경우는 적지 않았다. 1948년의 1대 국회의원 선거나 1950년의 2대 국회의원 선거에는 언론인 출신이 상당수 출마했고, 이중 적지 않은 수가 당선되었다.[43] 이들 중 대부분은 경영진이었고, 편집진일 경우 현직이 아닌 경우가 대부분이었다. 이들은 정치가 존재하지 않던 일제 강점기에 어쩔 수 없이 언론인이 되었다가 정부 수립과 함께 정치활동을 할 수 있게 되자 대부분이 정계로 옮겨갔던 것이었다. 언론인이 정계로 진출하는 것을 보며 언론계에서의 활동을 발판으로 다른 분야로 가려는 생각을 가진 사람들이 당시에도 있었던 듯하다. 박성환은 "신문기자라는 직업은 장래에 뭣이 되기 위하여 무슨 벼슬아치나 따기 위하여 그 도중에서 붙잡고 있는 … 과정적인 직업은 아닙니다"라고 하며 신문기자를 발판으로 다른 직업을 가지려는 사람을 비판하기도 했다.[44] 이렇듯 정치를 비판하고, 견제하고, 감시하는 것이 아니라 언론인이 직접 정치에 뛰어드는 현상은 일제강점기의 지사적 언론활동의 전통이 왜곡되어 계승된 측면이 있었고, 이것이 이후에도 부정적인 영향을 주게 되었다.

이승만 정권에 대해 비판적인 신문이 다시 등장하고, 또 한편에서는 이에 맞서 이승만 정권을 옹호하는 신문도 등장하면서 다시 일부 언론인들의 정치활동이 나타났다. 1950년대 중반 이후 "지금 우리의 신문 현실에 두 개의 병폐가 있으니 그 하나는 정당이나 정치인을 배경으로 하는 정략적 신문이요 또 하나는 기업체나 실업가를 배경으로 하는 상업방패적인 신문인 것이다"라는 지적이 나왔다.[45] '정략적 신문'이란 야당이든

---

43) 정진석, 『인물 한국언론사』, 나남, 1995, 371~375쪽.
44) 박성환, 『신문과 기자』, 희망사, 1953, 71~72쪽.
45) 최흥조, 「신문은 독자에게 친절한가」, 『신태양』 1956년 3월호, 54쪽.

여당이든 정치적 배경을 가지고 있는 신문을 지칭하는 것이고, '상업방패적 신문'이란 기업을 배경으로 해서 발행되는 신문을 가리키는 것이었다. 이를 더욱 세분화해 조풍연은 다음과 같이 신문을 세 가지로 분류하기도 했다.[46]

> 한국의 저널리즘의 방향이 세 갈래로 나 있다. 그 하나는 지배계급이 원하는 여론을 꾸며내고 있다. 일방적인 여론을 꾸미기 위하여 공평한 듯한 '위장'을 하고서 '객관적'인 뉴스를 덮어두고 그럴듯한 해설을 첨부하여 독자를 자기들이 원하는 방향으로 유도한다. 그 둘은 부패한 지배계급을 시정하기 위해서는 언론밖에 없다는 신념을 가지고 있다. 비록 탄압이 내려도 굳세게 싸워나가는 길만이 쩌널리즘의 본래 사명이라고 여기고 있다. 이들은 항상 시민의 울분을 대표하고 있는 줄로 자신한다. 그 셋은 쩌널리즘을 상업의 수단으로 알고 있다. 대중이 원하는 것을 찾아내어서 제공함으로써 이윤을 탐내는 그것이다. 수단과 방법을 가리지 않는 때도 있지만 대중은 항상 불안에 싸여 있다고 생각하고 그 불안에서 일시 도피할 길을 쩌널리즘이 마련해줄 수 있다고 생각하여 늘 그런데 부심하고 있다.

위와 같은 분류에 따르면, 첫째는 '여당지', 둘째는 '야당지', 셋째는 '중립지'를 가리키는 것이라고 할 수 있다. 이와 같은 구분이 나타나기 시작한 것은 1952년의 정치파동을 겪으면서부터였다.[47] 오소백은 1954년 초에 쓴 글에서 "주로 53년도 정치 파동기를 통해 본 논조에 따른 것"이라고 하며, 『조선일보』(중립지), 『동아일보』(야당지), 『서울신문』(여당지), 『경향신문』(반(半)야당지)라고 평가했다.[48] 이런 현실에 대해 오소백은 1953년에 열린 좌담회에서는 "6 · 25전보다 금일의 신문은 여당지, 야당

46) 조풍연, 「나의 쩌날리즘론」, 『사조』 1958년 9월호, 242~243쪽.
47) 송건호, 『한국 현대언론사』, 삼민사, 1990, 91쪽.
48) 오소백, 『신문기자가 되려면』 3판, 세문사, 1959, 358~359쪽.

지란 말이 많이 생기고 정당을 배경으로 하는 경향이 있어서 6 · 25 전보다 정치소아병적인 것이 많은 것" 같다고 주장하기도 했다.[49]

여당지의 선두주자는 정부 기관지인 『서울신문』이었다. 『서울신문』의 사장으로는 대부분 이승만의 측근이 앉았다. 『국도신문』은 자유당 선전부 차장을 지낸 김장성이 발행한 신문으로 "자진 자유당의 기관지를 호칭"하고 나선 신문이었다.[50] 또한 『세계일보』는 농림부 장관을 지낸 공진항이 발행한 신문으로서 이기붕계 신문이었다.[51] 이에 대해 "관 · 공영 신문과 정부 슬하 각 기관지는 확실히 그 자가 선전만에 전 목적이 있는 것은 두 말할 나위가 없다. 어떠한 정책이나 시책에 순응해서 관이 의도하는 오직 한 가지 선(線)으로만 추종하는 것으로 그 사명의 전부를 삼는 것이다"라는 비판이 나오기도 했다.[52]

위와 같이 직접 이승만, 이기붕, 자유당과 관계를 맺고 있지는 않았지만, 이승만 정권으로부터 특혜를 받으며 기업을 운영했던 인물이 발행한 신문을 친여지라고 불렀다. 이 신문들은 "그들은 신문을 진열장이나 악세사리로 생각하지, 결코 본업으로 생각하지 않는다. 상업제일주의 방패적인 일을 해주지 않으면 안 될 이들의 신문은 언제까지나 고식(姑息) 상태에 빠져 있을 것"이라는 평가를 들었다.[53] 이들 신문기업의 자본이 지니고 있었던 국가 의존적 성격은 신문의 논조에도 그대로 반영될 수밖에 없었다.

이 시기의 야당지로서는 『동아일보』와 『경향신문』을 들 수 있다. 『동아

49) 오소백, 『신문기자가 되려면』 3판, 세문사, 1959, 269~270쪽.
50) 최준, 『한국신문사』 증보판, 일조각, 1982, 416쪽.
51) 최영석, 「1950년대 한국 신문의 구조적 성격에 관한 연구」, 연세대학교 석사학위논문, 1989, 98쪽.
52) 우승규, 『신문독본』, 한국일보사, 1956, 181~182쪽.
53) 오소백, 「신문계의 반역아」, 『신태양』 1958년 8월호, 109쪽.

일보』는 이미 1950년대 초반부터 한민당을 이은 정당으로서 1949년 2월 10일에 창당된 야당인 "민국당의 기관지라는 말을 듣게" 되었다.[54] 또한 『경향신문』은 가톨릭의 적극적 지지를 받던 장면이 1952년 국무총리에서 사임하면서 점차 야당지로 돌아서기 시작했다. 1955년에 야당인 민주당이 창당되면서 『동아일보』와 『경향신문』은 각각 민주당의 구파와 신파를 대변하는 '민주당 기관지'라는 평을 듣게 되었다.[55]

특정 정당이나 기업의 배경이 없었던 『조선일보』와 『한국일보』는 중립지라는 평을 듣거나 때로는 중립 · 비판지라는 호칭을 듣기도 했다. 앞의 두 야당지 같은 직접적 동기는 없었지만, 신문 판매를 위해 때로는 두 신문을 능가할 정도의 비판적 논조를 보이기도 했기 때문이다. 박동운은 "어떤 중립지는 간혹 독자들로 하여금 어금니에 무엇이 끼인 듯한 감상을 줄 수도 있다. 모 일간지는 융자 교섭을 순조롭게 추진시키기 위하여 편집진용을 교체시켰다가 융자가 제대로 안 되는 것을 보고 다시 날카로운 논조로 돌아감으로써 독자들을 당혹시키는 경우도 있다"고 주장하기도 했다.[56] 이렇듯 1950년대 후반의 신문들을 흔히 여당지, 친여지, 중립 · 비판지, 야당지로 나누었는데, 우승규도 이와 유사하게 당시의 신문을 여당지, 준여당지, 중립지, 야당지로 나누기도 했다.[57] 이와 같은 분류에 따라 당시의 신문을 나누면 아래와 같다.

---

54) 최준, 「신문정비의 방법론」, 『새벽』 1955년 1월호, 123쪽.
55) 이관구 외, 「좌담회-이것이 한국의 신문이다」, 『사상계』 1960년 10월호, 103쪽.
56) 박동운, 「신문의 행태」, 『새벽』 1960년 4월호, 56쪽.
57) 우승규, 『나절로 만필』, 탐구당, 1978, 465쪽.

〈표Ⅲ-6〉: 1950년대 중반 신문과 정치세력

정치적 성향	신문명
여당지	서울신문, 국도신문, 세계일보
친여지	연합신문, 자유신문, 평화신문
중립, 비판지	조선일보, 한국일보
야당지	경향신문, 동아일보

그러나 미군정기와는 달리 1950년대에는 비록 자신이 몸담고 있는 신문이 여당이나 야당과 가깝다 해도 그런 신문사에 소속된 기자들이 직접 그 정당 소속으로 활동한 경우는 많지 않았다. 물론 일부 언론인이 정당 소속으로 활동하는 경우가 없지 않았는데, 민주당 현역 국회의원이었던 주요한이 『경향신문』 논설위원으로서 직접 사설을 썼던 것이 대표적인 예이다. 당시 민주당 국회의원이던 주요한은 "경향신문 논설위원으로 3·15 선거 때에는 당시의 주필 이관구씨와 함께 매일 사설을 두 개씩 쓰기로 하고 그중 하나는 반드시 선거 계몽을 싣기로 했"다고 한다.[58] 언론인들의 정치 활동이 비교적 활발했던 것은, 언론과 정당과의 관계뿐만 아니라 식민지 시기나 미군정기의 정치적 언론활동의 전통도 작용했던 것이다.

(2) 문인의 조직적인 언론사 참여와 문단권력 장악 시도

문인들이 언론인으로 활동하는 전통이 광복 이후에도 계속되었다. 다만 일제강점기와는 달리 미군정기에는 문학단체를 중심으로 조직적으로 언론계에 참여했다는 점에서 차이가 있었다. 단순히 기자 개인이 언론사에 입사하거나 신문사가 필요에 의해 문인을 기자로 뽑던 과거와는 달리 문학단체가 조직적으로 특정 신문에 참여해 활동하는 방식을 선택했던 것이다.

58) 주요한, 「만보산 사건과 송사장과 그 사설」, 『언론비화 50편』, 한국신문연구소, 1978, 119~120쪽.

광복 이후 사회 전반에 걸쳐 좌우익의 대립이 격화되었듯이 문학과 문화 영역에서도 좌우익의 대립이 나타났다. 당시에 어느 분야에서나 그렇듯이 좌익이 먼저 조직 결성에 나섰다. 좌익 문인들은 1945년 8월 16일에 '조선문학건설본부'를 결성했고, 1945년 9월 17일에는 '조선프롤레타리아문학동맹'을 결성했다. 1945년 12월 3일에 두 단체의 합동을 위한 공동위원회를 개최했고, 12월 6일에는 합동에 관한 공동성명서를 발표했으며, 12월 13일에는 '조선문학동맹'이란 명칭으로 합동총회를 개최했고, 제1회 전국문학자대회에서 강령을 확정하고 조직을 구성하고, 조직명도 '조선문학가동맹'으로 바꾸었다.[59]

이런 좌익의 움직임에 맞서 우익 문인들도 조직 결성을 서둘렀다. 광복 직후인 1945년 9월 8일에 변영로, 오상순, 박종화, 이하윤, 김광섭, 오종식, 김진섭, 이헌구 등 20여 명이 모여서 '조선문화협회'를 결성했다가, 이미 이 명칭을 사용하는 단체가 있어서 명칭을 '중앙문화협회'로 바꾸며 9월 18일에 출범했다. 좌익문인들이 조선문학가동맹을 결성해 적극적으로 활동하자, 우익문인들도 중앙문화협회를 중심으로 하여 우익 언론의 지원을 받으며 1946년 3월 13일에 '조선문필가협회'를 결성했다.[60] 조선문필가협회를 결성하면서 "단체의 이념을 살리고, 보다 적극적인 행동을 발전시키기 위해서 전위대격인 조직체가 필요"하다는 인식하에 김동리, 조연현 등을 중심으로 '조선청년문학가협회'를 결성했다.[61]

조선문학가동맹에 소속된 좌익문인들은 1946년 3월 25일에 창간된

---

59) 박정선, 「해방기 조선문학가동맹의 문화대중화 담론과 조직적 실천」, 『어문학』 제93집, 2004, 441쪽.

60) 이헌구, 「전조선 문필가협회」, 한국문인협회 편, 『해방문학 20년』, 정음사, 1966, 137~139쪽.

61) 곽종원, 「조선청년문학가협회」, 한국문인협회 편, 『해방문학 20년』, 정음사, 1966, 143~144쪽.

『현대일보』에 참여했는데, 창간 대표는 박치우, 주간은 이태준, 편집 국장은 김기림이 맡았다.[62] 『현대일보』는 대표적인 좌익신문의 하나로 1946년 9월 6일 발행정지 처분을 받았고,[63] 1948년 1월에 서상천에 의해 인수되면서 우익신문이 되었다. 또한 다수의 좌익문인들은 1946년 7월 22일에 창간된 『예술통신』을 중심으로 활동했다. 『예술통신』은 1947년 3월 2일의 412호까지 발행되다가 3월 11일부터 『문화일보』로 제호를 바 꾸어 발행되었다. 주필 김영건, 편집인(편집국장) 이용악, 편집고문 강성 재, 설정식, 김남천, 정진석, 김기림, 김동석 등은 좌익문인으로 대부분 나중에 월북하는 사람들이며[64] 또한 대부분이 조선문학가동맹에 소속되 어 활동했던 인물들이다. 『문화일보』는 재정적으로 어려움을 겪다가 휴 간되고, 결국 이 신문을 개제해 우익문인들이 『문화시보』를 발행했다.[65]

조선문필가협회나 조선청년문학가협회 소속 우익문인들도 조직적으 로 신문에 참여해 활동하였는데, 주로 『민주일보』와 『민중일보』에 단체 로 입사했다. 이헌구는 당시의 상황을 다음과 같이 회고했다.[66]

중앙문화협회의 상임위원이요 문필가협회의 총무진영을 맡은 이들이 거의 가 1946년 5월에 창간되는 민주일보(명예사장 김규식, 사장 엄항섭) 편집진 영의 책임을 지고, 입사하게 되었으며 사원으로는 대부분 청년문학가협회 중견간부였다. 이 일보에 있으면서 미약한 대로 문화 내지 문학 활동에 이바 지했으며 이것이 다시 발전되어 1947년 4월에는 이 진영 거의가 그래도 민 중일보로 옮겨 왔고 문총(文總)을 중심으로 새로운 문화 내지 문학 활동을 피나는 노력으로 전개해 왔다.

62) 『서울신문』 1946.3.24.
63) 최준, 『한국신문사』 증보판, 일조각, 1982, 360쪽.
64) 정진석, 『전쟁기의 언론과 문학』, 소명출판, 2012, 55~57쪽.
65) 『동아일보』 1947.12.12.
66) 이헌구, 「전조선 문필가협회」, 한국문인협회 편, 『해방문학 20년』, 정음사, 1966, 139쪽.

이들이 『민주일보』에서 『민중일보』로 집단으로 옮긴 것은 『민주일보』가 김규식계 신문으로 중도우익적인 입장을 보인 것에 반발했기 때문이었다.[67] 즉 우익문인들이 김규식보다는 이승만과 한민당을 더 지지하고 있었던 것이 옮기게 된 실질적인 이유였다. 실제로 이들은 이승만에 대해 절대적인 지지를 보이고 있었는데, 이것은 미군정이 좌우합작을 추진하던 상황에서 이승만이 지지세력을 확대하기 위해 1946년 11월 미국으로 가기 전에 "문필가협회(문총의 전신)는 차마 그대로 있을 수가 없어서 다만 몇 사람만이라도 환송회를 개최하여 고군분투하는 노박사(老博士)를 격려하기로 하였었다"고 했던 것에서도 잘 드러난다. 이 모임에는 고희동, 김광섭, 박종화, 오종식, 안석주, 이헌구 등이 참석했다.[68]

우익문인들은 1947년 12월 16일에는 좌익문인들이 발행하던 『문화일보』를 인수해 『문화시보』를 발행했는데, 이 신문의 주간은 안석주였고, 편집위원은 채동선 · 박종화 · 이헌구 · 오종식 · 이하윤 · 유치진 등이 맡았으며, 편집부장은 김광주가 담당했다. 대부분이 조선문필가협회 소속 우익문인으로서 『민중일보』에서 그대로 옮겨왔던 것이다. 한편 조선청년문학가협회의 주요 인물인 김동리와 조연현은 1949년에 『민국일보』의 편집국장과 문화부장을 맡기도 했다.[69] 역시 조선청년문학가협회에서 적극적으로 활동하던 최태응은 박순천이 발행한 『부인신보』로 옮겨가 편집국장을 맡아서 활동했다.[70] 이외에도 광복 이후부터 1960년까지 신문에서 활동했던 문인기자들이 많았는데, 이들 중 부장급 이상으로 비교

---

67) 김동리, 「돈암장 신문이라던 민중일보 언저리」, 『언론비화 50편』, 한국신문연구소, 1978, 607~611쪽.

68) 김을한, 『신문인이 본 현대사―여기 참사람이 있다』, 신태양사, 1959, 81~82쪽.

69) 조연현, 「지금도 느끼는 신문은 위험한 무기」, 『언론비화 50편』, 한국신문연구소, 1978, 294~295쪽.

70) 최태응, 「내가 마지막 본 평양 "33호"」, 『언론비화 50편』, 한국신문연구소, 1978, 549~550쪽.

적 언론계에서 오래 활동했던 인물들을 정리해 보면 〈표Ⅲ-7〉과 같다.

〈표Ⅲ-7〉 1945년부터 1960년까지의 부장급 이상 문인기자

신문명	성명
대동신문	황석우, 최원식
대한독립신문	오장환
문화일보	김남천, 김기림, 이용악, 김동석, 설정식
민주일보	이헌구, 김광섭, 안석주, 서항석, 김동리, 조연현, 최태응
민중일보	김광섭, 이헌구, 김동리, 조연현
전남일보	이은상
호남신문	이은상
한성일보	송지영, 함대훈
경남일보	설창수
국제신보	이형기, 이병주
대구일보	이정수
대한일보	주요한, 박현서, 이형기, 정봉화
세계일보	김광섭, 최일남
영남일보	구상, 이정수
태양신문	송지영
경향신문	주요한, 장용학, 조연현, 이어령, 염상섭, 최용수, 김동리, 김광주, 유호, 서석규, 이진섭, 이선구, 안수길, 최영수, 황운헌, 이광훈
동아일보	김성한, 장용학, 서정주, 최일남, 전영경
서울신문	박종화, 홍명희, 이헌구, 유치진, 김광섭, 변영로, 조용만, 홍사중, 최일수, 최상덕, 최금동, 김진섭, 장만영, 김동리, 이선구
조선일보	송지영, 선우휘, 이어령, 유경환(논설위원), 김규택, 조영서, 곽하신, 김규택, 윤고종, 유경환, 조병철, 이흥우, 박현서
한국일보	신석초, 선우휘, 이어령, 조풍연, 김규동, 이영희
코리아타임스	김상용, 조용만, 피천득, 주요한, 이무영, 변영로
현대경제일보	김동립, 이경남
대구매일신문	구상, 유치환(논설위원)

출처: 정진석, 『인물 한국언론사』, 나남, 1995, 238~239쪽을 보완.

이렇듯 광복 이후에도 한 동안 다수의 문인기자들이 언론계에서 활동하자 이에 대해 비판적인 목소리가 나오기도 했다. 1949년 열린 좌담회에 언론인들은 "해방 후에 신문사가 많이 생겨서 신문기자 아닌 즉 말하자면 소설가나 시인이나 이러한 사람들이 신문계에 들어와서 편집국장이나 소위 주필이라 해서 자기 밑에 있는 신문기자들이 자기의 천직에 일생을 바치겠다는 그만치 결심을 가지고 들어 온 사람을 어떻게든지 자기에게 아첨하지 않는다고 미워하고 심지어 퇴직까지 시킨다는 현상이 있었습니다"라고 하고는, "시 마디나 소설 줄이나 쓰면 무슨 국장이니 부장이니 앉으니까 신문계에서 얼마든지 파란이 생깁니다"라고 하며 문인 출신 편집 간부에 대해 비판적인 견해를 보였다.[71] 다수의 조직적 참여 때문에 문인기자들에 대해 식민지보다 더 비판적인 분위기가 언론계에 형성되었다.

　1950년대까지 문인기자들의 활동이 비교적 활발했던 것은 신문사의 급격한 증가로 기자에 대한 사회적 수요가 급증했고, 문인들이 이런 수요를 충족시켜 줄 수 있는 유용한 자원이었기 때문이다. 또한 문인들이 좌우익 대립 속에 자신들의 활동 공간으로 신문을 적극적으로 활용하려고 했기 때문이다. 이에 따라 신문사에 자리 잡은 문인기자들을 중심으로 문단권력이 재편되는 결과가 나타났다. 그러나 1950년대 중반부터 기자 공개채용이 확대되고 전문적인 기자들이 늘어나면서, 1960년대 이후에는 문인기자들이 크게 줄어들게 되었다.

---

71) 김사림 외, 「기자 좌담회」, 김사림 편, 『일선 기자의 고백』, 모던출판사, 1949, 42~43쪽.

2. 언론인의 활동조건

1) 언론인에 대한 탄압

(1) 미군정의 좌익 언론인 검거와 처벌

미군정은 초기에는 언론 자유를 허용해 언론인에 대한 탄압을 별로 가하지 않았다. 그러나 1946년 중반에 접어들면서 좌익계 언론에 대한 탄압을 강화하여 언론인을 검거하거나 처벌하기 시작했다. 제1차 미소공동위원회가 별 다른 성과를 거두지 못하고 무기 휴회된 직후인 1946년 5월 7일에 인천시청 적산과장의 비리에 대한 보도를 문제 삼아 『인천신문』과 『서울신문』 기자 및 특파원 등 약 60명을 검거했다.[72] 미군정이 개인 차원의 명예훼손이 아니라 미군정에 대한 비판이라고 보고 강력한 탄압을 가했던 것으로서, 이를 통해 미군정에 대한 비판을 막으려고 했던 것이다.

좌익계 언론에 대한 탄압을 본격화하면서 극우신문인 『대동신문』에 대해서도 3주 정간 처분을 내렸다. 이 신문이 여운형 암살 미수범에 대해 영웅이라고 칭찬하며, 살인 교사에 가까운 기사를 게재했던 것이 문제가 되었다.[73] 그러나 미군정은 해당 신문 관계자에 대한 처벌은 하지 않고, 단지 3주 정간 처분에 그쳤다. 미군정은 이렇듯 우익 신문에 대해서도 처벌을 한 것이 "중립을 지키기 위해 노력을 기울이고 있다는 사실을 대중에게 보여주는 데 도움이 될 것"이라고 판단하고 있었다.[74]

이후 미군정의 좌익계 언론에 대한 탄압이 더욱 강화되었다. 1946년 7

---

72) 『조선인민보』 1946.5.8.

73) 송건호, 『한국 현대언론사』, 삼민사, 1990, 52~53쪽.

74) 『Foreign Relations of United States』 1984, Vol. 8, pp.699~703.

월 7일 서울 마포구에서 발생한 콜레라에 관한 기사가 사실과 다르다고 서울시장이 종로서에 고발함으로써 『조선인민보』의 임화와 김경록, 『자유신문』의 정인익과 정진석, 『대한독립신문』의 오장환과 고영환 등이 구속되었다가 군정재판 직전에 보증금을 내고 석방되었다.[75] 또한 7월 29일에는 조선공산당 위폐 사건을 취재하던 『공립통신』 조규영이 경찰로부터 구타를 당하고 공무집행 방해, 소요죄, 무허가집회 참가죄 등의 명목으로 구속되는 일이 벌어졌다.[76] 같은 해 8월 8일에는 『조선인민보』의 홍증식과 김오성이 식량배급 청원데모에 관한 선동적인 기사를 다루었다는 이유로 구속되었고, 8월 20일에는 『건국』지의 주간 김광수가 위폐 사건에 관한 호외를 발행하여 '안녕질서를 문란'시켰다는 이유로 구속되는 사건이 발생하기도 했다.[77]

미군정의 언론탄압은 더욱 강화되어 1946년 9월 6일에는 『조선인민보』, 『현대일보』, 『중앙신문』 등 세 신문에 대해 발행정지 처분을 내리는 동시에 정우식, 이상호 등 9명을 구속하기도 했다.[78] 당시에 남아 있던 대표적인 좌익신문을 발행 정지시키고 주요 언론인을 구속까지 했던 것은 좌익 언론의 활동을 발본색원하기 위한 것이었다. 미군정은 이런 좌익신문들의 활동이 "남한에서의 미군정의 노력을 불신하도록 만들고 있고 악의에 찬 선전을 통해 미국 군대의 안전을 위태롭게 하고 있다"고 보고 대대적인 탄압을 가했던 것이다.[79]

1946년 9월의 대대적인 탄압으로 좌익계 언론의 활동은 크게 위축되었다. 미군정은 1947년 7월에 제2차 미소공동위원회가 결렬되자 남아

75) 조선통신사, 『조선연감』 1947년판, 280쪽; 『동아일보』 1946.7.11.
76) 『서울신문』 1946.8.6.
77) 조선통신사, 『조선연감』 1947년판, 280쪽; 『독립신보』 1946.8.22.
78) 최준, 『한국신문사』 증보판, 일조각, 1982, 360쪽.
79) G-2 Weekly Summary, No. 52, 『미군정정보보고서』 12권, 일월서각, 1990, 250쪽.

있는 좌익 언론에 대한 탄압을 다시 강화했다. 1947년 7월 30일에 남로당 기관지『노력인민』주간이었던 김광수를 위폐 관련 기사를 문제 삼아 맥아더 포고 2호 및 신문지법 위반 혐의로 구속했고, 『우리신문』의 신용우를 여운형 암살 사건 보도가 경찰비방과 인심선동을 했다는 이유로 구속했다.[80] 또한 민족주의민주전선 담화 보도와 관련하여『우리신문』, 『국제일보』, 『해방통신』의 기자 4명이 경찰에 검거되었고, 『노력인민』의 홍남표와『독립신보』의 고경흠 등 2명에게 체포령이 내렸다.[81] 정부 수립을 앞두고 기자들에 대한 탄압이 계속되었다. 특히 남북협상 지지와 관련하여『독립신보』의 고경흠과 배은수, 『조선중앙일보』의 이달영과 윤동명, 『신민일보』의 염상섭과 김성수 등이 맥아더 포고 2호 위반으로 구속되었다.[82]

미군정은 주로 좌익 언론의 활동을 위축시키려는 목적으로 언론인을 검거하거나 구속했다. 좌익 언론인들이 정치적 목적의식을 갖고 활동했기 때문에 초기에는 미군정의 언론인 탄압 속에서도 그 활동이 급격히 위축되지는 않았다. 그러나 미군정 후기로 가면서 통제가 강화됨으로써 좌익 언론사 자체가 급격히 사라졌고, 좌익 언론인의 활동도 급격히 위축되었다. 정부 수립 직전에서는 오히려 좌익 언론인에 대해 탄압할 일이 줄어들었다.

(2) 이승만 정권의 언론인 탄압과 역효과

정부 수립 후 이승만 정권은 진보적인 언론은 물론 보수적이라도 이승만 정권에 대해 비판적인 언론에 대한 탄압을 강화했다. 이승만 정권의

---

80)『경향신문』1947.8.1.; 고영민, 『해방정국의 증언』, 사계절, 1987, 158~160쪽.
81)『서울신문』1947.8.5.
82)『한성일보』1948.4.28.;『서울신문』1948.5.1.

보수 언론인에 대한 탄압은 1950년대 초반부터 나타났다.[83] 1951년 9월 25일자 기사를 문제 삼아 『동아일보』 주필 고재욱과 기자 최흥조를 광무신문지법 제11조와 제25조 및 형법 제105조 3항 위반 혐의로 불구속 기소했다. 이 사건이 『동아일보』에 보도되면서, 광무신문지법 적용의 문제가 논의되기 시작해 결국 광무신문지법 폐지와 형법 제105조를 없애려는 형법 개정안이 국회에 제출되었다.[84] 1952년 6월에는 『동아일보』 주필 겸 편집국장 고재욱이 "김준연을 중심으로 한 '정부전복 음모사건'으로 구속됐다가 3일 만에 석방됐고, 같은 해 8월에는 『조선일보』 주필 홍종인이 4부 장관 사임기사에 대한 취재원을 밝히지 않고 묵비권을 행사해 구속되기도 했다.

1950년대 중반 이후에 언론인에 대한 구속, 연행 및 소환, 폭행 등의 탄압이 더욱 늘어났다.[85] 특히 〈표Ⅲ-8〉에 나타난 대로 이승만 정권의 언론사나 언론인에 대한 탄압은 주로 『동아일보』나 『경향신문』 같은 야당지에 집중되어 있었다. 1955년 『동아일보』의 '오식 사건'은 전형적인 야당지 탄압이었다. "오식을 발견한 즉시 관계당국에 자진해서 알려 진사(陳謝)했으며 사외로 나간 극히 일부 부수의 신문을 노력 끝에 상당히 회수하는 성의를 보였음에도 자유당 정권은 『동아일보』에 무기 정간" 처분을 내렸다.[86] 『동아일보』 무기정간 처분의 법적 근거는 미군정기에 만들어진 군정법령 88호였다. 이승만 정권의 『동아일보』에 대한 무기정간

---

83) 정진석, 「4·19와 언론의 역할」, 『월간 대화』 1977년 7월호, 111쪽.

84) 이 사건이 광무신문지법 폐기의 계기가 된 과정에 대한 최흥조의 자세한 증언은 다음의 자료에 나와 있다. 최흥조, 「정치파동.국민방위군 사건과 그 패기」, 『언론비화 50편』, 한국신문연구소, 1978, 268~273쪽.

85) 언론인에 대한 제재 조치의 자세한 내용은 다음에 잘 정리되어 있다. 최영석, 「1950년대 한국 신문의 구조적 성격에 관한 연구」, 연세대학교 석사학위논문, 1989, 107~108쪽.

86) 동아일보사사 편찬위원회, 『동아일보사사』 권 2, 동아일보사, 1978, 309쪽.

조치는 "평소 야당정신이 짙었던 동보(同報)에 대한 정치적 탄압 내지 보복이란 인상이 짙어 자연 물의가 많았다"고 할 수 있었다.[87]

〈표III-8〉 1950년대 후반 언론인의 주요 탄압 사례

신문명	일시	주요내용	결정 사항
동아일보	1955. 3.15	1면 "고위층 재가 대기중"이라는 제목에 다른 제목을 위해 채자 해놓은 '괴뢰'가 실수로 첨가됨	발행인 국태일, 주필 겸 편집국장 고재욱, 정리부장 권오철, 문선공 원동찬, 현종길 구속 송치, 3월 17일에 정간 처분, 4월 16일에 이승만 대통령의 조치로 정간 해제, 18일에 복간
대구매일신문	1955. 9.13	"학도를 도구로 이용하지 말라"는 제목의 사설을 게재	관변단체에 의한 신문사 습격, 집필한 주필 최석채 국가보안법 위반 혐의로 기소, 1956년 5월 8일 대법원에서 무죄 판결
동아일보	1956. 10. 8	정읍과 함평에서 선거부정이 있었다는 사실 보도	주필 고재욱, 사회부장 최호, 편집국장 우승규를 경찰에서 심문
경향신문	1956. 10. 8	정읍과 함평에서 선거부정이 있었다는 사실 보도	편집국장 정인준, 사회부장 박성환 경찰에서 심문
동아일보	1958. 1.23	연재만화 고바우영감에서 "가짜 이강석 사건"을 풍자	1월 27일 만화가 김성환을 즉결심판 회부 과태료450만원 처분
코리아타임즈	1958. 7.30	이라크의 정변을 소재로 한 "도박자의 정의"를 반정부 폭동을 선동한다고 해석	8월 1일 집필자 장수영이 구속됐다가 8월 16일에 석방됨
동아일보	1958. 8.10	육군 2개 사단이 해체준비를 하고 있다고 보도하고 사단 표지의 사진을 게재	8월 11일 집필자 최원각이 구속됐다가 8월 14일에 석방됨
경향신문	1959. 2. 4	"다수의 폭정"이라는 논문을 인용한 칼럼 "여적" 게재	사장 한창우 심문, 필자 주요한 구속영장 신청했으나 각하, 기소

---

87) 오소백, 「자유당 치하의 언론」, 『한국의 언론』 1집 , 문화공보부, 1968, 245~246쪽.

경향신문	1959. 2.16	홍천지국 발신의 사단장의 휘발유 부정처분 기사	지국장 장원준, 기자 전기식, 오선형 구속, 고법에서 8개월 언도
경향신문	1959. 4. 3	"간첩 하모를 체포"란 일단 기사게재	기자 어임영, 정달선 구속, 주필 이관구, 사회부장 오소백 심문
경향신문	1959. 4.15	이승만 대통령이 기자회견에서 국가보안법 개정에 반대했다고 보도	기자 윤금자를 경찰에서 심문
경향신문	1959. 4.30	위의 4가지 사안과 1월 1일자의 사설 "정부와 여당의 지리멸렬상" 등 5가지를 명분으로 삼음	4월 30일 정부는 폐간 명령, 6월 26일 고법은 행정처분 취소 및 가처분 신청을 받아들임, 정부는 즉각 무기 발행정지 처분, 6월 28일 경향신문은 고법에 행정소송 냈으나 패소, 대법원에 항소

출처: 동아일보사사 편찬위원회, 『동아일보사사』 권2, 동아일보사, 1978, 287~366쪽;
오소백, 「자유당 치하의 언론」, 『한국의 언론』 1집, 문화공보부, 1968, 263~328쪽;
정진석, 「4・19와 언론의 역할」, 『월간 대화』 1977년 7월호, 104~115쪽.

1955년에 벌어진 또 하나의 언론탄압 사건인 『매구매일신문』 테러사건도 이승만 정권의 언론탄압이 자신들에 대한 비판을 봉쇄하기 위한 것이었다는 것을 잘 보여준다. 특히 신문사에 대한 테러까지 벌어졌다는 것은 이승만 정권의 언론탄압이 폭력적이었다는 것을 잘 보여주었다. 최석채는 사건 직후 쓴 글에서 "대구매일신문사에 대한 '테러' 사건은 우발적인 것이 아니요, 치밀하게 꾸며진 언론기관에의 도전의 전초전이었으며 그 '테러'의 구실로 나의 집필이 정면의 공격 목표가 되었다고 나는 믿고 있다"고 주장했다.[88]

1956년 이후 이승만 정권의 언론에 대한 정책은 더욱 강경해졌다. 언론탄압법 제정을 시도하는 것은 물론 언론인에 대한 제재도 강화해나갔다. 이런 배경에는 이승만의 비판적 언론에 대한 불만이 영향을 주었다.

---

88) 최석채, 『반골 언론인 최석채』, 성균관대학교 출판부, 2003, 384쪽.

이승만은 "경향이나 동아에 대해서는 다 내 복안이 있어. 나중에 원망하지 말어. … 그래 언제 인심이 정부에서 이반되었단 말이야. 증거를 대. 구체적으로. … 있는 얘기 없는 얘기 써대니 그것은 공산당 방식이야'라고 비판하기도 했다.[89]

〈표Ⅲ-8〉에 나와 있는 대로 1959년에 들어서서 『경향신문』에는 이승만 정권에게 탄압의 빌미를 줄 만한 일들이 많이 벌어졌다. 물론 근본적으로 『경향신문』 폐간 조치는 야당인 민주당, 그중에서도 장면을 지도자로 하는 신파를 견제하려는 목적에서 비롯된 것이었다.[90] 야당지인 『동아일보』와 『경향신문』 중에서 여러 가지 빌미를 준 『경향신문』이 우선 대상이 되었던 것이다. 이관구의 지적대로 "경향신문 폐·정간 사건은 자유당 행정부가 명춘(明春) 시행될 정부통령 선거에서 재집권을 확실케 하기 위하여 정치적으로 취해진 사건"이었다.[91] 또한 대통령 계승권을 지닌 장면 부통령의 존재를 '눈의 가시'처럼 바라보던 이승만 정권이 강경책으로서 폐간까지 시도하여 "불안의 씨를 장부통령에게 뒤집어 씌우려는" 의도도 작용했던 것이다.[92]

또한 이 시기에는 보안법을 통한 언론통제 시도도 있었다. 이에 대해 오소백은 "신보안법은 비판의 자유를 막는가 하면 직업의 자유까지도 박탈하고 있다. 하다하다 안 되니까 아주 뿌리를 뽑아내려고 간첩을 잡아넣으려는 것이다. 참 기막힌 일입니다. 왜 신문기자를 잡으려면 그냥 잡지 명예스럽지 못한 공산간첩과 도매금으로 넘기려는" 것이라고 비판했

89) 『경향신문』 1956.9.18.

90) 송건호, 『한국 현대언론사』, 삼민사, 1990, 119쪽.

91) 이관구, 「노기자는 살아 있다」, 『새벽』 1960년 1월호, 139쪽.

92) 한배호, 「경향신문 폐간 결정에 대한 연구」, 진덕규 외, 『1950년대의 인식』, 한길사, 1981, 144쪽.

다.[93] 오소백의 주장대로 이승만 정권은 반공을 명분으로 언론인을 탄압하려는 의도를 가지고 있었던 것이다. 다만 이승만정권의 언론탄압 시도는 요란했던 것에 비해 그리 효율적이지는 못했다. 사전통제를 하지 못하고 사안이 벌어질 때마다 어설프게 대응했고, 언론탄압을 위한 입법도 번번이 실패하여 정당과 밀접한 관계를 지닌 신문사 소속 언론인들의 반발을 초래하는 역효과를 내는 경우가 많았다.

언론인이나 언론사에 대한 탄압 외에도 이승만 정권은 신문의 배포나 구독을 방해하는 행위도 서슴지 않았다.[94] 특히 이승만 정권에 비판적인 신문을 독자들이 읽지 못하도록 하기 위해 선거를 앞두고는 야당지나 중립·비판지에 대한 구독 방해 행위를 일삼았다. 『동아일보』는 "계절병적인 신문구독조사"라는 사설을 통해 "정부통령 선거가 앞으로 겨우 이순(二旬)도 못남아 국민이 극도로 긴장하고 있는 이때에 그와 같이 '비여계(非與系)' 신문구독을 억제 혹은 억압하려는 또 하나의 괴상한 거조(擧措)가 사실이라 한다면 그것이 선거 면에서 여당에 '실'이 하나라도 더할망정 '득'은 별로 없을 것임을 알아야 한다. 그리고 유권자, 즉 국민의 이목을 가리면서 부정선거를 하려는 전제가 아닌가 하는 의욕을 더욱 불러일으키는 역효과밖엔 아무런 좋은 영향을 가져올 것은 없지 않는가 한다"고 비판했다.[95] 이렇듯 무리한 시도는 이승만 정권의 언론인이나 언론사에 대한 탄압이 체계적이지 못했고 때로는 역효과를 불러일으켰다는 것을 잘 보여주는 것이기도 했다.

---

93) 오소백, 「일선기자의 항변—신국가보안법안 시비」, 『신태양』, 1959년 1월호, 86쪽.

94) 최영석, 「1950년대 한국 신문의 구조적 성격에 관한 연구」, 연세대학교 석사학위논문, 1989, 86~88쪽.

95) 『동아일보』 1960.2.25.(석간).

2) 고용 불안과 임금수준 하락

(1) 고용 불안의 심화와 잦은 이직이 체질화된 언론인

일제강점기부터 기자로 활동했던 강영수는 "그전부터 신문인이라는 것은 마치 기후조(氣候鳥)처럼 이리저리 이동하기를 좋아하는 특성을 가지고 있다. … 8 · 15 이후 중앙신문계에 있어서는 일층 이 경향이 현저하였다"고 평가했다.[96] 기자들이 스스로 신문사가 자신의 뜻과 맞지 않으면 떠나는 경우도 있었지만, 이보다는 신문사들이 제대로 운영되지 못해 옮길 수밖에 없는 경우가 더 많았다. 즉 이 시기에는 대부분의 신문들이 재정적으로 매우 불안정했기 때문에 임금을 제대로 받지 못한 기자의 이동이 잦았고, 신문사 자체가 문을 닫는 경우도 많아서 기자직은 안정적인 직업으로 받아들여지지 않았다. 이런 상황에 대해 한상직은 다음과 같이 묘사하고 있다.[97]

해방 후 각처에 신문사가 별 뜨듯이 생겨났다. 그러는 통에 여기저기서 "같이 일해보지 않겠느냐"는 주문이 쏟아져 들어왔다. 그럴 때마다 "생각해 보죠" 한 것이 내 본의는 아니면서도 서너 신문을 거친 게 아니라 실로 5, 6처를 드나들게 되었다. 이러는 동안에 어떤 신문사에서는 안 그래도 좋을 일을 티각태각들을 하는 바람에 안절부절을 못하고 몇몇 신문사로 속칭 신문 전재민(戰災民)격이 되어 산보를 하듯이 발 가는 대로 명함과 간판을 갈아대게 되었다. … 전주가 돈이 떨어졌으니 그만 자빠져 버렸으니 사상싸움 통에 끼여서 우왕좌왕하느니 짓고 까불고 흔들고 하다가 꽝 하고 쓰러지면 무참하게도 문을 닫는 판에 직원들은 이리저리로 낙엽처럼 헤어지는 고배를 마시고는 하였다. 실로 한 두 차례가 아닌 허무한 노릇이다.

---

96) 강영수, 「해방 이후 남조선 신문인 동태」, 김사림 편, 『신문기자수첩』, 모던출판사, 1948, 앵2쪽.
97) 한상직, 「돈과 신문과 나」, 『신문평론』 1949년 7월호, 36~37쪽.

이렇듯 언론인의 이동이 잦은 상황이 계속되자 조원환은 경영진들은 "공동목적을 달성하기 위하여 사장 이하 중역진을 그들의 직계로 배치하고 실권을 행사하는 데 있어서 끝까지 독선적이었다. 이러한 일련의 원인은 결과에 있어서 그들과 타협하였던 기성 신문인들의 이합집산을 격화하였고 그와 정비례로 언론계로부터 깨끗이 칼을 씻는 기성 신문인의 수도 날로 증가하였다"고 하며 경영진의 전횡을 비판했다. 이어서는 그는 "물론 고도화한 인푸레로 인하여 생활의 안정을 기하고자 신문인으로서의 프라이드를 버리고 벼락감투를 찾게 된 것도 한 원인이지만 어쨌든 이러한 단계에 이르자 각사에서는 기성 신문인의 부족이라는 신문제작상의 가장 치명적인 비통한 사정을 호소하게 되었다"고 주장했다.[98] 이런 주장은 경영진의 전횡과 경제적 빈곤이 언론인들의 이직을 가져오는 가장 큰 요인이었다는 것이다.

이와 같은 상황은 1950년대에도 계속되었다. 박성환은 "해방 이후 상당히 오랜 기간 동안 신문기자들의 생활은 한 마디로 말하여 비참한 것이었다. 그리하여 이 비참의 경지를 여하히 타개해 나가느냐 하는 것이 각자가 생각하고 있는 중대한 과제이기도 했다. 수많은 기자들이 비참의 경지에서 낙오하기도 했다. 수많은 기자들이 이 경지에서 탈출하여 전직을 했다. 그리고 또한 수많은 기자들이 비참의 경지를 감수하면서 어느 때인가는 좋은 세월이 올 것이라고 마음속에서 은근히 바라기도 했다"고 주장했다.[99] 경제적 빈곤을 탈피하기 위해 전직을 하는 언론인이 상당히 많았다는 것이다. 당시 경제적 빈곤이 심각했다는 것은, 오소백이 "헝크러진 신문가의 방랑은 두서 너 달이 멀다시피 실업자의 신세를 만들었다"고 하고, 잦은 실업으로 인해 귀중한 책을 팔아 생활하기도 했다고 하

---

98) 조원환, 「범람하는 신문홍수」, 『민성』 1949년 5월호, 67쪽.

99) 박성환, 『너구리기자 행장기』, 대동당, 1959, 142~143쪽.

며, 이를 '책을 삶아먹다'라고 표현했던 것을 통해 잘 알 수 있다.[100] 경영
진의 전횡과 경제적 빈곤, 그리고 신문의 잦은 정·폐간으로 언론인이라
는 직업은 대단히 불안정할 수밖에 없었다. 여기에 잦은 전직의 또 다른
이유로는 당시 기자들의 기질을 들 수도 있다. 1959년에『동아일보』에
입사했던 남시욱은 당시의 분위기를 다음과 같이 평가하고 있다.[101]

> 어쨌든 자유당 시절, 즉 50년대는 일선 기자의 시대였다. 언론계를 이름 있
> 는 일선기자들이 주름잡던 시절이었다. 기자들이 마음 내키는 대로 여기저
> 기 회사를 옮겨 다녔으며, 심한 경우에는 집단적으로 이동했다. 부장이나 국
> 장이 자리를 옮기면 우르로 몰려가서 그 쪽의 판도까지 완전히 바꾸어 놓기
> 도 했다. … 기자들이 별 미련 없이 회사를 잘 옮겨 다니다 보니 자연 그들의
> 발언권이 강할 수밖에 없었다. 그래서 기자는 자기 소리를 낼 수 있었다.

천관우는 자신이 자주 신문사를 옮겨 다닌 것에 대해 "신문인들이 즐
겨 내세우는 독립불기(獨立不羈)가 다소 비딱하게 반영된 일면도 있었던
것 같다. 그래서 나도 툭하면 충돌을 하거나 기회를 보아 슬며시 물러나
곤 했던 것이다. 한 번은 신문사가 문을 닫아 함께 침몰한 적도 있고"라
고 회고하기도 했다.[102] 오소백도 "나는 지금 이 시각에도 용기를 잃지 않
는다. 짧은 기자 생활에서 나는 20여개 신문사를 다녔다. 신문 경영주들
의 비위를 거스렸다고 파면당한 것이 일곱 번이고 필화사건으로 문제를
만든 것이 열한 번이다. 거기다 경영주나 반신문적 편집국장과 싸워서
그만둔 건 보통사다"라고 주장했다.[103] 이목우도 '직장무상'이라는 글에서

---

100) 오소백,『올챙이 기자 방랑기』, 신태양사 출판부, 1955, 61~65쪽.
101) 남시욱,『체험적 기자론』, 나남, 1997, 182쪽.
102) 천관우,「육십 자서」, 천관우선생 환력기념 한국사학논총 간행위원회 편,『천관우 선생 환력 기념 학국사학논총』, 정음문화사, 1985, 1079~1093쪽.
103) 오소백,「신문계의 반역아」,『신태양』1958년 8월호, 102쪽.

그 원인은 "다분히 신변적이요, 지나고 보면 희극적이기가 일쑤"로 "요는 개성과 기분에 기인된 것이 아니면 후천적인 유랑군(流浪群)에 원인이 있었다"고 하며, 경영진이나 편집국장과 갈등이 생기면 크게 주저하지 않고 신문사를 떠났다고 했다.[104] 박성환은 "아무리 선의로 해석한다고 해도 어느 모로 보나 어느 누가 판단한다고 해도 도저히 뉴스라는 것을 취급하고 호흡하고 생활하는 신문사라는 곳에 잠시라도 위치할 수 없는 그러한 부류들이 신문사의 무슨 장(長), 무슨 장을 차지하고 있는 예가 많았다. … 거기에다가 경제적인 조건이 좋지 못하여 가뜩이나 굶주린 창자에 이와 같은 자들과 같은 실내의 공기를 호흡하면 더욱 아니꼽고 메시꺼워"져서 사표를 냈다고 했다.[105]

일제 강점기부터 기자로 활동했던 이건혁은 1945년부터 1959년까지 『중앙신문』, 『조선일보』, 『대동신문』, 『서울신문』, 『한국매일신문』, 『연합신문』, 『한국일보』, 『국도신문』, 『한국경제신문』, 『세계일보』 등 10개 신문의 부장, 국장, 주필 등을 지냈다. 그는 마지막에 『세계일보』를 타의로 떠나게 되자 사장이었던 시인 김광섭에게 "좋다 그만두겠다. 내가 무엇을 잘못했는지 모르겠으나 나의 신문생활을 통해서 일찍이 권고사직을 당해 본 적이 없다. 언제든지 내가 싫어서 박차고 나왔었는데 마지막 판에 와서 쫓겨난다는 것은 기가 막힌다"고 하며 언론계를 떠났다.[106] 이건혁의 회고를 보면, 언론인이 경영진과의 갈등으로 스스로 신문사를 떠났다고 주장하지만, 실제로는 떠날 수밖에 없는 상황에서 미리 나온 것에 불과했다고도 할 수 있다.

언론계 경력이 길고 편집 간부였던 인물만이 아니라 신입기자의 경우

---

104) 김영희 · 박용규, 『한국현대 언론인열전』, 커뮤니케이션북스, 2011, 259쪽.

105) 박성환, 『너구리기자 행장기』, 대동당, 1959, 164~165쪽.

106) 이건혁, 「넌 나를 몰라도 나는 너를 안다」, 『언론비화 50편』, 한국신문연구소, 1978, 199~208쪽.

에도 쉽게 신문사를 떠나는 경우가 많았다. 최정호는 "나도 1955년에 수습사원으로 한국일보에 입사한 뒤 열 달도 못 돼 퇴사하고(최병우 부국장의 강권으로 '사직원'을 '휴직원'으로 바꿔 썼지만) 1957년에 다시 복직했다간 반년 만에 또 다시 1958년 초에 삼세 번째 재입사하면서 비로소 자리 잡고 열심히 일하게 된 전과가 있다. 이처럼 그 무렵 기자들이 신문사를 무상 출입하며 여러 군데를 오가는 일이 관행처럼 받아들여진 때였다"고 회고했다.[107] 1955년 『경향신문』, 『동아일보』, 『서울신문』, 『조선일보』, 『한국일보』 등 5개 신문의 편집 및 영업 전 부문의 국장과 부장을 대상으로 한 조사에서도 5회 이상 전직자가 14.7%나 되었고, 최초로 입사한 언론사가 현 소속사인 경우가 14.5%에 불과했다는 것도 당시 언론인들이 신문사를 자주 옮겨 다녔다는 것을 잘 드러내준다.[108] 1959년에 『한국일보』에 입사한 송효빈은 다음과 같이 주장했다.[109]

> 1950년대까지만 해도 신문기자라 하면, 제대로 된 직업인으로 쳐주지도 않았다. 월급도 얼마 되지 않는데다가 전직이 많았다. 그 당시 기자들은 직속 부장이나 편집국장의 편집 방침이 비위에 맞지 않으면 펜대 하나만 들고 이 신문사, 저 신문사로 몰려다니는 풍조가 있었다. 기자에게 직업의 안정성은 도무지 찾아보기 힘들었다. … 아무튼 그 당시의 신문기자는 철새처럼 이 신문사 저 신문사를 옮겨 다녔다. 기분이 내키지 않아서도 옮겼고, 대우가 신통치 않아서도 옮겼다.

이와 같이 "기자에게 직업의 안정성은 도무지 찾아보기 힘들었다"고 했을 정도로 기자는 생계를 위한 하나의 '직업'으로서 크게 매력적인 것

---

107) 최정호, 「우리 시대의 언관 사관」, 천관우선생 추모문집간행위원회, 『거인 천관우-우리시대의 언관 사관」, 일조각, 2011, 101쪽.

108) 강상현, 「한국 신문기업의 조직인구 변동에 관한 연구」, 연세대학교 박사학위논문, 1988, 226~232쪽.

109) 송효빈, 『체험적 신문론』, 나남, 1993, 31~32쪽.

은 아니었다. 신문사의 사정이나 본인의 기질 때문에 재직 기간이 불과 1~2년 밖에 안 될 정도로 자주 옮겨 다녀야 했기 때문에 안정적인 생활을 할 수 없었기 때문이다. 언제 떠나야 할지 모르는 직장에서 생활하는 언론인들에게 낮은 임금과 임금 체불은 더 큰 문제였다. 임금수준이 일제강점기에 비해 낮아졌고, 그나마도 제대로 지불되는 경우가 많지 않았기 때문이다.

(2) 임금수준의 급격한 하락과 체불의 일상화

미군정 기간 동안 경제 사정이 좋지 못한 가운데 신문사 수는 크게 늘어나면서 신문사의 경영 상태가 대단히 좋지 못했다. 대부분의 신문이 정치적인 목적으로 신문을 발행했지만, 경제적으로는 대부분이 적자 상태를 벗어나지 못했다. 이에 따라 해방 이후 언론인의 임금은 일제강점기에 비해 급격히 더 낮아졌고, 그나마도 제대로 지불되지 않는 경우가 많았다.

1946년 당시 비교적 많은 부수를 발행하던 신문 중의 하나인 『경향신문』의 경우 금 1돈중이 970원정도일 때인 1946년에 일반 기자는 3,100원-4,300원 정도, 부차장이 4,500원 정도를 받았다.[110] 1946년에 『조선일보』 기자로 입사했던 이동수는 "그때 쌀 한 가마에 7, 8천원 정도였고, 신문의 월 구독료가 60원이었는데 기자의 월급은 경력에 따라 차이는 있었지만 대체로 1만 2천원 안팎이었고 수습인 나는 6천원 정도"였다고 회고했다.[111] 비슷한 시기의 회고임에도 월급 액수에는 다소 차이가 있다. 그러나 당시 기자의 월급이 쌀 한 가마 사기에도 어려울 정도의 수준이

---

110) 경향신문사, 『경향신문 40년사』, 경향신문사, 1986, 90쪽.
111) 이동수, 「미군정기의 한국 언론 48인의 체험 증언-봉급인상 연판장에 서명했다가 혼쭐」, 『신문과 방송』 1986년 8월호, 68쪽.

었다는 것만은 분명하다. 일제강점기 언론인들이 쌀 10가마 정도를 살수 있는 정도의 임금을 받았다고 했던 것에 비해 임금수준이 급격히 하락했다는 것을 알 수 있다. 『경향신문』 창간 당시 월급은 아래의 표에 자세하게 나와 있다.

〈표Ⅲ-9〉 1946년 경향신문의 월급

	주간	국장	국차장	부장	부차장	사원
월봉	5,500	5,500	4,950	4,700	4,500	4,300~3,100
직무수당	1,500	1,000	750	500		

출처: 문화방송 · 경향신문 편, 『문화경향사사』, 문화방송 · 경향신문사, 1986, 144쪽.

또한 1948년 초에 『동아일보』 편집국장이었던 김삼규가 "한 달 월급이 열흘 생활비도 되지 못한다"고 했던 것을 보면[112] 일반 기자의 임금은 제대로 생계를 꾸려나가기 불가능한 수준이었을 것이다. 즉 비교적 발행부수가 많았던 『경향신문』이나 『동아일보』의 경우가 이 정도였다면, 사정이 더 열악했던 나머지 신문에 근무했던 기자들의 임금은 최소한의 생계유지 수준에도 크게 못 미치는 것이었다는 점을 쉽게 짐작할 수 있다.

미군정 기간 동안 기자들은 월급을 제대로 못 받는 경우가 많았는데, 『한성일보』에서 근무했던 김형균은 "월급은 몇 달씩 밀리기도 하였다. 자금이 좀 생겼나보다 싶어도 신문용지 살 돈이라는 경리의 설명이고 보면 뒤통수를 비비며 돌아서기가 일쑤였다"고 회고했다.[113] 또한 『민주일보』에서 근무했던 이혜복은 월급이 아주 낮은 수준이었을 뿐만 아니라

---

112) 김삼규, 「일년 간의 편집소감-고심의 일단을」, 『구국』 1948년 1월호, 51쪽.

113) 김형균, 「미군정기의 한국언론, 48인의 체험증언-민세선생 10분도 안 걸려 사설 써내」, 『신문과 방송』 1986년 8월호, 37쪽.

"그것도 창간 후 반년쯤 지났을 때인가 제대로 봉급이 지불 안 돼" 결국 다른 신문으로 옮겼다고 했다.[114]

　정부 수립 이후인 1949년 초의 좌담회에서 신문사 부장급 언론인은 대체로 1만 3천환에서 1만 8천환 정도를 받는다고 하며, "그럭저럭 한 해를 넘기는 것처럼 참 기적으로 살아가지요"라고 말을 하기도 했다.[115] 부장급 언론인이 이럴 정도였으니, 평기자의 생활은 훨씬 더 어려웠을 것이다. 6. 25 전쟁기간 중인 1950년대 초반의 기자의 임금이 매우 낮았던 것은 당연한 일이어서 『동아일보』 기자였던 최흥조는 화폐개혁 전인 1952년에 자신의 월급이 38만환이었는데 당시 쌀 1가마의 값이 20만환이었다고 회고했다.[116] 아예 월급을 주지 않은 경우도 있었는데, 1952년에 『평화신문』 문화부장을 지냈던 장덕조는 당시 사장 홍찬에게 "월급을 주어야 할 것 아닙니까. 공짜로 일만 시킬 작정인가요?"라고 하자 홍찬은 "많은 기자들과 사원들이 있는 앞에서 당당히" "신문기자가 월급으로 산다더냐"로 대답했다고 한다.[117] 노골적으로 '촌지'로 살라는 얘기였던 것이다.

　전쟁이 끝나고 나서도 기자의 월급이 크게 오른 것은 아니었다. 〈표Ⅲ-10〉을 보면, 대략 기자의 월급은 1만 2천환에서 1만 5천환 사이라는 것을 알 수 있다. 1954년에 『한국일보』의 견습기자 초임도 쌀 1가마 값인 1만 5천환에 불과했다고 한다.[118] 그나마 1950년대 후반으로 가면서

114) 이혜복, 「미군정기의 한국언론, 48인의 체험증언-첫 월급 6백원 그것도 제대로 못받아」, 『신문과 방송』 1986년 8월호, 52쪽.
115) 김사림 외, 「기자 좌담회」, 김사림 편, 『일선 기자의 고백』, 모던출판사, 1949, 30~33쪽.
116) 최흥조, 「정치파동.국민방위군 사건과 그 패기」, 『언론비화 50편』, 한국신문연구소, 1978, 271쪽.
117) 장덕조, 「첫 종군여기자로 히킨스와 전선취재」, 『언론비화 50편』, 한국신문연구소, 1978, 628쪽.
118) 한국일보사, 『한국일보 40년사』, 한국일보사, 1994, 140쪽.

기자들의 임금이 조금 올라갔다. 1958년 『조선일보』 기자의 임금은 4만 5천환에서 6만환 사이로서[119] 일반 노동자보다는 높았지만 당시의 전체적인 물가수준을 고려하면 결코 높지 않은 수준이었다. 그나마 몇 몇 신문들을 제외하면 제대로 월급조차 받지 못하는 경우가 많았기 때문에 기자들이 "가련한 생활을 면치 못하고 있다"는 지적까지 나올 정도였다.[120]

〈표Ⅲ-10〉 동양통신의 월급(1954.10.10)

급·호등급		月俸	참고
1급	1호	25,000	국장
	2호	21,000	국차장
2급	1호	17,000	부장
	2호	16,500	부차장
3급	1호	16,000	
	2호	15,500	
4급	1호	15,000	
	2호	14,500	
5급	1호	14,000	
	2호	13,500	
6급	1호	13,000	
	2호	12,500	
7급	1호	12,000	
	2호	11,500	

출처: 동양통신사사 편찬위원회, 『동양통신사사』, 성곡언론문화재단, 1982, 142쪽.

1954년 5월에 『조선일보』에 입사했던 이정석은 "조선일보 봉급의 요

---

119) 조선일보 70년사 편찬위원회, 『조선일보70년사』 1권, 조선일보사, 1990, 230쪽.
120) 홍동호, 『신문론: 신문 · 사회 · 기자』, 정양사, 1956, 107쪽.

즘 지급 방식이 한 달에 한 번 주는 '월급'이지만 당시는 월 2회의 지급 방식이었다. 부산 피난 때는 얼마 동안 매일매일 신문의 판매대금이 들어오면 그날그날 위 아래 없이 똑같이 나눠가지는 분배 방식이었고 회사 수입이 여유가 생겨 주 단위로 되었다가 월 2회(매월 16일, 30일)로 정착되기 얼마 안 되었던 그런 시절이었다"고 하고는 "봉급은 생활급이 못 되었던 것은 당연했다. 서울 시청 출입기자는 '촌지' 대신에 현물 배급을 받았을 때가 있었다는 선배들의 말이다. 예를 들어 겨울에는 숯 한 단, 간장 두 말, 가을이면 배추 30포기 등등"이었다고 회고했다.[121] 실제로 박성환은 시청으로부터 구제물자를 배급받기도 했다.[122]

1950년대 말에 입사했던 언론인도 모두 낮은 임금을 받았다고 회고했다. 1956년에 『한국일보』에 입사했던 김성우는 "입사할 때 월급은 7,500환이었다. 학생들의 하숙비가 1만 환일 때다. 봉급은 생활급에 미치지 못하는 영하치(零下値)였다. 생활이 추웠다. 하숙비가 싼 하숙을 찾아 당시는 서울 변두리의 시골이던 연희동까지 흘러갔다. 독신인 나보다도 가족이 있는 선배들의 불평은 더 컸다. 입사한 지 2년쯤 지났을 때 마침내 이 울화들이 폭발했다. 노조가 없을 때라 젊은 기자들이 앞장서서 월급 인상을 요구하고 나섰고 대학을 갓 나온 혈기와 객기로 나는 주동자의 한 사람이 되어 있었다. 참으로 궁핍으로부터의 해방이 절실했다. 결국 월급이 조금 올랐고 농성이 풀렸다"고 회고했다.[123] 1959년에 『동아일보』에 입사했던 남시욱도 "극히 적은 예외를 제외한 대부분의 언론사 봉급수준은 그야말로 '쥐꼬리'만 해서 기자들에게는 생활급에 미치지 못했다. 필자의 경우도 신문사에 입사한 직후 한 동안은 시골집에서 돈을 갖

121) 이정석, 「눈물 나는 불호령 속 나날」, 홍종인 선생 추모문집 편찬위원회, 『대기자 홍박』, LG상남언론재단, 1999, 283쪽.
122) 박성환, 『너구리기자 행장기』, 대동당, 1959, 144~146쪽.
123) 김성우, 『돌아가는 배』, 삶과 꿈, 1999, 152쪽.

다 쓰니까 "무슨 취직을 그렇게 했느냐"는 말도 들었다. 그런데 필자 소속사는 그나마 타사에 비해 월등하게 나은 형편이었으니 당시 언론인들이 얼마나 어려웠던가를 짐작할 수 있다"고 했다.[124] 이런 상황에서 박성환은 "일해도 일해도 소처럼 일해도 기자들의 생활은 향상되지 않았다. 당시의 경제적, 사회적 조건이 그러하였던 만큼 신문기자들의 생활이라고 하여 유달리 향상될 수는 없었다"고 주장했다.[125]

오소백은 1958년 6월 1일 현재 서울의 5대 신문사의 기자월급의 평균치는 『동아일보』8만환, 『경향신문』5만 5천환, 『조선일보』4만환, 『서울신문』4만 5천환, 『한국일보』3만 3천환이라고 하며 다음과 같이 주장했다.[126]

비교적 흑자선상에 있는 5대신문의 기자들은 일당 1천7백 환씩 받고 있는 셈인데, 이건 그래도 매월 제대로 급료가 나오는 일류 신문사다. 이밖에 이류, 삼류로 내려가면 엉망진창이다. 2만환대에서 만환대가 있는가 하면 4개월에서 반년이 되도록 급료를 안 주는 사가 있다. 그뿐만 아니라 어떤 사에서는 무보수로 기자를 부려먹는 사도 상당수 있다. … 기자들에게 최저 생활을 보장해주지 못하는 신문경영자들은 의식적이든 무의식적이든 결과적으로 고용자인 기자들을 착취해 먹은 것밖에 안 된다. … 그럼 신문기자들은 2, 3만환의 급료를 가지고 어떻게 먹고 사는가. 모르는 사람들은 아마 신문기자들은 거미줄과 커피만 마시고 사는 줄 알지 모르지만 그건 천만의 말씀이다. 신문기자들에게도 겉으로 안 보이는 수입이 있다. 이걸 음성수입이라고 해도 좋다. 이 음성수입을 전문용어로 '총회비'라고 한다. 기자구락부의 총회나 임시총회를 할 때마다 염출해오는 비용이다. 이 총회비의 염출은 기자들이 드나드는 각 출입처 단위로 되어 있다. 춘추(春秋)의 총회를 비롯해서 제때 제

124) 남시욱, 『체험적 기자론』, 나남, 1997, 173~174쪽.
125) 박성환, 『너구리기자 행장기』, 대동당, 1959, 164쪽.
126) 오소백, 「신문계의 반역아」, 『신태양』 1958년 8월호, 110~112쪽.

때에 이와 유사한 방법은 적절히 있을 수 있는 것이다. 요새 출입기자단은 대부분 그 존재 가치가 이 총회비라든가 다른 잡수입이라는 항목에 있는 인상을 준다.

월급이 적었을 뿐만 아니라 그나마도 제대로 지급되지 않으면서 언론인이 음성적인 수입에 집착하게 된다는 주장이 많이 나왔다. 강영수는 "태반의 신문·통신사는 운영난에 허덕이게 되고 자연히 기자들에 대한 봉급 지불이 시원치 못하게 될 수밖에 없었다. 그 봉급의 액수부터 몇 푼 안 되거니와 그 쥐꼬리만한 것이나마 제대로 지불이 되지 못하고 보니까 결국은 살기 위해서는 신문기자라는 명함을 팔아먹지 않으면 안 되는 상황이 나타나게 되었다"고 하며 "어떤 청년이 신문사에 취직된 것을 기뻐한 것도 한때의 꿈으로서 한 달이 지나고 또 한 달이 지나도 전혀 봉급을 주는 일이 없었다. 하도 궁금해서 물었더니 그 사장의 대답이라는 것이 "신문기자의 명함을 찍어주었는데 봉급이 무슨 봉급이냐"는 어처구니 없는 것이었다"고 비판했다.[127] 김경래도 같은 맥락에서 "지상에 보기 드물 일부 사주들의 운영방침 중 최고악질에 속하는 방침은 무료봉사를 요구하는 그것이다. 제일공화국이 가졌던 42개 일간신문통신 중 서울·부산·대구·광주의 몇몇 권위지만 제외하고는 무보수노동을 강요하였다. …어떤 사의 총무국장은 '신문사가 봉급을 가지고 사나?'라고 공언하는 판이고 심한 인간이라고 알려진 사장 하나는 '기자가 신문사를 도와 줘야지'라고 쏟는 판이었다. 아예 봉급 같은 곳에 생각을 두지 말라고 암시하였다. 서울의 일간신문 하나는 기자들에게 매월 10만원씩 벌어들이라고 하명하였다. 이에 불복하면 의원 해임이 되는 것이다. … 그리고 좀 낫다는 신문사의 보수도 노동의 대가로서는 너무나 가련할 지경이었다.

---

127) 강영수, 「범람하는 신문홍수」, 『신태양』 1956년 3월호, 59쪽.

월 3만원 내외를 주면서 충성을 강요하는 사주가 대부분이다. 이것도 제 때에 꼭꼭 지불하는 사(社)도 드물다'고 주장했다.[128]

춘지를 받지 않으려고 노력하는 기자들은 생활을 위해 부업을 해야만 했다. 오소백과 이형은 "기자의 수입은 정말 보잘 것이 없습니다. 요즘에는 차츰 언론계도 정비되어 봉급 베이스가 상승되어 가고 있기는 하지만 그래도 생활을 유지해 나가기에는 안정성이 부족합니다. 봉급만으로는 살 수 없기 때문에 기자들은 부업을 가지지 않을 수가 없습니다. 집에 먹고 살 정도의 재산이 있는 사람이면 또 모르되 대부분의 기자는 부족한 분의 생활비를 원고료 등으로 메꾸고 있습니다'라고 하고는, "형편이 좀 나은 사람은 약방이나 책가게 같은 점포를 경영하기도 하고 영업용 자동차를 굴리기도 하고 집에서 양계나 양봉을 하고 있지만 대부분은 원고료에 의존하는 편입니다. 그래도 생활이 되지 않으면 부부 맞벌이를 할 수밖에 없지요'라고 했다.[129]

홍동호는 "최근 우리나라 신문계의 현실은 극히 한심한 형편이며 정직한 기자들은 가련한 생활을 면치 못하고 있다 어떤 비겁한 경영자들은 신문, 통신사를 자기의 다른 사업을 추진하는 데 이용하고 또는 어떤 정치운동의 도구화를 위하여 운영하려고 하였기 때문에 신문기자들을 고원 취급하고 종국에는 파멸하고 만 실례가 허다하다'고 하며, "신문기자가 그 생활이 보장될 만한 정도의 최저의 급료를 받을 수 있도록 하여야 한다'고 주장하였다.[130] 생계를 유지하는 데 필요한 최소한의 임금도 받지 못하는 현실에서 언론인들이 정상적인 활동을 하기 어려웠고, 언론인으로서의 자부심을 제대로 지키기도 쉽지 않았을 것이다.

---

128) 김경래, 「기자는 신문을 고발한다」, 『새벽』 1960년 8월호, 122~123쪽.

129) 오소백·이형, 「신문의 취재」, 『현대신문전서』, 학원사, 1959, 282쪽.

130) 홍동호, 『신문론』, 정양사, 1956, 107~108쪽.

3) 정파적 보도와 언론윤리의 타락

(1) 정파적 보도 속의 전문화 교육의 태동

해방 직후 상당수의 기자들이 정치적 목적의식만을 가지고 언론활동을 하면서, "해방 직후 갑작스럽게 기자가 된 젊은이들의 주관적인 보도가 두드러지게 많았다"는 비판이 나왔다.[131] 당시 『경향신문』 기자였던 문계준은 "정당출입 기자들은 자기 신문사의 사기에 따라 기사를 썼기 때문에 같은 테마도 상반되게 쓰는 예가 많았다. 좌익이 하는 일과 우익이 하는 일이 각각 다르기 때문이었다. 출입처에서 발표하는 담화문 한 장에도 좌익신문과 우익신문은 아전인수격으로 상이하게 보도하였다"고 주장했다.[132] 이런 상황에 대해 한 필자는 다음과 같이 주장했다.[133]

> 1945년 12월 27일의 삼상(모스크바 삼상회의—저자) 결정을 전후하여 그때
> 발행되었던 신문으로서 수종을 제외하고는 거의 다 투쟁적 역할을 하였다.
> 이렇게 된 것은 정당인이 신문을 경영하였고, 또는 신문사나 일선에는 출두
> 하지 않았다 하여도 그 배경에서 노선을 조종한 것이 역시 신문인이 아니고
> 정당인이었기 때문이다. 일선 기자가 땀을 흘려가며 사건을 사건대로 보도
> 하여도 기사가 활자화되어 나올 때는 그 기자의 관점과는 퍽 거리가 먼 것이
> 되고 심지어는 정반대의 보도가 되고 만다.

이렇듯 정파적 보도가 이루어져 신문을 보고는 사실조차 제대로 파악하기 어려운 상황에서 홍종인은 "4~5종의 신문을 종합해 보고야 문제의 골자를 겨우 포착(捕捉)할 수 있는 경우가 적지 않다는 것은 정치정세의

---

131) 최준, 「한국 신문 해방 20년사」, 『신문연구』 6권 2호, 1965, 15쪽.

132) 문계준, 「미군정의 한국 언론 48인의 체험증언—같은 담화문도 좌우익 따라 달리 보도」, 『신문과 방송』 1986년 8월호, 65쪽.

133) 若望, 「신문과 정당인—사회혼란에 대한 변」, 김사림 편, 『일선 기자의 고백』, 모던출판사, 1949, 75쪽.

불안과 해방조선의 언론자유의 미확립이라는 점에서" 비극이라고 비판했다.[134] 나아가 우승규는 "해방 이래 분열과 혼란의 책임은 오로지 신문에 있다"는 비판까지 나왔다고 주장했다.[135]

정파적 보도가 계속되자 오기영은 "엄정중립한 언론 본래의 면목과 긍지를 확보한 직필이 민족 언론의 근간이 되고 일당일파의 언론이 지엽을 이루어야 마땅할 것임에 불구하고 진작부터 이 중립의 정로를 취하여 이 노선을 지키려는 자를 꼽아서 몇이 될까 말까 하였다"고 비판했다.[136] 신문들이 특정 정치세력과의 관계 속에서 활동하며 공정성을 지키지 않는다는 것이었다. 또한 최준은 "신문인의 사명이 오로지 사실의 보도에 있다는 말은 신문인의 역할을 사진사에 비견할 만큼 단순화시키는 것 같으나 하나의 사실을 보도함에는 스스로 엄연한 기준이 전제되지 않을 수 없다"고 하며 객관보도의 필요성을 강조했다.[137] 정파성 때문에 최소한의 사실 보도조차도 제대로 하지 않는 언론을 비판한 것이었다. 정확성과 공정성이라는 언론윤리에 대한 의식이 전반적으로 부족했던 것이다.

정부수립 이후 정파성이 다소 완화되기는 했지만, 정치적 주장을 앞세우는 정론성(政論性)이 완전히 사라진 것은 아니었다. 1950년대에는 특정 정당과의 관계가 작용했던 것뿐만 아니라 독자에게 영합하기 위한 수단으로서도 정론성이 활용되어 '정치적 선정주의'라는 또 다른 문제를 드러냈다. 즉 "한국의 저널리즘은 정치적 불안과 민중의 불만, 그리고 저항정신에 최대한으로 편승, 영합하는 정치적 쎈쎄이셔날리즘이 상업주의

---

134) 홍종인, 「정계와 언론과 정당」, 『신천지』 1946년 6월호, 21쪽.

135) 우승규, 「조선 신문계 전망」, 『백민』 1947년 4·5월 합본호, 22쪽.

136) 오기영, 「언론과 정치」, 『신천지』 1947년 1월호, 18쪽.

137) 최준, 「당파신문의 운명」, 『신문평론』 1947년 7월호, 67쪽.

를 위한 유력한 방법으로 살아왔다"는 평가까지 나왔다.[138] 이승만 정권
하에서 광고보다는 판매 수입에 의존할 수밖에 없었고, 당시 독자들의
정치적 욕구를 충족시켜주는 것이 판매 확대에 도움이 되었던 것이, '선
정적인 정치기사'에 중점을 두는 보도관행을 낳았던 것이다. 이상우는 이
런 상황에 대해 다음과 같이 주장하고 있다.[139]

> 이승만 정권이 독재성을 더해가는 말기에 이르러서는 신문은 제3기
> (1945~1953) 이전의 강한 정론성이 이제 출발한 상업성을 압도했다. 당시
> 대부분의 신문이 적자 경영이었던 사실이 이를 증명한다. 정론성이 쉽사리
> 전면에 나설 수 있었던 것은, 첫째는 상업주의의 출발이 일천했던 때문이고,
> 둘째로는 이와 반대로 한국 신문의 정론성이 뿌리 깊은 전통을 형성하고 있
> 었기 때문이다. 그리고 권력이 이미 국민으로부터 유리되어 대중의 관심과
> 기호는 반정부에 있었다는 점을 생각하면 이 무렵 신문의 정론성은 그대로
> 독자에게 영합할 수 있는 또 다른 의미에서의 상업성과 일치되었다고 볼 수
> 있다.

정론성을 앞세우는 보도 경향은 4 · 19 이후 더욱 강화되었다. 정헌주
는 "4 · 19 이전에는 정부에 비판을 서슴지 않았던 이른바 야당지와 정
부의 입장을 무조건 옹호하는 여당지와 확연히 구분되어 있었다. 그러나
4 · 19 이후에는 모두 야당지가 되었다. 독재정권에 대해서 무조건 두둔
만 하던 정부기관지조차 민주당 정부에 대해서는 한 술 더 뜬 비판적 자
세가 되었다. 이런 민주당 정부에 대한 무차별적 공격이 이승만 정권하
의 야당지처럼 권위를 인정받는 것으로 착각했다"고 회고했다.[140] 최준은
신문의 논조에 대해 "한낱 비판에 그치고 그 결함을 시정할 수 있는 대안

---

138) 김규환, 「한국 저널리즘의 석금」, 『사상계』 1961년 11월호, 81쪽.
139) 이상우, 『한국신문의 내막』, 삼성사, 1969, 22~23쪽.
140) 정헌주, 「민주당 정부는 과연 무능했는가」, 『신동아』 1985년 5월호, 265쪽.

내지 건설적인 논설이 드물었다"고 지적하고, 이것은 "자유당 시대의 독재정권과 싸우던 논법을 그대로 답습하고 있는데 기인하는 것"이라고 주장했다. 즉 저항을 앞세우는 '야당 정신'만 있지, '계몽과 지도성'에 근거한 대안의 제시가 없다고 비판했다.[141]

해방 이후 줄곧 정파성이 강조되던 현실에서 편집국 조직에 별 다른 변화가 없었고, 기자의 전문성을 강조하는 일도 별로 없었다. 해방 직후 타블로이드 2면이었던 신문이 배대판 4면으로 늘어났지만 1950년대 중반 이후에도 취재보도체제에는 변화가 거의 나타나지 않았다. 다만 언론인 교육과 채용 제도에는 다소 변화가 나타났다. 1947년에 신문학원이 설립되어 언론인 양성교육이 이루어지기 시작했고, 1953년의 『서울신문』과 1954년의 『한국일보』부터 시작된 기자 공채 제도가 전 언론사로 확산되어 갔다. 그러나 정파성이 지배하던 당시 언론계 풍토 속에 여전히 언론인의 전문성 확보와 직업윤리 정립을 위한 노력은 별로 활발하지 못했다. 관훈클럽이 등장하여 그 필요성을 제기하기는 했지만, 실질적인 변화가 나타났다고 보기는 어려웠다.

(2) 사이비 기자의 범람과 촌지수수의 일상화

정파성에 따른 보도 못지않게 문제가 된 것은 바로 사이비 기자의 등장으로 인한 언론윤리의 타락이었다. 우승규는 "6 · 25 전후에 어째서 대전에서 같이 '기자증'의 홍수시대를 이루었던가. 일부 악질들은 먼저는 '호신용(護身用)'으로 그것들을 이용했다. 다음엔 '자신용(資身用)'으로 악용도 했다"고 주장했다.[142] 김용호는 "특히 6 · 25의 서울 후퇴를 비롯해

---

141) 『조선일보』 1961.4.2.
142) 우승규, 『나절로 만필』, 탐구당, 1978, 279쪽.

서 1 · 4후퇴 후 서울의 재수복을 전후하여 유명, 무명의 신문사 또는 신문기자를 사칭하고 무슨 큰 특권이나 독점한 듯이 사회에 큰 물의를 일으킨 가짜 신문기자들의 행장"이 기자들에 대한 사회적 신뢰를 떨어뜨리는 데 영향을 주었다고 주장했다.[143] 사이비 기자의 등장은 그 자체가 언론인의 질적 하락과 윤리적 타락을 보여주는 것이었는데, 곽복산은 이에 대해 다음과 같이 지적하고 있다.[144]

> 오늘의 신문 내용의 질적 저조가 기자의 수준 여하에 있다고 운위하는 바 적지 않지만은 오늘날 많은 기자를 만들어 낸 책임이 뉘게 있는가 하면 경영자의 개인적인 신문욕에 그 원인의 대부분이 있다고 규정지어 마땅할 것 아닌가 한다. 오늘날 기자의 임명권은 편집국도 아니요 주필도 아니요 신문경영주에게 있다. 성안이 없는 신문경영에 무리가 있고 무리한 신문경영에 충실치 못한 지면이 그날그날 제작된다. 여기에 또한 민폐가 따르고 신문의 위신이 땅에 떨어진다.

최석채는 '사이비 언론인의 범람' 문제를 '언론계가 책임을 질 수 없는 사이비 언론인'과 '언론계가 책임 져야 할 사이비 언론인' 두 가지로 나누어 보아야 한다고 주장했다. 그는 "전자는 도저히 신문이라고는 할 수 없는 엉터리 간판을 내걸고 공갈 협박을 일삼는 부류, 후자는 정당한 신문들이 그 경영상의 모순으로 신분증을 남발한 무급기자의 경우" 두 가지로 나눌 수 있다고 하여, 기존 신문의 경우에도 사이비 언론인을 양산하고 있다고 지적했다.[145] 신생 신문뿐만 아니라 기성 신문의 경우에도 불합리한 경영으로 운영난에 허덕이면서 출혈경쟁을 했기 때문에 사이비 언론인을 양산할 수밖에 없었던 것이다. 즉, 사이비 언론인의 문제는 비단

---

143) 김용호, 『기자수첩-요철복덕방』, 동문사, 1953, 102~107쪽.
144) 곽복산, 「신문의 맹점과 신문인의 반성」, 『신태양』 1956년 3월호, 53쪽.
145) 최석채, 「언론의 책임이란 무엇인가」, 『사상계』 1961년 11월호, 93쪽.

신생 군소 언론만의 문제가 아니라 기성 언론에게도 적용되는 문제라는 것이었다. 중앙언론사조차도 월급을 제대로 주지 못하면서 촌지수수 관행이 언론인들 사이에 깊게 뿌리를 내렸는데, 박동운은 이에 대해 다음과 같이 주장했다.[146]

> 물론 기자들의 처우는 그가 봉직하는 신문사의 경영 상황과 수준에 따라 각이(各異)하다. 현재 서울의 신문기자들이 받고 있는 월 평균 봉급액은 편집국장과 상임 논설위원들이 대체로 최고 15만환에서 최하 7만환 정도이며 평기자의 경우에는 만환에서 4만환까지라고 알려져 있다. 그런데 한국은행의 조사에 의하면 서울특별시 거주 봉급생활자의 월 평균 생계비가 약 9만환이라고 하니 대다수의 기자가 사에서 받는 봉급만을 가지고서는 생계를 유지하기 곤란할 것만은 분명한 계산이다. 그나마 모모 삼류 신문사에서는 기자들에게 봉급을 전혀 지불하지 않으며 심지어 어떤 경제지의 경우에는 도리어 사에서 기자들에게 매월 얼마 가량이라도 사에 바치라고 호통치기까지 한다고 전해진다. 지방에서 상당히 알려져 있는 어떤 신문사의 경우에는 데스크의 편집기자에게 2만환을 줄 뿐, 외근기자에게는 전혀 봉급을 주지 않고 있다고 하는 말도 들려온다. 하늘 아래 몇 군데가 있을는지 의문시되는 이러한 기현상은 도대체 무엇을 말하여 주는가? '기자의 음성수입' '좋은 출입처' '경제기자라면 생활은 넉넉하겠군' 하는 등등의 불미한 말이 유포되는 것을 여러 사람들이 들은 적이 있었을 것이다. 그러한 생활방식에서 신문윤리강령의 실천이 과연 어느 정도 기대될 수 있을는지 알 수 없는 일이다. 취재의 독립은 경제의 독립 없이는 보장될 수 없는 일이기 때문이다.

촌지를 받을 수밖에 없는 언론 구조가 기자의 취재윤리에 손상을 가져온다는 것이었다. 일상적으로 촌지를 받는 기자에게 정상적인 취재보도 활동을 기대한다는 것은 무리였다. 촌지수수는 출입 기자단을 통해 이루

---

146) 박동운, 「신문인의 생태」, 『새벽』 1960년 4월호, 57쪽.

어지는 경우가 많았다. 기자단을 통한 촌지수수는 언론윤리의 타락을 의미하는 것뿐만 아니라 국민들의 알 권리를 침해하는 심각한 문제였다. 이에 대해 김경래는 다음과 같이 비판했다.[147]

> 정부 각 부처를 출입하는 소위 "xx부 출입기자단" 하는 그것이다. 하나의 친목단체로서 시작된 이것이 이(李)정권 전성기에서 몰락 직전까지 대단한 행패를 부려왔었다. 물론 예외는 있었다. 장관 하나가 신임되면 우선 이 출입기자단에게 세금을 바친다. 그 첫 납입액의 다과(多寡)로서 그에 대한 감정의 척도를 삼는 수도 있다. 재직중 이 '귀찮은 집단'에게 얼마나 많은 국고금을 털어 바치는지 모른다. 그러니 집단구걸단은 납세국민의 등을 간접적으로 쳐서 연명해 보겠다는 기묘한 조직체인 것이다. 총회비라고 불리우는 기자세를 징수하기 위하여 간사로 선출된 청년들은 농촌 세리들의 몇 배나 더한 월권적인 강압책을 수립해야 했다. 이 총회비는 출입기자들이 택일하여 친목을 위한 연회같은 데 소비하는 것이 아니다. 수금 즉시로 분배, 착복해 버리는 것이다. 출입처에 따라서 분배량에도 차이가 있다. 경제부처나 사무관청은 법조나 보사부 같은 곳의 배 이상이 보통이었다. 간사의 활동 여하로 이권의 공동청부도 맡아 그 가치를 분배한다. 한 가지 걸식기자단의 미덕은 엄정분배, 완전착복, 비밀보지(保持), 이런 곳에 있다.

당시 『경향신문』 사회부 차장이던 김경래가 기자단을 '집단구걸단'으로 표현했을 만큼 기자단을 통한 촌지수수는 심각한 문제였다. 식민지 시기나 미군정기에는 별로 없던 촌지 문제가 심각해진 것은 6·25 전쟁을 전후한 시기부터였다. 1950년대 내내 언론계의 심각한 문제였던 촌지수수 행위는 4·19 이후 재정적 기반도 없는 신문들이 쏟아져 나오면서 더욱 노골화되었다. 4·19 직후 "모 신문기자가 어느 장관에 대해 금품을 요구하였는데, 그 장관은 혁신시대에 그런 말을 하지 말라고 거절

---

147) 김경래, 「기자는 신문을 고발한다」, 『새벽』 1960년 8월호, 24쪽.

하자 그 기자는 불쾌한 언사로 위협하였다"고 한다.[148]

일부 사이비 기자의 발호는 행정 업무에 지장을 준다는 지적까지 나왔다. "최근 모장관이 국회 증언에서 기자 등쌀에 지방 행정의 조직과 기능이 거의 마비된 상태이며 그것을 단속하려면 공무원의 뒷구멍으로 파고들기 때문에 도저히 불가능하다"고 발언하기도 했다.[149] 이런 현실 속에서 "4·19후 쏟아져 나오는 신문기자들이 하루에도 수십 명씩 찾아와서 기사를 몇 줄 써 들고는 손을 내미는 바람에 기자라면 말만 들어도 입에서 신물이 돈다"는 사람까지 나왔다.[150] 이런 현실에서 "신문기자 하면 무슨 특권의식을 불러일으키기가 일쑤고 이는 곧 공짜와 통한다고 착각하는 새로운 '프로 저널리스트'가 많아진 것은 부인할 수 없는 것이 작금의 실정"이라는 비판까지 나왔다.[151]

언론에 대한 외부에서의 질책은 언론계 내부의 뼈아픈 자성으로 이어졌다. 당시 『민국일보』 정치부장이었던 조세형은 "4월 혁명 전까지 우리는 목청이 터지도록 언론의 자유를 부르짖어 왔다. 그 혁명이 있은 지 꼭 일 년, 우리는 스스로 언론의 책임을 말하지 않으면 안 되는 곳에까지 다다른 것 같다"고 하며 다음과 같이 주장했다.[152]

> 왜 여기서 신문 자체에 대한 책임까지 논해야 하게 되었느냐의 이유를 혁명 후 홍수처럼 쏟아져 나온 신문의 범람과 그 탈선과 행패와 사회악에 첫 번째 원인이 있겠으나 좀 더 냉혹하게 따지자면 이것은 모든 기성신문들의 책임이 아닐 수 없다. … 그 규모와 성격에는 큰 차이가 있을 지라도 그것이 모두 사회악을 빚고 있다는 점에서는 다 같은 신문의 행패인 것이다. 이런 폐단은

---

148) 『조선일보』 1960.5.11.
149) 『경향신문』 1961.4.7.
150) 『동아일보』 1961.1.11.
151) 『경향신문』 1961.4.6.
152) 조세형, 「신문의 책임」, 『신문연구』 제2권 1호, 1961, 24쪽.

모름지기 언론기관이 부당하게 특권화 되어 있는 데에 원인이 있다. 따라서 이것을 시정할 첫 단계는 우선 기성 신문사서부터 솔선하여 필요불가결한 혜택 조건을 제외하고는 모든 특권을 포기해버려야 한다.

조세형은 이어서 "현하 우리사회의 여론형성과정과 신문의 활동상황을 보건대 그 자유의 폭이 넓어진 대신으로 책임이 그만큼 부수하고 있으며 언론기관과 도처의 언론인이 지켜야 할 품위가 잘 유지되고 있는가에 관해서는 의문이 큰 바인데 사월혁명 후 각계 · 각층의 활동을 사실대로 보도하고 공정히 비판해야 할 언론계만이 유독 구태의연하게 남아 있다면 이는 큰 사회문제라 규정짓지 않을 수 없으니, 우리는 언론계의 혁신정화를 요망하는 대중의 소리에 따라 이(李)정부 하 언론계에 누적되었던 부패가 무엇이었으며 또 이를 어떻게 시정해 나가야할 것인가에 대해 언론계나 기타 여론형성 과정에 지도적으로 참여하는 여러 사회인사와 더불어 이 점을 열심히 반성해 볼 필요를 느끼는 바이다"이라고 주장했다.

『조선일보』도 사설을 통해 "우후죽순 격으로 난립한 각종 신문 · 통신 등의 사태(沙汰)는 오히려 뜻있는 국민의 빈축을 사기도 한 것이다. 또한 기자라는 이름을 빌린 관폐 · 민폐가 빈발해져서 그 원성이 적지 않다는 현상은 모처럼 발전하는 언론의 가치를 무색하게 하는 것으로 크게 경계하지 않을 수 없는 것이다. 따라서 언론의 자유가 확대됐다고 해서 그것에 만족할 것이 아니라 보다 더 책임이 무거워졌다는 것을 생각하고 진정한 언론발전을 가져오도록 특히 언론관계 종사자들은 노력해야 할 것이다"라고 하며 언론계의 자성을 촉구했다.[153]

우승규는 "4 · 19 뒤에도 그리했지만 허가제가 없어진 뒤 신문사태가

---

153) 『조선일보』 1960.12.12.

나자 민폐와 관폐가 이르는 곳마다 무척 심해졌다고 여기저기서 신문 자체를 성토하는 소리가 두드러지게 들려 온다"고 하며 서둘러 자율 규제를 해야만 한다고 주장했다.[154] 김동성도 "우리 언론인이 늘 투쟁해 오던 자유는 획득하였으나 그 자유를 남용하는 시국에 당면하고 있다. 그렇다고 해서 그 자유를 반환할 수는 없다. 언론인 스스로 해결할 문제다"라고 주장했다.[155] 즉 책임을 다하기 위한 노력이 있어야만 자유도 지켜질 수 있다는 주장도 나오게 되었다. 『동아일보』는 "4 · 19 이후 밀림화한 언론계를 생각할 때 신문의 책임을 위한 길이 곧 신문의 자유를 위하여 싸우는 길이라는 다짐은 아무리 강조해도 지나친 강조는 아니다"라고까지 주장했다.[156] 언론자유의 남용에 대한 사회적 비난 여론이 비등해지면서, 언론이 자율규제와 질적 향상의 필요성을 주장했지만 구체적인 실천방안은 별로 제시되지 못했다.

3. 언론인의 직업정체성과 단체활동

1) 언론인의 직업정체성

(1) '지사적 언론인'의 신화 만들기와 지사주의의 강조

정부수립 직후의 언론계를 주도했던 인물들 중에서 상당수는 총독부 기관지였던 『매일신보』나 『경성일보』 출신의 언론인들이었다.[157] 물론 총독부기관지에서 활동했다고 해서 모두가 친일적인 성향이 있었다고 단

---

154) 『동아일보』 1960. 7. 29.

155) 『동아일보』 1961. 4. 4.

156) 『동아일보』 1961. 4. 6.

157) 정진석, 『인물 한국언론사』, 나남, 1995, 360~362쪽.

정할 수는 없지만 적어도 이들이 일제에 저항했던 지사적 언론인의 전형이 아니었다고는 할 수 있다. 그러나 민간지에만 근무했든 아니면 총독부 기관지에도 근무했든, 일제강점기부터 활동했던 많은 언론인들은 과거의 언론인이 '지사'였다고 하며 이상적 언론인으로서의 지사의 역할을 강조했다.

송지영은 "그때의 기자들의 기풍은 직업인이라기보다는 망자존대(妄自尊大)일런지 몰라 하되 지사연(志士然)한 기개에 살기를 즐겨"했는데, 오늘날에는 "옛날의 신문기자는 무관의 제왕이라더니 요즘의 기자들은 무관의 순사나 되나 몰라"라는 비아냥을 듣게 되었다고 했다.[158] 오기영도 "신문기자의 기질은 놀라울 만큼 타락하였다. 20년 전 이 땅의 신문기자는 적어도 지사(志士)였다. 그런데 오늘날과 같이 건국 도상에 있어서처럼 혁명적이며 양심적인 신문인이 요구되는 때가 없거늘 기자들의 대부분이 전날의 기백(氣魄)이 없음은 한심한 일이다"라고 비판했다.[159] 이렇듯 일제강점기부터 언론인으로 활동했던 인물들이 과거의 기자를 지사로 보고, 그렇지 못한 현실을 비판했던 것은 곧 지사적 기자에 대한 기대를 표명한 것이기도 했다.

홍종인은 "한낫 장인의 신문기자가 아니고 사상과 지략이 청신횡일(淸新橫溢)한 박력 있는" 기자가 되어야 한다고 하며 기자가 일정한 지도성을 발휘해야 한다는 점을 강조했다.[160] 또한 국민을 계몽해야 하는 언론인은 나름의 관점을 가져야 한다고 하며, "불편부당인은 신문인의 자살이다"라거나 "불편부당이란 말로 자신을 도피하는 것이다"라는 주장도 나

---

158) 송지영, 「나의 견습기자 시대─올챙이기자 시절」, 김사림 편, 『신문기자수첩』, 모던출판사, 1948, 죽 15~16쪽.
159) 오기영, 「각계 인사가 말하는 신문에 대한 불평과 희망─사실에 충실하다」, 『신문평론』 1947년 4월호, 23쪽.
160) 홍종인, 「정계와 언론과 정당」, 『신천지』 1946년 6월호, 19쪽.

왔다.[161] 같은 맥락에서 "신문이나 신문인이 세계관을 갖지 못한다는 일은 있어서는 안 된다. 어떤 신문이든지 그 논설은 물론이거니와 그 보도에 있어서도 그 세계관에 따라 시각을 결정하고야만 비로소 보도할 수 있을 것이다"라는 주장도 나왔다.[162] 이런 주장은 언론인의 계몽적 역할을 강조한 것으로서 '지사적 언론인관'의 단면을 보여주는 것이었다. 이와 관련해 "쩌나리스트 자신이 열정적인 애국자가 되어 민중을 계몽, 지도할 만한 교양을 가지지 않으면 안 된다고 확신한다"는 주장도 나왔다.[163] 당시에 한경수는 다음과 같이 주장하였다.[164]

> 신문은 가깝게는 일 사회, 일 국가, 나아가서는 전 인류, 사회를 계몽, 발전
> 시키는 문화운동체라고 규정지어도 과오는 아닐 것이다. 그러면 신문의 이
> 러한 사명을 완수하기에 헌신, 종사하는 신문기자의 정의와 성격은 자명한
> 것이다. 그의 인격의 고결과 학식의 심박(深博)과 뛰어난 정의감과 신의 견
> 지와 진용(眞勇)의 발휘가 요청됨은 물론이요 이것들의 체득자라야만 될 것
> 은 재언을 요치 않은 것이다. 따라서 신문기자는 인류평화의 사도이며 민주
> 계발의 전위라 할 것이다. … 조국 재건이란 민족 지상 사명을 앞에 두고 진
> 정한 의미에서의 조선의 신문기자가 나오기를 원하는 바이며 나아가서 세계
> 언론계에 화(和)하는 명실상부한 신문인이 양성되기를 간망(懇望)하여 마지
> 않는 바이다.

즉, 당시에 신문의 정론성을 어느 정도 당연한 것으로 받아들였던 만큼, 기자들도 단순한 직업인에 머무르기보다는 나름의 사상을 가지고 민중들을 지도해야 한다는 견해가 지배적이었다. 또한 기자들이 단순히 국민을 계몽하는 것에서 더 나아가 민의를 대변할 수 있어야 한다는

---

161) 강대호, 「신문인 수첩」, 『신세대』 1946년 5월호, 60~61쪽.

162) 문철민, 「선전과 신문」, 『우리공론』 1945년 12월호, 20쪽.

163) 박정추, 「건국과 저나리즘」, 『건국공론』 1946년 4월호, 11쪽.

164) 한경수, 「신문기자의 존엄성」, 김사림 편, 『신문기자수첩』, 모던출판사, 1948, 학 12쪽.

주장도 있었다. 설의식은 "언론의 권위 필력(筆力)의 권위를 제왕의 권위에 비기거니와 이 같은 권위를 보지(保持)하고 신장하기 위하여서의 기본조건은 언론인 자체에 있다. 기자 자신의 긍지와 존엄의 파악에 있다. 이 같은 자기(自己)로써 제왕과 맞서는 입각점은 어디까지나 민적(民的)인 점이다. 제왕적 권위에 대항하는 권위는 철두철미 민의의 대변에 있고 민권의 지지에 있다. 신문 및 신문기자의 사회성도 필경은 여기에 있으며 항관성(抗官性)도 이 초점으로써 연역되는 것이다. 그러므로 기자는 언제나 민권의 선양자가 되어야 하는 것이다"라고 주장하기도 했다.[165]

김을한도 "신문인이여! 생활은 곤궁하더라도 마음만은 풍부히 가져라. 신문인이여! 비록 남루한 의복을 입었을망정 지조만은 항상 높이 가져라. 그리하여 온갖 부정과 불의에 항거하라. 민중과 함께 웃고 우는 것이 그대들의 사명이 아닌가? 신문인이 그 사명을 다하고 그 업적이 찬연히 빛날 때 그 나라는 비로소 번영할 것이고 국가의 토대도 반석 위에 놓여질 것이다"라고 주장했다.[166] 홍효민도 "신문이 목탁이요. 신문기자가 무관제왕이란 말은 다른 말로 표현하면 신문은 국론을 맡은 사명이 있는 것이오 신문기자를 무관제왕이란 말은 곧 국사(國士)란 말로 통한다. 국사가 국론을 말하는 것은 당연 이상의 당연이다. … 나의 지론은 어느 때나 신문은 국론을 중시하고 신문기자는 국사적인 태도를 가지라는 것을 늘 고조한다. 신문의 품위와 기자의 권위는 늘 이런 곳에 있는 까닭이다"라고 주장했다.[167]

일제강점기에 지사적 언론인다운 활동을 했다고 보기 어려운 일부 인

---

165) 설의식, 『언론인의 사명』, 『민정』 1948년 9월호, 93쪽.
166) 김을한, 「현대 쩌나리즘 비판─신문인의 분기를 촉함」, 『신경향』 1950년 3월호, 33쪽.
167) 홍효민, 「신문과 기자─국론과 국사적인 긍지」, 김사림 편, 『일선 기자의 고백』, 모던 출판사, 1949, 65~67쪽.

물들도 언론인의 지사주의를 강조하고, 이를 계승해야 한다고 주장했다. 일제강점기의 민족주의적인 저항적 언론활동을 내세워, 광복 이후 벌어진 민족 내부의 정파적 언론 활동을 비판하려고 했던 것일 수 있다. 그러나 이들에 의해 일제강점기 언론인이 마치 모두 지사적이었던 것처럼 표현되면서, '지사적 언론인의 신화'가 만들어지기 시작했다는 점은 비판받아야 한다. 일제강점기 언론인의 지사적 활동의 장점을 계승하되, 언론인의 정치적 활동을 당연시하거나 곤궁한 생활을 낭만화하는 것은 경계할 필요가 있었다는 것이다.

미군정기에 활동했던 언론인도 뒷날 같은 내용을 주장했다. 윤임술은 미군정 기간 동안 "한 달이 지나가도 월급 줄 형편이 못되니 사원들의 생활은 말이 아니었다"고 하며, "월급을 제때에 못주고 못 받아 생활은 궁핍했지만 지사연하는 기개로 이를 극복했다. 당시의 기자들 모두가 이런 지사적인 기개를 갖추었다고 단정할 수는 없지만 그때의 언론인은 분명히 요즘 같은 월급장이 관념보다는 다른 무엇이 있었던 것도 부인할 수 없다"고 주장했다.[168] 또한 강영수도 "그때만 해도 8·15 이전의 신문기자 기질이 그대로 이어져 왔었다. 아직껏 완전히 '샐러리맨'화 하지 않았다. 일종의 '지사연'하는 것으로 자처하는 기풍이 남아 있었다. 양반이 아침밥 대신 냉수 마시고도 헛트림하며 이 쑤시는 격이었는지도 모른다"고 회고했다.[169] 이런 지사적 언론인에 대한 기대는 1950년대에도 계속되었다. 신상초는 당시에 지사적 언론인에 대한 기대를 표명하여 다음과 같이 주장했다.[170]

---

168) 윤임술, 「미군정기의 한국언론 48인의 체험증언-조판 끝내고 종이 없어 발행 못한 때도」, 『신문과 방송』 1986년 8월호, 26쪽.
169) 강영수, 「반트럭 타고 임상 시찰이 큰 나들이」, 『언론비화 50편』, 한국신문연구소, 1978, 433쪽.
170) 신상초, 「신문 정비의 방법론」, 『새벽』 1955년 1월호, 122쪽.

지난날의 우리나라 신문과 신문기자의 행적을 살펴볼 때에 그 어느 것 하나도 빠짐없이 당당하였다. 신문은 민중의 절대 지지를 받았고 기자 역시 민중의 존경을 받았다. 한(韓)제국 당시부터 일제 식민지 때까지의 신문기자는 일종 민족적 지사였다. 따라서 '사회의 목탁'이라든가 '무관의 제왕'이라는 이름까지 들었다. 이에는 이유가 있었다. 월급을 반년 내지 일 년씩 받지 못하고 동절에 외투도 입지 못했어도 민족을 위한다는 하나의 굳은 신념과 긍지를 가졌던 때문이요, 또 하나는 기자로서의 고상한 기개와 품격을 굳게 몸에 지녔던 때문이었다. 개중에는 그 실력에 있어서나 품격에 있어서 과거 어느 때보다도 훌륭한 우수한 기자들도 있다. 그러나 해방 후 단시일에 수다한 신문기자가 배출된 까닭에 신문기자로서의 자기완성을 보지 못한 채 자기도 모르게 기자도를 더럽히는 사람도 없지 않아 있다는 것은 숨길 수 없는 하나의 사실이다.

이렇듯 1950년대 기자들이 고용 불안과 낮은 임금을 감수하며 이승만 정권의 언론탄압에 저항하는 가운데 기자의 지사주의가 새롭게 강조되었던 것이다. 다만 신상초도 인정했듯이 "해방 후 단시일에 수다한 신문기자가 배출된 까닭"에 민족적 지사로서의 기자들이 지켜왔던 '기자도'(記者道)가 더럽혀지기도 했던 것이다. 송건호도 1970년대 중반에 쓴 "한국 기자상의 어제와 오늘"이라는 글에서 다음과 같이 주장했다.[171]

> 일제시대의 기자는 지사형이라는 말이 있었다. 단순한 신문기자가 아니라 민족의 독립을 위한 항일독립투사로 생각되었고 또 그렇게 자처했다. 8·15해방 후에는 이 지사형이 약간 변하기는 했으나 그래도 기자들의 생활은 타산적이기보다 선후배관계가 엄격했고 기분에 따라 호음하며 쩨쩨하게 가정에 얽매여 사는 생활인형이 아니었다. … 일제시대의 지사형에서 그 정신면이 없어진 대신 외형만 남은 생활을 했다고 할까, 이래서 8·15 해방 후 한 10년간의 기자생활은 오히려 방탕한 현상을 보여주었다고 할

---

171) 송건호, 「한국 기자상의 어제와 오늘」, 『송건호 전집』 8, 한길사, 2002, 217~218쪽.

수도 있다.

송건호는 8 · 15이후에는 언론인이 지사형 기자로서의 "정신면이 없어진 대신 외형만 남은 생활을 했다"고 주장했다. '항일독립'운동을 하던 시절의 정신 같은 것은 완전히 사라지고, 단지 호탕함을 자랑하며 낭만적이거나 방탕한 생활을 했을 뿐이었다. 이 시기의 언론인들이 타산적인 생활인은 아니었지만, 그렇다고 저항적인 지사도 아니었다는 것이다. 1950년대에 강조되던 언론인의 지사주의는 이승만 정권의 언론탄압에 저항할 수 있는 근거가 되기도 했지만, 때로는 열악한 노동조건에서 비롯될 수 있는 직업적 권익쟁취를 위한 기자들의 투쟁의 가능성을 봉쇄하는 역할을 하기도 했다.

(2) 정파성과 부패로 인한 자조

미군정기 이후 지사적 언론인의 역할을 강조하는 한편 과거와 달라진 현실에서 언론인의 질적 저하와 윤리적 타락을 염려하며 비판하거나 자조하는 의식들도 나타났다. 강영수는 "이 땅에서는 신문을 마치 '코란'이나 '바이블'처럼 맹신하는 버릇이 있어서 지면에 나타나는 대소의 사실을 그대로 낱낱이 믿으려는 경향이 있다. 그러면서도 신문기자는 불량배의 '인테리' 부대로밖에는 생각하지 않는 모순성을 지니고 있다"고 주장했다.[172]

언론인에 대한 불신은 정파적 보도로부터 비롯된 측면도 있었다. 당시 한 언론인은 "다시 말하거니와 오늘날 신문인의 사명과 민족적 의무는 부침이 무상한 어떤 지배적 세력에 대한 추세(追勢)와 타협에 있지 않음

---

172) 강영수, 「청빈기-신문기자의 생태 수상」, 김사림 편, 『일선기자의 고백』, 모던출판사, 1949, 55쪽.

은 스스로 자처하는 좌우익 기자의 자중과 가일층의 대오(大悟)가 기대되는 바이다. 더욱이 이러한 경향은 해방전 불미한 경력의 소유층에 현저함은 삼탄(三歎)을 금난(禁難)케 하는 바 있으며 언론의 민주화를 필기하여야 할 문화전선의 중대한 분야에 스스로 적(籍)을 가진 신문인들은 모름지기 한층 깊은 자각과 새로운 정신적 무장을 튼튼히 하기를 상호간 세력 방향으로서 언론계의 말석에서 감히 요청하여 마지않는다"고 간절한 희망을 표현하기도 했다.[173] 같은 맥락에서 다음과 같은 주장도 나왔다.[174]

아무런 역사적 배경과 사회적 근거도 없이 족출(簇出), 난립하는 정당단체와 끊을 수 없는 관련을 가지고 무수한 언론기관이 족출하는 바람에 기자의 질적 저하는 이후 형언할 수 없습니다. 어느 부면이나 인재가 부족한 오늘 우리 사회의 과도적 현상이니 도리 없는 노릇이외다만 스스로 바른 잣대를 갖지 않고 어찌 굽은 것 바른 것, 긴 것 짧은 것을 밝힐 도리가 있겠습니까. 실로 신문기자가 죄과를 범하는 기본적 요소가 여기에도 있는 것입니다. 정상배의 그릇된 작난(作亂)이 민족국가에 미치는 영향보다 못지않게 불순한 경영주나 그릇된 기자들의 활자요술로 인한 피해는 적지 않은 것입니다. 하물며 그릇된 정상배와 옳지 못한 권력이 호기 있게 이용하고 즐겨 이용당하는 언론계의 현실은 실로 벌레 먹은 목탁이요 땅에 떨어진 왕관이 아니고 무엇이겠습니까.

정파성으로 인해 기자들이 "벌레 먹은 목탁이요 땅에 떨어진 왕관"이 되었다는 비판은 언론인에 대한 반성을 촉구하는 것이었다. 또한 언론인이 비판적 역할을 제대로 하지 못한다는 지적도 나왔다. 오소백은 1953년의 기자좌담회에서 "기자들이 신문인적 기백이 없고 썩었어요. 신문의

---

173) 아정생, 「신문인론」, 『신문평론』 1947년 7월호, 68쪽.
174) 최명소, 「신문기자를 지망하시는 박형에게」, 『신문평론』 1949년 7월호, 42~43쪽.

위기를 타개하고자 다들 들고 일어나야 해요. … 기자가 무능해요"라고 비판하기도 했다.[175] 설의식도 이목우에게 "관리나 교원이나 모두가 질 저하 때문에 곤란한데 신문기자의 질 저하도 골병꺼리야 일제시의 한인 기자는 그래도 지사풍을 가졌었고 붓은 들되 칼날같이 다루었지"라고 말하곤 했다고 한다.[176] 특정 정치세력의 하수인이 되다시피 한 언론인이 곱게 보일 수 없었기 때문에 이런 비판이 나왔던 것이다. 더 큰 문제는 신분이 보장되지 않고, 임금을 제대로 받지 못하면서 촌지로 생활하다시피 하는 기자들의 자조적 의식이었다. 김경래는 당시의 현실을 다음과 같이 묘사하고 있다.[177]

대한민국에는 정기자(正記者)의 수보다 가기자(假記者)의 수자가 몇 배나 더 된다는 말이 일반화되어 있다. 대학을 읽은 도적놈이 더 지모적이듯 최고학부를 나와 제대로 견습기간까지 거친 중견기자들이 더 큰 탈선을 자행하여 왔다. 유명무실한 주간지 나부레기에서 일금 기천원에 기자증을 매입하여 협박과 공갈을 일삼는 가기자떼보다 더 막대한 피해를 관(官) 또는 민(民)에게 입혀 왔다. 여기서 두 종류의 가기자의 성분이 드러난다. 전자는 일종의 등록된 협잡배들이고 후자는 무허가 날치기들이다. …소위 일류 신문사의 수십 명 기자 가운데도 이런 의미의 가기자가 섞여 있었던 것이다. 특히 동일 관청을 수년간씩 출입하는 기자들은 그 출입처의 내막을 웬만한 사무관이나 서기관들보다 더 많이 깊이 그리고 체계화된 경험으로 알고 있는 수가 허다하다. 이것을 선용하면 일단짜리 보도기사에서도 권위를 부여하나 악용하면 그 가기자는 출입관청의 정기 공갈빈객(賓客)으로 떳떳이 등록된다. 눈에 보이는 기자증은 진짜인데 뵈지 않는 양심의 기자증, 그것이 가짜였던 것이다. 가짜 신분증이나 어느 시대의 사명인지도 모를 사명을 내세우면서 행악(行惡)하는 가기자들의 죄상에는 그래도 인간적인 동정이 가는 수

175) 오소백 외, 「일건기자 좌담회」, 오소백 편, 『신문기자가 되려면』 3판, 1959, 276쪽.
176) 이목우, 『시대풍』, 세문사, 1953, 23쪽.
177) 김경래, 「기자는 신문을 고발한다」, 『새벽』, 1960년 8월호, 119쪽.

가 있었다. 진짜를 내세운 가짜 대기자인체 소기자, 결백한네 하면서도 뒷구멍으로 쓱싹 해치우는 세칭 거물급 출입기자—날치기파 가기자들이 농촌을 괴롭혔다면 등록된 가기자들은 도시를 좀먹었고 나아가서는 국가를 위태롭게까지 했던 것이다. … 하여튼 이 가기자 문제 하나만 해결되어도 언론계의 두통꺼리 5분지 4는 소멸되고 말 것도 같다."

이렇듯 큰 신문사에 있으면서도 '가기자' 같은 역할을 할 수밖에 없는 현실 속에서 기자들의 자조적 의식이 심화되었다. 오소백과 이형은 "개중에는 나쁜 기자도 있을 것이고, 사이비 기자도 있을 것이고 가기자(假記者)도 없지 않아서 흔히 용서할 수 없는 비행을 저지르는 기자가 없지도 않겠지만 그런 기자는 '기자(記者)'가 아니라 '기자(棄者, 포기한 자)'거나 '기자(飢者, 배고픈 자)'에 틀림없다"고 당시 현실을 표현했다.[178] 오소백은 "해방 전의 기자들은 이런 면으로는 행복한 편이었다. 오늘의 기자들은 먹고 살기가 바빠서 눈이 뒤집힐 지경에 있는 것이다. 일도 중요하고 취재도 중요하지만 굶주림을 메꾼다는 건 더 당면한 문제이다. 적어도 양심 있는 기자라면 음성수입으로 생활을 지탱해나가는 처지를 번민하지 않는 기자는 없을 것이다"라고 고민의 일단을 드러냈다.[179]

1950년대의 언론인은 지사적 기자에 대한 요구와 자조적 의식을 가질 수밖에 없는 현실 사이에서 고민했다. 많은 언론인들이 지사주의로 자신들의 곤궁함을 상쇄시키거나 아니면 촌지수수 같은 부당한 방법으로 현실과 타협했다. 정작 지사적 언론인이 활동했다고 하는 식민지시기에도 언론인들이 노동자화되었다고 하며 자조했던 것과는 달리 1950년대에는 언론인들이 자신들이 일종의 노동자라는 주장조차 일체 하지 않았다는 것은 지사적 언론인의 신화가 드리운 깊은 그늘이었다.

---

178) 오소백 · 이형, 「신문의 취재」, 『현대신문전서』, 학원사, 1959, 274쪽.
179) 오소백, 「신문계의 반역아」, 『신태양』 1958년 8월호, 112~113쪽.

3) 전문직화의 필요성에 대한 인식

지사주의가 일부 기자에게는 경제적 빈곤을 상쇄해주는 일종의 직업의식으로서 기능했지만, 한편에서는 막연히 저항적 체질만을 강조하는 지사주의를 지양하고 전문직화를 추구해야 한다는 새로운 인식들이 나타나기도 했다.[180] 지사적 언론인으로서의 자세가 필요하기는 하지만, 과거와는 달리 언론인의 사회적 책임을 강조하며 전문적인 역할을 해야 한다는 주장도 나왔다. 곽복산은 "여기서 또 하나 상기되는 것은 신문기자들의 직업적인 신조이다. 옛날부터 신문기자를 사회의 목탁이라고 자타가 불러왔다. 그것은 '신문이 하나의 상품이 아니라 사회의 지도적인 세력이다'라 함을 가리키는 것이다. 그러기 때문에 신문기자는 어떠한 사실이나 의견을 독자사회에 전달하여 주는 하나의 기술자만은 아니다. 다시 말하자면 "신문사라는 큰 기업의 치차(齒車)에 불과하다"는 것으로서 신문기자의 본래의 사명을 잊어서는 안 될 것이다. 그러므로 그가 보도하는 하나의 뉴스 논평의 내용에 도덕적인 사회적인 책임을 느껴야 할 것이다"라고 주장했다.[181]

점차 지사주의에서 벗어난 새로운 언론인관을 주장하는 경우도 나타났다. 이혜복은 "나는 기자라는 것은 상냥하고 친절하고 티끌만한 것도 놓치지 않고 관찰하여 분석함으로써 그것을 선과 진과 미의 기본적인 표준에 비추어 독자들에게 옳고 긇고 어떻다는 것을 해명하는 것을 직업으로 하는 민중에 대한 봉사자라고 규정짓고 싶으며 그렇기 때문에 소위 영웅호걸로 자처하는 지사형의 인물, 그러한 인생관을 가진 사람은 이미 기자의

---

180) 박권상은 『관훈클럽 30년사』에서 이 클럽이 '직업주의'(professionalism)의 확립을 목적으로 했다고 주장하고 있다. 관훈클럽, 『관훈클럽30년사』, 1986, 22쪽, 32쪽.

181) 곽복산, 「한국신문의 구조와 과제」, 『사상계』 1959년 2월호, 113쪽.

영역을 떠난 사람이라고 보아 좋을 것"이라고 주장했다.[182] 즉 '지사형'의 인물을 오히려 '기자의 영역을 떠난' 사람으로 보며, 이제 기자에게는 엄밀한 관찰과 분석 능력이 더 필요하다고 주장했던 것이다. 마찬가지 맥락에서 백성영도 "재래로 언론인들은 '무관의 제왕'이라고 일러 오지 않았겠습니까. 그러나 그것은 이미 오늘날의 기자도나 기자관은 아니라고 봅니다. 왜냐하면 현대의 신문은 그 보도행위에 있어서는 오로지 정확, 신속하여 독자대중에게 알리고 그러므로 독자에게 비판의 재료를 제공하는 것만이 현대 '매스커뮤니케이션'의 사명이 아닐까요"라고 주장하기도 했다.[183]

전통적인 지사적 언론인관을 넘어서서 근대적인 전문인적 언론인관이 필요하다는 주장이었다. 즉, 이제는 언론인으로서의 전문성과 윤리의식이 필요하다는 주장들이 나오기 시작했던 것이다. 이런 시도의 일환으로 1950년에 결성된 바 있던 한국신문기자협회가 1954년 3월 25일에 서울신문학원의 도움을 받고, 공보처의 후원을 받아 1개월 가량의 '신문기자 아카데미'를 열었는데, 이에 대해 이관구는 사설을 통해 다음과 같이 주장하였다.[184]

우리의 근대적인 언론기관의 창시와 그 발전의 자취를 보면, 한말 외세의 침점(浸漸)에 대항하는 민족항쟁의 중대한 일익으로서 더욱이 일정(日政)기에 있어서는 거의 우리 민족의 사회적, 정치적 운동의 중심적 역할을 담당한 감이 없지 않았다. 그 경영상 기초라던가 제작기술이라던가 모두 빈약하고 서투른 편이 많았지만, 그러나 언론의 목표가 뚜렷이 확립되었으며 또 언론인의 신념과 행동이 함께 일정한 규범 밑에서 견고하고 활발하였던 것이다. 다

---

182) 이혜복, 「나의 기자 신조─관찰과 분석」, 『신태양』, 1956년 3월호, 57쪽.

183) 백석영, 「신문 독자로서의 긴급제언」, 『신태양』, 1957년 10월호, 258~259쪽.

184) 「언론도의 확립을 위하여」, 『경향신문』 1954.3.26, 사설. 이 글은 무기명 사설이지만, 이관구가 자신이 쓴 사설을 따로 모아 놓았고, 이것이 나중에 책으로 묶여 나와 필자를 확인할 수 있었다. 이신복 편, 『성재 이관구 논설선집』, 일조각, 1986, 292~293쪽.

시 말하면 민족적 해방을 위한 계몽과 선전은 물론 때로는 항쟁의 선두에서 정간, 폐간 내지 투옥의 모험을 감행하면서 투쟁을 실천하였던 것이다. 그러므로 그 당시의 언론기관으로 말하면 도의적인 관점으로서는 최고급의 수준을 걸어 나갔었다.

이어서 이관구는 이제 언론인의 역할이 과거 같이 '계몽과 선전'에 머물러서는 안 되고, 전문적인 지식과 윤리적인 의식을 갖추어야 한다고 주장하였다. 전통적인 지사적 언론인관과 근대적인 전문직업인으로서의 언론인관의 조화가 주장되기에 이르렀던 것이다. 이런 인식의 변화는 지사적 언론인을 이상적인 모델로 바라보고 활동했던 언론계의 풍토가 한계를 보이고 있다는 판단의 산물이었다. 정파적 풍토 속에 강조되던 지사주의가 새롭게 등장하던 전문직주의와의 조화를 요구받기에 이른 것이다.

지사주의를 지양하고 전문직화를 추구해야 한다는 새로운 주장들이, 미국무성의 지원으로 미국에서 교육을 받고 온 젊은 기자들이 중심이 되어 결성된 관훈클럽을 중심으로 제기되었다.[185] 1957년 1월에 결성된 관훈클럽에 참여했던 젊은 기자들은 미국무성 초청의 연수경험을 통해 이전 시기와는 달리 직업적 전문성의 확보와 직업윤리 정립의 필요성을 강조하는 새로운 모습을 보였다. 다만 박권상은 이 클럽이 '전문직주의' (professionalism)의 확립을 목적으로 했다고 주장했지만, 박권상이 주장한 전문직주의가 지사주의와의 철저한 단절을 전제하고 있던 것 같지는 않다. 이것은 이 클럽 초기의 활발했던 활동력이 식어가는 이유를 "동인적이고 지사적인 기질에서 샐러리맨의 기질로 변질"했기 때문이라고 보

---

185) 차재영, 「1950년대 미국무성의 한국 언론인 교육교류 사업 연구─한국의 언론 전문직주의 형성에 미친 영향을 중심으로」, 『한국언론학보』 58권 2호, 2014, 219~245쪽.

고 있는데서 잘 드러난다.[186]

김규환은 이승만 정권 말기에 신문이 상업화되기 시작하고 대졸자들이 공채로 신문에 입사하면서 언론인들이 전문직업인으로서의 성격을 자각하기 시작했다고 주장했다. 또한 그는 그 이전까지는 "사회적 엘리트 의식이 프로페숀 의식으로 분화되지 못하고" 있었다고 지적했다.[187] 관훈클럽의 등장이 이러한 주장의 배경이 되었을 것이다. 그러나 관훈클럽의 등장에도 1950년대까지는 아직 기자의 전문직화의 필요성에 대한 인식이 널리 확산되었다고 보기는 어렵다. 전문화의 필요성이나 언론윤리의 중요성을 어느 정도 인식하는 정도에 그쳤을 뿐이지, 많은 언론인들이 스스로 전문직업인이라는 의식을 갖고 있었다고 보기는 어려웠다는 것이다.

2) 언론인의 단체활동

(1) 미군정기 정치적 언론단체의 정파적 활동

해방 이후 언론들이 강한 정파성을 지녔던 만큼 언론인 단체도 노골적인 정치적 색채를 드러냈다. 해방된 지 불과 2달여 만인 1945년 10월 23일에 '전조선 신문기자대회'가 열렸다. 이 자리에는 이승만, 허헌, 김삼룡과 미군정청의 푸스 대령도 참석했다. 조선통신사 이종모의 사회로 시작하여, 『신조선보』 양재하의 개회사가 있었고, 임시집행부 선출 후 해방통신사 김진기의 경과보고가 있었으며, 뒤 이어 의장이 '조선신문기자회'의 결성을 선언했다. 이어 『자유신문』 정진석의 강령 규약 발표 후 약간의 수정을 거쳐 『조선인민보』 김정도가 아래와 같은 선언문을 낭독

---

186) 관훈클럽, 『관훈클럽 30년사』, 1986, 22쪽, 22쪽.
187) 김규환, 「전문직업인으로서의 저널리스트」, 『저널리즘』 2호, 1969, 6쪽.

3장 분단체제 형성기의 언론인   235

했다.[188]

우리들 붓을 든 자 진실로 우리의 국가건설에 대한 제 장애물을 정당히 비판
하여 대중 앞에 그 정체를 밝힘으로써 민족 진로의 등화가 될 것을 그 사명
으로 한다. 단순한 춘추의 필법으로는 우리는 만족치 않는다. 때는 바야흐로
우리에게 필봉의 무장을 요구한다. 모든 민족적 건설에 한 개의 추진이 되
고 다시 민중의 지향을 밝게 하는 거화가 되지 못한다면 우리의 붓은 꺾어진
붓이며 연약한 붓이며 무능력한 붓이다. 민중이 갈망하는 바는 우리의 힘 있
고 바르고 용감한 필봉일 뿐이다. … 신문이 흔히 불편부당을 말하나 이것
은 흑백을 흑백으로써 가리어 추호도 왜곡치 않는 것만이 진정한 불편부당
인 것을 확신한다. 엄정중립이라는 기회주의적 이념이 적어도 이러한 전민
족적 격동기에 있어서 존재할 수 없음을 우리는 확인한다. 우리는 용감한 전
투적 언론진을 구축하기에 분투함을 선언한다.

강령 1. 우리는 민족의 완전 독립을 기한다.
　　 1. 우리는 언론 자주의 확보를 기한다.

다음 날인 10월 24일에도 이종모의 사회로 회의를 시작해, 4개의 안
건과 기타 사항에 대해 토의를 했다. 이 날에는 조선인민공화국을 지지
하고, 『매일신보』 자치위원회를 격려할 것을 결의하는 등의 내용을 담은
성명서를 발표했다.[189] 해방된 지 불과 2달여 만에 전조선 기자대회가 열
리고, 조선신문기자회가 결성될 수 있었던 것은 좌익이 정국의 주도권을
잡으려고 적극적으로 나섰기 때문이었다.[190] 특히 1945년 9월 6일에 좌익
주도로 만들어진 조선인민공화국에 대해 미군정이 10월 10일에 부정하

---

188) 『자유신문』 1945.10.25.
189) 『매일신보』 1945.10.26.
190) 박일원, 『남로당의 조직과 전술』, 세계, 1984, 49쪽.

는 성명을 냈던 상황에서,[191] 조선신문기자회가 결성과정에서부터 조선인 민공화국 지지를 표명했다는 것은 그 이념적 성격을 명확히 드러낸 것이 었다.

그러나 조선신문기자회에는 좌익만이 아니고 중도파나 일부 우익 언론인들도 참여했다. 적어도 초기에는 많은 언론인들이 '민족의 완전 독립'을 위해 언론이 중요한 역할을 해야 한다는 공통된 인식을 갖고, 언론인 단체를 만드는데 참여했던 것이다. 좌익의 의도를 간파하지 못했다기보다는 해방 직후의 고조된 사회 분위기 속에 좌우익이 힘을 합쳐야만 자주적 통일국가를 만들 수 있다는 인식이 더 크게 작용했다고 보아야 할 것이다.

창립 당시 명단에 나와 있는 주요 인물들은 대부분 좌익계였다. 조선인민공화국 기관지『조선인민보』와 조선공산당 기관지『해방일보』는 물론이고『해방통신』,『부산민주중보』,『중앙신문』등 '진보적 민주주의'를 표방했던 언론사에 근무하는 인물들까지 대부분이 좌익이었다고 보아야 할 것이다. 또한『서울신문』이나『자유신문』같이 중도파 신문에 근무하는 기자들도 상당수가 좌익계열이었다.[192] 초기 참여 인물 중에 이종모와 양재하는 좌익이 아니었다. 이종모는 1940년 폐간되기 전까지『조선일보』사회부 차장을 지냈고, 양재하는『동아일보』기자로 활동했었다. 이 둘은『조선일보』와『동아일보』가 폐간된 이후 많은 기자들이 총독부 기관지인『매일신보』로 옮겨간 것과는 달리 해방되기 전까지 언론계를 떠

---

191) 김남식,『남로당 연구』, 돌베개, 1984, 117~120쪽.

192) 이원영,「신익희씨의 정치자금 3백만 원과 성토」,『언론비화 50편』, 한국신문연구소, 1978, 100~101쪽. 미군정은 1946년 5월 현재 두 신문을 좌익으로 분류했지만, 당시 근무했던 사람들의 증언을 보면 대체로 '중립'이었다고 볼 수 있다. 다만 이런 신문들에 조선공산당의 조직적 개입이 있었거나, 개인적으로 좌익 이념에 동조하는 기자들이 있었다고 볼 수는 있다.

나 있었거나 다른 매체에서 활동했다.[193] 결성을 주도했던 좌익세력이 이념적 색채를 완화하려는 의도에서 좌익이 아니었던 이종모를 회장으로 내세웠던 것이다.

1946년 4월의 조선신문기자회 주최 제2회 전조선 신문기자대회에는 안재홍이 발행하던 『한성일보』뿐만 아니라 임정 지지를 표방하던 『조선일보』까지 참가했다.[194] 조선공산당 기관지인 『해방일보』 기자들과 임정을 지지하던 『조선일보』 기자들이 같은 언론인 단체에서 활동했던 것이다. 적어도 이 시기까지 조선신문기자회에는 보수우익계 일부 신문을 제외하고는 거의 대부분의 언론이 참여하고 있었다. 우익 신문인 『조선일보』나 『한성일보』의 조선신문기자회 참여에는 두 신문에 재직하던 좌익 성향 인물들의 영향도 어느 정도 작용했다. '각사 단위'로 가입하게 되어 있었기 때문에[195] 우익 신문사의 보수 성향 기자들에게 조선신문기자회 가입은 불만의 대상이었다. 1947년 6월에 열린 조선신문기자회 중앙확대위원회에서 이종모가 물러나고 위원장단 체제가 되면서 1947년 말 이후 조선신문기자회의 좌익 색채는 더욱 두드러지게 나타났다.

조선신문기자회는 언론탄압에 맞서는 활동을 하기도 했지만, 주로 정치적 활동에 더 적극적이었다. 결성 당시 조선인민공화국 지지를 결의했고, 좌익 주도의 통일전선단체인 민주주의민족전선에 가입했으며, 미소공동위원회의 성공을 위한 적극적인 활동을 했다. 1946년 4월 25일 제2

---

193) 이종모는 아예 언론계를 떠나 있었고, 양재하도 한 동안 친일적 색채를 드러내기도 했던 잡지 『춘추』를 발행하다 중단하고 언론계를 떠나 있었다. 이종모, 「남북협상 단독 취재작전과 그 감회」, 『언론비화 50편』, 한국신문연구소, 1978, 749~761쪽; 대한언론인회, 『한국언론인물사화』 8 · 15전편(하), 1992, 400~408쪽.

194) 『서울신문』 1946.4.17.

195) 서울신문에 근무하던 김영상은 "신문기자회는 각사 단위로 편집국원이 일률적으로 들게 되어 있는데, 기자협회는 기자 개인의 신분에 의해서 하고" 있다고 밝혔다. 김사림 외, 「기자 간담회」, 『일선 기자의 고백』, 모던출판사, 1949, 27쪽.

회 전조선 신문기자대회에서 "연합국에 대한 우호친선과 신의를 중상하는 반동신문 폐간을 제청할 것"을 결의했다.[196] 소련에 대해 비판하는 우익신문을 성토하고, 미소공동위원회에 대한 우익의 발언을 제약하기 위한 것이었다. 1947년 6월에는 중앙확대위원회에서 "미소공동위원회에 대한 대책을 토의, 협의에 참가키로 결정"했다.[197] 1947년 7월에는 가두 여론조사를 실시하면서 그 항목 중 하나로 "미소공위와의 협의에서 제외할 정당 사회단체"를 넣었는데, 그 결과 한민당과 한독당 등 우익계 정당들이 가장 많은 표를 얻은 것으로 나타났다고 보도했다.[198]

1947년 8월에 남한만의 단독정부 수립이 구체화되면서, 좌익에 대한 대대적인 탄압이 시작되었다.[199] 조선신문기자회는 이제 단독정부 수립에 반대하며 남북협상에 적극 참여하는 활동을 벌이기 시작했다. 하지만 이마저도 중도파나 우익 언론사 기자들이 조선언론협회라는 별도 단체를 만들어나갔기 때문에 한계를 지닐 수밖에 없었다. 조선신문기자회는 총선거를 목전에 둔 시점에 좌익 언론 탄압에 대해 강력히 항의하는 활동을 벌였고,[200] UN조선위원단에 항의문을 보내기도 했다.[201]

초기에 조선신문기자회는 비록 좌익이 주도했지만 대부분의 중도 및 일부 우익 언론까지 참여했다는 점에서 큰 의미를 지녔다. 좌우익 언론인이 협력함으로써 분단의 고착화를 막고 자주적 통일국가를 수립하려는 열망이 있었기 때문이었다. 이종모나 양재하 같이 좌익이 아니면서

---

196) 『서울신문』 1946.4.27.

197) 『서울신문』 1947.6.22.

198) 『조선일보』 1947.7.3.

199) 박찬표, 『한국의 국가형성과 민주주의』, 도서출판 후마니타스, 2007, 296~305쪽.

200) 좌익들은 1948년 4월부터 단독정부수립 반대를 명분으로 내세우며 5 · 10 선거를 반대하는 투쟁을 벌였는데, 이를 자세히 보도한 신문들이 미군정의 탄압을 받게 된 것이다. 김남식, 『남로당 연구』, 돌베개, 1984, 326~333쪽.

201) 『신민일보』 1948.5.6.

조선신문기자회에 참여한 언론인들은 뒤에 남북협상을 지지하며 조선언론협회에 참여했다. 조선신문기자회는 갈수록 좌익적 색채를 강하게 나타냈고, 미군정의 좌익에 대한 탄압이 강화되면서 활동에 한계를 드러낼 수밖에 없었다. 특히 좌익 이외 언론사들의 탈퇴로 1948년에 들어서서는 제대로 활동하기 어려워졌다.

조선신문기자회의 활동에 대해 불만을 갖고 있던 우익언론인은 2차 미소공동위원회가 별 성과 없이 끝나가던 1947년 8월 경 우익 언론인들만의 단체를 결성하기 위한 움직임을 시작했다. 당시 『민주일보』 편집국장이던 이헌구에 따르면, 우익 신문의 편집국장끼리 '칠석회'라는 월 1회의 정기모임을 갖고, 이곳에서 우익 언론인단체의 결성을 논의했다고 한다.[202] 드디어 1947년 8월 10일에는 우익 중심의 새로운 언론인 단체인 조선신문기자협회 결성식이 열렸다. 이승만과 한민당을 지지하는 우익 6개 언론사들만이 참여했다. 이승만, 김구, 조소앙, 김준연, 설의식 등이 축사를 하였고, 언론계 공로자로 김성수, 방응모, 설의식에게 기념품을 주었다. 조선신문기자협회의 선언문과 강령은 아래와 같다.[203]

> 언론 도탄 속에서 극히 적은 수의 언론인만이 역사적 당면과제인 조국광복을 위하여 부단한 노력과 투쟁을 계속하여 왔으나 정의가 승리한다는 금언은 아직도 이 혼탁한 현실 속에서는 실현되기 어려운 운명을 가졌음인가. 반민족적 언론기관이 그 다수를 악용하여 조선공론의 정체를 왜곡시킬 뿐만 아니라 조선의 운명을 국제신탁관리 하로 끌고 가서 자파의 세력과 정권 획득에 온갖 불순한 행동을 다하고 있으니 예를 들어 해방 하 언론계가 걸어온 그 모습과 과정을 살펴보라.

---

202) 한국신문연구소, 『한국언론인물지』, 1981, 564~565쪽.
203) 「조선신문기자협회 탄생」, 김사림 편, 『신문기자수첩』, 모던출판사, 1948, 앵21~23쪽.

강령 1. 공정 신속 정확한 언론사명의 완수를 기함.

    1. 일체의 허위보도와 모략선전을 배격함.

    1. 조국의 완전자주독립을 신문인의 신조로 함.

    1. 세계 인류 평화를 위하여 진정한 민주주의 건설을 기함.

1947년 8월에 탄압이 강화되면서 우익 언론의 활동이 강화되었고, 미소공동위원회 결렬이 기정사실화 되면서 이에 대한 대비책이 필요해지면서 조선신문기자협회가 결성될 수 있었다.[204] 특히 남한만의 단독정부 수립을 위해 여론을 파악하려고 미국이 웨드마이어 사절단을 보내기로 결정한 1947년 7월경부터[205] 우익 언론인단체 결성이 추진되었는데, 이는 이승만과 한민당에게 유리한 여론을 조성할 목적으로 우익 언론인들이 조직화를 서둘렀던 것으로 볼 수 있다.[206] 특히 우익 언론 중에서도 이승만과 한민당을 지지하는 언론들만 참여했고 이승만이 결성대회 석상에서 '남한 총선거'를 주장했다는 점에서도 그 정치적 의도를 명확히 알 수 있다.[207]

조선신문기자협회는 좌익이 주도했던 조선신문기자회가 지나치게 정치적 활동만 해왔다고 비판했지만, 사실상 자신들도 정치적 필요성 때문에 결성되었다는 점에서 별 차이가 없었다. 『평화일보』 사회부장 이주영은 "가장 공정한 마음으로 만들자고 해가지고 세상에 나온 것이 신문기자협회인데, 그것도 역시 내가 알기에는 참말 깨끗한 의사에서 나

204) 박찬표, 『한국의 국가형성과 민주주의』, 도서출판 후마니타스, 2007, 296~305쪽.

205) 정용욱, 『해방 전후 미국의 대한 정책』, 서울대학교 출판부, 2003, 433~471쪽.

206) 웨드마이어가 한국에 와서 만난 사람들 중에 『서울신문』 사장 하경덕, 『새한민보』 사장 설의식, 『한성일보』 주필 이선근 등 언론인 3명이 포함되어 있다. 웨드마이어는 이들을 8월 30일 오전에 만났다고 한다. 정치적 성향의 차이에도 불구하고 이 세 사람은 공통적으로 중도파적인 주장을 했다고 한다. 이들의 주장은 조속히 단독정부 수립을 할 것을 지지하는 조선신문기자협회의 입장과는 차이가 있는 것이었다. 정용욱, 앞의 책, 448~454쪽.

207) 『경향신문』 1947.8.12.

온 것 같지 않습니다. 그것도 그때의 정치적인 객관적인 정세가 그렇기 때문에 신문기자협회라는 것을 만들지 않으면 안 될 요소가 있지 않았나, 지금 생각하면 둘 다 비슷하게 이렇게 볼 수도 있을 것"이라고 주장했다.[208]

그럼에도 조선신문기자협회는 "정치는 정치인에게 맡기고 신문인은 신문인의 본래의 사명으로 돌아가자"고 했고, 또 '공정 신속 정확'을 언론의 사명으로 내세우기도 했다. 조선신문기자회와 차별화하고자 했던 것이다. 즉 객관보도를 내세우며 자신들 활동의 정당성을 주장하고, 이를 통해 좀 더 효율적으로 단독정부 수립을 위한 여론을 조성하고자 했던 것이다. 조선신문기자회의 활동을 반민족적이고 정파적인 것으로 몰아가고, 자신들은 객관보도를 통해 민족 전체의 이익을 위해 활동하는 것처럼 보이고자 했던 것이다.

조선신문기자협회 결성식에서 조연현이 한 '일선기자 보고'를 보면 당시 우익의 신문들에 대한 평가를 알 수 있다. 조연현은 '민족진영신문'으로 '동아일보, 현대일보, 독립신문, 민중일보, 대한일보, 부인신보' 등 6개사를 들었다. '소위 좌익신문'으로는 '노력인민, 독립신보, 광명일보, 국제일보, 조선중앙일보, 우리신문' 등 6개사를 거명했다. "표면으로는 중간파를 자처하나 그 실상은 좌익계열의 선봉적 역할을 하는 신문"으로는 '서울신문, 경향신문, 중앙신문, 한성일보, 조선일보, 조선통신, 해방통신, 공립통신' 등 8개사를 들었다.[209] 여기에서 민족진영 신문이란 곧 조선신문기자협회에 참여한 신문을 가리키는 것이었다. 우익이지만 조선신문기자협회에 가입하지 않은 『한성일보』와 『조선일보』까지 좌익으로 몰고 있다.

---

208) 김사림 외, 「기자간담회」, 김사림 편, 『일선 기자의 고백』, 모던출판사, 1949, 26쪽.
209) 『독립신보』 1947.8.12.

민족진영 신문이라고 주장한 6개 신문을 보면 한민당이나 이승만지지 세력이 발행한 신문들임을 알 수 있다.[210] 우선 『동아일보』는 사실상 한민당의 기관지였고, 『민중일보』(윤보선), 『부인신보』(박순천), 『대한일보』(이종형), 『현대일보』(서상천) 모두 이승만 또는 한민당 관련 인물들이 발행하고 있었다. 단지 『독립신문』만이 임시정부계 신문이라고 할 수 있었다. 따라서 조선신문기자협회는 우익 전체를 대표한다기보다는 한민당과 이승만의 입장만을 대변했을 뿐이었다.

1948년 2월에는 조선신문기자협회의 가입 언론사 수가 크게 늘어났다. 결성 당시의 『동아일보』, 『현대일보』, 『민중일보』, 『대한일보』, 『독립신문』, 『부인신보』 등 6개사에다 『서울신문』, 『경향신문』, 『중앙신문』, 『대동신문』, 『공업신문』, 『평화신문』 등 6개사가 추가로 가입했다.[211] 추가로 가입한 신문사 중에서도 『서울신문』, 『경향신문』, 『중앙신문』 등은 불과 6개월 전만 해도 조연현이 "표면으로는 중간파를 자처하나 그 실상은 좌익계열의 선봉적 역할을 하는 신문"이라고 규정했던 신문들이었다. 미군정의 탄압과 개입으로 세 신문의 성격이 어느 정도 변화했던 결과였다.[212]

1947년 말 이후 남한만의 단독정부 수립이 가시화되자, 일부 신문들이 논조를 전환하면서 전체적으로 우익 언론의 영향력이 커졌다. 이 시기 『한성일보』와 『조선일보』 두 신문은 모두 조선신문기자회와 조선신문기자협회 두 단체에 참여하지 않고 있었다. 조선신문기자회 참여 신문사 중 상당

---

210) 미군정도 조선신문기자협회가 이승만 노선(the lines advocated by Dr. Rhee)을 따를 것이라고 판단하고 있었다. G-2 Weekly Summary No.101. 『미군정정보 보고서』 13권, 일월서각, 1990, 608~609쪽.

211) 『동아일보』1948.2.29.

212) 『대동신문』 편집국장으로 있던 이건혁은 "서울신문은 좌익화하여 말썽이 되었는데, 나더러 서울신문을 바로잡으라는 교섭이 왔다"고 주장했다. 이건혁, 「넌 나를 몰라도 나는 너를 안다」, 『언론비화 50편』, 한국신문연구소, 1978, 201~202쪽.

수가 탈퇴해 그중 일부는 조선신문기자협회로 옮겨가고, 또 일부 신문은 두 단체에 모두 가입하지 않고 있었던 것이다. 이제 언론인 단체의 주도권이 자연스럽게 조선신문기자회에서 조선신문기자협회로 옮겨갔다.

조선신문기자협회는 결성 당시 "정치는 정치인에게 맡기고 신문인은 신문인의 본래의 사명으로 돌아가자"는 입장을 표방했지만, 결성 당시부터 언론인 단체라기보다는 정치조직 같은 성격을 보였다. 결성대회에서 이승만이 남한만의 총선을 통한 단독정부 수립을 주장했던 것이, 사실상 조선신문기자협회 활동의 기본 방향이 되었다. 이후 조선신문기자협회는 단독정부 수립을 위해 적극적인 역할을 했다.

조선신문기자협회는 첫 사업으로 지방 사정을 시찰하기로 결정했다.[213] 조선신문기자협회가 작성한 현지보고서는 대부분이 좌익의 활동을 비판하고, 이를 더욱 강력히 탄압할 것을 요구하는 내용으로 채워져 있다. 이런 보고서들의 결론 부분에서는 이승만을 내세우며 남한만의 정부 수립을 주장했다. 또한 1948년 2월에 조선신문기자협회는 소속사 편집국장 연명으로 하지 중장, 군정장관 딘 소장, 공보부 고문 스튜어드, 민정장관 안재홍, 공보부장 이철원, 경무부장 조병옥에게 결의문을 제출하여 장덕수 사건의 배후를 밝히라고 요구했다.[214] 이 결의문은 언론의 자유를 주장하고 있지만, 실제로는 김구와 안재홍을 겨냥한 것이었다.[215]

나아가 조선신문기자협회는 이승만의 무투표 당선을 위해 노골적인 활동까지 했다. 이승만이 출마하고자 했던 동대문 갑구에는 경무부 수사국장 출신의 최능진이 출마하려고 했다. 이승만에 대한 최능진의 도전을 막기 위해 활동했던 조선신문기자협회는 '자유분위기 실태 등 조사'라는

---

213) 『동아일보』 1947.8.24.
214) 『동아일보』 1948.2.29.
215) 서중석, 『한국현대 민족운동 연구』, 역사비평사, 1991, 523~549쪽.

명목 아래 최능진이 "김구 김규식 양씨에게 보낸 서한 내용으로 보아 넉넉히 알 수 있는 바와 같이 그의 의도한 바가 불순할 뿐만 아니라 총선거를 파괴하고 정당히 유엔감시 하에 구성된 조선정부수립을 방해할 목적이었다는 것을 의심할 여지도 없다"는 발표를 했다.[216]

특정 개인의 출마까지 문제 삼아 비판한 조선신문기자협회의 발표는 언론인 단체의 활동 범위를 훨씬 넘어선 것이었다. 조선신문기자협회는 결성 이후 줄곧 한민당과 이승만의 입장을 지지하며 남한만의 단독정부 수립을 위해 활동했다. 좌익이 주도했던 조선신문기자회를 비난하며 정치와 언론의 분리를 주장했지만, 실질적으로는 자신들도 정치적 활동에 더 치중했던 것이다. 조선신문기자협회는 "공정, 신속, 정확"을 내세우고 진정한 민주주의의 실현을 표방했지만, 실질적으로는 언론인 단체였다기보다는 보수우익의 이익을 관철시키고자 하는 정치조직 같은 행태를 보였을 뿐이다.

남북협상이 무위로 돌아가고, 결국 1948년 5월 10일에 남한만의 총선거가 실시되자 그때까지 남아있던 좌익계 신문들은 모두 사라지고 중도파 신문들도 살아남기 위해 급격히 논조를 전환했다. 이런 상황에서 남북 협상을 지지했던 언론인들을 중심으로 새로운 언론인 단체가 결성되기에 이른다.[217] 1948년 6월 24일에 이종모의 사회로 조선언론협회 발기인 총회가 열렸는데, 여기에서 나온 선언문의 내용과 강령은 아래와 같다.[218]

자주국가요 민주국가요 그리고 청년국가로 재건될 조국의 당면한 과제는 정치적으로 응결된 통일체의 완수가 기본이다. 첫째도 통일독립이요 둘째도

---

216) 『동아일보』 1948. 4. 30.
217) 김사림 편, 『일선 기자의 고백』, 모던출판사, 1949, 23~25쪽.
218) 『민주일보』 1948. 6. 26.

통일독립이요 그리고 셋째도 또 통일독립인 거국적 염원은 때와 곳을 따라서 본질적으로 동요될 수가 없는 것이니 가능 불가능적 방편이 아니라 당위의 목적인 까닭이다. 민의의 대변자로 자임하는 우리의 언론계는 돌아보아서 오늘에 이을 바른 신념과 자약(自若)한 지조를 가졌는지 및 다른 제약에 굳어진 허울 좋은 해방은 인종(忍從) 4년에 양강의 외상과 주위의 내환으로 지치고 지쳤다. 그리하여 민족의 위기는 이제 바로 백척의 간두에 있거늘 외세의 농단에 아부하고 통일에의 역행을 조장하는 무문(舞文) 곡필이 오히려 개재함을 보게 되니 민족의 존재와 더불어 존재한 민족의 정필이 과연 그럴 수 있을 것인가?

강령 1. 의사발표의 자유가 보장된 기본인권의 창달을 위하여 우리는 조국과 더불어 존재할 언론진의 결속과 강화를 도모함.

　　 1. 인류적 이념과 민족적 도의에 즉한 사회적 혁신의 구현을 위하여 우리는 조국과 더불어 존재할 언론도의 존엄과 긍지를 발양함.

　　 1. 통일된 민주국가로 재건될 새 나라의 민주적 발전을 위하여 우리는 조국과 더불어 존재할 언론인의 사명과 임무를 사수함.

설의식이 작성한 것으로 알려진 선언문의 내용이나 강령에도 나타나 있듯이, 조선언론협회는 남북협상을 지지했던 언론인들이 통일독립국가 건설을 위한 언론의 역할을 내세우며 결성했던 것이다. "외세의 농단에 아부하고 통일에의 역행을 조장하는 무문(舞文) 곡필"을 비판하고 있는 것으로 보아, 단독정부 수립에 앞장섰던 언론에 대한 비판적 의식이 새로운 언론인 단체의 결성에 영향을 주었다고 볼 수 있다. 조선언론협회의 결성은 5·10 선거 이후 중도파 세력들이 어떻게 남북협상을 재개하고, 남북통일을 추진할 것인가를 논의하는 과정에서 이루어졌다. 6월초부터 남북협상 재개 움직임이 활발했는데, 조선언론협회의 결성은 이런 활동을 지원하기 위한 성격이 강했다.

조선언론협회에는 조선신문기자회에 참여했던 언론인들과 조선신문기자협회에 관여했던 언론인들도 참여했다. 결성 당시 사회를 본 이종모나 선언문과 강령을 낭독한 양재하 모두 조선신문기자회에 참여했던 인물들이다. 개회사를 하고 회장으로 선출된 설의식은 조선신문기자협회 결성 당시 공로상을 받고 축사를 했던 인물이다. 어쨌든 "기자회도 있고 기자협회도 있는데 이번에는 언론을 내세우며" 또 다른 단체를 만드느냐는 비아냥거림 속에[219] 좌우익 언론인 단체와 일정한 거리를 두고자 하는 다수의 언론인들이 참여해 조선언론협회가 결성되었던 것이다.[220] 위의 명단에는 이미 조선신문기자회를 탈퇴했던 『한성일보』는 물론 『조선일보』소속 언론인들도 포함되어 있었다.[221]

결국 조선언론협회는 단독정부 수립에 적극적으로 앞장섰던 언론인들과 좌익 정당과 밀접한 관계를 갖고 활동했던 언론인들을 제외한 나머지 대부분의 언론인들이 참여하고, 중도파 언론인들이 주도해 결성된 것이었다. 이미 좌익계 언론인 단체인 조선신문기자회가 제대로 활동할 수 없던 현실에서 이제는 우익의 조선신문기자협회와 중도파의 조선언론협회가 대립되는 양상을 보이게 되었다.

조선언론협회는 결성 이후 활발한 활동을 보여주지는 못했다. 조선언론협회는 '조선언론협회상 제도'를 창설하여, 논설, 편집, 취재 각 부문의 우수한 언론인을 시상하겠다고 밝혔다.[222] 비록 실현되지는 못했지만, 정치적 활동에서 벗어나 언론 본연의 활동을 발전시키겠다는 뜻이 담긴 것

---

219) 『공업신문』 1948.6.25.

220) 『한성일보』 1946.6.26.

221) 1947년 5~9월 사이에 좌익 성향의 문동표, 박치우, 이갑섭 등이 논조를 둘러싸고 방응모와 충돌하는 일이 벌어졌다. 같은 해 11월에는 『조선일보』가 미군정과의 끈질긴 교섭 끝에 강제 매각되었던 인쇄시설을 되찾았다고 한다. 이 무렵에 『조선일보』의 논조 변화도 나타나고 있는 것으로 보아, 대략 이 시기부터 조선신문기자회와의 관계가 끊어졌거나 약화되었던 것으로 보인다.

222) 『한성일보』 1948.7.25.

으로 나름대로의 의미를 지니는 것이었다. 조선언론협회 회장인 설의식은 정부 수립 직후인 1948년 9월에 이승만 정권의 언론탄압에 대한 제의서를 제출했다. 정부 수립 직후 잔존하던 좌익계 신문을 포함해 정부 정책에 위배되는 많은 신문들이 폐간되고 언론인이 구속되는 일이 벌어지자 이에 대한 제의서를 낸 것이다.[223]

미군정 포고 2호나 광무신문지법까지 동원하는 언론탄압이 이루어지자 조선언론협회는 "혹은 맥아더 장군이 지은 포고령도 나오고 또 혹은 옛날 이등박문이 기초한 구한국법도 나오고 여기에 또 기동력이 자재(自在)한 경찰의 독자적 비판과 직권이 종횡으로 활용되어 악폐가 없을 수 없다"고 이승만 정권의 언론정책을 비판했다.[224] 이승만 정권 초기 조선언론협회는 무차별적인 언론탄압에 맞서는 보루의 역할을 했다. 조선언론협회의 활동은 분단체제가 고착되어 가는 현실에서 남북통일의 필요성을 계속 제기했을 뿐만 아니라 반공체제의 구축을 위한 강력한 언론 탄압에 맞서 문제 제기를 했다는 점에서도 나름대로 의미를 지녔다.

미군정기의 언론이 정파적 보도를 했던 만큼 이 시기의 언론인단체들도 주로 정치적 목적의식을 갖고 활동했다. 자신들이 지지하는 정치세력의 활동을 돕는 역할을 하는 경우가 많았기 때문에 순수한 언론인 단체라고 보기 어려운 측면이 있었다. 다만 언론이 탄압받을 경우 이에 대응하는 정도의 활동을 하는 경우는 있었다. 언론인들이 사실상 정치 활동의 일환으로 언론 활동을 했다고도 볼 수 있다.

조선신문기자회, 조선신문기자협회, 조선언론협회 등 세 단체는 이념적 성향 면에서는 차이가 있었지만, 모두 편집간부와 일선기자가 함께 참여했다는 점에서는 비슷했다. 이런 세 단체와 달리 편집간부들만이 참

---

223) 『한성일보』 1948.9.24.
224) 『조선일보』 1948.10.17.

여한 단체로는 담수회가 있었다. 일간신문과 통신사 편집국장들로 구성된 담수회는 좌우익 언론이 모두 참여하여, 언론의 탄압에 맞서는 활동을 하였다. 그러나 언론들의 이념적으로 대립되어 있는 현실에서 담수회가 제 역할을 하기는 어려웠다.

(2) 1950년대 언론인단체의 자질향상과 노조 결성 논의

미군정기의 언론인단체는 주로 정치적 목적의식을 갖고 활동을 했기 때문에 정부 수립 이후 활동이 흐지부지되다가 사라지고 말았다. 다시 언론인단체가 등장한 것은 1950년이었다. 6·25 전쟁이 한창 벌어지고 있던 1950년 10월 14일에 "초비상 시국에 있어서 투철한 민족정신에 입각하여 언론 창달을 꾀하고자 전국 신문통신 기자가 한 깃발 아래 뭉쳐" 한국신문기자협회를 결성하였다. 회장에 오종식, 부회장에 우승규와 김삼규, 총무 김성락, 조직부장 김상흠, 선전부장 조성복, 재정부장 강영수, 사업부장 박운대 등으로 구성되었다.[225]

한국신문기자협회는 1950년 12월 20일에 '신문기자 총궐기대회'를 개최했는데, 여기에 국방부 차관과 공보처장이 참석했다. 이들은 선언문에서 "우리는 전세계 민주우방과 더불어 민주주의적 자유를 수호하기에 전력을 다할 것을 굳게 결의하는 한편 대내적으로 군경민(軍警民)이 뜨거운 동족에 입각하여 서로 서로 얼키고 서러서 불타는 애국심을 십이분으로 발휘하기 위해 먼저 전 언론인이 사소한 이해와 구구한 소아(小我)에 국척함이 없이 대국적 견지에서 국가와 민족을 위하여 총단결"해야 한다고 주장했다.[226] 전쟁 기간 중에 결성되어 정부의 정책 수행에 적극적으로

---

225) 『동아일보』 1950. 10. 20.
226) 『서울신문』 1950. 12. 21.

협조하겠다는 뜻을 내비쳤던 것이다.

한국신문기자협회는 1954년 3월에는 공보처의 후원을 받아 서울신문학원과 공동으로 '신문기자 아카데미'를 개최했다.[227] 수강 자격을 "일간신문, 통신사 편집국 사원에 한함"이라고 하여 기자 재교육을 목적으로 하고 있음을 밝혔다. 전쟁이 끝나고 언론 활동이 활발해지면서 기자들에 대한 체계적인 교육이나 훈련의 필요성이 높아진 현실을 반영한 것이었으나, 신문기자 아카데미는 단 2회로 그치고 말았다.[228] 아직 전문화의 필요성에 대한 언론인 사회의 인식이 부족했기 때문이었다. 1954년 이후 한국신문기자협회의 활동은 더 이상 찾아볼 수 없었다.

정부 수립 이후 빈번하게 언론탄압이 이루어지고 저임금 등 열악한 노동조건에 처해 있던 기자들은 언론인단체를 통해서나 개별 신문사 단위에서 정부나 경영주에 대해 대응하는 활동을 전혀 보여주지 못했다. 한국신문기자협회도 언론인 재교육에는 어느 정도 관심을 보여주었지만, 언론탄압에 맞서거나 언론인의 권익 옹호를 위한 활동은 전혀 하지 않았다. 특히 1950년대에는 기자의 지사주의적 기질이 강조되면서 경영주에 대한 직업적 권익쟁취 투쟁은 전혀 없다시피 했다. 1950년대에는 신문들의 자본이 영세하고 조직규모가 여전히 작았기 때문에 신문사 조직 내의 위계적 구조화나 대립적 관계가 별로 진전되지 않았던 점도 작용했다.

'젊은 신문인 간의 친목과 신문연구'를 내세우며 1957년에 출범한 관훈클럽의 등장은 언론인의 '자질 향상'에 대한 관심을 불러일으키는 계기가 되었다. 이들은 정권의 언론탄압에 대해 "항의와 투쟁이 아니라 이론으로 무장하고 합리적인 연구와 언론의 수준을 높이는 방법으로 대응"하고

227) 『동아일보』 1954.3.22.
228) 정진석, 『인물 한국언론사』, 나남, 1995, 318-322쪽.

자 했다.[229] 미 국무성의 지원으로 미국에서 연수를 받은 언론인들이 중심이 되어 만든 관훈클럽은 회지를 발행하거나 세미나를 개최하여 언론인의 전문성과 윤리의식에 관한 논의를 하여 '전문직주의의 형성에 일정한 영향'을 주었다.[230]

다만 관훈클럽은 이승만정권이 언론탄압을 하는 상황에서 적극적으로 정권의 언론탄압에 맞서는 주도세력으로서의 역할을 전혀 하지 못했다. 관훈클럽 일부 회원은 언론자유 수호활동을 위해 나서야 한다고 주장했지만, 상당수 회원들이 연구와 친목이라는 원래의 결성 목적을 지켜야 한다고 주장하면서 갈등이 생겼다. 이런 상황에서 갈등이 계속되면 자칫 클럽이 깨질 수도 있다는 위기의식이 결국 언론자유 수호활동에 나서지 않도록 만들었다.[231]

그러나 관훈클럽을 주도했던 인물이 전문직주의를 표방하면서도 지사주의와의 완전할 결별을 주장했던 것은 아니었다. 이런 입장 때문에 지사적 기질을 강조하던 구세대 언론인들과의 결합을 통해 편집인협회가 만들어질 수 있도록 했던 것이다.[232] 관훈클럽 주도세력의 발의로 신문편집인협회가 1957년 4월 7일에 결성되었다.[233] 관훈클럽이 연구와 친목이라는 목적을 표방하면서 대외적인 활동을 하지 않았던 것과는 달리, 신문편집인협회는 언론탄압에 대항하는 활동의 중심이 되었다. 또한 1957년에 신문편집인협회가 한국신문윤리강령을 제정, 선포했다는 것은, 직업윤리 확립의 필요성에 대한 인식이 확산되는 계기가 되었다는 점에서

229) 관훈클럽 50년사 편찬위원회, 『관훈클럽 50년사』, 관훈클럽, 2007, 59~87쪽.
230) 차재영, 「1950년대 미국무성의 한국 언론인 교육교류 사업 연구」, 『한국언론학보』 58권 2호, 2014, 219~245쪽.
231) 정범준, 『이야기 관훈클럽』, 랜덤하우스, 2007, 110~112쪽.
232) 관훈클럽, 『관훈클럽 30년사』, 관훈클럽, 1986, 32쪽.
233) 신문편집인협회, 『한국신문편집인협회 30년사』, 신문편집인협회, 1987, 36~42쪽

의미가 있었다.

　이 시기에는 젊은 기자들이 주축이 된 관훈클럽보다는, 편집간부들의 모임인 편집인협회가 언론탄압에 대항하는 역할을 주도했다. 이승만정권이 1958년에 언론탄압적 요소가 있는 '협상선거법'과 '국가보안법'의 입법을 추진하자, 편집인협회가 나서서 이 법들의 입법에 반대하는 활동을 했다. 1959년 4월에 이승만정권이 『경향신문』을 폐간하는 처분을 하자, 폐간의 법적 근거가 되었던 군정법령 88호를 폐기해 달라는 청원서를 국회에 제출하기도 했다.[234] 비록 실질적인 성과를 거두지는 못했으나 편집인협회의 활동은 언론인들이 연대해 정권의 언론탄압에 맞서는 전통을 보여주었다.

　이승만정권 시기에 직업적 권익을 위한 노조결성 시도는 거의 없었다. 관훈클럽 결성 당시에 "미국의 길드식으로 신문노조같은 성격을 가미하자는" 주장도 있었지만, 이 의견은 "조용하게 이바지하자"는 목표에도 어긋나고 당시의 실정에서 성공할 가능성도 없었기 때문에 쉽게 묵살되었다고 한다.[235] 1957년 1월에 출범한 관훈클럽은 결성 초기부터 연구발표회를 통해 언론노조에 관한 논의를 하기도 했다. 1957년 6월 18일의 '편집경로의 실제'라는 주제의 발표회에서는 노동조합의 필요성에 대한 논의가 이루어졌는데, 『관훈클럽 50년사』는 논의 내용을 다음과 같이 정리하고 있다.[236]

　　경영주와 편집간부가 일선기자의 취재 기사내용에 지나친 간섭을 하기 때문에 알력이 생기고 심지어는 실직을 하는 수도 없다. 이와 관련해서 기자의

234) 한국신문방송편집인협회, 『한국신문방송편집인협회 50년사』, 한국신문방송편집인협회, 2007, 104~121쪽.
235) 관훈클럽, 『관훈클럽 30년사』, 관훈클럽, 1986, 43쪽.
236) 관훈클럽 50년사 편찬위원회, 『관훈클럽 50년사』, 관훈클럽, 2007, 83~84쪽.

입장을 보호해 줄 수 있는 노동조합의 가능성에 대해서도 이야기가 나왔다. 관훈클럽은 이런 방향의 운동을 적극적으로 전개할 모태가 될 수는 없다 하더라도 이러한 문제에 관해서 연구할 필요는 있다.

비록 언론노조 결성의 구체적인 방안을 논의한 것은 아니었지만, "기사내용에 대한 경영진의 부당한 간섭을 배제하기 위해서 기자들의 노조운동을 생각한 것은 시대를 앞선 발상이었다"는 평가를 받을 만한 일이었다.[237] 또한 1958년 6월에도 김용구가 "미국신문의 노동운동"이라는 주제로 발표를 했고, 7월에는 대한노총의 선전부장과 국제부장을 지낸 차국찬이 '한국노동운동의 현황'이라는 주제로 발표를 하기도 했다. 이런 발표에 대해 "회원들은 언론인의 노동운동에 관한 전망을 중심으로 기탄없는 질문과 토론을 전개하여 성황을 이루었다"고 한다.[238]

또한 홍순일은 관훈클럽이 발행한 『신문연구』 창간호에서 '미국의 신문조합'을 소개하는 글을 썼다. 이 글에서 홍순일은 한국에서는 '언론계 종사자들의 노동조합 결성'이 어렵다고 하며, 그 이유로 첫째 노동조합 운동이 전반적으로 '미약하고 불충실'하며, 둘째 "기자들은 자부심은 강하고 단체행동에선 약"해 노동조합 결성 의욕이 낮으며, 셋째 "신문사의 파산을 초래치 않고는 실질적인 대우개선을 실현"하기 어려운 현실 등을 들었다.[239] 홍순일을 포함해 회원 대부분이 미국 연수를 다녀왔기 때문에 미국의 신문조합이 이들에게는 노조를 결성할 때 참조하기 위한 하나의 모델이 되었을 것이다.

관훈클럽 회원들이 노조 결성을 논의했던 것은 당시 언론계의 상황이 그만큼 열악했다는 것을 보여준다. 그러나 관훈클럽은 노조 결성의 필요

---

237) 관훈클럽 50년사 편찬위원회, 『관훈클럽 50년사』, 관훈클럽, 2007, 84쪽.
238) 위의 책, 105쪽.
239) 홍순일, 「미국의 신문조합」, 『신문연구』 1호, 1959, 16쪽.

성은 어느 정도 인정하면서도 실천으로 옮기지는 못했고, 또한 언론 탄압에 맞서는 활동에 적극 참여하지도 않았다. 이러한 한계에도 불구하고 관훈클럽은 편집인협회 결성을 발의했고, 기자의 전문직화의 필요성을 본격적으로 제기했다는 점에서 중요한 역할을 했다고 할 수 있다.

신문의 경제적 기반이 취약하고 정론성이 남아 있던 1950년대에는 아직 신문사 내부의 경영진과 편집진, 나아가 편집인과 기자들 사이의 위계적 구조화와 대립적 활동보다는 국가권력의 언론탄압에 대한 언론인 공동의 대응이 이루어졌을 뿐이었다. 무엇보다도 언론인들에게 자신들이 노동자라는 의식이 거의 없었다. 따라서 경영진을 상대로 하는 기자들의 노조 결성 움직임은 거의 없었다. 다만 1950년대 말에는 노조를 결성하지 않고도 체불로 인해 파업을 벌이는 경우가 있었는데, "전부터 평화일보, 세계일보, 동화통신, 세계통신 등은 운영이 곤란하여 봉급체불이 너무 많았고 사원들도 파업으로 투쟁하는 일도 있었다"고 한다.[240] 대체로 여당계 또는 친여적 신문사나 통신사에서 사원들이 파업을 벌였던 것이다. 아무래도 독자들의 외면으로 재정적 어려움이 더 컸기 때문에 여당계 또는 친여적 언론사에서 노동조건에 대한 불만을 품은 언론인들이 파업을 벌이는 경우가 많았던 것이다.

언론인의 노조 결성은 1960년에 최초로 이루어졌다. 1960년 6월 17일에 연합신문사 사원 300여명이 모여 노동조합을 결성했다.[241] 그러나 이 노조는 언론인의 권익 보호나 언론자유를 위한 것이었다고 보기 어려운 점이 있었다. 4월혁명 후 오종식, 천관우와 함께 『연합신문』을 인수해 『민국일보』를 창간하려는 움직임에 참여한 바 있던 계창호는 "졸지에 신문사를 빼앗기게 된 노련한 김성곤은 한국 언론사상 최초의 '친위노조'를

---

240) 합동통신사, 『합동연감』, 합동통신사, 1961, 334쪽.

241) 『경향신문』 1960. 6. 18.

급조하여 '외세의 진입'에 대항했다"고 증언했다.[242] 반면 당시 『연합신문』에 근무하고 있던 김진규는 외부 세력이 신문을 인수하게 되면 모두 해고될 것을 염려해, "누가 모이라고 하지도 않았는데 이심전심으로 편집국에 사원들이 모여" 노조 결성을 했던 것이라고 주장했다.[243] 기자들이 노조를 결성해 반발하면서 오종식과 천관우의 신문 인수는 좌절되었다. 결국 『연합신문』의 노조 결성은 이해관계를 둘러싼 정치적 싸움 속에 이루어진 것이었다고 볼 수 있다.

242) 계창호, 「정열의 필봉 민국일보 지휘」, 천관우선생 추무문집간행위원회, 『거인 천관우─우리시대의 언관 사관』, 일조각, 2011, 234~235쪽.
243) 김진규, 『기자의 세계』, 범서출판사, 1982, 221~222쪽.

4장
권위주의 정권 시기의 언론인

1. 언론인의 사회적 배경

1) 언론인 집단의 사회적 특성

(1) 언론인의 교육수준의 상승

1960년대에 들어서서 군사정권의 특혜에 힘입어 신문 산업이 성장을 하면서 증면도 이루어졌고 기자수도 늘어났다. 중앙종합일간지 8개사의 편집국 인력은 634명으로 평균 80명에 육박할 정도로 늘어났다.[1] 취업이 어려웠던 현실 속에 고학력자들이 언론사로 몰려, 〈표Ⅳ-1〉에 나타난 것처럼 1967년 기자의 학력은 대학 중퇴 이상이 92.8%로 1950년대에 비해 더 높아진 것으로 나타났다. 특히 편집간부(85.9%)보다 평기자(96.7%) 중에 대학 중퇴 이상 학력자들이 더 많았던 것은 1950년대 말부터 공채를 통해 고학력자들이 언론사에 들어왔기 때문이다. 한편 광복직후에 언론사에 입사해 1960년 중반에는 편집 간부가 되었던 사람 중에는 비교적 학력이 낮은 사람이 적지 않았던 것이다.

---

1) 1968년의 『한국신문연감』에 나온 『경향신문』, 『대한일보』, 『동아일보』, 『서울신문』, 『신아일보』, 『조선일보』, 『중앙일보』, 『한국일보』 등 8개 중앙일간지의 편집국 소속 언론인에 대해 각종 자료를 통해 인적 사항을 파악한 결과이다.

〈표IV-1〉 1960년대 후반 언론인의 교육수준(1967)

교육수준	편집간부	일선기자	합계
대학원	35(15.0)	91(22.7)	126(19.9)
대졸	122(52.4)	276(68.8)	398(62.3)
대학중퇴	43(18.5)	21(5.2)	64(10.1)
고졸	20(8.6)	8(2.0)	28(4.4)
중졸 이하	6(2.6)	1(0.2)	7(1.1)
불명	7(3.0)	4(1.0)	11(1.7)
합계	233	401	634

＊( )안은 비율

　　중앙언론사의 전체 언론인을 대상으로 조사한 기존 연구들에 따르면,
대학 중퇴 이상이 1963년에는 89.4%, 1966년에는 88.9%, 1972년 95%,
1979년 97.6%로 나타나 갈수록 학력이 높아진 것을 알 수 있다. 특히 대
학원 졸업자도 1963년 3.0%, 1966년 4.4%, 1972년 16%, 1979년 4.7%
로 나타나 학력 수준이 현저히 높아져 가고 있음을 알 수 있다.[2] 1971년
에 중앙과 지방 언론사의 모든 언론인을 대상으로 조사한 결과에서 대학
을 졸업하지 않은 사람의 비율이 23%로 나타났지만, 중앙 언론사 본사
기자의 경우에는 12.4%로 나타났다.[3]

　　신문사 편집 간부(국장, 부장)만을 대상으로 조사한 기존 연구에서도
대학 중퇴 이상의 학력자들이 꾸준히 늘어나 1867년에는 83.9%, 1977
년에는 92.0%, 1987년에는 98.1%로 늘어난 것으로 나타났다.[4] 젊은 평
기자를 포함해 전체 언론인을 대상으로 조사한 결과보다는 약간 낮았

2) 오인환, 「한국 언론인 특성에 관한 연구」, 『한국의 언론과 사회교육』, 한국정신문화연
　　구원, 1985, 79~80쪽.
3) 한국기자협회, 『기자협회 10년사』, 한국기자협회, 1975, 167쪽.
4) 강상현, 「한국 신문기업의 조직인구변동에 관한 연구」, 연세대학교 박사학위논문,
　　1988, 239~240쪽.

지만, 편집 간부들의 경우에도 학력 수준이 계속 높아졌다는 것을 알 수 있다.

〈표Ⅳ-2〉 1960년대 후반 언론인의 출신대학(1967)

출신학교	편집간부	일선기자	합계
서울대	71(35.5%)	155(39.9%)	226(38.4%)
고려대	18(9.0%)	43(11.1%	61(10.4%)
연세대	17(8.5%)	38(9.8%)	55(9.4)
한국외대	1	28	29
동국대	16	11	27
성균관대	2	21	23
중앙대	5	14	19
경희대	5	8	13
건국대	5	7	12
경북대	3	8	11
홍익대	3	7	10
국학대	5	3	8
국민대	1	7	8
동아대	4	3	7
한양대	3	4	7
부산대	3	3	6
기타 국내대	24	30	54
일본대	12	1	13
중국대	2	0	2
합계	200	388	588

1967년 중앙일간지에 재직하던 언론인 중에 출신 대학이 확인된 사람들만을 대상으로 조사해 본 결과 〈표Ⅳ-2〉에 나타난 것처럼 서울대, 고려대, 연세대 등 3개 대학의 졸업생이 차지하는 비율이 58.2%로 나타나, 취업이 어려운 현실에서 언론계가 대학 졸업자에게 취업을 위한 선망의

대상이었다는 것을 알 수 있다. 특히 일선 기자 중에는 3개 대학 졸업자들이 60.8%로 더 높게 나타났다. 1960년대까지 학교나 출판사 외에 인문사회계열 졸업자들이 갈 수 있는 직장이 제한되어 있었기 때문에 많은 인재들이 신문사로 몰렸고 경쟁률도 대단히 높았다.[5] 서울대 상대 출신인 양해영이 "66년 말부터 일요일이면 예외 없이 볼펜 한 자루 들고 각 언론사 견습기자 시험장에 나타나곤 했는데 단골 시험꾼이자 낙방생인 셈이다. 신문사, 방송사, 통신사 할 것 없이 시험이라면 무조건 응시해놓고 보았"다고 했을 정도로 신문사 입사 경쟁이 치열했다.[6]

그러나 1970년대 중반 이후에는 기자의 공개채용 경쟁률이 서서히 떨어졌다. 1960년대에 100대 1이 넘던 것에서 1970년대 중반에는 30 대 1 정도가 되었을 정도로 경쟁률이 크게 떨어졌다. 1975년 초에『동아일보』와『조선일보』에서 기자들이 대량 해직되어 기자직에 대한 인기가 떨어졌고, 경제성장으로 언론사 이외에 취업할 곳이 늘어났기 때문이었다. 1975년 6월부터 1976년 1월까지 채용한 신문 · 방송 · 통신사의 수습기자 105명의 출신 학교를 보면, 서울대 26명, 고려대 17명, 연세대 10명, 외국어대 8명, 이화여대 6명, 성균관대 4명, 중앙대 4명, 서강대 3명 순이었다. 서울대, 고려대, 연세대 등 주요 3개 대학 출신자들이 53명 (50.5%)으로 1960년대에 비해 상당히 줄어든 것으로 나타났다.[7]

국회나 행정부로 진출한 언론인의 출신 학교 비율은 3공화국 (1961~1971) 시기에는 서울대 34.2%, 고려대 14.5%, 연세대 9.2%

---

5) 김세은, 「해직 언론인에 대한 생애사적 연구」, 『한국언론학보』 56권 3호, 2012, 300~302쪽.

6) 양해영, 「그곳에서 인정을 배웠다」, 태평로프레스클럽 엮음, 『신문은 가도 기자는 살아있다』, 다락원, 2004, 500~501쪽.

7) 「수습기자 채용에 새 경향-일부사 공개보다 추천제로」, 『신문평론』 1976년 2월호, 24~25쪽.

로 나타났고, 4공화국(1972~1979) 시기에는 서울대 53.3%, 고려대 12.0%, 연세대 5.3% 순으로 나타났다. 세 대학 출신 비율이 3공화국 시기에는 57.9%로 나타났고, 4공화국 시기에는 70.6%로 나타났다.[8] 이것은 기자와 국회의원이나 행정부 고위인사와의 학연이 작용한 결과였다. 특히 1970년대에 서울대 문리대 출신의 국회 출입기자는 현역 의원들과 '육문회(育文會)라는 모임을 만들었는데, 여기에는 행정부의 차관급 이상 관료와 언론사 정치부장도 특별회원으로 참여했다.[9]

1953년부터 1984년까지 『서울신문』, 『조선일보』, 『한국일보』, 『동아일보』, 『중앙일보』 등 5개사에 공채를 통해 입사한 수습기자를 대상으로 조사한 결과에서, 출신 대학비율을 보면 서울대 43.6%, 고려대 16.4%, 연세대 9.4%, 한국외대 8.0%, 성균관대 4.5% 순으로 나타났다.[10] 서울대, 고려대, 연세대 등 3개 대학 출신자 비율이 무려 69.4%나 되는 것으로 나타났다. 이 조사에서는 세 대학 출신자의 비율이 1950년대 78.7%, 1960년대 78.9%, 1970년대 60.6%, 1980년대 62.3%로 나타났다. 이런 분석 결과도 1970년대에 기자직의 인기가 한 동안 떨어져 있었음을 잘 보여주고 있다. 1950년대나 1960년대에 수습기자 중에 서울대, 고려대, 연세대 출신자의 비율이 높았기 때문에 1970년대나 1980년대 편집 간부들의 이 세 대학 출신자 비율이 높게 나타났을 것이다.

1979년의 조사에서는 중앙일간지의 경우 대학 중퇴 이상의 학력 소유자가 98.7%로 나타났고, 지방일간지의 경우에도 95.0%로 나타났다. [11]1970

---

8) 김철수, 「한국 언론인의 정치적 충원에 관한 연구」, 연세대학교 석사학위논문, 1988, 31쪽.

9) 조성관, 『대통령과 기자들-김영삼 권력 대해부』, 나남, 1994, 37쪽. 당시의 서울대 문리대에는 현재의 인문대, 사회대, 자연대가 포함되어 있었다.

10) 조용철, 「수습기자들의 조직인구 구성과 지위변동에 관한 연구」, 한국외국어대학교 석사학위논문, 1990, 23~29쪽.

11) 「70년대 한국 언론인-의식구조 조사 분석」, 『신문과 방송』 1979년 3월호, 25쪽.

년대 말 무렵에는 거의 대부분의 기자들이 대학 중퇴 이상의 학력을 가졌던 것이다. 1982년에 중앙일간지와 지방일간지에 근무하는 5년 미만 경력 기자의 학력을 분석한 결과에서는, 대학원 졸 4.8%, 대졸 86.1%, 전문대졸 4.5%, 고졸 4.6%로 나타났다.[12] 1983년에 중앙일간지와 지방일간지에 근무하는 5년 이상이고 차장대우 이하인 기자들의 학력은 대학원 졸 4.4%, 대졸 81.7%, 전문대졸 9.2%, 고졸 4.7%로 나타났다.[13] 대학원졸과 대졸자만을 합친 비율이 1983년에는 86.1%였고, 1982년에는 90.9%였다. 1982년 분석 대상이 5년 미만 경력자로 이들이 1983년 분석 대상인 5년 이상 경력자보다 나중에 입사했다는 점을 감안하면, 언론인의 학력이 계속 높아졌다는 것을 알 수 있다. 1987년 중앙일간지 부장급 이상을 대상으로 분석한 결과에서도 대학 중퇴 이상의 학력 소유자가 98.1%로 나타났다.[14]

(2) 언론인의 평균 연령 상승

1960년대 이후 언론인의 평균 연령이 다소 높아지는 경향을 보였다. 〈표IV-3〉에 나타난 1967년의 언론인 연령 분석 결과를 보면, 편집 간부의 평균연령은 39.3세로 나타났고, 평기자의 평균연령은 30.8세로 나타났다. 편집 간부 중에 40대는 81명으로 34.7%이고, 50대는 2.6%로 나타났다. 평기자 중에는 40대는 4명, 50대는 단 1명으로 나타났다. 편집간부의 평균 연령은 1950년대 중반 36.2세였던 것에서 1960년대 후반에는 39.3세로 높아졌고, 평기자의 평균 연령은 29.1세였던 것에서 30.8세로 높아졌다. 1960년대 들어서 직업 안정성이 비교적 높아지면서 오래 재

---

12) 「언론인 직업환경 조사」, 『신문과 방송』 1982년 4월호, 75쪽.

13) 「제2차 언론인 직업환경 조사」, 『신문과 방송』 1983년 10월호, 16쪽.

14) 강상현, 「한국 신문기업의 조직인구변동에 관한 연구」, 연세대학교 박사학위논문, 1988, 240쪽.

직하는 언론인이 늘어났기 때문이다.

〈표IV-3〉 1960년대 후반 언론인의 연령(1967)

연령대	편집간부	일선기자	합계
21~25		13	13
26~30	3	194	197
31~35	61	156	217
36~40	82	33	115
41~45	57	4	61
46~50	24		24
51~55	5	1	6
56~60	1		1
평균	39.3	30.8	
합계	233	401	634

　편집 간부와 평기자를 모두 포함해 분석한 결과를 보면, 1966년의 경우 40대가 17.4%, 50대 이상 2.5%로 나타났고, 1979년의 경우 40대가 25.5%, 50대가 2.7%로 나타났다.[15] 이런 조사에서도 전반적으로 평균 연령이 높아졌다는 것을 알 수 있다. 편집 및 영업 부문 부장급 이상 간부를 대상으로 실시한 조사에서는, 1967년의 경우 40대가 50.7%, 50대가 14.1%로 나왔고, 1977년의 경우 40대가 56.1%, 50대가 17.1%로 나타났으며, 1987년의 경우에는 40대가 64.3%, 50대가 31.2%로 나타났다.[16] 10년 사이에 40대와 50대의 비율이 급격히 높아졌다는 것을 알 수 있다.

　직급별로 조사한 결과에서도 비슷한 경향을 보여주었다. 1977년의 조

---

15) 오인환, 「한국 언론인 특성에 관한 연구」, 『한국의 언론과 사회교육』, 한국정신문화연구원, 1985, 78쪽.

16) 강상현, 「한국 신문기업의 조직인구변동에 관한 연구」, 연세대학교 박사학위논문, 1988, 215쪽.

사에서는 평균 연령에서 논설위원은 47세, 편집국장은 46세, 부장은 44세, 평기자의 경우 35세로 나타났다.[17] 1984년에 조사에서는 편집국장의 평균연령이 49세로 나타났다.[18] 이런 결과는 전체적으로 근속 시간이 길어지면서 나타난 현상이었다. 군사정권의 탄압 속에서도 언론계가 상대적으로 안정되어 다른 분야로의 이직이 줄어들면서 언론인의 평균 연령이 높아졌던 것이다.

1953년부터 1984년까지 중앙일간지인『서울신문』,『조선일보』,『한국일보』,『동아일보』,『중앙일보』등 5개사에 입사한 수습기자만을 대상으로 조사한 결과에서, 입사 당시 평균 연령이 1950년대부터 1970년대까지는 25세였던 것이 1980년대 이후에는 26세~27세로 늘어난 것으로 나타났다.[19] 1980년대 이후 언론사 입사 경쟁이 더 치열해지면서 입사 당시 평균 연령도 높아진 것으로 볼 수 있다. 이렇듯 입사 당시의 평균 연령이 높아진 것도, 언론인의 전반적인 연령 상승에 어느 정도 영향을 주었다.

(3) 지역 편중 현상의 출현

1960년대에 들어서서 언론인의 출신 지역에서 나타난 가장 큰 특징은 경상도 출신이 크게 늘어났다는 것이다. 1963년의 경우 서울(33.7%), 경상도(22.1%), 충청도 (12.0%) 경기도(10.6%), 전라도(8.9%) 순으로 나타났지만, 1966년에는 경상도(27.1%), 서울(18.4%), 전라도(14.2%), 충청도(11.8%), 경기도(91.0%) 순으로 나타났다.[20] 최종수는 1960년대 초까

---

17) 「직능별로 분석한 한국 언론인의 연령」,『신문과 방송』 1978년 1월호, 21~26쪽.

18) 「한국의 언론 인구」,『신문과 방송』 1984년 2월호, 24쪽.

19) 조용철, 「수습기자들의 조직인구 구성과 지위변동에 관한 연구」, 한국외국어대학교 석사학위논문, 1990, 23쪽.

20) 오인환, 「한국 언론인 특성에 관한 연구」,『한국의 언론과 사회교육』, 한국정신문화연구원, 1985, 81쪽.

지 전라도 출신 기자의 활동이 활발했다고 하며, 그 근거로 '관훈클럽의
중추인사'인 최병우, 박권상, 조세형, 임방현, 정인량 등이 전라도 출신
이라는 점을 들었고, 1968년에는 서울에서 활동하는 목포지역 출신 언
론인이 모여 '유달클럽'이라는 모임을 만들었다고 했다.[21]

⟨표IV-4⟩ 1960년대 후반 언론인의 출신지역(1967)

출신지역	편집간부	평기자	합계
서울	48(20.6)	85(21.2)	133(21.0)
경기도	22(9.4)	36(9.0)	58(9.1)
강원도	8(3.4)	11(2.8)	19(3.0)
충청도	25(10.7)	50(12.5)	75(11.8)
전라도	16(6.9)	50(12.5)	66(10.4)
경상도	57(24.5)	113(28.2)	170(26.8)
제주도	1(0.4)	3(0.7)	4(0.6)
황해도	8(3.4)	10(2.5)	18(2.8)
평안도	13(5.6)	10(2.5)	23(3.6)
함경도	13(5.6)	15(3.7)	28(4.4)
해외	3(1.3)	3(0.7)	6(0.9)
불명	19(8.2)	15(3.7)	24(3.8)
합계	233	401	634

　기자의 출신지역 비율은 1960년대 내내 큰 변화가 있지는 않았다. ⟨표IV
-4⟩에 나타난 것처럼 1967년도에도 경상도(26.8%), 서울(21.0%), 충청도
(11.8%), 전라도(10.4%), 경기도(9.1%) 순으로 나타나 1966년과 비슷한 양
상을 보였다. 특히 평기자의 경우에는 경상도(28.2%), 서울(21.2%) 순으로
나타나 편집 간부보다 경상도 출신 비율이 더 높게 나타났다.
　박정희정권에 의해 강제 매각된 『경향신문』의 경우 경상도 출신의 박

---

21) 최종수, 『최종수 언론반세기−전남일보 창간 비망록』, 나남출판, 2006, 60~63쪽.

찬현이 사장으로 오면서 간부진이 대거 교체되며 경상도 출신의 비율이 급격히 높아졌다. 강제 매각되기 전인 1965년 말에 경영부서나 편집국의 부장급 이상 간부 24명 중에 경상도 출신은 4명이었는데, 1966년 강제매각으로 박찬현이 사장으로 온 이후 간부 32명 중에 12명이 경상도 출신이었다. 이로 인해 "때로는 선의의 경상도 출신 기자가 같은 동료의 얼굴을 보기가 민망스러운 지경에 이르렀고 타도 출신은 그럴만한 이유 없이 시의(猜疑)에 빠져버리는 미묘한 인간관계를 형성하고 만 것이다" 라는 지적도 나왔다.[22]

신문사의 편집 및 영업 부장급 이상 간부를 모두 대상으로 해서 실시한 조사에서도, 1967년의 경우 서울(36.4%), 경상도(19.6%), 경기도(11.5%) 순으로 나타났고, 1977년의 경우 서울(32.8%), 경상도(22.7%), 경기도(11.1%) 순으로 나타났으며, 1987년의 경우에도 서울(24.9%), 경상도(24.7%), 충청도(15.3%) 순으로 나타났다.[23] 전체적으로 지방 출신자들이 증가한 것은, 1960년대 이후 지방 인구가 서울로 급격히 유입되었던 것과 관련이 있고, 특히 경상도 출신이 높은 비율을 보인 것은 경상도 출신 정권이 계속되었다는 것과 어느 정도 연관되어 있었다.

국회나 행정부로 진출한 언론인의 출신 지역 비율은 3공화국(1961~1971) 시기에는 경상도 28.9%, 이북 19.7%, 서울 17.1%, 전라도 13.2%, 충청도 13.2% 순으로 나타났고, 4공화국(1972~1979) 시기에는 경상도 41.3%, 서울 18.7%, 전라도 12.0%, 충청도 8.0% 순으로 나타났다.[24] 정치적 충원의 대상이 된 언론인 중에 유독 경상도 출신이 많은 것

22) 이상우, 『한국신문의 내막』, 삼성사, 1969, 159~160쪽.
23) 강상현, 「한국 신문기업의 조직인구변동에 관한 연구」, 연세대학교 박사학위논문, 1988, 216쪽.
24) 김철수, 「한국 언론인의 정치적 충원에 관한 연구」, 연세대학교 석사학위논문, 1988, 28쪽.

은 경상도 정권과의 지연이 작용한 결과였다.

1953년부터 1984년까지『서울신문』,『조선일보』,『한국일보』,『동아일보』,『중앙일보』등 5개사에 공채를 통해 입사한 수습기자를 대상으로 분석한 결과에서, 출신지역 비율은 서울 29.6%, 경상도 24.3%, 전라도 16.9%, 충청도 12.0%, 경기도 8.5% 순으로 나타났다.[25] 전체적으로 서울과 경상도 출신이 많았던 것은 다른 분석 결과와도 일치된다.

이를 시기별로 살펴보면, 시기마다 다소 차이가 있다는 것을 알 수 있다. 1950년대에는 경상도 30.4%, 전라도 16.3%, 서울 14.1%, 이북 출신 14.1% 순으로 나타났다. 1960년대에는 서울 29.0%, 경상도 22.6%, 전라도 17.2%, 충청도 13.7% 순으로 나타났다. 1970년대에는 서울 29.8%, 경상도 26.3%, 전라도 20.8%, 충청도 9.4%, 경기도 9.4% 순으로 나타났다. 1980년대에는 서울 39.5%, 경상도 22.7%, 충청도 12.2%, 전라도 11.0% 순으로 나타났다. 1950년대에 경상도 출신이 유독 많았던 것을 제외하고는 항상 서울 출신이 가장 많았고, 그 다음을 경상도 출신이 차지했다. 또한 1980년대 이후 서울 출신이 급격히 늘어난 것도 특징 중의 하나이다.

편집간부의 출신지역 비율은 이들이 수습기자로 입사했던 시기의 출신지역 비율과 밀접한 관련이 있다. 조용철의 연구에 나타난 1960년대나 1970년대 수습기자의 출신지역 비율이, 강상현의 연구에 나타난 1987년 영업 및 편집 간부의 출신지역 비율과 상당히 유사한 것으로 나타났다. 서울이나 경상도 출신 편집간부들이 많은 것이, 기본적으로 입사 당시부터 이 지역 출신이 많았던 결과이기도 했다는 것이다.

---

25) 조용철,「수습기자들의 조직인구 구성과 지위변동에 관한 연구」, 한국외국어대학교 석사학위논문, 1990, 30~37쪽.

2) 언론인과 정치 · 문학활동

(1) 언론인의 정치적 충원과 권력 지향성의 형성

박정희정권은 언론을 통제하기만 했던 이승만정권과는 달리 언론을 회유하는 정책을 실시하기도 했다. 언론인에 대해서도 탄압만 가하는 것이 아니라 중용해 활용하기도 했다. 군사정권은 민정 이양을 앞두고 이미 언론인의 정치 참여를 검토했다. 김석환은 "우선 민정 이양을 앞두고 극비리에 진행되었던 공화당의 사전조직에 언론인 출신이 대거 참여하면서 한국 언론인과 정권의 유착은 집단적이고도 권력지향적으로 바뀌게 된다"고 주장했다. 공화당 사전조직 및 공화당의 발기위원으로 참여한 언론인은 윤주영(조선일보), 소두영(경향신문), 성인기(조선일보), 이덕주(한국일보), 고명식(동양통신), 서인석(뉴욕타임즈 한국특파원) 등이 있었다.[26] 1960년대 중반부터 박정희정권의 언론인 회유가 본격화되어, 언론인이 정관계로 진출하는 일이 늘어났다. 김형욱은 "박정희의 언론에 대한 지나친 방어심리는 비판적인 기자를 자기심복으로 끌어들여 그들의 저항정신을 용해시킴으로써 병적 증오를 병적 애정으로 보상받으려는 자기승화로 나타났다"고 표현했다.[27] 즉, 박정희가 비판적 언론인을 회유해 자신의 심복으로 삼았고, 이런 언론인은 정관계로 들어가 정권 유지에 앞장서는 역할을 했다는 것이다. 한편 "언론인이 정치세력과 밀접한 관계를 맺어 평소에 그 정파, 그 정치인에 유리한 기사를 보도한 대가로서 경영자는 신문 경영상의 유리한 조건을 정치적으로 확보하고 기자는 그 나름대로 사내의 위치라든가 경제적인 면으로 혜택을 받는다는 것은 당연한 결과이다"라는 비판이 나왔을 정도로 이미 1960년대 말부

---

26) 김석환, 「언론인 변신사」, 『월간 중앙』 1988년 7월호, 312~313쪽.
27) 김형욱 · 박사월, 『김형욱 회고록』 제Ⅱ부, 아침, 1985, 286쪽.

터 일부 언론인은 정권과 밀착해 활동하기도 했다.[28]

1970년대 들어서서 정권의 현실적 필요와 언론인의 출세 욕구가 결합하면서 언론인이 대거 정·관계로 진출하게 되었다. 특히 유신체제 성립 이후 각 부처의 대변인, 해외공보관, 유정회 의원 등으로 언론인이 대거 발탁되면서 언론인의 권력지향성이 심화되었다. 1973년 3월 20일 정부는 국무회의에서 각 부처의 직제를 개정해 기존의 공보담당관을 대변인으로 바꾸고 직급도 상향 조정하는 결정을 하였다. 9대 유신국회의 선거가 끝나고 난 뒤인 4월 23일 정부 11개 부처의 대변인으로 전·현직 언론인을 대거 기용하였다. 언론인 출신으로서 당시 문공부 장관이었던 윤주영의 발상에 의한 것이었다고 한다. 유신체제의 안정을 위해 적극적 홍보의 필요성을 느낀 정부가 언론인을 대변인으로 내세워 언론을 효과적으로 통제하며 동시에 활용하고자 했던 것이다.[29] 대변인외에도 많은 언론인이 유정회 의원이나 해외공보관 등으로 진출하였다. 언론활동을 통해 '권력자의 눈길을 잡아' 정관계로 진출하고자 시도하는 언론인도 나타났다. 1973년에 기자생활을 그만두고 경제기획원 대변인으로 변신하여 관료의 길을 걷게 된 서기원은 관료로의 입문 과정을 2000년에 다음과 같이 회고했다.[30]

> 논설위원으로 있은 지 1년 반이 좀 지났을 때인 72년 말 경 청와대 대변인으로 있던 김성진한테서 전화가 왔다. 이광표가 상공부 대변인으로 들어가기로 했으니 나머지 경제 부처 중 골라잡아 대변인으로 들어오라는 것이었다. 이사관 직급을 준다고 했다. 이사관 직급이 맘에 안 찰는지 모르지만 들어와서 1~2년 고생하면 길이 열릴 것이라며 강하게 권유하는 것이었다. 나는 좀

---

28) 이상우, 『한국신문의 내막』, 삼성사, 1969, 191쪽.
29) 김강석, 『언론인의 권력 이동』, 새로운 사람들, 2001, 254쪽.
30) 「서기원 녹취」, 『녹취 한국언론사』, 대한언론인회, 2001, 201~202쪽.

망설였지만 이광표한테서도 이미 자기는 상공부 대변인으로 가기로 했다는 얘기를 들었던 터라 경제기획원 대변인으로 가기로 결심했다. 후에 알고 보니 김성진, 정무수석이던 유혁인, 그리고 청와대 비서실장이던 김정렴 셋이서 나를 추천했던 것이다.

이광표는 서기원의 대학동기로서 당시 『중앙일보』 편집국장 대리였다. 이때 정부 부처 대변인으로 옮겨 간 사람 중에서 이 두 사람이 가장 높은 직급의 언론인이었기 때문에 "직책에 어울리지는 않는 전직을 해 언론계에 적지 않은 충격을 안겨 주었다"는 평가를 듣기도 했다. 김성진은 『동양통신』 편집부국장 겸 정치부장으로 있다 1970년 12월 청와대 공보비서관이 되었고, 유혁인은 『동아일보』 정치부장을 거쳐 1971년 7월 대통령비서실 정무비서관이 됐다. 먼저 관계로 진출한 언론인이 또 다른 언론인을 관계로 이끈 것이다.

이영희는 "차장, 부장, 국장에 이르면" 언론인은 "벌써 생각은 행정부의 국장·차관·무슨 비서관이나 국영기업체의 자리에 가있다"고 비판했다.[31] 정달영은 "기자 지망생이 '정치인이 되려는 꿈을 실현하기 위해 정치부 기자가 되겠다'고 말하던 때다. 기자는 어느새 국회의원 되는 지름길쯤으로 인식되기 시작했다"고 주장하기도 했다.[32] 이렇듯 기자의 관계나 정계로의 발탁이 빈번하던 상황에서 한 신문사의 편집국장은 기자를 채용할 때, "기자직을 발판으로 전직을 하려면 아예 신문사에 들어오지 말고 딴 직업을 택하는 게 현명하다"고 충고했다고 한다.[33] 이것은 기자직을 발판으로 관계나 정계로 진출하려는 현실적 판단을 하고 있는 기자들이 매우 많았다는 것을 보여주는 것이다. 이런 기자가 언론인으로서

31) 이영희, 「기자풍토 종횡기」, 『창조』 1971년 10월호, 61~62쪽.
32) 정달영, 『참언론인이 되려는 젊은이들에게』, 한울, 2008, 185쪽.
33) 오소백, 「전직 언론인들의 현 주소」, 『신동아』 1978년 4월호, 313쪽.

의 비판적 사명을 제대로 수행했으리라고는 생각할 수 없다.

언론인이 현실에 순응한 결과로 박정희 정권에 의해 정계나 관계로 진출했던 것은 자신들의 사회적 지위에 대한 불만도 작용했다. 즉 1972년의 여름에 실시된 조사에서 "언론인들이 직업으로서의 언론에 불만을 품게 되는 것은 언론직이 갖는 주요 차원에 대한 스스로의 지위 평가가 그들이 이룩한 교육수준에 미치지 못하기 때문"이었던 것으로 나타났다.[34] 송건호는 "언론인이 언론계를 버리고 타분야로 계속 진출해 가는 것은 그만큼 언론계에 인사가 많다는 표시도 되겠으나 언론에 종사하는 데 보람을 느끼지 못한다는 것이 가장 큰 이유로 이해된다"고 해석하기도 했다.[35] 이렇듯 자신의 사회적 지위에 불만을 지닌 일부 언론인은 비판적 역할보다는 현실적 이익을 취하는 선택을 했던 것이다.

〈표Ⅳ-5〉에 나타난 것처럼 1960년대 초반부터 1987년까지 언론인의 정관계 진출이 꾸준히 이어졌다. 그중에서도 특히 1973년과 1981년에 언론인의 정관계 진출이 가장 많았던 것으로 나타났다. 유신체제의 출범 직후와 5공화국 출범 직후같이 정당성이 부족한 체제가 시작될 때 언론인이 정치적으로 많이 충원되었던 것이다. 이것은 권위주의 정권에 의해 발탁되어 정관계로 진출한 언론인이 정권의 정당성 부족을 메우는 역할을 주로 했을 것이라는 점을 잘 보여주는 것이다. 언론인 출신으로 국회의원을 지냈던 김진배는 "비정상적인 시기, 예컨대 쿠데타를 통해 새로운 정치세력이 등장했을 경우에 체제 내에 정치를 소화해낼 능력이 없기 때문에 신문기자를 데려다 쓰는 경우가 많았다"고 주장했다.[36]

---

34) 오인환·이상희, 「Status Inconsistency와 이직」, 『한국신문학보』 7호, 1974, 64쪽.
35) 송건호, 『한국 현대언론사』, 삼민사, 1990, 176쪽.
36) 조성관, 『대통령과 기자들』, 나남, 1994, 31쪽.

〈표IV-5〉 산업화 시기 언론인의 정관계 이직 현황

	청와대	문공부 및 부처대변인	행정부 및 정부기관	국회의원 (여당간부)	언론유관 지원기관	계	비언론통제 · 권력기관
1961		1	6	1		8	
1962		1	4			5	1
1963		1	3	6		10	2
1964			3	1		4	2
1965							
1966	1		1	2		4	4
1967	1					1	1
1968	1	2	1			4	2
1969	1		2			3	4
1970	4	1	1	2		8	3
1971	3	4	1	3		11	6
1972	2	9	1	1	1	14	6
1973	2	12	2	7	1	24	2
1974	1	4	4			9	6
1975		1	1			2	8
1976		3	1	1		5	6
1977		6	1			7	7
1978		2	1			3	4
1979		1	2	7		10	7
1980	1	1	1	4		7	11
1981	1	8	7	10	3	29	8
1982	1	2			1	4	2
1983		1	3			4	3
1984			1			1	3
1985		1	2	3		6	
1986						2	2
1987		2					2
합계	18	61	51	49	8	188	98

출처: 김지운, 「언론인의 권력지향 사례에 대한 고찰」, 『사상과 정책』 1989년 봄호, 경향신문사, 18쪽.

언론인의 정관계 진출은 초기에는 언론인 출신의 공보관을 통해 기자들의 취재에 대한 효율적인 대응을 목표로 한 것이었지만, 뒤로 갈수록 다양한 분야의 여러 자리에 언론인들이 충원되면서 갈수록 언론인의 권력지향성을 심화시키고 언론계 풍토조차 바꾸게 만들었다. 1950년대부터 관행화되었던 '촌지수수' 문제와 함께 1970년대부터 노골화됐던 언론인들의 '권력지향성'은 언론인의 직업윤리의식의 부재를 드러내는 것으로, "언론의 독립과 자율성 확보, 사회적 책임의 수행을 위해 심각한 위협"이 되었다고 할 수 있다.[37] 즉 외부로부터의 구체적인 통제 없이도 신문이 스스로 권력에 대해 '눈치 보기'식의 보도를 하는 관행이 이 시기부터 본격화되었던 배경에는 경영주의 권력에 대한 굴종뿐만 아니라 기자들의 권력지향성도 크게 작용했던 것이다. 권위주의 정권의 언론탄압에 맞서기보다는 정권의 입맛에 맞는 활동을 통해 정관계로 진출하기를 꿈꾸는 언론인이 늘어났다. 남시욱은 다음과 같이 언론인의 변화를 설명했다.[38]

독재정권이 언론을 탄압하면 언론이 이에 대처하는 길은 순응하거나 저항하는 두 가지 길밖에는 없다. 순응한다는 것은 언론인으로서 치욕이기 때문에 모두가 싫어한다. 그러나 이것은 자존심을 가진 언론인에게 해당되는 이야기이고, 언론인 중에서 그 기회를 이용하여 출세하려는 사람이나 자기가 속한 언론사의 성격상 순응하지 않으면 회사를 떠날 수밖에 없는 사람은 그렇지 못하다. 실제로 5·16 이후나 유신 때, 그리고 신군부 집권과정에서 집권세력과 협력하여 정계나 관계에 들어가 출세한 언론인은 적지 않다.

남시욱의 표현대로 언론인 중에 적지 않은 수가 언론탄압 속에 "기회를

---

37) 강명구, 『한국 언론 전문직의 사회학』, 나남, 1993, 167쪽.
38) 남시욱, 『체험적 기자론』, 나남출판, 1997, 218쪽.

이용하여 출세"하려는 경향을 보였다. 특히 1980년 신군부의 출범을 전후해서는 언론인이 권력의 부름을 기다리는 단계를 넘어서서 적극적으로 권력에 다가서는 움직임을 보였다. "5공의 이른바 언론계 3악역으로 무소불위의 권력을 자랑"했던 허문도, 이진희, 이원홍은 적극적으로 권력에 다가선 가장 대표적인 인물이었다.[39] 이들은 권력에 밀착하기 위해 '곡필'을 일삼아, 노골적으로 신군부의 집권을 정당화시키는 시론을 쓰기도 했다.[40]

이런 언론인은 "언론은 사회·국가 질서의 체제를 기본바탕으로 뉴스가치를 판단하고 측정해" 나가야 하며, "정부와 사심 없는 협조체제를 유지해야 한다"고 주장하기도 했다.[41] 이들은 국가이익을 앞세우며 언론인이 정권에 협조해야 한다고 주장했던 것이다. 1980년의 언론사 통폐합과 언론인 대량해직의 여파 속에 생활하던 언론인이 모두 이런 의식을 가졌다고 할 수는 없지만, 대부분의 언론인이 이런 주장에 적극적으로 반박하지 못하고 침묵하고 있었던 것만은 분명하다. 권위주의 정권 시기를 거치며 언론인의 정치적 활동의 전통이 이제 권력 지향적 활동으로 변질되고 말았던 것이다.

(2) 문인기자의 급격한 쇠퇴

'한국현대작가의 존재방식'의 하나로 인정받던 '기자작가'의 비율이 1960년대에 들어서서 급격히 낮아졌다. 물론 1950년대를 거쳐 1960년대에도 "작가로서 어느 정도 성공했으면서 기자 경력도 뚜렷한 인물로 김성한, 선우휘, 오상원, 최일남, 서기원, 김용성, 문순태 등을 들 수" 있기는 하다.[42]

---

39) 김강석, 『언론인의 권력이동』, 새로운 사람들, 2001, 180~181쪽.
40) 김삼웅, 『곡필로 본 해방 50년』, 한울, 1995, 351~358쪽.
41) 김주언, 「언론학살과 5공 핵심 언론인 집중탐구」, 『저널리즘』 17호, 1989, 63~65쪽.
42) 조남현, 『한국현대작가의 시야』, 문학수첩, 2005, 23~30쪽.

이들 중에 김용성과 문순태는 1960년대에 신문사에 입사했는데, 김용성은 신문사 재직기간이 짧았고, 문순태는 지방일간지에서 꽤 오랫동안 근무했다. 반면에 김성한, 선우휘, 오상원, 최일남, 서기원은 작가로서 1950년대에 언론사에 입사해서 1960년대에도 계속 언론인으로 활동했다.

선우휘는 1946년에 『조선일보』 기자가 되어 1년 남짓 활동하고, 1949년부터 1957년까지는 정훈장교로 복무했다. 그는 군복무 중인 1955년에 작가로 등단하고, 전역후인 1958년에는 『한국일보』 논설위원이 되었다가, 1961년에는 그가 처음 기자생활을 했던 『조선일보』로 돌아와 논설위원이 되었고, 1963년에는 편집국장이 되었다. 그 뒤 논설위원, 편집국장, 주필 등을 맡으며 1986년까지 『조선일보』의 논조를 주도했다. 그는 1960년대 이후 활동한 작가기자로서는 드물게 매우 활발한 언론활동을 하며 보수논객으로서의 면모를 유감없이 발휘했다.[43]

최일남은 출판사와 잡지사를 거쳐 1959년에 『세계일보』의 문화부장이 되었다. 그는 잡지사에 근무하던 1956년에 등단하였다. 그는 『세계일보』를 개제해 발행한 『민국일보』 문화부장을 거쳐, 1961년에는 『경향신문』 문화부장을 지냈고, 1963년 『동아일보』로 옮긴 후 문화부장, 과학부장, 편집부국장 등을 지내고 1980년에 강제 해직되었다. 그는 1984년에 『동아일보』에 복직되어 논설위원을 지냈고, 1988년에는 『한겨레신문』으로 옮겨 논설위원과 논설고문을 지냈다. 그는 문화부장으로 '문화면의 뉴스화'에 중점을 두어 '기고기사보다는 취재위주로' 문화면을 꾸미는 시도를 하였다.[44]

서기원은 1956년에 등단한 직후 『동화통신』에 입사해 기자의 길을 걷기 시작했다. 그는 『동화통신』에서 4년을 근무하고, 1960년 『조선일보』,

---

43) 김영희 · 박용규, 『현대언론인열전』, 커뮤니케이션북스, 2011, 111~122쪽.
44) 최일남, 「문화부장 20년」, 『신문연구』 34호, 1982, 166~169쪽.

1961년『서울신문』, 1963년『서울경제신문』, 1965년『서울신문』, 1967년『동화통신』, 1971년『중앙일보』로 옮기며 언론활동을 이어갔다. 그는 1973년에는 기자생활을 그만두고 경제기획원 대변인으로 변신했다. 이후 그는 국무총리 비서관이 되었고, 1980년 이후에는『서울신문』과 KBS의 사장을 지내기도 했다. 문인기자로서는 매우 드물게 관료나 언론사 경영진으로도 활동했던 것이다.[45] 또한 문인기자들이 대개 논설위원이나 문화부기자로 활동했던 것과 달리 서기원은 경제부기자로 활동했다는 점에서도 이채를 띠었다.

김성한은 1950년에 등단한 이후 잡지사를 거쳐 1958년에『동아일보』에 입사하여 논설위원, 편집부국장, 편집국장 등을 지내고 1974년에 퇴사했다가 1977년에 재입사하여 논설주간과 편집고문 등을 지내고 1981년에 퇴사했다. 오상원은 1955년에 등단하고, 공보부 조사국 조사과를 거쳐 1960년에『조선일보』에 입사해 잠시 근무하다『동아일보』로 옮긴 후 사회부 기자, 지방부 부장을 지내고, 1973년부터 1985년까지는 논설위원으로 활동했다.

이들의 공통점은 대부분 1960년 이전에 등단했고 언론사에 입사했으며, 1960년대 이후에도 오랫동안 언론사에 재직하면서 작품 활동도 비교적 활발하게 했다는 것이다. 또한 이들은 주로 논설위원으로 오랫동안 활동하여 논객으로서의 면모를 보여주었는데, 작가기자들이 논객으로 활동했던 것은 이들이 마지막이었다.

이들 외에도 1960년대에 문인으로서 기자로도 활동했던 인물이 적지 않았다. 1960년대에 문인들을 대상으로 한 조사에서 기자로도 활동하고 있다는 응답률이 꽤 높게 나타났다. 1969년 문인 443명을 대상으로 부

45) 김영희 · 박용규,『현대언론인열전』, 커뮤니케이션북스, 2011, 97~109쪽.

직 실태를 조사한 결과에서 15%가 신문기자를 하고 있다고 응답했다.[46] 1973년 1,259명의 문인들을 대상으로 조사한 자료에서는 119명(9%)가 언론계에 종사한다고 응답했다.[47] 실제로 시인이자 다큐멘터리 작가인 이경남, 평론가 이광훈, 시인 조영서, 시인 신찬균,[48] 평론가 이형기, 시인 김후란 등도 여러 신문사를 거치며 기자로 활동했다.

그러나 1960년대 이후 작품 활동을 활발히 하며, 눈에 띠는 언론계 활동도 한 문인기자들이 급격히 줄어들었다는 것만은 분명하다. 1960년대 이후 공개채용 제도가 정착되면서 문인이 언론사에 기자로 입사하는 일은 크게 줄어들었다. 이제 문인들이 언론사에 들어가려면 공채를 거쳐야만 했는데 경쟁률이 높은 상황에서 입사하기가 쉽지 않았다. 한편 언론사로서는 공채를 통해 유능한 인재를 뽑을 수 있는 상황에서 굳이 문인을 기자로 뽑아야 할 필요를 별로 느끼지 않았다.

또한 문화면의 성격 변화도 문인기자의 필요성을 감소시키는 중요한 원인이 되었다. 1960년대 이후 문화면에서 문학기사의 비중이 급격히 감소하고 다른 분야의 기사가 크게 늘어났다.[49] 이런 변화는 문화부에서 기고기사를 지양하고 취재기사를 늘리려는 시도가 이 시기부터 시작되었다는 것과도 관련이 있었다. 문학기사의 경우도 문인이 아니라 이제 '문학 저널리스트'의 몫이 되었다. 정규웅은 "69년 말 문화부에 정착했을 때 내가 성취하고자 갈망했던 것은 체계화된 문학저널리즘이었다. 문학에 대한 내 나름대로의 애정에서 기인한 것이었지만, 문학에 기여하는 평론가 · 비평가의 몫이 있다면 같은 비중에서 문학 기자 · 문학 저널리

---

46) 전광용, 「한국작가의 사회적 지위」, 『문화비평』 2권 1호, 1970, 55~74쪽.

47) 「문학은 부업인가」, 『중앙일보』 1973.11.21.

48) 정진석, 『인물 한국언론사』, 나남, 1995, 236~239쪽.

49) 이준우, 「한국 신문의 문화적 기능 변천에 관한 연구」, 연세대학교 박사학위논문, 1987, 82~88쪽.

스트의 몫이 있으리라 생각"했다고 밝혔다.[50]

1960년대까지 문단권력과 관련한 문인기자의 역할이 미미하나마 남아 있었다. 이형기는 시인이자 평론가로서『국제신문』,『서울신문』,『대한일보』등에서 기자와 문화부장으로 활동하며, 김동리와 조연현으로 대표되던 문단권력의 다툼에 깊이 관여했다.[51] 이런 문단 주류에 대항하는 새로운 세력의 출현에는『동아일보』문화부에 근무하던 김병익의 역할이 있었다. "저는 1965년에 동아일보사에 입사를 해서 문화부에 근무를 하는데, 그 이듬해 창비가 창간이 되었고, 그때 제가 문화부에 있으면서 창비를 띄우는 기사를 많이 썼어요"라고 밝혔다.[52] 얼마 뒤『창작과 비평』이 아닌『문학과 지성』을 중심으로 비평활동을 하게 되는 김병익이『창작과 비평』을 '띄우는 기사'를 써서 새로운 문단 세력의 등장에 기여한 것이다. 그러나 1970년대 이후에는 문단권력과 관련된 언론인의 활동을 더 이상 찾아보기 힘들만큼 문인기자의 활동은 위축되었다.

2. 언론활동의 조건과 특성

1) 언론인에 대한 강력한 탄압의 제도화

(1) 구속과 폭행, 그리고 불법연행

5 · 16 쿠데타 이후 군사정권은 반공주의와 경제개발우선주의를 내세

---

50) 정규웅,『정규웅 산문집 글동네 사람들』, 작가정신, 1991, 315쪽.

51) 홍기돈,「김동리와 문학권력」,『한국 문학권력의 계보』, 한국출판마케팅연구소, 2004, 153~159쪽.

52)「김병익, 염무웅 초청 대담『창작과 비평』,『문학과 지성』을 말한다」,『동방학지』제165집, 2014, 265쪽.

우며 강력한 언론통제를 시도했다.[53] 군사정권은 반공주의를 통해 신문의 비판적 활동에 대한 억압을 제도화하는 한편 "통치심볼로 내세운 근대화 내지 경제발전계획의 수행과정에서" 언론을 '발전을 위한 도구'로서 동원하기 위한 언론정책을 전개했다.[54] 먼저 군사정권은 5·16 직후 일부 신문사 폐간과 기자 구속을 강행했고, 계속해서 포고 11호와 공보부령 1호를 적용하여 언론사 정비를 단행했다.[55] 사이비 언론정비라는 명분으로 언론에 대해 기선을 제압하는 탄압을 가했던 군사정권은 1962년 6월에 5개항의 언론정책과 7월에 그 시행기준을 발표했는데, 그 주요내용은 결국 반공주의에 근거해 언론통제를 강화하고 기업적 성장을 지원하여 언론을 정권유지의 도구로 동원하겠다는 것이었다.[56]

사이비 언론 단속이라는 명분이 있었기 때문에 군사정권은 5·16직후부터 언론인에 대해서도 강력한 탄압을 가했다. 1961년 5·16직후부터 1962년 6월 22일까지 구속되거나 재판에 회부된 언론인 수가 무려 960명이나 되었다. 이들 중에는 5·16직후 일제정비로 없어진 언론사에 소속된 언론인이 481명이었고, 계속 발행되고 있는 언론사 소속 언론인도 479명(중앙 184명, 지방 295명)이나 되었다. 대부분은 사이비 행각이 문제가 된 경우였지만, "책임 있는 기자들이 그 자신에게 부하된 신문기자로서의 역할을 다 하려다가 체포, 구금된 예도 많았다"고 할 수 있다. 5·16 이후 1961년 내내 『민국일보』, 『대한일보』, 『동아일보』, 『경향신문』, 『한국일보』 등에서 언론인이 구속되는 일이 벌어졌는데, 이 시기까

53) 김남석, 「한국 신문산업 구조개편에 관한 정치경제학적 연구」, 서울대학교 박사학위 논문, 1994, 70~71쪽.
54) 김언호, 「언론과 권력의 갈등, 1964년 언론윤리위원회법 파동의 전개과정」, 『창작과 비평』 12권 3호, 1977, 129쪽
55) 주동황, 「한국정부의 언론정책이 신문산업의 변천에 미친 영향에 관한 일고찰」, 서울 대학교 박사학위 논문, 1993, 66~67쪽.
56) 김해식, 『한국 언론의 사회학』, 나남, 1994, 100~102쪽.

지는 대부분이 불기소나 형 집행정지로 풀려났다.[57] 다만 『민족일보』의 경우에는 13명의 언론인이 기소되고 그중 사장 조용수는 사형 선고까지 받았다.

1962년부터는 언론인의 필화는 재판에 회부되어 정식 판결을 받는 사건이 늘어났다. 정진석은 "그 이전까지는 구속되었다가 재판 이전에 석방되는 경우가 많았고, 1964년 이후부터는 드러나는 필화의 건수가 줄어들었던 것에 비해, 1962년에서 1964년 사이에서는 사법처분에 붙이는 경우가 가장 많았던 것이 특징이었다. 이는 군사정부가 언론을 정면에서 다스리려 했던 태도에서 연유했다"고 분석했다.[58] 이승만정권 시기와는 비교할 수 없을 정도로 짧은 기간 내 많은 언론인이 사법처분을 받았던 것이다.

박정희 정권은 1964년에 6 · 3사태가 확산되자 언론을 더욱 강력히 통제할 필요가 있다고 판단하고 언론윤리위원회법이라는 언론탄압법을 제정하려 했지만 언론계의 강력한 반발에 부딪쳐 동법의 시행이 유보되었다. 언론윤리위원회법 파동은 동법 제정반대 투쟁과정에서 대부분의 신문발행인들이 정권에 굴복했고 철폐가 아닌 정권의 '시혜성 시행 보류'로 매듭지어지면서 언론이 권력에 굴복하는 역사적 계기가 되었다. 결국 동법 시행의 보류는 '패배가 유보된 것'에 불과했던 것이다.[59]

김형욱은 박정희가 "언론윤리위원회를 언론계 자체에서 자율적으로 운영한다는 결말에 만족하지 않고" 자신에게 "언론을 적절히 통제하는 언론담당조정반을 중앙정보부 내에 설치하라는 특명을 내렸다"고 주장

57) 조규하, 「혁명하의 신문」, 『신문연구』 5호, 1963, 60~64쪽.
58) 정진석, 『한국현대언론사론』, 전예원, 1985, 290쪽.
59) 송건호, 『한국현대언론사』, 삼민사, 1990, 144쪽.

했다.[60] 김형욱의 주장대로 박정희의 지시가 있었는지는 모르지만, 어쨌든 1965년부터 중앙정보부의 언론인에 대한 사찰이 강화된 것만은 분명했다.[61] 김형욱의 '병적이라고 할 만한 폭력성'의 영향으로 인해 중앙정보부에 불려간다는 것은 언론인에게 공포의 대상이 되었다. 이상우는 "언론을 직접 다루는 부서는 중앙정보부 제3국과 제6국이었다. 3국에서는 당근을, 6국에서는 채찍을 드는 정책을 썼다"고 하며, "3국에 언론을 전담하는 언론과가 있어서 각 신문사에 요원을 파견했다"고 밝혔다.[62]

1965년 이후 한 동안 언론인에 대한 폭행이 자주 벌어졌다. 심지어는 1965년 9월 7일에 『동아일보』 변영권 편집국장대리 집 대문이 괴한들에 의해 폭파되는 일도 있었다. 1966년 들어서도 언론인에 대한 폭행 사건이 이어졌다. 1965년부터 1966년까지 1년 남짓한 기간에만 10건이 넘는 폭행 사건이 벌어졌다. 1966년부터 1968년까지 언론인에 대한 연행, 구속, 테러가 빈발했고 이는 결국 언론계에 공포분위기를 조성하여 취재보도활동을 위축시키는 결과를 가져왔다.[63]

『기자협회보』에 나타난 내용을 분석한 결과, 1964년 11월 10일부터 1974년 말까지의 언론인에 대한 폭행은 97건으로 나타났다. 폭행 이유를 크게 나누어 보면, 취재 방해가 64건(65.98%), 기사 불만이 29건(29.90%), 기타가 4건(4.12%)이었다.[64] 기사가 나온 후에 불만을 품고 폭력을 행사한 것보다도 아예 취재를 막기 위해 폭력을 사용한 것이 더 많다는 것이 큰 문제였다. 실제 폭행을 당한 언론인이 침묵했거나 해당 언

60) 김형욱 · 박사월, 『김형욱 회고록』 제Ⅱ부, 교육도서, 1988, 286쪽.
61) 김충식, 『남산의 부장들』, 동아일보사, 1992, 124~125쪽.
62) 이상우, 『권력은 짧고 언론은 영원하다』, 커뮤니케이션북스, 2010, 47~48쪽.
63) 강성재, 「박정권과 언론탄압」, 『신동아』 1986년 4월호, 410쪽.
64) 김진홍, 『언론통제의 정치학』, 홍성사, 1983, 63쪽.

론기관이 기사화하지 않은 경우도 상당히 많았을 것이다. 이런 폭행 사건들은 윤필용이 사령관이던 방첩부대 소속 군인들에 의해서도 자주 자행되었다.[65]

1967년부터는 단순히 폭력을 가하는 것보다 언론인을 불법 연행하는 일이 더 늘어났다. "어두컴컴한 골목에서 테러를 가함으로써 공포감과 경각심을 줄 것이 아니라, 해당 언론인을 연행해서 기사를 쓰게 된 동기와 배경 등을 밝히는 방법을 쓰기로 한 것"이었다.[66] 기자협회는 "66년까지 폭행·테러가 기자 수난의 특징이었다. 67년 이후에는 연행·구속·폭언이 하나의 특징으로 나타났다"고 평가했다.[67] 불법 연행이 다소 줄어들기는 했지만 1970년대에도 완전히 사라지지 않고 내내 계속되었다.[68] 1970년대 초에는 군 관계 기사 때문에 군 수사기관이 언론인을 연행해 조사하는 일도 자주 발생했다.[69] 이영희는 "기자의 사기와 지위는 자유당의 문민정권 때에 비해 현저히 저락했다. 11년 전만 하더라도 기자의 '임의동행'이나 '연행'은 큰 사건이던 데 비해 이제는 너무 흔한 일이 되어 큰 관심을 끌지 못하는 상황이 되었다고 하며, 박정희정권의 언론인에 대한 무자비한 탄압을 비판했다.[70]

김진홍은 "정보기관원 또는 수사요원들이 기사와 관련하여 기자를 '임의동행' 형식으로 조사하는 예는 언론인들이 이 요구를 거절할 경우 차후 보복에 대한 우려 또는 즉각적인 강제연행에 대한 우려 등으로 인해 부득이 응하게 되는 경우가 많았고, 따라서 심리적으로는 강제연행과 유사

65) 김충식, 『남산의 부장들』, 동아일보사, 1992, 103~106쪽.
66) 김주언, 『한국의 언론통제』, 리북, 2009, 142~143쪽.
67) 한국기자협회, 『기자협회 10년사』, 한국기자협회, 1975, 47쪽.
68) 김주언, 위의 책, 163~179쪽.
69) 정진석, 『한국현대언론사론』, 전예원, 1985, 321~322쪽.
70) 이영희, 「기자풍토 종횡기」, 『창조』 1971년 10월호, 61쪽.

한 효과를 낼 수 있었다"고 주장했다. 대부분 수사기관이 기자를 연행하여 구타했기 때문에 언론인들에게 임의동행은 곧 폭력을 연상시켰다.[71] 『동아일보』기자였던 이연교는 1965년 중앙정보부에 연행되어 조사받고 난 후 "관계기관에 불려가 조사를 받을 때처럼 기자라는 직업의 무력감을 뼈저리게 느낄 때도 없다. … 자신의 직업에 대한 일종의 좌절감을 순간적으로나마 느끼게 된다"고 심정을 밝혔다.[72] 즉, 불법연행과 폭력행사는 기자에게 '좌절감'과 '무력감'을 갖게 만들곤 했다.

1980년 5월 신군부는 정권을 잡기 위한 계획을 실행해 가던 과정에서 언론인을 불법 연행하고 무자비한 고문을 가했다. 신문 제작거부를 주도했던 기자협회 집행부는 물론 각 신문사에서 제작 거부에 참여했던 기자들까지 강제 연행하여 고문하고 구속하기도 했다. "연행된 기자들은 무자비한 구타와 모진 고문 속에 신군부가 짜 놓은 시나리오대로 진술할 것을 강요"당했다.[73]

전두환정권 시기에 들어서서도 언론인 연행은 영장이나 구인장 없는 불법 연행이었고, 거의 예외 없이 가혹행위를 당하고 나왔으나 언론에는 전혀 보도되지 않았다. 1985년에 『동아일보』편집국장으로 안기부에 불법 연행되어 조사를 받았던 이채주는 조사과정에 대한 질문에 대해 "인간 이하의 대우를 받았다"고 답변했다. 당시 조사를 받은 경험이 있던 언론인은 "기억하고 싶지 않을 정도의 비인간적인 대우, 수모, 법과 제도의 테두리에서 이 같은 불법행위가 자행될 수 있는 현실에 대한 환멸"을 토로했다.[74] 사법처분이 불가능한 것을 뻔히 알면서도 "기사에 대한 보복이

---

71) 김진홍, 『언론통제의 정치학』, 홍성사, 1983, 63쪽.

72) 이연교, 『네가 기자냐―체험적 사회부 기자론』, 홍성사, 1980, 47~50쪽.

73) 윤석한 「기자협회의 검열 및 제작거부 결정」, 한국기자협회·80년 해직언론인협의회 공편, 『80년 5월의 민주언론: 80년 언론인 해직 백서』, 나남출판, 1997, 68~79쪽.

74) 이채주, 『언론통제와 신문의 저항』, 나남출판, 2003, 291~296쪽.

나 출처 조사"를 목적으로 불법 연행해 고문이나 가혹행위를 하여 기자들의 언론활동을 위축시키려고 했던 것이다.[75]

1961년 5·16부터 1987년 6·29까지의 기간 동안 언론인에게 정보기관, 군 수사기관, 경찰 등에 불법 연행되어 고초를 겪는 것은 흔한 일이었다. 야만적 폭력 앞에 언론인이 자존심과 자부심을 지키며 활동하기는 대단히 어려웠을 것이다. 과거의 그 어떤 시기보다도 언론인에 대해 더욱 가혹한 탄압이 가해지면서, 이 기간 내내 언론인들은 불의에 대해 저항하느냐 아니면 타협하느냐 하는 선택의 문제에 부딪혔다.

  (2) 기관원의 언론사 상주와 간섭의 일상화

박정희정권은 기사가 나온 이후 언론인을 탄압하던 방법에서 더 나아가 아예 기사가 나오기 전에 통제하는 방법을 찾았다. 그 결과 박정희 정권은 언론윤리위원회법 파동 이후 기관원을 언론사에 상주시켜 압력을 가하기 시작했다. 『조선일보』 기자였던 신홍범은 "내가 조선일보사에 입사한 지 얼마 되지 않아서부터 그들을 보게 되었으니 이른바 '기관원'들이 신문사에 나타나기 시작한 것은 1965년을 전후해서가 아닌가 생각된다. 그들은 거리낌 없이 언론사에 드나들면서 언론에 대한 간섭과 통제를 갈수록 강화해 나갔다"고 회고했다.[76]

1967년 4월 야당인 신민당이 신문사의 '정부기관원의 상주'를 비판하자 신문들은 이에 대해 과민한 반응을 보이기도 했다. '신문사 출입기자'라고까지 불리던 기관원의 상주와 영향력 행사에 대한 신문들의 과민 반응은 "독자에 대해 스스로의 약점을 드러내 보인다는 체면의식" 때문이

75) 남시욱, 『체험적 기자론』, 나남출판, 1997, 334~335쪽.
76) 신홍범, 「한국일보 노조의 고난을 돌아보며」, 한국일보 74노조 출판위원회, 『1974년 겨울—유신치하 한국일보 기자노조 투쟁사』, 미디어집, 2005, 249쪽.

었다.[77] 기관원들은 특정 사실의 보도 여부나 기사의 크기까지 정해 줄 경우가 있을 정도로 보도내용에 개입했다.[78] 기관원 상주를 통해 취재보도 내용에 대해 직접적으로 개입했던 것은 일종의 사전검열로서 과거와는 달리 사전적 통제가 강화되었다는 것을 의미했다.

언론인들은 기관원 상주로 인해 심각한 좌절감과 무력감을 느꼈다. 1971년 『동아일보』 기자들이 제1차 언론자유 수호 선언을 하며, "우리는 우리의 명예를 걸고 정보요원의 사내 상주 또는 출입을 거부한다"고 했던 것은 바로 좌절감과 무력감을 떨쳐버리기 위한 것이었다.[79] 같은 시기 『조선일보』 기자들도 "우리는 기자를 함부로 연행 · 감금 · 구타하는 등 민주적 기본질서에 반하는 행위와 정보기관원의 사내 항시 출입과 같은 부당한 간섭을 중지할 것을 촉구한다"고 밝혔다.[80] 1971년 4월 언론인들의 반발로 기관원들이 잠시 철수했다가 1971년 말 국가비상사태 선포 뒤 다시 출입하기 시작했고, 간섭과 통제가 과거보다 더 강화되었다. 신홍범은 기관원이 상주하던 당시에 언론인들이 느꼈던 좌절감과 무력감을 다음과 같이 표현했다.[81]

박정희 군사정권이 들어선 후 점차 강도를 높여가던 권력의 언론통제는 1972년 10월 유신체제의 성립으로 노골적인 탄압으로 치닫고 있었다. 중앙정보부를 비롯한 수사기관에서 나온 사람들이 편집국에 끊임없이 드나들면

77) 이상우, 『한국신문의 내막』, 삼성사, 1969, 87~97쪽.
78) 손주환, 「한국 언론의 60년대와 70년대-권력의 압력」, 『저널리즘』 2호, 1970, 21~22쪽.
79) 동아자유언론수호투쟁위원회, 『자유언론: 1975~2005 동아투위 30년 발자취』, 해담솔, 2005, 72쪽.
80) 조선자유언론수호투쟁위원회, 『자유언론, 내릴 수 없는 깃발: 조선투위 18년 자료집』, 두레출판사, 1993, 38쪽.
81) 신홍범, 「증언: 목 잘린 자의 아직도 아픈 추억」, 『기자협회 30년사』, 한국기자협회, 1994, 226쪽.

서 기사를 빼라, 넣어라, 줄여라, 키워라 하며 간섭·통제하고 있었다. 그리고 그들의 뜻대로 되지 않으면 이런저런 구실을 잡아 사건을 만들고는 기자나 신문사의 간부를 연행하여 공포 분위기 속에서 폭력을 가하는 일이 되풀이되었다. 신문사의 편집국은 질식할 것 같은 공포 분위기 속에 휩싸였으며 기자들은 좌절감과 무력감 속에서 타율적인 신문을 만들지 않으면 안 되었다. '이러고도 나는 신문 기자라고 말할 수 있을까', '국민과 독자에게 알려야 할 것을 알리지 못할 뿐만 아니라 사실을 왜곡하기까지 하는 오늘의 기자들을 나중에 역사와 국민은 어떻게 심판할까. 이것은 지식인의 직무유기요 범죄가 아닐까'하는 자문 속에서 우리는 괴로운 나날을 보내고 있었다.

기관원들은 언론사에 상주하다시피 하며 '보도지침의 하달과 보도지침 준수 여부를 감독'했고, '언론사의 동향과 기자들의 성분을 파악해 보고'했다. 김주언은 언론사에 상주하던 "기관원들은 금품수수 사실 같은 약점이나 이념적 정치적 성향을 조사하여 보고하였고 중앙정보부는 이런 정보들을 언론인을 회유하거나 통제하는 데 이용했다"고 주장했다.[82] 언론사에 상주하던 기관원들은 "이 기사는 빼라, 저 기사는 늘려라"라며 제작에 노골적으로 간섭했던 것은[83] 물론 언론인 탄압을 위한 정보 수집 활동도 했던 것이다.

기관원의 언론사 상주는 유신체제와 전두환정권 내내 계속되었다. 이 시기에는 안기부, 보안사, 경찰 등 여러 기관에서 보낸 기관원이 "필요한 정보를 수집하는 한편, 기사작성에 깊이 관여하고 있었다. 심지어 기자들의 출입처 인사에까지 관여하기도 했다"고 한다.[84] 언론인들은 기관원들에게 일거수일투족을 감시당하며 활동해야만 했다.

82) 김주언, 『한국의 언론통제』, 리북, 2009, 185~188쪽.
83) 장윤환, 「동아일보와 박정희와 나」, 윤활식·장윤환 외 23명, 『1975, 유신독재에 도전한 언론인들 이야기』, 인카운터, 2013, 30~31쪽.
84) 심상기, 『뛰며 넘어지며: 올챙이 기자 50년 표류기』, 나남, 2013, 211~212쪽.

(3) 프레스카드제 실시와 강제 대량해직

박정희정권 등장 이후 1961년, 1972년, 1975년 세 번에 걸쳐 언론인의 대량해직이 있었다. 1961년 군사정권이 등장하면서 사이비언론 정비라는 명분하에 960명의 언론인을 퇴출시켰지만, 이런 조치는 사이비 언론의 병폐가 심각했던 만큼 호응을 얻기도 했다. 그러나 이후의 대량해직은 언론통제의 목적으로 이루어져, 언론인들의 활동에 위축을 가져왔다. 1972년의 경우에는 프레스카드제 실시로 인한 대량해직, 1975년에는 자유언론실천운동을 하던 『동아일보』와 『조선일보』 기자의 대량해직이 있었다.

박정희 정권은 '사이비 언론인 정화책'의 일환이라고 하며, 일종의 기자 자격증이라고 할 수 있는 프레스카드제 실시를 추진했다. 1971년 말부터 적극적으로 추진한 프레스카드제는 언론사가 기자 명단을 통보하면, 문화공보부가 명단에 의거해 프레스카드를 교부하고 그 명단을 각급 기관에 통보하는 제도였다. 프레스카드 발급 과정에서 사이비 언론인을 걸러내서 프레스카드를 지닌 기자의 공신력을 높이고 이들의 취재활동에 대해 편의를 제공하겠다는 취지를 밝혔다. 프레스카드제가 실시되면서 기자수가 1971년 말에 6,332명에서 1972년 말에 4,269명으로 2,063명이 줄어들었다.[85]

줄어든 기자의 대부분이 사이비 언론인으로 지탄받던 지방주재기자였기 때문에 프레스카드제가 사이비 언론의 정리에 기여한 바가 있기는 했다. 또한 기자수를 대폭 줄임으로써 신문 산업의 경영 합리화에 기여를 하기도 했다. 그러나 프레스카드제는 정부가 발급한 프레스카드가 있어야만 기자가 취재를 할 수 있도록 하여, 자유로운 취재를 막는 역할을 하

---

85) 방대수, 『기협을 중심으로 한 언론자정운동사』, 씨엔마, 2000, 55~67쪽.

였다. 박정희 정권은 실제로 1972년 3월 7일 정부 각 부처의 기자실을 줄이고 출입 기자를 제한하는 내용의 이른바 '정부 출입기자 대책'을 발표해 행정부처의 기자실을 한 부에 한 개씩만 두도록 통폐합하고 출입기자도 한 부처에 1사 1인으로 제한했다. 비록 사이비언론 단속에 기여한 부분이 있기는 했지만, 프레스카드제도는 명백히 언론의 자율을 해치고 취재보도활동에 제약을 가져왔다.[86]

1975년에는 『동아일보』와 『조선일보』에서 자유언론실천운동을 했다는 이유로 기자들이 대거 해직되는 일이 벌어졌다. 『동아일보』에서는 1974년 10월 24일 '자유언론실천선언'이 이루어졌는데, 이 선언은 이전까지와는 달리 공정보도실현을 위한 구체적 실천의지를 담고 있었다는 점에서 매우 중요한 의미를 지녔다.[87] 『동아일보』의 움직임은 다른 신문사들로 확산되어 이후 자유언론실천을 위한 선언들이 계속되었다. 12월 16일 『조선일보』에서는 유신체제를 일방적으로 옹호하는 외부기고문의 게재에 대해 항의한 두 기자를 해고하는 일이 생겼다.[88]

『동아일보』의 자유언론실천운동에 대해 박정희정권이 광고탄압으로 압박하기 시작하자, 『동아일보』 경영진은 점차 굴복하게 되었다. 경영진은 사내 질서와 기강을 확립하고 기구정비를 통해 경영을 합리화하겠다는 명분을 내세우며 기자들을 대량 해고하여 사태를 해결하려고 했다.[89] 또한 『조선일보』에서도 해고된 두 기자의 복직을 요구하고, 외부권력의 탄압과 언론내부의 패배주의를 비판하며 기자들이 제작거부농성을 시작

---

86) 최재욱, 「프레스카드, 그 발급 배경부터 현황까지」, 『저널리즘』 10호, 1976, 176~177쪽.

87) 동아자유언론수호투쟁위원회, 『자유언론: 1975~2005 동아투위 30년 발자취』, 해담솔, 2005, 102~142쪽.

88) 조선자유언론수호투쟁위원회, 『자유언론 내릴 수 없는 깃발: 조선투위 18년 자료집』, 두레출판사, 1993, 519~522쪽.

89) 동아일보사 노동조합, 『동아자유언론실천운동 백서』, 1989, 111쪽

하자, 경영진은 기자들을 추가해고하고 강제로 농성을 해산했다.[90] 결국 자유언론실천운동이 좌절되면서, 『동아일보』의 113명과 『조선일보』의 33명이 해임 또는 무기정직 조치를 당해 신문사를 떠났다.[91] 두 신문에서 모두 경영진이 자유언론실천을 위한 기자들의 활동을 대량해고까지 시키며 억압하자, 그 배후인 정부권력에 대한 비판이 나오기도 했다.[92] 신문사 경영진이 대량 해고한 것이지만, 여기에는 비판적 언론인을 제거하려는 정권의 의도가 작용했다고 보았기 때문이다.

1980년에 신군부는 아예 처음부터 치밀한 계획을 세우고 비판적 언론인을 제거하려고 했다. 1980년 5월 20일에 기자협회를 중심으로 신문 제작거부 투쟁에 돌입하자 신군부는 언론인을 연행하여 압박을 가하는 한편 '군부에 비협조적 언론인을 제거'하기 위한 '언론계 자체정화 계획서'를 마련했다. 이 계획서에서는 반체제 인사·용공 또는 불순분자·이들에 동조한 자·검열 거부 주동 및 동조자·부정축재자·특정 정치인과 유착된 자 등을 해직 대상으로 규정했다.[93] 정화의 사유로 다양한 것들을 들었지만, 실제로는 제작거부 등으로 신군부에 맞섰던 비판적 언론인을 거세하려고 했던 것이었다. 비판적 성향을 지닌 언론인을 사전에 해직시킴으로써 아예 처음부터 정권에 대한 비판의 싹을 잘라버리려고 했던 것이다.

보안사 주도의 언론대책반이 다른 정보부처와 긴밀히 협조하며 명단

90) 조선자유언론수호투쟁위원회, 『자유언론 내릴 수 없는 깃발: 조선투위 18년 자료집』, 두레출판사, 1993, 59~91쪽.

91) 두 신문사에서 해직된 기자의 수는 자료에 따라 차이가 있다. 신문사로 바로 복귀했거나 해임 사유가 다른 사람들도 있었기 때문이다. 113명과 33명은 두 신문사에서 해직되고 자유언론수호투쟁위원회에 참여한 사람들의 숫자이다.

92) 동아자유언론수호투쟁위원회, 『1974~1987 자료 동아투위 자유언론운동 13년사』, 1987, 87~91쪽.

93) 윤석한, 「기자협회의 검열 및 제작 거부 결정」, 한국기자협회·80년 해직언론인협의회 공편, 『80년 5월의 민주언론』, 나남출판, 1997, 88쪽.

을 확보했고, 이런 움직임에 언론사 경영진도 호응했다. 그 결과 1980년 8월 2일부터 16일까지 보름 동안 933명의 언론인이 해직된 것으로 나타 났다. 1980년 8월 16일 문화공보부 공보국장 이수정이 작성한 '언론정 화 결과'라는 문건에 따르면, 해직된 언론인 933명 중 298명은 정부가 직 접 정화대상자로 선정했고, 나머지 635명은 외부의 강요 없이 각 언론사 가 자체적으로 선정한 것으로 알려졌다. 정부가 선정한 298명 중 기자는 278명이었고, 각 언론사가 선정한 635명 중에는 427명이 기자로서, 해 직자 933명 중에 기자가 705명이었다.[94]

신군부측은 언론인을 해직하는 것으로 그치지 않고 해직 이후에 재취 업하는 것까지 막으려고 했다. 1980년 8월에 나온 '정화 언론인 취업허 용 건의'라는 문건에서는 해직자를 A · B · C 세 등급으로 나누어, A급은 영구히, B급은 1년간, C급은 6개월 동안 취업하지 못하도록 규정했다. 취업 제한 기간이 지나서 다시 취업하더라도 언론사에는 취직하지 못하 도록 하여 비판적인 언론인이 다시 언론활동을 하는 것을 원천적으로 봉 쇄하려고 했다.[95] 신군부의 언론인 강제 대량해직은 남아 있는 언론인들 에게도 위축 효과(chilling effect)를 가져왔다. 1980년 『동아일보』에서 해직되었던 최일남은 해직으로 인한 '마음의 상처'를 다음과 같이 표현하 고 있다.[96]

지난 1980년 여름의 신문기자에 대한 대량 해직 조치는 원인불명의 '정신 적 학살'까지 겸했다. 그들의 목을 자른 주체가 분명히 있기는 있는데도 끝

---

94) 윤석한, 「기자협회의 검열 및 제작 거부 결정」, 한국기자협회 · 80년 해직언론인협의 회 공편, 『80년 5월의 민주언론』, 나남출판, 1997, 89~92쪽.

95) 정연수, 「자료로 추적해 본 언론인 대학살의 실상」, 한국기자협회 · 80년 해직언론인 협의회 공편, 『80년 5월의 민주언론』, 나남출판, 1997, 179쪽.

96) 최일남, 「기자가 신문사를 쫓겨날 때」, 한국기자협회 · 80년 해직언론인협의회 공편, 『80년 5월의 민주언론』, 나남출판, 1997, 425쪽.

내 얼굴을 드러내지 않았다. 너는 어째서 평생을 걸었던 직업을 중도에 그만두어야 하는가에 대한 분명한 설명을 듣지 못한 채 붓을 빼앗긴 우리 해직기자들은, 일단 짓밟힌 상처 위에 누군가가 다시 소금을 뿌리는 격렬한 아픔을 치를 떨며 경험해야 했다.

1980년 8월 계엄 하에서 감행된 언론인 대량해직은 신군부와 언론사 경영진의 합작품이었다. 즉, 언론인 대량해직은 정통성을 결여했던 신군부의 언론계 장악 의도와 신문사 경영주나 간부들의 언론사내 통제력 강화 의도가 결합되어 이루어진 것이었다. 언론인 대량해직은 결국 언론인의 저항성을 거세시키는 데 결정적 역할을 했고, 나아가 살아남은 기자들의 취재보도활동 의욕도 극도로 위축시켜 놓았다. 1980년 11월의 언론사 통폐합으로 다시 305명의 언론인이 언론계를 떠나게 되었다.[97] 1980년 한 해 동안 1,200명이 넘는 언론인이 떠나고 난 뒤의 언론계는 오랫동안 정권의 통제가 의도했던 방향으로 움직였다.

2) 직업적 안정성과 임금수준

(1) 고용 불안의 완화와 폐쇄적 인사구조의 형성

1960년대 초에도 언론인들의 고용 불안은 심각하여, 자주 신문사를 옮겨 다녔다. 1963년 11월에 조사한 언론인들의 전직에 관한 자료는 1950년대와 1960년대 초의 언론계 풍토를 잘 보여준다. 〈표Ⅳ-6〉에 나타난 대로 5회 이상 전직한 언론인의 비율이 전체적으로 10% 가까이 되었다는 것은 언론인의 직업 불안정성을 잘 보여주는 것이었다.

---

97) 김해식, 『한국 언론의 사회학』, 나남, 1994, 156쪽.

〈표IV-6〉 5회 이상 전직자 비율

언론사명	비율
경향신문	9.8
대한일보	15.3
동아일보	–
서울신문	15.2
조선일보	11.2
한국일보	11.1
동양통신	10.9
동화통신	3.6
합동통신	9.0

출처: 이강수 외, 「한국신문인의 의식에 관한 연구」, 『신문연구소학보』 1호, 1964, 39쪽

　　이런 결과는 언론인들이 자주 옮겨 다니던 당시 언론계 풍토의 영향도 있었다. 남재희는 "기자는 후조(候鳥)나 일본의 낭심(浪心)과도 같이 이 신문사 저 신문사로 잘 떠돌아다닌다. 간부기자와 평기자 사이에 특별한 의리관계가 맺어지면 간부기자의 움직임에 평기자는 바늘에 실 가듯 한다"고 당시 언론계 풍토를 평가했다.[98] 최서영도 "기자들은 배짱이 안 맞으면 언제라도 사표 한 장 써 내고 다른 사로 갈 수 있었고, 회사로서도 다른 사의 우수한 기자나 논객을 점찍어 두었다가 필요할 때 스카우트할 수 있었다. 이런 현상은 평기자뿐 아니라 편집국장이나 주필 등 이른바 편집권과 필정권(筆政權)을 쥔 최고 간부까지 포함되었다"고 주장했다.[99] 이런 풍토가 적어도 1960년대 중반까지는 계속되어 언론인의 이직이 잦았던 것이다. 1968년 기자협회에서 20개 언론사 기자의 인사이동 결과를 분석한 결과 편집국 종사원 3,565명 가운데 1년 동안 "승진,

---

98) 남재희, 「기자–'선비'와 '식객'의 기자도」, 『세대』 1966년, 10월호, 222쪽.
99) 최서영, 『내가 본 현장 여울목 풍경』, 도서출판 선, 2009, 93쪽.

전보, 퇴사 등 어떤 형태로든 인사의 대상이 되어 직위, 직무, 직종이 이동된 종업원은 모두 777명으로 28%였다. 이런 결과는 "다른 직종에서의 경우보다 월등히 빈번"한 것이었다.[100] 1971년 전국의 일간지 기자들의 전직률도 10%에 육박해 일반 기업보다 2배나 높은 것으로 나타났다.[101] 이것은 임금수준이 낮거나 장래가 불확실하다는 것뿐만 아니라 언론인의 사회적 평가가 낮아지면서 전직을 원하는 경우가 많아졌기 때문이었다.

1964년에 이미 '경영주의 비위'를 건드리거나 '정치권력의 미움'을 사서 언론계를 떠나는 경우가 적지 않았고[102] 점차로 경영진이 기업적인 이윤추구에만 집착하게 되면서 경영합리화라는 명분으로 기자들을 해고하거나 부당한 인사 조치를 하는 경우가 많았다.[103] 이것은, 편집에 대한 경영의 절대적인 우위가 확보되었고 여기에 권력의 영향력도 작용했기 때문이었다. 빈번했던 해고 등의 부당한 인사 조치는 기자들의 언론노동에 대한 자본의 통제력이 강화되었다는 것을 드러내는 것으로 임금인상투쟁을 억제시키는 기능을 하기도 했다. 최규장은 "임금인상투쟁을 못 벌이는 것을 보면 저임금을 감수하겠다는 것도 아니고 사명인으로서의 긍지로 족하겠다는 것도 아니며 기업주의 해고라는 견제 수단에 부딪치기를 싫어하기 때문이다"라고 하며, 언론인이 항상 해고의 위협 앞에 놓여 있었다고 주장했다.[104]

1975년에 『동아일보』와 『조선일보』에서 벌어진 기자 대량해직 사태는 이런 경향이 더욱 강화되어 나타난 결과였던 것이다. 언론인 대량해고는

100) 편집실, 「인사와 급료 면에서 본 기자의 권익」, 『저널리즘』 1호, 1969, 53~54쪽.
101) 송수항, 「언론인의 이직 경향」, 『신문평론』 1971년 가을호, 38쪽.
102) 조세형, 「기자직은 직업화되어야 한다」, 『신문평론』 1964년 4월호, 28쪽.
103) 한국기자협회, 『기자협회 10년사』, 한국기자협회, 1975, 84~86쪽.
104) 최규장, 「기자론―오늘의 한국기자 자화상」, 『신문연구』 18호, 1972, 54쪽.

언론인에 대한 경영진의 통제력이 강화된 가운데 권력의 압력이 있었기 때문에 가능했던 것이다. 1975년 두 신문의 대량해직 이후 신문사 사이의 언론인 이동이 제한되고,[105] 임금도 점차 올라가 전직이 줄어들면서 직업 안정성이 높아진 것으로 나타났다.

1960년대까지는 기자들의 언론사간 이동이 잦았기 때문에 편집 간부 중에 현재 소속된 신문사에서 기자 생활을 시작하지 않은 사람들이 상당히 많았다. 중앙일간지 편집 및 영업 부문 부장급 이상을 대상으로 하여 현재 소속 신문사에서 직장 생활을 시작한 비율을 조사한 결과를 보면, 1955년에 14.5%, 1967년 20.7%에 불과했던 것이 1977년 27.1%, 1987년 55.0%로 급격히 상승했다는 것을 알 수 있다. 당연히 전직 회수의 비율은 1955년 3.0회, 1967년 2.3회, 1977년 2.1회, 1987년에는 0.9회로 줄어들었다.[106] 특히 1980년에 현 소속사에서 언론 생활을 시작한 비율이 급격히 상승하고 전직 비율은 급격히 하락한 것은 임금이 높아지면서 다른 분야로 전직하지 않았던 것뿐만 아니라 공개채용을 통해 '기수인맥'이 자리 잡게 되면서 다른 언론사로도 이직하지 않게 되었다는 것을 보여주었다. 1980년대에 들어서서 고용 불안이 사라지면서 폐쇄적인 인사구조가 강화되었다.

(2) 정권의 특혜에 힘입은 임금수준의 향상

박정희정권은 언론을 강력하게 탄압하는 동시에 경제적 특혜도 제공하여 언론이 급격히 기업적 성장을 할 수 있도록 지원하는 포섭전략을 적극적으로 사용했다. 이것은 단기적으로는 언론이 국가의 특혜에 의존

---

105) 박태견, 「'기수인맥'이 '언론정신의 쇠락' 초래」, 『신문과 방송』 1998년 7월호, 23쪽.
106) 강상현, 「한국 신문기업의 조직인구변동에 관한 연구」, 연세대학교 박사학위논문, 1988, 226~229쪽.

하게 함으로써 언론을 국가의 통제권 내로 끌어들이고, 장기적으로는 언론이 기업적 성장에 집착하게 함으로써 언론이 상업주의화, 탈정치화 되도록 하려는 것이었다. 특히 박정희 정권은 언론사 정비와 시설기준의 적용으로, 신문사의 독과점적 구조를 구축한 이후 신문사에 대한 경제적 특혜를 제공함으로써 신문의 기업적 성장이 가능할 수 있는 토대를 마련해주었다.[107] 정권의 경제적 특혜 제공과 더불어 광고시장과 구독시장의 확대도 이루어지면서 1960년대 이후 신문 산업은 서서히 성장하기 시작했다.

박정희 정권은 신문사에 대해서뿐만 아니라 언론인에 대해서도 탄압을 가하는 한편, 특혜를 베푸는 정책을 실시했다. 박정희 정권은 1962년 6월 28일에 밝힌 언론정책 시행기준에서 '보수기준'을 정해 신문사들이 기자의 임금을 올리도록 했다. 즉, '언론정책 세부지침' 4항에는 "종업원 특히 기자의 사회정의를 구현할 수 있는 합리적이고 현실적인 보수기준을 마련하고 그 자진이행을 장려한다. 그 기준은 공보부에서 정한다"고 규정했다.[108] 7월 31일에는 공보부가 10개 항목에 걸친 '시행지침'을 발표하였는데, 기자 보수기준에 관한 내용은 다음과 같다.[109]

가. 서울특별시에 본사를 둔 일간신문 통신사의 기자(중견)의 봉급은 월 1만원 이상으로 한다. 중견 기자는 3년 이상의 기자경력을 가진 자를 말한다.
나. 인구 30만 이상의 도시에서 발행되는 일간신문 · 통신사의 기자봉급은 상기 (가)항 기준보수액의 20%를 감한 액수를 기준으로 한다.
다. 기타 신문 · 통신사의 기자봉급은 상기 (가)항 기준보수액의 30%를 감한 액수를 기준으로 한다.

---

107) 김해식, 『한국 언론의 사회학』, 나남, 1994, 127~132쪽.
108) 곽복산, 「5 · 16 혁명과 언론」, 『한국의 언론』 제1집, 문화공보부, 1968, 351쪽.
109) 위의 글, 354쪽.

라. 특수 신문사의 기자봉급은 사정에 따라 고려할 수 있다.

군사정권이 '기자 보수'를 올려야 한다고 했던 이유는, 임금을 제대로 받지 못 하는 기자들이 사이비 행각을 벌였기 때문이었다. 실제로 1960년대 초에 무보수 기자가 상당히 많았고, 서울의 주요 언론사의 기자들도 아주 낮은 수준의 임금을 받고 있었다. 『한국일보』에 근무하던 송효빈은 1960년대 초만 해도 기자의 한 달 봉급 목표액이 쌀 3가마 값이었지만, 그나마도 이 정도를 주는 신문사조차 별로 없었다고 회고했다.[110] 1963년에 『조선일보』로 옮긴 최서영이 당시 받은 월급이 1만 1,500원이었는데, 당시 쌀 1가마 값이 3천원 정도였으니 쌀 네 가마 값 정도를 받은 것이었다고 회고했다.[111] 최서영이 1957년에 신문사에 입사한 경력 7년차의 기자였다는 점을 감안하면, 1963년에 주요 중앙일간지 신입 기자들의 임금수준은 분명히 쌀 3가마니 값조차 안 되는 수준이었을 것이다.

1965년 11월에 문화공보부가 발표한 자료에는 전체 7,009명의 기자 가운데 1,567명이 무보수 기자인 것으로 나타났다. 1965년에 언론사 중에 가장 임금을 많이 준다고 하는 중앙일간지 6개사의 평균임금이 초임 기자는 7,400원, 3년 경력기자 1만 300원, 차장급 1만 7,400원, 부장급 2만 1,200원이었다. 이 당시 도시생활 최저생계비는 2만 80원이었다. 따라서 1965년에 중앙일간지 부장급이 되어야 도시에서 최저생활을 보장받을 수 있는 수준이었다.[112]

1960년대 말에 가면서 기자의 임금이 조금씩 더 올라갔다. 1967년 12

110) 송효빈, 『체험적 신문론: 기자는 무관의 제왕인가』, 나남, 1993, 31쪽.
111) 최서영, 『내가 본 현장 여울목 풍경』, 도서출판 선, 2009, 41쪽.
112) 한국기자협회, 『기자협회 30년사』, 한국기자협회, 1994, 348쪽.

월에 문화공보부가 조사한 자료에는 중앙일간지 8개사의 평균임금이 초임기자는 1만 1,430원, 3년 경력기자는 1만 3,380원, 차장급은 2만 8,420원, 부장급은 3만 3,600원으로 나타나 1965년에 비해서는 약간 상승한 것으로 나타났다. 지방일간지는 여전이 임금수준이 낮아서 부장급이 중앙일간지의 초임기자 임금과 비슷한 수준이었다.[113] 1968년에 기자협회 지방시찰단이 전국을 돌며 실태조사를 한 결과 지방사 회원의 50% 이상이 여전히 면세점인 8,000원 이하의 임금을 받고 있다는 점이 밝혀졌다.[114] 1969년 초에『한국일보』사장 장기영은 대담에서 "구체적으로 한국일보는 급료 최하를 1만 6천원 내지 7천원선으로 생각하고 있습니다. 그 기준은 최하 쌀 세 가마 값은 되어야 한다는 거지요"라고 대답했을 정도로 아직은 임금이 낮은 수준에 머무르고 있었다.[115]

  1969년 9월 말 현재 서울의 신문, 방송, 통신 24개사를 대상으로 조사한 결과를 보면, 주요 언론사의 경우 초봉이 1만 5천원에서 2만원 사이이며, 3년 이상 경력자가 2만원 내지 3만원, 5년 이상 3만원 내지 3만 5천원, 차장급이 4만원 내지 4만 5천원, 부장급은 5만원 내지 6만원이었다. 당시 은행이나 일부 기업의 초봉이 3만원 내지 5만원이었던 점을 감안하면, 주요 언론사의 임금이 아직도 비교적 낮은 수준에 머무르고 있었다는 것을 알 수 있다. 특수신문이나 특수통신의 경우에는 주요 신문이나 방송의 반 정도에 머물렀고, 지방신문의 경우에는 기자의 반 가량이 면세점 이하의 액수를 받을 정도로 임금수준이 대단히 낮았다.[116] 1970년 10월 기협이 조사한 자료에는 평균임금이 중앙일간

---

113) 방대수, 『기협을 중심으로 한 언론자정운동사』, 2000, 144~145쪽.

114) 한국기자협회, 『기자협회 30년사』, 한국기자협회, 1994, 350쪽.

115) 「새해 정담: 발행인 · 교수 · 기자가 바라는 새해의 신문」, 『기자협회보』1969.1.10.

116) 편집부, 「인사와 급료 면에서 본 기자의 권익」, 『저널리즘』1호, 1969, 56~60쪽.

지의 기자 2만 1,317원, 차장 3만 8,595원, 부장 5만 6,111원으로 나타났고, 지방일간지의 기자 1만 4,047원, 차장 2만 1,465원, 부장 2만 5,045원으로 나타났다.[117] 1969년 말 현재 도시생활 최저생계비가 2만 5,790원이었으니, 중앙일간지 기자 중에도 여기에 못 미치는 임금을 받는 경우가 있었고, 지방일간지의 경우에는 거의 대부분이 이 수준에 도달하지 못 했다.

정권의 임금인상 권고가 있었고 매출액도 증가해 다소 여력이 생겼음에도 경영진은 상당 기간 동안 기자의 임금을 크게 올려주지 않았다. 1973년의 조사에서 "기자를 그만둔다면, 그 이유는?"이라는 질문에 '월급이 적어서'가 가장 높은 비율(31.9%)로 나타났다.[118] 1970년대에 신문산업이 꾸준히 성장하고, 1970년대 중반 자유언론실천운동을 겪은 이후 언론사의 임금이 급격히 상승했다. 1977년 8월 현재 평균임금이 중앙일간지 기자 17만 2,717원, 차장 22만 9,662원, 부장 27만 8,300원으로 올랐다. 다만 같은 시기 대기업 신입사원의 평균 임금이 삼성 22만원, 현대건설 25만 5천원, 대우실업 22만 5천원으로, 중앙일간지의 차장이 아직도 대기업 신입사원 수준의 임금을 받는 것으로 나타났다.[119] 이런 현실을 반영했기 때문인지, 1979년 1월에 조사한 자료에서 '기자 생활에서 가장 불만을 느끼는 점'으로 '타기업에 비해 보수가 적다'가 30.7%로, '장래가 보장 안 된다'의 32.9%에 이어 2위를 차지했다.[120]

---

117) 한국기자협회, 『기자협회 30년사』, 한국기자협회, 1994, 353쪽.

118) 「전국기자들의 의식조사」, 『신문평론』 1974년 1월호, 32쪽.

119) 방대수, 『기협을 중심으로 한 언론자정운동사』, 2000, 176~177쪽.

120) 「70년대 한국 언론인 의식구조 조사분석」, 『신문과 방송』 1979년 3월호, 44쪽.

〈표IV-7〉 1985년 중앙언론사 언론인 급료실태

구분	초임	3년차	5년차	8년차	10년차	차장	부장
경향	402,000	526,000	594,000	638,000	663,000	773,000	823,000~960,000
동아	540,000	613,000 (4년차)		925,000			
서울	403,000	493,400	557,400	653,400	707,400	750,000~970,000	888,000~1,087,000
조선	555,000	645,000	759,000 (7년차)	415,000~980,000	980,000		
중앙	524,000	630,000	725,000	853,000	948,000	1,060,000	1,189,000
한국	465,000	510,000	560,000	655,000	810,000	978,000	1,030,000
KBS	442,760	507,560	604,360	728,560	771,960	744,560	925,500~1,025,000
MBC	450,300	570,200	629,600	718,700	808,100	937,200	1,016,000~1,116,000
매경	336,000	450,000	500,000	575,000	625,000	750,000~850,000	925,000~1,025,000
한경	400,000	423,000	450,000	–	–	770,000-820,000	920,000
KH	383,000	413,000	470,000	541,000	601,000	687,000~795,000	853,000~920,000
연합	400,000	464,000	528,000	624,000	688,000	780,000~945,000	925,000~1,085,000

출처: 한국기자협회, 『기자협회 30년사』, 1994, 356쪽.

기자의 임금수준은 1980년대 들어서서 크게 높아졌다. 1980년에 신군부와 언론사 경영진에 의해 언론인이 대거 강제해직되고 언론사가 통폐합되면서, 언론인의 비판의식을 잠재우기 위해 임금을 올리는 등 처우를 향상시켰다. "이로 인해 70년대 대기업 절반에도 못 미치던 기자들의 임금이 81년에 들어서서 이들과 거의 같은 수준에 다가섰다. 이후로도 계속 기자의 임금은 급상승을 거듭해 85년 중앙사 기자 초임이 40만~50만원선에 이르러 30만원대인 대기업의 대졸초임을 큰 차이로 앞질렀다"는 평가를 듣게 되었다.[121] 통폐합으로 언론사의 재정이 좋아진 것도 기자의 임금이 크게 높아지는 데 영향을 주었다. 1980년대에는 언론인의 임금만 오른 게 아니라 취재수당에 대한 면세, 공익자금에 의한 해외연수, 언론인금고의 주택자금 및 생활안정자금 저리 융자, 자녀장학금 지원 등 각종 특혜도 주어졌다.[122]

언론통제는 훨씬 강화되었지만, 임금수준은 크게 오르면서 기자직은 인기직종이 되었다. 기자 생활에 대한 불만에서 임금이 낮다는 비율도 급격히 줄어들었다. 1982년 초에 5년 미만 경력 기자들을 대상으로 실시한 조사에서는 불만사항으로 '봉급이 적다'가 21%로 근소한 차이로 여전히 가장 높은 비율로 나타났으나,[123] 1983년 중반에 5년 이상 경력 기자들을 대상으로 실시한 조사에서는 '봉급이 적다'가 13.0%로 4위로 나타났다.[124] 1986년의 조사에서는 '봉급이 너무 적다'는 답변 비율이 중앙일간지는 7%, 방송사는 4%에 불과한 것으로 나타났다.[125] 이것은 1980년대에 임금이 계속 상승했던 것을 반영하고 있는 것이다. 이렇듯 1980년대 중반 이후 언론사 취업을 희망하는 젊은이들이 늘어나면서 "아직도 우리 사회에서 출세의 지름길이라 할 수 있는 '고시'를 빗대 언론사 입사시험을 두고서 '언론고시'라는 말까지 생겨"났다.[126] '언론고시'라고 불렸던 것

121) 한국기자협회, 『한국기자협회 30년사』, 한국기자협회, 1994, 356쪽.
122) 김해식, 『한국 언론의 사회학』, 나남, 1994, 174쪽.
123) 「언론인 직업환경 조사」, 『신문과 방송』 1982년 4월호, 76쪽.
124) 「제2차 언론인 직업환경 조사」, 『신문과 방송』 1983년 10월호, 17쪽.
125) 「언론인 처우 및 근로환경 개선을 위한 설문조사 분석」, 『기자협회보』 1986.12.18.
126) 정운현, 「정확한 기자와 기사를 위해」, 곽윤섭·유민호, 『뛰면서 꿈꾸는 우리—캔커피 세대 기자수첩』, 나남, 1992, 49~50쪽.

은 그만큼 언론사에 들어가기 어렵다는 것을 의미하는 것이었지만, 언론인들 스스로 이런 표현을 사용하기도 했다는 것은 '고시 출신'들과 자신들이 대등하다는 자부심을 은연중에 드러낸 것으로 볼 수도 있다.

3) 재교육의 시작과 낮은 수준의 직업윤리

(1) 정부 영향하 재교육의 한계와 '기수 인맥' 속 전문성 부족

1960년대 초반까지 언론인의 전문성이나 윤리의식의 수준은 대단히 낮았다. 군사정권은 1962년 6월 28일 발표한 언론정책 기본방침에서 "언론자유와 책임의 공익사명을 다하고 국민여론과 시대적 감각의 첨단에서 일하는 언론인으로서의 그 품위와 자질을 시급히 향상시킨다"고 밝혔다. 이런 기본방침을 실현하기 위한 세부방침으로 언론인의 품위와 자질향상을 위한 연수활동에 대한 지원, 품위·자질의 향상과 신문의 연구를 위한 교육기관의 설립, 언론인의 상호친목과 연구활동을 위한 신문회관 설립 등을 지원할 것 등을 발표했다. 7월 31일에 공보부가 발표한 언론정책 시행기준에서는 직능별 언론인단체 결성을 인정하고, 서울대학교에 신문연구소를 설치해 지원, 육성한다고 밝혔다.[127]

1964년에 신문 발행인들이 출연하여 발족된 한국신문연구소는 연구·조사 및 기자 재교육 사업을 벌였다. 1964년부터 좌담회나 토론회를 개최했고, 1966년부터는 신문사 간부나 일선기자를 대상으로 세미나도 열었다. 또한 1963년에 서울대 신문연구소가 설립되면서 기자재교육을 위한 1년제 연구과정을 설치했고, 1971년부터 1973년까지는 2주간의 집중적인 기자재교육 프로그램을 실시하기도 했다. 한편 편집인협회, 관훈클럽, 기자협회도 언론인의 자질향상을 위한 세미나를 계속 실시했

---

127) 곽복산, 「5·16 혁명과 언론」, 『한국의 언론』 제1집, 문화공보부, 1968, 350~355쪽.

다. 연구소나 언론인 단체가 중심이 되어 진행된 기자 재교육 과정은 나름대로 의의가 있기는 했지만, '비체계적'이고 '비지속적'이었다는 점에서 "소기의 목적을 거두지 못하여 왔다"고 할 수 있고, 결국 유신체제가 성립된 1972년을 고비로 점차 사라져 버렸다. 1972년 이후 언론인단체가 주관하는 세미나나 문공부의 언론인 강좌가 간간이 열렸을 뿐이다.[128]

언론인 스스로 전문화의 필요성을 절감하고 시작된 것이 아니었다는 점도 재교육이 오래 지속되지 못한 한 요인이었다. 아직 전문기자에 대한 인식이 부족해 마치 "한 행정관청에 오래 출입했다고 이른바 전문기자연 하는 때도" 있는데 "그러한 전문기자는 단위 행정부처가 관장하는 일에 대한 전문이 아니라 부처를 구성하고 있는 인사와의 친분이 두텁다는 사실"에 불과한 것이라는 비판도 나왔다.[129] 『중앙일보』 기자 윤기병은 전문화가 논의만 될 뿐 구체적인 실천방안이 제시되지 않은 이유로 신문사 조직의 관료화, 신문제작 기능면에서의 비능률적 요인, 연령별 구성에서 나타난 '조로현상' 등을 들었다.[130] 정권의 강력한 탄압으로 언론이 제 역할을 하기 어려워진 현실도 전문화를 위한 실천을 어렵게 만들었다. 기본적인 사실보도조차 하기 어려운 현실에서[131] 전문성을 언급하는 것 자체가 사치스런 일로 여겨질 수 있었다.

『동아일보』와 『조선일보』에서 자유언론실천운동으로 인해 많은 기자들이 신문사를 떠난 1970년대 중반 이후 한 동안 기자의 전문화에 대한 논의조차 사라졌다. 두 신문에서 기자들이 대거 해직된 이후 기자들의 언론사간 이동이 거의 사라졌는데, 이것은 비판적 성향의 기자들이 다시

---

128) 차배근, 「기자의 전문화 교육」, 『신문과 방송』 1980년 6월호, 23~27쪽.
129) 조용중, 「취재의 편제를 개혁하자」, 『저널리즘』 3호, 1970, 22~23쪽.
130) 윤기병, 「언론인의 전문교육」, 『저널리즘』 6호, 1971, 22~23쪽.
131) 김세은, 「해직 언론인에 대한 생애사적 접근 연구」, 『한국언론학보』 56권 3호, 2012, 302~303쪽.

언론계에 재취업하는 것을 막고, 기수에 따른 위계를 확실히 해서 언론사의 내적 통제를 강화하기 위한 것이었다. 이런 변화는 폐쇄적인 분위기 속에 전문성이 약화되는 결과를 가져왔는데, 이에 대해 박태견은 다음과 같이 주장했다.[132]

> 전문성 부재는 기자 개개인의 산물이기도 하나, 보다 근원적인 원인은 동종 업종간 이직을 막아 온 언론사의 폐쇄성에서 유래한다. 지난 70년대 유신시절 이후 언론사주들은 일종의 묵시적 협약을 통해 기자들이 타사로 이동하는 것을 원천봉쇄해 왔다. 동아투위라는 거센 기자들의 저항을 경험했던 정치권력이 반골 언론인들의 언론계 내 재취업을 봉쇄하기 위해 사주들에게 이를 강요했기 때문인 것으로 알려지고 있다. 그 후 언론계에서는 각사별로 이른 바 '기수 인맥'이라는 것이 자리잡게 되면서 업종간 이동을 막는 칸막이로 작용해 왔고, 그 결과 언론사간 경쟁만 존재할 뿐 언론인간 경쟁이 원천봉쇄되면서 '언론수준의 하향평준화와 권력의 횡포(그것이 언론권력이라 할지라도)를 용납하지 않는 '언론정신의 쇠락'을 초래했다.

1979년 3월의 조사에서 "대기자제를 꼭 두어야 한다"는 의견이 67.7%, "현실 여건이 둘 수 없게 돼 있다"가 22.5%로서, 대기자 또는 전문기자의 필요성에 대해서는 거의 대부분의 기자들이 동의하고 있는 것으로 나타났다.[133] 1982년 초 5년 미만 경력 기자를 대상으로 실시한 설문조사에서, 3년간 사회생활에서 목표로 하는 것이 무엇이냐는 질문에 66.0%가 '전문기자가 되기 위해 더 공부하겠다'고 답변했다.[134] 1983년 중반 5년 이상 경력 기자를 대상으로 실시한 설문조사에서, 3년간 사회생활에서 목표로 하는 것이 무엇이냐는 질문에 59.7%가 '전문기자가 되

---

132) 박태견, 「기수인맥'이 '언론정신의 쇠락' 초래」, 『신문과 방송』 1998년 7월호, 23쪽.
133) 「70년대 한국 언론인 의식구조 조사분석」, 『신문과 방송』 1979년 3월호, 38~39쪽.
134) 「언론인 직업환경 조사」, 『신문과 방송』 1982년 4월호, 77쪽.

기 위해 공부하겠다'고 답변했다.[135] 많은 기자들이 전문화의 필요성을 인정하기는 했지만, 실제로 전문화를 위한 노력을 별로 기울이지는 않았다.

1980년대에는 한국언론연구원에 의해 기자 재교육이 실시되었는데, 정권의 언론통제의 의도가 개입되어 큰 효과를 거두지는 못했다. 언론연구원에서 1981년 9월부터 1982년 2월까지 연수교육을 받은 5년 미만 경력 기자들 중 '크게 도움이 됐다' 17%, '다소 도움이 됐다' 64%, '별로 도움이 안 됐다' 18%로 나타났다.[136] 1982년 5월부터 1983년 7월부터 연수교육을 받은 5년 이상 경력 기자들도 '크게 도움이 됐다' 31.7%, '다소 도움이 됐다' 64.7%, '별로 도움이 안 됐다' 3.1%로 나타났다.[137] 실제로 연수를 받은 기자들이 기자협회 주최로 열린 좌담회에서 필요하고 유익했다고 답변하기도 했지만, 한편으로는 내용이 단조롭고 깊이가 없었다는 지적을 하기도 했다.[138]

반면에 한국언론연구원이 실시한 기자연수에 대해서는 비판적인 의견도 있었다. 팽원순은 "언론연구원에 의한 기자 재교육은 교육대상이 된 기자들로부터도 늘 불만과 비판의 대상이 되었으며 그것이 전반적으로 실패였음은 의문의 여지도 없는 것"이라고 주장했다. 그 이유로 언론통제의 목적으로 만들어진 관제교육프로그램이었고, 기자들의 직업의식을 향상시키기 위해 필요한 지식이나 정보를 제공해 주지 못했으며, 단기 교양강좌나 정신교육으로서의 틀에서 벗어나지 못 했다고 비판했다.[139] 1986년 기자협회가 조사한 자료에서, 언론연구원의 교육에 대해 '부정적

135) 「제2차 언론인 직업환경 조사」, 『신문과 방송』 1983년 10월호, 19쪽.
136) 「언론인 직업환경 조사」, 『신문과 방송』 1982년 4월호, 87쪽.
137) 「제2차 언론인 직업환경 조사」, 『신문과 방송』 1983년 10월호, 31쪽.
138) 「언론연구원 제1차 수습기자 연구결산 좌담」, 『기자협회보』 1981.8.10.
139) 팽원순, 「전문성 높일 특화교육 바람직」, 『저널리즘』 22호, 1991, 137쪽.

인 반응'을 보인 비율이 높았던 것은 이런 평가를 뒷받침하고 있다.[140] 정부의 영향하에 이루어지는 기자연수였기 때문에 기자들의 자질 향상에 실질적으로 기여할 수 없었던 것이다.

(2) 여전한 촌지수수와 낮은 수준의 취재윤리

5. 16 직후 군사정권에 의해 대대적인 정화작업이 이루어졌음에도 사이비언론인이 근절되지는 않았다. 그만큼 뿌리가 깊었기 때문이다. 사이비 언론인의 행태 중 가장 문제가 되는 것은 바로 촌지였는데, 언론사 규모나 소재 지역에 상관없이 촌지수수 같은 사이비 행태를 보였다. 오소백은 '겉도 가짜고 속도 가짜인' 완전사이비와 '진짜는 진짜인데 하는 행위가 가짜 또는 엉터리성이 적지 않은' 준사이비로 나누고는, "가짜 신분증을 가지고 진짜행세를 하는 사이비는 물론 무섭다. 진짜 신분증을 갖고 가짜행위를 하는 사이비는 더욱 무섭다"고 주장했다.[141] 규모가 큰 중앙일간지 기자들도 버젓이 촌지를 받는 행태를 비판했던 것이다.

1960년대에는 지방일간지 기자들은 말할 것도 없고 중앙일간지 기자들의 상당수도 최저생계비에도 미치지 못하는 임금을 받았기 때문에 촌지수수를 당연한 것으로 여기는 풍토조차 있었다. 출입기자단이 출입처로부터 거액의 촌지를 받아 수사를 받기도 했고, 촌지 배분 문제로 기자들끼리 진정서를 내는 소동이 벌어지기도 할 정도였다.[142] 송수항은 "이유야 어떻게 되었든 생계비 수준 이하의 봉급이 흔히 말하는 촌지를 합리화 내지 정상화시켜 줄 수 없는 것이 명백한 이상 언론인 스스로의 책임이 무엇보다도 크다고 하는 것이 옳을 것"이라고 하며, 임금이 낮다는 이

---

140) 『기자협회보』, 1986. 12. 18.

141) 오소백, 「사이비기자고」, 『저널리즘』 2호, 1970, 114~119쪽.

142) 이상우, 『한국신문의 내막』, 삼성사, 1969, 174~175쪽.

유로 촌지를 정당화하는 풍토를 비판했다.[143] 최규장도 "기자가 노동에 대한 정상적인 보수를 못 받고 그 대가를 하얀 봉투라는 형식으로 사회에서 구하기 때문에 이 모순을 제거할 제도적 장치가 필요하다"고 주장했다.[144] 김영빈은 "권력자나 돈 많은 사람으로부터 소위 '촌지'라는 것을 받으면서도 일부러 큰소리치고 책상위에 발을 얹어 놓거나" 하는 등의 허세를 부리기도 한다고 지적했다.[145] 이영희는 이런 촌지수수 풍토에 대해 다음과 같이 비판하고 있다.[146]

> 기자사회에서 '촌지'라고 불리우는 이 소속사의 봉급외 수입은 기자가 직무상 관계하는 대상의 재정적 규모에 따라 문자 그대로 수천원의 '촌지'(寸志)에서 수십만 원의 '척지'(尺志)로 가지가지다. 출입처의 기자단은 국민에 진실을 알리기 위한 취재의 편의에서보다 이와 같은 과외수입을 '징수'하는 압력단체의 역할을 하는 경우가 많다. 정기적으로 매달 엄청난 상납 아닌 '횡납금'(橫納金)을 거둬드리는 것은 경제계나 재계와 관련된 기자단이다. 1인당 2만원씩 횡납되자 '기자를 무시하느냐고 하여 3만원씩으로 낙착되는 것은 비교적 가난한 출입처의 기자단이다. 허가사무와 관련된 이권청탁 한 건에 얼마라는 액수는 해당기자 이외에는 영원한 비밀사항이다. '촌지'는 나오는 대로 기자실에서 '섯다'의 밑천이 되는 것이 보통이지만, '척지'는 포카의 밑천이 되고서도 저택, 기업체의 투자, 승용차, 골프 멤버 등의 '확대 재생산'된다.

당시에도 언론인 스스로 촌지에 대해 비판을 하는 경우가 적지 않았다. 『한국일보』 기자 신세훈은 "어느새 촌지는 '거지'(巨志)로 변했고, 거지를 잘 받아내는 기자가 유능해진다. 그러나 이들이 꼭 국장이 되고 논

---

143) 송수항, 「언론인의 이직경향」, 『신문평론』 1971년 가을호, 43쪽.
144) 최규장, 「기자론—오늘의 한국기자 자화상」, 『신문연구』 18호, 1972, 57쪽.
145) 김영빈, 「기자의 사회진출」, 『저널리즘』 3호, 1970, 102쪽.
146) 이영희, 「기자 풍토 종횡기」, 『창조』 1971년 10월호, 66쪽.

설위원이 되고 신문사 사장이 되는 것은 아니다. 돈의 노예가 될 뿐이다. 정신이 물질을 지배한다는 것쯤은 알아두는 것이 어떨까?"라고 촌지를 받는 기자들을 비판했다.[147] 자유언론실천운동으로 1975년에 『동아일보』를 떠나야 했던 정연주는 1977년에 쓴 글에서, "알량한 촌지와 뻔질난 해외여행이란 화대(花代) 때문에 해야 할 책임과 의무를 포기한 채 화간(和姦)을 계속하시렵니까?"라고 하며, 촌지 같은 특혜를 받으며 권력과 유착한 언론인을 비판했다.[148]

이런 비판이 뿌리 깊은 촌지수수 관행에 별 다른 영향을 주지 못했다. 1960년대나 1970년대에는 기자들이 "출입처의 관리와 친분이 있어 개인적으로 촌지를 받는 경우도 있었지만 일 년에 두어 차례씩 총회 날을 정하고 기자실로 돈을 가지고 찾아오도록 하여 며칠 동안 거둬들인 돈을 나누어 쓰는 것"이 일반적이었다.[149] 김영인은 "대충 1970년대 말까지 기자실에는 '단비'(團費)라는 것이 있었다. 출입기자인 '기자단'에 매달 나오는 돈이라 '단비'라고 했을 것이다 단비는 마치 월급처럼 다달이 출입기자에게 지급되던 낑(촌지−저자)이었다. 따라서 '슈킹'(수금−저자)을 하려고 싸돌아다니지 않아도 생길 수 있었다"고 주장했다.[150] 촌지수수가 여전히 기자단 차원에서 조직적으로 이루지고 있었고, 굳이 먼저 요구하지 않아도 출입처에서 정기적으로 촌지를 주기도 했다는 것을 알 수 있다. 이러다 보니 출입기자들이 총회를 연다고 하면, "정부관리가 이번 총회의 의제가 뭐냐고 묻는 빈축 섞인 질문"을 하기도 했다.[151]

---

147) 신세훈, 「촌지론」, 『저널리즘』 5호, 1971, 46~47쪽.
148) 정연주, 「언론계 선배 · 동료들에게」, 『민중과 자유언론』, 도서출판 아침, 1984, 261쪽.
149) 장두원, 『언론, 그 일그러진 자화상』, 정은출판, 2008, 53~55쪽.
150) 김영진, 『촌지』, 지식공방, 2015, 265쪽.
151) 오효진, 「반성, 그리고 또 반성」, 『기자협회보』 1979.12.31.

임금수준이 대기업을 상회하는 수준이 되었던 1980년대 중반 이후에
도 촌지는 여전히 사라지지 않았다. "많은 기자들이 촌지를 당연한 소득
의 일부로 여기면서 '일하는 보람과 고소득을 보장받는다'고 기꺼워하고
있는 것이 엄연한 현실"이었기 때문이다.[152] 심지어는 촌지를 "한 번, 두
번 받는 '재미에 빠지는 바람에' 신문기자를 평생 직업으로 하게 되었다
고 실토"하는 언론인도 있을 정도였다.[153] 과거 임금수준이 매우 낮았던
시절에 시작된 촌지수수 관행이 아주 깊이 뿌리내려, 임금수준이 크게
높아진 시기에도 없어지지 않고 기자들에게 마치 당연한 소득처럼 받아
들여지는 지경에 이르렀던 것이다.

1960년대 이후 취재 윤리에 대한 관심도 나타났지만 실제 별 다른 성과
를 거두지는 못했다. 1961년에 신문윤리실천요강이 제정되고 동년 9월 자
율 규제기구인 신문윤리위원회가 발족하여 기자의 직업윤리의 확립과 자
율규제 시도가 이루어졌다. 그러나 신문윤리위원회도 타율 규제를 막기
위한 선언적 의미만을 지녔던 것으로 기자들의 직업윤리의 확립에 별 달
리 기여하지 못했다.[154] 1983년에 5년 이상 경력 기자들을 대상으로 실시한
조사에서, "신문윤리강령이나 방송심의규정을 염두에 두며, 이것들이 어
느 정도 지켜지고 있다고 보는가"에 대해 '잘 지켜지고 있다고 본다'는 응답
은 10.3%, '지키려고 노력한다'는 응답은 73.8%로 나타났다.[155] 언론탄압이
자행되고 있는 현실에서 언론자유의 실현을 위한 실질적인 노력을 간과한
채 취재윤리를 확립한다는 것에는 근본적으로 한계가 있었다.[156]

---

152) 고승우, 『기자, 똑바로 해야지』, 춘추원, 1992, 168~169쪽.

153) 김영진, 『촌지』, 지식공방, 2015, 271쪽.

154) 강명구, 『한국 언론 전문직의 사회학』, 나남, 1993, 82쪽

155) 「제2차 언론인 직업환경 조사」, 『신문과 방송』 1983년 10월호, 26~27쪽.

156) 김동철, 「한국의 언론 윤리·법제」, 『한국의 언론』 1, 한국언론연구원, 1991,
139~140쪽.

3. 언론인의 직업정체성과 단체활동

1) 언론인의 직업정체성

(1) 지사주의의 소멸과 언론인의 자학 및 자성

1960년의 4·19혁명이 학생과 신문에 의해 이루어졌다고 할 정도의
평가를 들었을 만큼 언론인의 지사적 역할을 인정받기도 했지만, 4·19
부터 5·16까지의 1년 동안에는 방종과 혼란 속에 사이비 언론인 문제
로 전체 언론인이 지탄을 받기도 했다.[157] '언론 정화'를 명분으로 5·16
쿠데타 직후부터 언론 통제가 강화되고, 언론인에 대한 연행과 구속이
빈발해지면서 언론인들의 활동이 급격히 위축되기 시작했다. 5·16 이
전과는 달리 정권에 대해 비판적 보도가 크게 위축된 것은 물론 호의적
보도가 지면에 자주 나타나자 『조선일보』 논설위원이던 최석채는 다음과
같이 비판했다.[158]

> 신문인들 모두 지사와 같은 준절(峻節)을 가져야 한다고 요구한다면 이것은
> 도학자의 이상론과 같은 것이어서 실소의 대상밖에 안 될지 모른다. 그러나
> 기탄없이 말해서 혁명 이후 위축될 대로 위축된 한국 언론인은 대부분이 무
> 사(無事)주의로 현실 도피에 바쁘지나 않았을까 자성해 볼만한 일이다. 박정
> 희 의장으로부터 '언론인의 기개가 부족하다'고 질타하는 소리를 듣게 된 것
> 만 보아도 얼마나 '그날 살이'에 급급했는가를 알 수 있지 않는가.

5·16 군사쿠데타 이후 언론통제가 강화되던 상황에서 지사주의는
'도학자의 이상론' 같은 것으로 치부되기에 이르렀고, 언론인에게 '지사

---

157) 박용규, 「4월 혁명과 언론의 변화」, 정근식·이호룡 (편), 『4월 혁명과 한국 민주주
의』, 선인, 2010, 519~567쪽.
158) 최석채, 「혁명하의 언론과 금후」, 『사상계』 1962년 3월호, 37쪽.

와 같은 준절'은 사라지고 '무사주의'와 '현실 도피'가 나타나기 시작했다는 것이다. 지사주의는 1950년대까지는 언론탄압에 맞서는 언론인에게 자부심을 갖게 하고, 경제적 어려움을 상쇄시켜 주기도 하는 역할을 했다. 그러나 1950년대와는 비교도 되지 않을 만큼 강력한 언론탄압 앞에 지사적 언론인상을 더 이상 주장하기 어려워졌다.

1963년 11월의 조사를 보면 기자 생활 만족 여부에 대한 질문에서 언론인들 중 19.1%가 '미래에 희망을 가지고 있다'고 응답했고, 18.1%가 '미래에 별로 기대를 가질 수 없다'고 응답한 것으로 나타났다. 또한 신문 발전의 선행 조건으로 30.7%가 '신문인들의 생활보장'을 꼽았다.[159] 이런 조사결과를 통해 1960년대 들어서서 언론인들은 낮은 임금과 불안정한 신분에 대해 큰 불만을 가지고 있었다는 것을 알 수 있다.

일제강점기나 광복 직후부터 활동했던 언론인이 여전히 지사주의를 앞세우는 주장을 했지만, 고용 불안과 낮은 임금에 시달리던 언론인에게 무조건 지사주의를 요구하는 것은 받아들여질 수 없는 것이었다. 강력한 언론탄압만이 아니라 열악한 노동조건도 지사적 언론인으로서의 자부심을 갖기 어렵게 만들었다는 것이다. "이러한 현실 속에서 기자들은 과거의 지사적 풍모를 잃어갔다. 기자들도 직업인이며 생활인으로 가족을 부양하고 생계를 꾸려나가야 했다"고 할 수 있다.[160] 조세형은 경제적 어려움을 무조건 지사적 기개로 극복해야 한다는 주장에 대해 다음과 같이 '도발적인 반박'을 했다.[161]

요즘 세상에 불안스럽지 않은 직업이 어디 있느냐고 하겠지만 정도의 문제

159) 이강수·한두석·이해명, 「한국신문인의 실태와 의식에 관한 조사」, 『신문연구소 학보』 1호, 1964, 46쪽, 70쪽.
160) 한국기자협회, 『기자협회 30년사』, 한국기자협회, 1994, 349쪽.
161) 조세형, 「기자직은 직업화되어야 한다」, 『신문평론』 1964년 4월호, 29쪽

이겠고, 또 하다 못해 땅을 파는 가장 확실한 방법도 있겠다. 그런데 어느 자리에서 그런 심경을 얘기했더니 누군가 "3, 40년 전의 선배기자들은 월급을 못 받고 밥을 굶어가면서도 독립운동, 구국운동으로 알고 신문사에 다녔다"고 충고해주었다. 그래서 나는 그분에게 "그렇다면 당신은 어머니 뱃속으로 다시 들어가 3, 40년 전의 사람으로 태어나면 될 것 아니냐"고 역충고를 해주었다. 물론 오로지 먹고살기 위해서 월급만을 받기 위해서 신문기자가 된 것은 아니다. 그러나 지금이 '3, 40년 전'이 아니라는 것만은 누구도 어쩔 수 없는 진리가 아닌가. 설명을 하자면 깊어지겠지만, 지금은 이미 '지사적인 기개'만 가지고는, 다시 말해서 '직업화의 발판'이 마련되지 않고서는 신문기자의 본령을 제대로 이해하기 어려운, 그런 '현대사회'로 변하고 있는 것이다.

과거처럼 무조건 지사적 언론활동을 요구하는 것이 더 이상 시대 상황에 맞지 않는다는 주장이었다. 관훈클럽 창립회원인 조세형은 지사주의로 현실적 어려움을 무조건 상쇄시키려는 낭만적 태도를 비판하며, 이제 기자의 권익옹호와 자질향상을 위한 활동을 통해 기자직을 '직업화'해야 한다고 주장했다. 역시 관훈클럽 창립회원인 박권상도 비슷한 시기에 쓴 글에서 "우리 모든 신문인이 높여야 할 것은 신사도요 품격이다. 불행히 기성언론인은 이점 사회적으로 반드시 좋은 인상을 남기지는 못하였고 따라서 신인 저널리스트의 책임이 무겁다"고 주장했다.[162] 지사주의를 내세우면서도 실제로는 '신사로서의 품격'을 보여주지 못한 기성 언론인들을 비판한 것이다.

1964년에 박정희정권은 언론을 효과적으로 통제하려고 언론윤리원회법 제정을 추진하다가 언론계의 반발에 부딪혀 일종의 '시혜성 보류'를 했다. 박정희 정권이 언론윤리위원회법 파동 이후 언론탄압을 더욱 강화

---

162) 박권상, 「신문인의 자세를 위한 노트」, 『신문평론』 1964년 5월호, 23쪽.

하면서 언론인의 활동은 크게 위축되었다. 박정희 정권은 언론윤리위원회법에 반대했던 언론을 탄압과 특혜로 굴복시켜 나갔다. 1966년 기사를 문제 삼아 탄압하고 대출 상환 압력을 가해 『경향신문』을 강제 매각시켰고, 1967년 『조선일보』에는 현금 차관을 제공했으며, 1968년 기사를 문제 삼아 『동아일보』를 굴복시켰다.[163] 정권의 언론탄압에 대한 대응 과정에서 경영진과 편집진의 관계도 과거의 동지적 유대 의식이 사라지고 대립적 관계가 되었다.

1968년 5월에 한 젊은 기자는 "지사적인 대접을 받고 행동하고 싶으면서도 동시에 물질적인 욕구의 충족을 마다하지 않는데 병폐가 있다. 언론은 차라리 지사와 물질 중 양자택일을 선택하라. 지사는 언론의 알파요 물질은 언론의 오메가다"라고 하며, 여전히 지사적 언론인상을 주장하기도 했다. 또 다른 기자는 "종종 제4부의 긍지를 자랑해야 할 언론계가 타락해가고 있다는 일부 의견을 듣는 일이 있습니다. 언론계의 타락 이야말로 슬픈 현상이 아닐까요. '참되고 용감한 기자'가 아쉬울 때라고 볼 수 있"다는 의견을 밝혔다.[164] 언론 탄압과 물질적 빈곤 속에 기자들의 고민이 깊어가고 있다는 것을 잘 보여준다.

1968년 말 『신동아』 사건을 거치면서, 언론계에는 자학이나 자조의 목소리가 급격히 커졌다. 최석채가 "신문은 편집인과 기자의 손에서 떠났다"고 주장한 것이 자학과 자조의 본격적인 시작이었다.[165] 부회장인 천관우가 『신동아』 사건으로 신문사를 떠나게 된 현실에서, 편집인협회 회장인 자신이 아무것도 할 수 없자 언론인으로서의 무력감을 표현한 것이었다. 선우휘는 "오늘날 신문인들은 자성의 단계를 벗어나 극도의 무력감

163) 송건호, 『한국현대언론사론』, 삼민사, 1990, 151~169쪽.
164) 「새시대의 기자상」, 『기자협회보』 1968.5.15.
165) 최석채, 「신문은 편집인 손에서 떠났다」, 『기자협회보』 1968.12.27.

에 사로잡혀 자조(自嘲), 자모(自侮), 자학(自虐)에 빠져 들어가고 있습니다"라고 토로하기도 했다.[166]

임방현은, 언론인들이 "자기비판—오히려 자학론이라고 할 만큼 극단적인 자책"까지 하고 있지만, 이런 자학론은 '지사적 언론인'이라는 "전통적 언론인상을 염두에 두고 그 기준에 의해서만 오늘의 언론인을 비교"하는 것으로서 "일종의 비유 착오와 논리의 비약이 있는 것"이라고 주장했다. 과거처럼 '권력에 저항'하는 '지사적 언론인'만을 이상적인 언론인으로 보기 때문에 자학을 하게 되는데, 이는 시대착오적이라는 것이다.[167] 그러나 이런 주장은 언론인의 '자학' 속에 담겨 있는 '자성'의 측면을 외면하며, 지사적 언론인의 비판적 언론활동의 전통을 완전히 무시하려는 것이다.

반면 오소백은 언론인이 자아비판하는 것을 '자학적'이라고 하는 것에 동의할 수 없다고 하며, "자아비판은 늘 살을 저미는 아픔을 느낀다. 이는 스스로를 바로잡으려는 부단한 몸부림인 것이다. 생각하는 신문인, 반성하는 신문인이 되자는 데 있는 것뿐이다"라고 주장했다.[168] 언론인의 자학적 표현에는 반성을 통해 비판적 언론활동을 제대로 해보겠다는 의지가 담겨 있다는 주장이다.

이렇듯 한국 언론인에게 1960년대까지는 아직 "기자라는 직종이 다른 직업에 비해 특별하다는 의식"이 있었고, 이에 따라 '저항하는 언론인'이야말로 '이상적인 언론인'이라고 바라보았지만, 이런 의식은 1960년대 말로 오면서 급격히 사라지게 되었다.[169] 1970년대 들어서는 "언론에

---

166) 선우휘, 「진짜 책임자가 누구냐」, 『기자협회보』 1969.1.24.
167) 임방현, 「언론인 자가비판」, 『정경연구』 1969년 4월호, 134~135쪽.
168) 오소백, 「사이비기자고」, 『저널리즘』 2호, 1970, 116쪽.
169) 남시욱, 『체험적 기자론』, 나남출판, 1997, 174~175쪽.

대한 불신풍조는 지식층에서뿐만 아니라 일반 대중들에게도 깊숙이 스며들어 존경은커녕 멸시하고 있지 않은가. 그 책임이 누구에게 있든 이런 상황하에서 언론인의 사명이나 긍지를 찾는다는 것은 불가능한 것이 아닐 수 없다. 이런 여건 속에서 언론인의 사기는 땅에 떨어지게 마련이고 이것은 곧 언론인이라는 직업에 대한 매력의 상실을 의미하는 것이라 하겠다"는 주장도 나왔다.[170] 천관우는 이 시기에 임중빈과의 대담에서 다음과 같이 주장했다.[171]

> 신문기자가 지사냐 샐러리맨이냐 하는 이야기는 신문계 내부에서는 꽤 끈질기게 이어 나온 화제의 하나였습니다. 그래 나는 이런 말을 어디엔가 쓴 일이 있어요. 지사라는 말이 너무 거창하니 말을 바꾸어서 '진실하게 현실에 참여하는 지식인'이라고 해 보자. 그런데 기자라면 처음부터 현실참여를 직업으로 삼은 지식인이다. 그것이 싫다면 반(反)기자적이라고 할 수밖에 없지 않으냐. 지사형이냐 샐러리맨형이냐, 이렇게 자문하기보다는 차라리 기자형이냐 반기자형이냐, 이렇게 자문해 보자.

천관우의 주장은 '지사'라는 단어를 굳이 사용할 필요는 없지만, 적어도 기자들이 '진실하게 현실에 참여하는 지식인'이 될 필요는 여전히 있다는 것이다. 그의 이런 언급은 이미 많은 기자들이 '반기자형'으로 진실하게 현실에 참여하고 있지 않다는 것을 함축하고 있었다. 이런 현실에서 기자들이 스스로를 '지사'로 부르는 일이 거의 사라졌고, 자연스럽게 지사적 전통도 급격히 약화되었다. 지사적 전통의 소멸 속에 기자들은 자신들의 정체성에 대해 고민하며 새로운 시도들을 하게 되었다.

1970년대 이후에도 언론인들은 언론인의 비판적 역할에 대해서는 여

---

170) 송수항, 「언론인의 이직 경향」, 『신문평론』 1971년 가을호, 38~39쪽.
171) 임중빈 · 천관우, 「창조 인터뷰─지성의 사회적 실천」, 『창조』 1971년 9월호, 30쪽.

전히 많은 고민을 했지만, 계몽적 역할에 대해서는 사실상 완전히 포기하다시피 했다. 1972년의 조사에서 언론인들 중에 '계몽적 역할관'을 가진 사람은 1/3에 불과했다. 언론인의 '계몽적 역할관'이 급격히 줄어들게 된 것은 '국민교육 수준의 향상에 기인한 것'이었다. 국민들의 교육수준이 전반적으로 높아지면서 더 이상 언론인들이 국민을 계몽한다고 생각할 수 없게 되었다. 반면에 '정부감시 역할관'은 언론인들 중에 2/3 정도가 여전히 가진 것으로 나타났다. 여전히 '저항의 전통이 강하다는 점'으로 이해할 수 있다.[172] 비록 지사주의가 쇠퇴했다고는 하지만, 여전히 정부를 감시하는 역할을 해야 한다는 언론인의 의식이 강했다는 것을 알 수 있다.

1973년 11월에 실시된 조사에서는, 언론인이 "한국 언론인의 저항적 기질에도 불구하고 적어도 강력한 리더십이 필요하다는 점과 민주주의의 폐단이 많았다는 점, 따라서 한국적 민주주의의 추구가 옳다는 점, 성장을 위한 외자 도입의 불가피성, 새마을 추진 등에 대해서는 현실 긍정적이고 정부의 주장에 찬성하고 있음을 보여" 주었다.[173] 언론인들의 현실 순응의식이 꽤 확산되어 있었다는 것을 나타내 준다.

이렇듯 언론인이 권력 비판과 현실 순응 사이에서 아직 갈등하고 있는 것으로 나타난 것은 지사적 언론인의 전통이 완전히 사라지지 않았음을 보여주는 것이었다. 오진환과 김종림은 1971년 여름에 조사한 결과를 분석하며, 언론인의 저항의식이 높을수록 직업에 대한 자조의식도 높다고 주장했다. 특히 이들은 식민지에서 벗어난 나라들의 언론인이 '저항을 위한 저항'의 전통이 있고, 이런 전통이 자조의식을 심화시킨다고 주장했

---

172) 오인환, 「한국 언론인 특성에 관한 연구」, 『한국의 언론과 사회교육』, 한국정신문화연구원, 1985, 66~67쪽.

173) 박화진, 「한국 언론인의 사회적 배경과 현실지향성 간의 상관성에 관한 연구」, 서울대학교 석사학위논문, 1973, 74~75쪽.

다. 한국의 경우도 "독립을 쟁취한 이후에도 언론기관의 '저항의식'은 계승되어 하나의 전통이 되"었는데, 언론이 이런 저항적 언론활동을 하기 어려워지면서 자조의식이 심화되었다는 것이다.[174]

그러나 이 시기에 언론인이 권력에 대해 비판적 역할을 해야 한다는 주장을 했던 배경이 반드시 식민지시기를 거치면서 형성된 지사적 전통 때문이었다고만 볼 수는 없다. 1970년대에도 여전히 언론인의 비판적 역할을 강조하던 사람들은 대개 광복 이후 학교를 다니기 시작했고 청년 시절에 4·19혁명을 경험했던 세대였기 때문이다. 즉, 이들은 민주주의를 교육받고 실천했던 첫 세대였던 것이다. 따라서 이들은 일제강점기부터 형성된 언론의 '민족주의적 저항'의 전통을 이어받았다기보다는 새로운 교육을 통해 언론의 '민주주의적 비판'의 역할에 눈을 떴던 것이다. 1968년에 『동아일보』 기자가 되었던 성유보는 4·19의 영향을 다음과 같이 설명하고 있다.[175]

> 4월 혁명은 나에게 커다란 정신적 변화를 안겨 주었다. 그 변화는 실로 '혁명적'이었다. 4월 혁명은 당시 청소년기의 내가 '독재와 독재체제는 왜 생기는가?'를 생각하게 만들었다. 그때 어떤 책에서 "절대 권력은 절대 부패한다"는 구절을 읽게 되었다. '나는 앞으로 우리 민족의 민주화를 위해 내 힘을 보태겠노라'라고 다짐했다. 그리고 결심했다. '나는 앞으로 어떤 경우라도 독재자나 독재체제의 동조자가 되지 않겠다고.

1974년 10월에 『동아일보』와 『조선일보』에서 자유언론실천운동을 하다가 신문사에 해직 당한 언론인은 거의 대부분이 성유보와 마찬가지로 4·19세대였다. 1975년 3월에 성유보와 함께 『동아일보』에서 해직당했

---

174) 김종림·오진환, 「한국 언론인의 자조의식」, 『정경연구』 1972년 5월호, 146~147쪽.
175) 성유보, 「우리는 유신독재에 이렇게 저항했다」, 윤활식·장윤환 외 23명 지음, 『1975, 유신체제에 도전한 언론인들 이야기』, 인카운터, 2013, 266~267쪽.

던 정연주는 1977년에 쓴 글에서 "당신들은 이 시대적인 현실 앞에서 해야 할 엄청난 책임과 의무가 있는 것입니다. 그것을 포기하는 경우, 당신들은 결코 기자일 수가 없다는 것입니다 '일제 때 가졌던 지사 스타일의 기자시대는 끝났다'고 이야기할지 모르겠습니다. 그럼 그런 시대는 끝났다고 합시다. 그러면 적어도 직업의식은 있어야 하지 않습니까? 언론이라는 직업이 주는 윤리, 언론이 본래 고유한 것으로 가지고 있는 기능과 책임, 거기에 따르는 윤리가 있지 않습니까?"라고 하며, 지사주의의 종말을 강조하며 언론인의 책임을 방기하는 언론인에 대해 비판했다.[176] 자유언론실천운동을 하다 해직당한 언론인들에게 지사주의란 반드시 전근대적 언론인의 유물이었다기보다는 근대적 언론인의 책임과도 이어지는 것이었던 것이다.

1975년에 『동아일보』와 『조선일보』에서 기자들이 대거 해직당한 것을 지켜 본 기자들은 대부분이 박정희정권의 언론탄압에 위축되었지만, 일부는 언젠가는 언론자유를 위해 일하겠다는 다짐을 하기도 했다. "자신도 해직당하면 이들처럼 고생스런 생활을 할지 모른다는 두려움과 공포감은 현직기자들을 타협하는 생활인으로 만들었다. 기회가 주어지면 정권의 하수인으로 자리를 옮겨 풍요롭게 지내는 것이 출세의 지름길이라는 인식이 언론계 내부를 지배하던 시절"에 더 이상 언론인의 자학이나 자조조차 찾아보기 어렵게 되었다.[177] 한편 『경향신문』에 재직하며 두 신문의 기자해직을 지켜보았던 이경일은 "조선일보, 동아일보 기자들이 대량 해직됐다. 자그마치 1백 수십 명이나. 필자는 재수 좋게도(?) 경향신문에 있었다. 참가하고 싶었다. '꼬랑댕이'에라도 가담하고 싶었다. 이를

---

176) 정연주, 「언론계 선배·동료들에게」, 『민중과 자유언론』, 도서출판 아침, 1984, 260~261쪽.

177) 이수언, 「1980년 봄 기자협회 검열거부투쟁과 언론환경」, 『언론자유와 기자의 날』, 한국기자협회, 2006, 61쪽.

악물었다. 반드시 '동아·조선투위'에 못지않게 언론자유를 위해 일할 날이 있겠지"라고 다짐했다.[178]

신군부의 집권계획이 착착 실행되어 가던 1980년 1월 30일에 선우휘는 일본 『산케이신문』과의 인터뷰에서, 한국 언론이 식민지 시기부터 형성된 '절대부정이라는 체질 때문에 "외국의 억압자가 아닌 자기와 같은 나라의 인간이 맡고 있는 정부를 겨냥하게 되고 정부를 마치 총독부처럼 착각"하고 비판한다고 주장했다. 선우휘의 터무니없는 주장에 대해 젊은 기자들은 '본래적인 비판기능도 못했는데' 정부를 총독부처럼 비판한다고 말하는 것은 '방향감각을 상실한 언론관'이라고 비판했다.[179] 군사정권의 탄압에 순응하고 협조하던 언론인들에게 지사주의는 식민지 시절에 형성된 전통으로 이제는 사라져야만 하는 것이었다. 권력에 대한 비판과 저항이라는, 지사주의의 긍정적 유산을 완전히 뿌리 뽑으려는 것이었다.

"한국 신문 기자의 지사적 전통이 그 뿌리채 흔들리며 직업인으로서의 굴레에 갇혀버린 것은 제4, 5공화국 시절 감행된 두 번의 해직사태가 결정적"이었다.[180] 1975년과 1980년의 대량해직은 언론인들을 외적, 내적 통제에 순응하게 만들었다. 전두환 정권의 언론 탄압이 극에 달했던 1983년 2월에 쓴 글에서 김주언은 다음과 같이 당시 기자들의 분위기를 묘사했다.[181]

흔히 젊은 기자들 사이에서 스스로를 낮추어 부르는 말들이 있다. 기자(棄

---

178) 이경일, 『10년 전에는 무얼 하셨죠?』, 우석, 1993, 13쪽. 이런 다짐을 했던 김경일은 1980년에 해직되고 말았다.

179) 「한국언론 규제당한 것 숙명적이었는가」, 『기자협회보』 1980.2.25.

180) 이종숙, 「한국 신문의 전문화」, 고려대학교 박사학위논문, 2004, 140~141쪽.

181) 김주언, 「기협을 활성화시키자」, 『기자협회보』 1983.2.10.

者·버려진 자), 기자(妓者·기생같은 자), 기자(奇者·이상한 자), 기자(忌者·피해야 할 자), 기자(旗者·깃발만 들고 다니는 자), 기자(技者·기사를 만드는 기술자) 등등이 그것이다. 또 기자는 언론의 주체가 아닌 언론사업의 종속적인 존재, 즉 한갓 샐러리맨에 불과하다는 자책의 소리도 들린다. '무관의 제왕'이니 '사회의 목탁'이니 하고 기자들을 지칭하던 '멋진(?) 말은 빛바랜 얘기로밖에 들리지 않게 됐다. 그만큼 기자들의 권익은 땅에 떨어지고 만 느낌이다. … 언제부턴가 기자들 사이에서 '자유'란 말이 사라져 가고 있다. 자유란 말을 입에 올리는 것조차 금기사항으로 되어 있는 것만 같다. 이제 잃어버린 자유를 되찾아야 할 때도 되지 않았나 생각해 본다.

김주언은 "사회가 혼탁하고 위기에 처했을 때 용기있게 권력을 비판함으로써 경종을 울린다"는 점에서 보면, 식민지 시기 언론인의 전통적인 지사적 기질은 1975년과 1980년에 해직된 기자들에게까지 이어졌다고 주장했다.[182] 1980년대 중반에는 비록 '현역을 떠난 노선배'들에 의해 "지사적인 기자라기보다는 하나의 직업인으로의 자리를 굳혀가고 있다"는 비판을 들었지만,[183] 이런 현실 속에서도 지사적 언론인의 비판적 역할을 주장하는 경우도 있었던 것이다. 이들에게 언론인의 지사주의는 사라져야 할 전통이 아니라 현재에도 되살려야 될 권력에 대한 비판을 의미하는 것이었다.

(2) 언론인의 '샐러리맨화' 주장의 이중성

언론인으로서 제 역할을 하지 못한다는 언론인들의 자학이나 자조는, 흔히 언론인이 '샐러리맨화'되었다는 표현으로 나타났다. 오소백은 1950

---

182) 김주언, 「기자의 날을 맞는 소회」, 『언론자유와 기자의 날』, 한국기자협회, 2006, 83쪽.
183) 조두흠, 「기자도는 사라져 가는다」, 『기자협회보』 1986.1.16.

년대 중반 이후에 기자가 된 사람들이 1960년대 초반에 이미 샐러리맨이 되었다고 하며 다음과 같이 비판했다.[184]

> 해방파에 비해 지나치게 '샐러리맨'적인 데가 있는 것 같다. 한 달 일하고 꼬박 꼬박 보수를 받아내면 할 일은 다했다고 생각하는 것 같다. '샐러리맨'으로 생각하는 것은 지당한 말이다, 똑똑한 말이다. 그러나 '사무적'인 그런 것만으로 진실된 신문기자가 될 수 있을는지 그건 여러 모로 생각해야 되리라고 보되, 합리적이라고 할까. 약삭빨라졌다고 할까. 어떻게 생각하면 '샐러리맨'으로 생각하는 것이 평범하고도 마음 편할는지도 모른다. 그러나 신문기자의 사명감이라든가 책임감을 머리에 둘 때 과연 '샐러리맨'적인 생각과 행동으로 힘차게 일을 해낼 수 있을 것인지.

오소백에게 언론인이 '샐러리맨'이 되었다는 곧 '신문기자의 사명'을 다하지 못하게 되었다는 것을 의미했다. 1960년대 중반 이후 정권의 탄압으로 언론활동이 위축되고, 처우는 여전히 별로 좋지 못하던 현실에서 기자들은 이제 자신들의 직업이 단순한 '샐러리맨'으로 전락해버렸다고 자주 토로했다.[185] 이런 주장은 1960년대 중반 이후 박정희 정권의 언론탄압이 강화되어 비판적 언론활동이 어려워진 한편 신문사 내에서는 여전히 해고와 저임금에 시달리던 기자들의 직업에 대한 불안과 냉소를 담고 있는 것이었다.

이상우는 "정부정책에 의한 물량적인 분위기와 권력의 측면작용에 더하여 이와 같은 신문 내부적인 여건으로 말미암아 저항적인 기질보다는 샐러리맨으로서의 자세가 기자사회를 풍미하고 있는 것이다. 말하자면 펜보다는 생활, 비판보다는 처세가 앞선다"고 기자사회의 풍토를 평가했

---

184) 오소백, 「현대의 신문기자」, 『신사조』 1963년 11월호, 69쪽.
185) 이정훈·김균, 「한국 언론인의 직업 정체성—샐러리맨화의 역사적 과정을 중심으로」, 『한국언론학보』 50권 6호, 2006, 66~67쪽.

다.[186] 이승우는 언론인이 과거의 '영웅적 이미지'와는 달리 "한낱 시정의 소심한 샐러리맨과 별 다름 없는 왜소한 인간으로 타락"했다고 하고는, 이런 샐러리맨화가 지니는 의미를 정확히 이해할 필요가 있다고 하며 다음과 같이 주장했다.[187]

> 우선 기자의 샐러리맨화 성향이 진정 무엇을 뜻하는가 하는 개념부터 똑바로 파악하고 넘어가야 한다. 한 마디로 잘라 말해서 기자의 샐러리맨화 성향이 문제가 되고 있는 것은 그것이 또 다른 일면에서 기자의 '타락'을 드러내고 있기 때문이다. 여기서 '타락'이라는 말은 상당히 다양한 개념을 지녔다. 그것은 '세속에의 지나친 밀착'일 수도 있고 '정치권력에의 순화(馴化)'일 수도 있고 '시류에의 맹종'일 수도 있고, '책임으로부터의 도피'일 수도 있다. 이렇듯 다양한 개념을 복합적으로 포괄하고 있는 상태—그것을 우리는 타락이라고 규정할 수 있을 것이다. '타락'의 인과는 곧 기자의 '왜소화'이다.

1970년대의 샐러리맨화 되었다는 표현에는 기자로서 제 역할을 하지 못한다는 부정적인 의미를 담고 있는 경우가 많았다. 김진배는 "지사풍을 지녔던 초창기 언론인의 모습이 보잘 것 없는 샐러리맨으로 전락하고 말았다"고 비판했다.[188] 홍사중은 "이제는 낯이 뜨거워서도 아무도 무관의 제왕이란 소리를 하지 않는다. 그만큼 긍지를 잃게 된 것도 당연한 일이다. 그러나 기자가 긍지를 잃게 되면 다른 직업인과 똑같은 월급장이로 바뀌어지고 만다"고 비판했다.[189] 정대수도 "지금 우리 기자들은 전시대에 비해 소시민화되어 가고 있음을 느끼며 활동하고 있다. 무관의 제왕이란 실감 없는 허구로 받아들여지고 있는 것이 아닌지 모를 일이다"

---

186) 이상우, 『한국신문의 내막』, 삼성사, 1969, 29쪽.
187) 이승우, 「한국 언론의 60년대와 70년대—기자의 샐러리맨화」, 『저널리즘』 2호, 1970, 34~39.
188) 김진배, 「언론인의 사회적 지위 향상을 위한 노력」, 『저널리즘』 6호, 1971, 138~139쪽.
189) 홍사중, 「기자도—더 생각하고 더 파헤치자」, 『저널리즘』 12호, 1978, 62쪽.

라고 주장했다.[190] 김진규는 "어쨌든 해방 전후의 기자는 가정은 팽개치고 몸도 돌보지 않는 애국형, 지사형이 많았으나 지금은 모두 평균적인 샐러리맨이 됐다고 봐도 괜찮다"고 주장했다.[191] 결국 "한국 신문에서 기자가 직업인이 되었다는 것은 기자가 간직하고 펼쳐야 할 '뜻'을 꺾었다는 의미가 함축되어 있다"는 것이었다.[192]

반면에 샐러리맨화를 현실로 받아들여야 한다는 주장들도 나왔다. 남재희는 "초기에는 신문기자가 좀 '특수한 직업'으로 느껴졌을 것이고 지금도 느껴지고 있을 것이다. 그러나 기자란 직업은 점차 '건전한 직업'으로 모습을 바꾸고 있다. 그러기에 '지사로서의 기자', '한량으로서의 기자', '탐정으로서의 기자'와 같이 이미 낡은 관념으로 되었으며 지금은 누구의 말마따나 '마치 은행원같은' 건조한 '샐러리맨으로서의 기자'가 되어가고 있는 것이다"라고 주장했다.[193] 남재희는 언론계 풍토 변화 속에 언론인이 샐러리맨이 되는 것은 당연한 것이라는 입장에 가깝다. 조세형도 자신들이 처한 현실을 인정하지 않고 있는 언론인들에 대해 다음과 같이 비판했다.[194]

그런데 신문 기업들은 또 그렇다 치고 이른바 신문인이란 것은 무엇이냐? 지금은 뜸해졌지만 '기자는 사회의 목탁'이란 소리를 귀창이 아프도록 들어왔고 아직도 이들은 은근히 이런 의식 속에 살고 있다. '사회의 목탁'이니까 자기가 단순한 월급쟁이거나 임금노동자라고는 꿈에도 생각지 않는다. 그러다가도 월급이 하루만 늦게 나와도 얼굴색이 노란해질 정도로 전전긍긍하며 중역실에서 전화 한번만 와도 안절부절하게 마련이다. 신분보장은 일반

190) 정대수, 『정치부 기자』, 전예원, 1978, 37쪽.

191) 김진규, 『체험적 기자론─기자의 세계』, 범서출판사, 1982, 102쪽.

192) 이종숙, 「한국 신문의 전문화」, 고려대학교 박사학위논문, 2004, 141쪽.

193) 남재희, 「기자─'선비'와 '식객'의 기자도」, 『세대』 1966년, 10월호, 220~221쪽.

194) 조세형, 「신문·신문인·독자」, 『정경연구』 1966년 10월호, 132쪽.

공장노동자보다 더 애매하고 그들이 쓰는 기사는 경영주의 말 한마디로 180도 뒤바뀔 수도 있는 것이 거짓 없는 오늘의 한국 신문 풍속도이다. 그러면서도 그들은 최후의 정조성(貞操城)을 지키는 몸부림인양 자기네들이 단순한 피고용인이 아니라 사회의 목탁이라는 자아의식에 결사적으로 매달리고 있다.

조세형은 사회의 목탁이라는 자아의식에 집착하기보다는 월급쟁이 또는 임금노동자로서의 현실을 인정하는 것으로부터 출발해야 언론인이 처해 있는 현실의 여러 문제들을 해결할 수 있다고 주장했다. 최규장도 "프레스카드제를 실시하는 기자면허시대의 기자는 차라리 '샐러리맨'임을 선언하고 급부와 반급부에 의한 계약고용 체제로의 전환을 서둘 시점이 왔다고 보는 이도 있다"고 주장했다.[195] 호영진도 "새시대에서 지사적인 배금(排金)생활을 자청하기란 나룻배로 태평양을 건느려는 어리석음"이라고 하며, 기자도 '처자를 먹여 살려야 하는 생활인'임을 인정하며 생계비 문제를 해결해야 한다고 주장했다.[196]
언론인의 '샐러리맨화' 주장에는 비판적 역할을 하지 못하게 되었다는 점을 강조하는 지사주의적 관점에서의 비판과 함께 불가피한 변화로 받아들여 현실적인 대응을 해야 한다는 현실적 관점에서의 수용이 섞여 있었다. 물론 샐러리맨화에 대해서는 비판이 더 많았지만, 현실적 대안의 필요성을 강조하는 견해도 있었던 것이다. 신문의 "기업형태가 대규모화되자 운영의 합리화를 위해 사원간에 상하 위계질서가 생기고 신문기자들의 샐러리맨화가 더욱 가속화"되었던 것이기 때문에[197] 기자들이 이런 현실에 맞서는 시도들을 할 필요가 있다는 주장도 나왔던 것이다.

---

195) 최규장, 「기자론─오늘의 한국기자 자화상」, 『신문연구』 18호, 1972, 55쪽.
196) 호영진, 「지사와 기자와 월급」, 『기자협회보』 1972.5.19.
197) 송건호, 『한국 현대언론사』, 삼민사, 1990, 164쪽.

(3) 전문직주의와 노동자의식으로의 갈림길

김규환은 1950년대 말에 이미 언론인들이 '전문직업인으로서의 성격을 자각'했다는 견해를 밝힌 바 있었다.[198] 그는 1960년대 들어서서 언론인의 전문직화를 적극적으로 주장했다. 김규환은 5·16 군사쿠데타 직후에 쓴 글에서 이미 '권력에 대한 저항이라는 전통과 습성'에 대한 집착에서 벗어나 '언론인의 사회적 윤리감과 지적 수준의 앙양' 등을 위한 체질 개선의 노력을 기울일 필요가 있다고 주장했다.[199]

이렇듯 저항적 역할을 해야 한다는 강박 때문에 갖게 된 자학이나 자조에서 벗어나 주어진 언론 현실을 인정하여 기자의 윤리의식과 지적 수준을 높이기 위한 노력을 해야 한다는 것이었다. 조용중은 "중요한 것은 신문기자가 된 이들이 값싼 감상에 적어서 사명감이니 지사니 하는 자긍에 빠지기 전에 먼저 직업인으로서의 '프라이드'를 가져야 된다"고 주장했다.[200] 지사로서의 사명감보다 직업인으로서의 프라이드가 더 중요하다고 주장할 때, '직업인'이라는 단어에는 '전문직업인'이라는 의미가 담겨 있었을 것이다. 송효빈은 언론인의 지사적 전통이 1950년대까지 계속되었지만, 근대화가 추진된 1960년대에 변화되었다고 하며 다음과 같이 주장했다.[201]

> 자유당 치하의 언론도 기본적으로는 독재정권에 항거하는 저항정신으로 일관해 왔다고 하겠다. 신문의 주요 관심은 자유당정권의 비정(秕政)의 폭로와 고발에 힘썼고 독재정권 타도를 위한 정치선동에 기울었던 것이 사실이다. 민주당 정부를 거쳐 5·16으로 공화당 정부가 들어서면서 근대화가 추진되

---

198) 김규환, 「전문직업인으로서의 저널리스트」, 『저널리즘』 2호, 1969, 6쪽.
199) 김규환, 「한국 저널리즘의 석금」, 『사상계』 1961년 11월호, 81~83쪽.
200) 조용중, 「기자의 수준은 향상하고 있다」, 『신문평론』 1965년 2월호, 23쪽.
201) 송효빈, 『체험적 신문론』, 나남, 1993, 20쪽.

어 급속한 사회변화를 가져왔다. 따라서 이 변화에 알맞은 전문기자의 필요성이 증대됐다. 근대화에 따른 도시 산업사회의 형성은 정치, 경제, 문화 등 모든 면에서 급속한 변화와 함께 복잡한 사건이 일어나게 됐다. 이를 정확히 보도, 해설하고 논평하기 위해서는 각 분야에 대한 고도의 전문지식이 필요하다.

송효빈의 주장은 1960년대 이후 근대화가 추진되면서 '저항정신'보다 '전문지식'이 더 중요해졌다는 것이다. 고재욱도 "우리나라 신문은 발생 사적으로 반발 저항지의 성격을 띠었습니다. 나는 이 성스러운 전통을 길이 이어받고 길이 발전시켜야 한다고 믿습니다. 그러나 그것만으로는 현 시점에서 신문의 사명이 충분하지 않다는 사회적 비판에 귀를 기울일 때가 왔다고 보는 것입니다. … 신문을 포함한 모든 역량을 민족독립의 안정과 국가의 사회적, 경제적 발전에 적극 기여할 역사적 사명을 띠고 있다는 것입니다"라고 주장했다.[202]

그러나 언론인의 자질 향상의 필요성에 대한 주장은 언론 통제에 대한 순응을 합리화하는 과정에서 더욱 자주 강조되었다. 박정희 정권이 '한국 언론이 지니는 투쟁의 전통성을 거세'하며 '근대화를 앞세운 언론 정책'을 펼치던 가운데[203] 이에 대한 호응의 차원에서 '근대화를 위한 신문의 사명'이 강조되며 기자들의 자질 향상이 강조되곤 했다. 조세형은 "한국 신문들은 지나치게 투쟁적이거나 항거적이려 하며, 지나치게 부정적인 태도를 지녀왔다. 이제 투쟁과 항거는 협조와 건설로, 부정적 태도는 긍정적 태도로 차원을 높여야 한다"고 주장했다.[204] 김규환은 "언론인들은

202) 고재욱, 「무엇을 해야 한다는 적극적인 자세로 전진해야」, 『신문연구』 10호, 1965, 31~32쪽.
203) 이상우, 「전환기속의 언론자유와 책임」, 『신문연구』 15호, 1969, 29쪽.
204) 조세형, 「한국 신문 기자론」, 『신문연구』 11호, 1966, 46쪽.

단지 부정부패를 드러내고 악과 과감히 싸우는 데만 만족해서는 안 되며 문제 해결의 실천적 방도를 제시하는 데에 노력을 아끼지 말아야 할 것"이라고 하며, 언론인들은 모두 "한국에 있어서 근대화의 필요성과 그 실현 방법에 관한 진지한 문제의식을 가지고 있다. 그들은 우선 그들이 종사하고 있는 '매스 커뮤니케이션'을 가장 합리적이고 효과적으로 운영하는 것이 긴요하다는 것을 그들의 사회적 책임으로 생각하고 있다"고 주장했다.[205]

이렇듯 근대화를 위한 언론의 역할을 강조하는 경향은, 1963년 말에 실시된 언론인에 대한 의식 조사 결과에서도 이미 나타나고 있었다. '개인의 자유보다 국가 경제발전을 선행'이 21.5%, '정치제도보다 국가 경제발전 선행'이 24.5%였던데 반해 '민주주의 신장 선행'은 13.8%에 그쳤다.[206] 이런 결과만 놓고 보면 1963년 경에 적지 않은 언론인들이 박정희 정권의 경제발전 정책에 대해 어느 정도 지지하는 의사를 가졌던 것으로 볼 수 있다. 이 결과는 언론활동의 위축을 합리화하려는 의도와 근대화를 위해 정부에 협조해야 한다는 인식이 결합될 수 있는 여지를 보여준 것이었다. 1966년 조사에서도 응답한 언론인 중 60%가 "우리나라의 급속한 경제 발전을 위해서는 개인의 자유가 어느 정도 희생되어야 한다"는 진술에 동의한 것으로 나타났던 것을 보면,[207] 경제 발전을 위한 언론의 기능적 역할에 대한 언론인의 공감이 어느 정도 형성되어 있었다는 것을 알 수 있다.

고재욱이 "기자는 성실한 공익자(公益者)요 전문적 직업인이라야 한

---

205) 김규환, 「매스컴 활동을 통한 근대화 과정에서 지식인의 역할」, 『신문연구소 학보』 3호, 1966, 9~10쪽.

206) 이강수·한두석·이해명, 「한국 신문인의 실태와 의식에 관한 조사」, 『신문연구소 학보』 1호, 1964, 65쪽.

207) 홍승직, 『지식인의 가치관 연구』, 삼영사, 1972, 176쪽.

다. 권익 옹호는 자질을 높이고 자질 향상은 조국 근대화의 사명을 완수하는 길이다"라고 했던 것은 이런 인식의 변화를 잘 보여 준다.[208] 임방현은 "엄격히 따져보아 오늘의 신문기자가 빠져 있는 자기부정의 함정은 그들이 옛날의 대기자형보다 저열한 자격과 지위를 가졌기 때문이 아니라 오히려 대기자의 배경이던 전근대적 사회를 발전적으로 부정하는 근대적 산업사회의 상황조건에 그들이 미처 적응을 못했거나 급격한 주변의 변화속도에 비해 자기의 사고와 행동의 적응도가 뒤져 있는 데 있지 않을까 생각한다"고 하며, 기자들의 자조와 자학을 근대사회로의 발전에 대한 부적응의 결과라고까지 주장했다.[209] 또한 임방현은 "전통적 한국 언론인의 기성 정형으로서의 지사, 우국투사형 및 대 권력(對權力) 저항자형"을 이상적인 언론인상으로 생각했기 때문에 언론인들이 자학까지 하기에 이르렀다고 하고, 여기에서 탈피한 새로운 언론인상을 모색해야 한다고 하며 다음과 같이 주장했다.[210]

오늘의 언론과 언론인이 더욱 힘써야 할 것은 사회 제 기능의 분화, 전문화 추세에 발맞추고 오히려 이를 이끌어 나갈만한 전문적 지식과 교양과 자질의 향상, 어느 사건을 단편적으로 피상적으로 전언(傳言)하는 데 그치지 않는 깊이 있고 종합적인 안목, 어느 사건이나 문제의 표피만이 아니라 그 전체적 맥락까지를 독자 앞에 그려낼 수 있다는 배경 심층보도 능력, 그리고 비판의 책임, 책임 있는 비판을 자각한 여론지도, 형성자로서의 구실 제고 등이라고 생각된다.

임방현은 언론인의 전문화가 국가와 사회 발전에 기여해야 한다고 하

208) 고재욱, 「한국기자의 시대적 사명」, 『기자협회보』 1966. 1. 15.
209) 임방현, 「전문기자론―사회적 기능의 분업·전문화와 신문의 구실」, 『신문평론』 1968년 12월호, 27쪽.
210) 임방현, 「언론인 자가비판―저항과 자학에서 독립으로」, 『정경연구』 1969년 4월호, 138쪽.

는 '기능주의적 관점'을 보였다.[211] 저항의식보다는 전문지식이 중요하다는 주장에도 크게 두 가지 입장이 있었다. 언론인의 '품격'을 강조하며 전문직화를 주장했던 박권상 등의 입장과 언론인의 '지식'을 요구하며 기능적 역할을 인정했던 임방현 등으로 나눌 수 있다. 후자의 입장을 가진 인물들은 상당수가 실제로 박정희 정권에 참여해 활동했다. 박권상이 "오늘날 우리 사회엔 신문과 신문인에 비판의 목소리가 있다. '근대화의 전위'가 되어야 한다고 보는 사람도 있고, '레지스탕스의 심볼'이 되어야 한다고도 한다"고 하며 고민을 내비쳤다.[212] 이런 고민은 결국 '레지스탕스의 심볼'도 넘어서야 하지만 '근대화의 전위'가 되어서도 안 된다는 것을 드러낸 것이었다. 조세형도 비슷한 맥락에서 "신문기자는 단순하고 순수한 기술인으로서 충실해야 하는가, 혹은 신념적이고 행동적인 사명인이어야 하는가의 문제는 더욱 더 규정하기 어렵고 까다롭다"고 토로했다.[213]

송건호는 1964년에 쓴 '민족지성의 반성과 비판'이라는 글에서 1960년대에 들어서서 한국사회에는 이념형 지성인 '방향지'가 퇴조하고, 기능형 지성인 '사실지'가 득세하고 있다고 평가했다. 즉, 서구사회와 마찬가지로 한국사회에서도 지식인이 각종 직종으로 분화되어 일종의 기술자화 되는 현상이 두드러지고, 이런 '지성의 기능화'는 주어진 문제를 효율적으로 해결해나가는 테크닉에만 관심을 기울이게 만들고, 주어진 일이 옳으냐 그르냐 하는 가치판단에는 소홀하게 만든다고 하며, 이런 경향이 언론인에게서도 그대로 나타난다고 주장했다.[214] 또한 송건호는 1978년에 쓴 글에서도 "언론의 도구화는 언론인의 샐러리맨의식과 상승작용

---

211) 이재경, 「전문기자제 현실과 과제」, 『전문기자』, 한국언론연구원, 1994, 39쪽.

212) 박권상, 「신문인의 자세를 위한 노트」, 『신문평론』 1964년 5월호, 24쪽.

213) 조세형, 「한국신문기자론」, 『신문연구』 11호, 1966, 42쪽.

214) 송건호, 「민족지성의 반성과 비판」, 『송건호 전집』 6 , 한길사, 2002, 185~209쪽.

을 일으켜 요즘 많은 언론인들이 철저하게 사상성이 결여된 기능인이 되었다"고 비판했다.[215] 특히 송건호는 여전히 정권에 의해 언론이 탄압받는 현실에서 이에 대해 관심을 기울이기보다는 언론인의 전문성이나 개인적 차원의 책임을 더 강조하기 시작한 당시 일부 언론인들의 인식은 본말이 전도된 것이라고 비판했다.

이런 비판에도 불구하고 당시에는 "현실적으로 보아서 기자에 대한 외적 여건이 갑자기 좋아질 것을 바라기는 어렵고 보면 기자의 사회적 지위 향상은 오직 쟁취해야 한다는 결론이다. 누구와 싸우기보다 각자가 자기의 자질을 향상함으로써 전문기자로서의 소양을 기르고 사회 진출을 위해서는 보다 합리적인 사회적 적응성을 몸에 익혀나가는 데 힘써야 할 것"이라는 주장이 더 힘을 얻고 있는 실정이었다.[216] 1960년대 중반에 시작된 연구기관의 설립이나 이를 통한 언론인 재교육은 이런 인식의 산물이었다.[217] 그러나 자율성이나 윤리의식의 중요성은 배제하고 전문화의 필요성만 언급하던 이런 주장들조차 1970년대에는 거의 사라지고 말았다.

홍승면이 1976년에 '신문기자라는 직업은 무관의 제왕인 국민에게 봉사하는 지적인 참모'라고 하며, "프로로서의 직업윤리와 직업적 기량과 직업적인 긍지를 가지고 기자가 신문을 만들 때 좋은 신문이 나온다"고 주장했던 것은 대단히 이례적이었다.[218] 박권상도 1979년에 '직업주의' (professionalism)의 실현을 위해서는 "외적 조건의 향상에 부단히 노력하여 국민의 알 권리를 최대한 수호하여야겠으며 내적 조건의 대담한 개혁으로 저하된 사기를 되찾아 자유롭고 책임있는 언론의 실현을 지향'해

215) 송건호, 「상식의 길―한 언론인의 비망록」, 『송건호 전집』 8 , 한길사, 2002, 256쪽.
216) 김영빈, 「기자의 사회 진출」, 『저널리즘』 3호, 1970, 100~106쪽.
217) 강명구, 『한국 언론 전문직의 사회학』, 나남, 1993, 83~89쪽.
218) 홍승면, 「직업으로서의 신문기자」, 『신문과 방송』 1976년 7월호, 43~44쪽.

야 한다고 주장했다.[219]

한편 1960년대 중반 이후 언론인이 열악한 노동 조건을 개선하기 위해 노조 결성을 해야 한다는 주장들이 나타나기 시작했다. 이미 1950년대 말부터 1960년대 초에도 노조 결성 시도는 있었지만, 실질적인 성과를 거두지는 못했었다. 1964년에 기자협회 결성 당시 기자들 사이에 노조 형태로 갈지에 대한 논의가 있었지만, "신문기자가 아무리 근로자라고 할지라도 여타 산업 분야의 근로자와는 좀 다른 특수성을 지니고 있다는 것, 말하자면 한국 언론인들이 체질적으로 지니고 있는 지사적인 정신 기질" 때문에 노조 결성을 하지 않았다.[220]

기자협회 결성 당시 노조 결성을 적극 검토했었다고는 하지만, 그 후 한 동안 '권익 옹호'란 이름으로 임금 인상과 신분 보장을 주장하면서도, 언론인 스스로 노조 결성을 강력하게 주장하는 일은 별로 없었다. 오히려 편집인협회 회장 최석채가 1968년 말에 "노조의 결성이라 하면 흔히 신문인들은 천하게 생각하거나 위험시하는 사고방식을 가진 사람들이 많다. 그들도 글로는 노조로서 피고용자의 권익을 지켜야 한다고 쓰면서도 막상 자신은 이런 행동에 옮기는 것을 꺼리는 경향이 있다. 그러나 오늘날과 같은 사태하에서는 노조에 대해서 더 이상 무관심해서는 안 되고 이를 결성하여 기본 권익을 확보해야 할 것이다"라고 주장했다.[221] 이상우도 "결국 신분이 보장되지 않기 때문에 기자의 양심은 위축되고 포기되는 것이다. 이를 해결할 길은 한 가지밖에 없다. 헌법에 보장된 기본권의 하나인 단결권을 행사하는 길뿐이다. 무관의 제왕입네 하는 실속 없는 자부가 통용되던 시기는 벌써 지나가 버린 것이다"라고 주장

219) 박권상, 「취재보도의 문제점」, 『신문과 방송』 1979년 11월호, 52쪽.
220) 한국기자협회, 『한국기자협회 10년사』, 한국기자협회, 1975, 53쪽.
221) 최석채, 「신문은 편집인의 손에서 떠났다」, 『기자협회보』 1968. 12. 27.

했다.[222] 이렇듯 노조 결성이 주장되던 가운데 언론인이 노동자라는 인식도 나타났다.[223]

신문 · 통신 · 방송 등 언론기관도 재단법인이든 주식회사든간에 기업형태를 갖춘 하나의 기관이며 특정한 사명과 목적을 위해 존립하는 사회적 기구라고 본다면 그 속에서 일하는 종사원은 근로자임에는 틀림없고 기자건 일반사원이건간에 근로자로서의 권리와 보장을 누릴 수 있고 부당한 처우나 인사처리 등에 대해 개선과 시정을 요구할 수 있는 사회적인 기본권이 있다는 것은 너무도 당연한 원리요 상식에 속해 있다.

또 다른 기자도 "현대적 의미의 노동자는 노동조합법 제4조 규정에서 보는 바 '직업의 종류를 불문하고 임금 · 급료 · 기타 이에 준하는 수입에 의하여 생활하는 자를 말한다. 따라서 기자라는 직종도 사회의 선구자이기에 앞서 법이 정하는 노동자이며 권익옹호를 위한 노동조합의 결성이 더욱 강조된다"고 주장했다.[224] "두뇌라는 노동력을 제공하고 경영주로부터 받은 그 대가(보수)를 생활의 수단으로 삼고 있는 직업의 하나인 기자는 노동자임에 틀림없는 일이며 이제껏 기자 자신의 노조가 결성이 안 되고 있는 것은 기이한 노릇이다"라는 주장도 있었다.[225]

다만 언론인도 자신들이 다른 노동자와는 다르다는 점을 드러냈다. 정대수는 "일반 노동자와는 다른 사회공기의 종사원인 언론인들이 노동조합을 구성하고 방송 · 통신 · 신문 제작에 보다 충실을 기하면 누구에게나 좋은 일이다"라고 주장하기도 했다.[226] 나이가 든 편집간부들은 언론인

222) 이상우, 「언론은 자기 혁명을 바랄 수 없는가」, 『사상계』 1969년 7월호, 144쪽.
223) 송용식, 「노조결성만이 근본대책」, 『기자협회보』 1969.9.5.
224) 이춘송, 「노조결성은 다수의 희망이다」, 『기자협회보』 1970.1.16.
225) 최연우, 「노조연구위를 설치하자」, 『기자협회보』 1970.2.13.
226) 정대수, 「노조결성을 왜 꺼리는가」, 『기자협회보』 1969.11.28.

이 노동자라는 주장에 거부감을 표현하기도 했다. 기자협회 고문 변호사였던 한승헌은 '모 일간(일간지—저자) 원로급 편집간부'가 "기자들은 일반 노동자와는 다르다. 그들은 정신적 엘리트이며 인텔리 계층에 속하기 때문에 보통의 노동자계층마냥 노조를 만들어 노가다풍을 보이려고 하지 않는다. 굳이 그럴만한 긴박성도 없다"고 얘기하는 것을 들었다고 밝혔다.[227] 이렇듯 편집간부들의 부정적 견해에 대해『동아일보』노조에 참여했던 정영일은 "선비가 무슨 노조냐고 반론하는 분도 계셨지만 우리가 더욱 선비다워지기 위해서도 보다 소신있는 직무수행에 매진할 수 있게 기본여건의 제도적인 보장은 시급하다"는 주장으로 대응했다.[228]

1974년 3월 결성된『동아일보』노조는 발기문에서 '근로자의 단결권, 단체교섭권, 단체행동권을 통해 '신분보장은 물론 최소한의 생활급조차 보장받지 못하는 근로조건'을 개선하겠다고 밝혔고,[229] 1974년 12월에 결성된『한국일보』노조는 "노조의 활동을 통해서만 우리의 생활급을 보장받을 수 있고, 부당한 인사조치 등 고질적인 경영주의 몰상식이 근치"될 수 있다고 주장했다.[230] 두 신문사의 노조 결성 시도가 정권과 경영진의 탄압에 의해 좌절되면서, 더 이상 노조를 결성하자는 주장도 나오지 않았고 언론인의 노동자로서의 정체성을 드러내는 표현도 나타나지 않았다.

박정희정권 시기에 강력한 언론탄압과 열악한 노동조건에 시달리던 언론인이 전문화나 노조결성을 모색했지만, 이런 언론인이 반드시 자신의

---

227) 한승헌, 「기자의 노동운동은 타부인가」,『기자협회보』1970.1.9.

228) 정영일, 「신문경영과 노조결성의 필요성」,『기자협회보』1974.12.20.

229) 동아자유언론수호투쟁위원회, 『자유언론: 1975~2005 동아투위 30년 발자취』, 해담솔, 2005, 87쪽.

230) 한국일보 74노조 출판위원회, 『1974년 겨울—유신치하 한국일보 기자노조 투쟁사』, 미디어집, 2005, 342쪽.

직업을 전문직으로 인식했다거나 자신을 노동자라고 생각했다고 단정하기는 어렵다. '샐러리맨'이 되었다는 현실을 어느 정도 받아들이며, 자질향상을 주장하거나 권익옹호를 주장했던 것에 가깝다. 전문직으로서의 자부심이나 노동자로서의 현실 인식을 명확히 보여준 것은 아니었다.

1980년대에 들어서서는 '샐러리맨'이 되어버린 현실을 인정하며 전문직화를 추구해야 한다는 주장도 나왔다. 호영진은 "지사적 언론인의 멘탈리티를 불식한 지는 이미 오래고 일부에서는 그에 대한 노스탈자와 함께 샐러리맨화 경향을 매도하는 경향이 없지 않다. 그러나 샐러리맨이라는 표현이 너무 야멸찬 묘사이기는 할망정 우리는 그 범주에서 벗어날 수는 없다, 벗어나려 하기보다는 그것을 발판으로 프로페셔널리즘을 확립하는 방향으로 나아가야 하지 않을까"라고 주장하기도 했다.[231] 조두흠은 "지사적인 기자라기보다는 하나의 직업인으로의 자리를 굳혀가고 있다"고 하며, "사라져가는 기자도를 개탄하기 전에 바람직한 기자상의 조건"으로서 전문지식과 품위 등을 강조할 필요가 있다고 주장했다.[232] 언론자유가 전혀 없던 현실에서 나온 이런 주장들은 언론인의 기능적 전문인화를 넘어서기 어려운 것들이었다.

2) 언론인 단체의 활동

(1) 편집인협회와 관훈클럽의 활동 위축

1960년대 초까지의 언론인 단체로는 관훈클럽과 편집인협회가 있었다. 편집인협회가 언론자유 수호를 위한 활동에 주력했다면, 관훈클럽은 자질향상에 치중하는 활동을 했다고 할 수 있다. 편집인협회는

---

231) 호영진, 「양적 성장과 내실」, 『기자협회보』 1984. 1. 12.
232) 조두흠, 「기자도는 사라져가는가」, 『기자협회보』 1986. 1. 16.

1960년대에 한 동안 박정희정권의 언론탄압에 맞서는 활동을 했다. 군사정권이 언론탄압을 가하며 부패언론인 명단을 공개하겠다고 하자, 1961년 12월 16일에 편집인협회는 물론 관훈클럽, 신문발행인협회, 통신협회까지 모여 회의를 했다. 편집인협회는 발행인협회, 통신협회와 함께 12월 23일에 박정희 최고회의 의장을 만나 부패언론인 명단의 공개를 요구했으나 박정희는 거부했고, 그 뒤 이 문제는 더 이상의 진전이 없었다.[233)

편집인협회는 1964년 언론윤리위원회법 파동 당시 가장 적극적인 역할을 했다. 1964년 한일회담에 반대하는 학생 시위가 격화되자, 박정희정권은 6월 30일에 계엄령을 선포하고 언론보도를 검열하며 언론인들을 구속했다. 박정희정권이 언론을 규제하기 위한 입법을 추진하자, 편집인협회는 정부나 국회에 반대 건의문을 전달했다. 그럼에도 박정희정권이 언론윤리위원회법 제정을 추진하자 편집인협회는 발행인협회, 통신협회, 윤리위원회, IPI국내위원회 대표들과 언론규제대책위원회를 만들어 대응하였는데, 결국 박정희정권이 시행을 보류하면서 언론윤리위원회법 파동은 끝이 났다.[234) 편집인협회 간부들은 대부분이 일제강점기부터 활동했던 인물로서 언론탄압에 맞서는 활동을 했던 경험을 갖고 있었다. 따라서 이들이 박정희정권의 언론규제 입법에 맞서는 활동을 주도했던 것은 당연했다.

그러나 언론윤리위원회법 파동 이후 편집인협회의 활동은 급격히 위축되었다. 이상우는 편집인협회가 제 역할을 할 수 없게 된 원인을 다음과 같이 설명했다.[235)

233) 한국신문방송편집인협회, 『한국신문방송편집인협회 50년사』, 한국신문방송편집인협회, 2007, 128~129쪽.

234) 유재천, 「현재의 언론」, 『한국의 언론』 제1집, 문화공보부, 1968, 370~387쪽.

235) 이상우, 『한국신문의 내막』, 삼성사, 1969, 123~124쪽.

편협은 4 · 19를 겪고 5 · 16을 치른 뒤 기자협회가 탄생할 때까지 신문의
자유를 수호하는 데 고군분투해 왔다. 고군분투이기는 했지만 편협의 그동
안 활동은 영광에 찬 것이었다. 그리고 그때가 전성시대였다. 편협이 시련
속에 발을 들여 놓기 시작한 것은 상업주의가 가속되어 가는 몇 년 전서부터
의 일이다. 그전까지만 해도 경영자와 편집인, 기자의 자세는 일치되어 있
다. 대외적으로 신문이 언론자유를 위해 투쟁하고 나설 때, 신문은 항상 3자
가 혼연일체가 되었다. 이때 신문의 간부급 기자로 구성되는 편협은 항상 신
문인의 단체 활동에 중추적인 역할을 맡을 수 있었다. 저널리스트로서의 그
들의 양심은 바로 한국 신문계의 양심이기도 했다. 그러나 상업주의가 신문
계를 압도함에 이르러 편협의 영광된 시절은 사라지고 말았다. 편협의 양심
이 신문계의 양심을 대표할 수 없게끔 신문계의 내부사정은 달라졌기 때문
이다. 경영자와 편집인, 기자간의 이해는 분화되었고 적어도 경영자의 양심
은 편협의 양심과는 일치할 수 없었던 것이다.

송건호도 "엄격히 말해 대부분 언론기업인과 편집인은 1964년 언론윤
리위법 파동을 계기로 이미 권력 앞에 굴복하고 말았다. 그리고 마지막
굴복인 1968년의 신동아 사건을 계기로 막을 닫았다. 사건이 있을 때마
다 성명을 발표하고 했던 '편협'도 1964년 이후에는 이미 김빠진 맥주와
다를 것이 없었다"고 주장했다.[236] 박정희정권의 언론탄압이 강화되면서
경영진과 일선 기자들의 대립이 심화되었고, 이에 따라 중간에 낀 편집
인들이 활동할 수 있는 여지가 점차 사라졌던 것이다. 1968년 말에 편집
인협회장 최석채가 "신문이 편집인 손을 떠났다"고 했던 것은 바로 이런
상황을 잘 드러내주는 것이었다.

1960년대 말 이후 편집인협회는 활발할 활동을 하지 못했다. 1971년
에 들어서서 기자협회가 언론자유 수호를 위한 행동에 나서자 편집인협
회도 이런 활동에 동참했다. 1971년 5월에 편집인협회 회장 원경수는 기

---

236) 송건호, 『한국현대언론사』, 삼민사, 1990, 169쪽.

자협회 회장 손주환과 함께 중앙정보부를 방문해 정보부원의 언론기관 출입금지 등을 요구했다. 또한 1971년 10월에 편집인협회는 기자협회와 함께 국무총리에게 '언론간여 중지요청 공한'을 보내기도 했다.[237] 1971년 12월 7일 박정희정권의 국가비상사태 선언 이후 편집인협회와 기자협회가 공동보조를 맞추던 활동은 크게 위축되었다.[238] 이후 편집인협회의 활동은 가끔 세미나를 개최하는 정도에 그쳤다. 1973년부터 회장을 맡았던 유건호는 "편협 회장을 맡고 있는 동안 문제도 많고 답답함과 서글픔도 없지 않았"다고 하며, 심지어는 "정부의 입장을 두둔하는 성명을 발표하도록 은근히 압력을 가해오는" 일도 있었다고 회고했다.[239]

한편 관훈클럽은 이미 이승만정권 시기부터 연구·친목단체로서 언론탄압에 맞서는 대외활동을 하지 않겠다고 입장을 정리했기 때문에 박정희정권 시기에 언론탄압이 가해져도 별 다른 대응활동을 하지 않았다. 다만 관훈클럽은 언론인의 윤리의식을 높이거나 자질을 향상시키기 위한 다양한 활동을 벌여나갔다. 1961년 9월 12일에 창설된 신문윤리위원회의 5인 언론계 대표 중 한 명을 관훈클럽이 추천했고, 사무국장과 간사에 관훈클럽 회원이 취임해 실질적인 운영을 맡았다.[240] 관훈클럽은 『신문연구』를 발간하고, 신영연구기금을 조성해 해외연수나 연구저술출판을 지원하고, 관훈언론상을 제정하였으며, 관훈토론회를 개최해 토론문화를 활성화하는데 기여했다.[241] 그러나 "유신독재가 극으로 치달을수

---

237) 손주환, 『자유언론의 현장』, 나남, 1988, 108~117쪽.
238) 한국신문방송편집인협회, 『한국신문방송편집인협회 50년사』, 한국신문방송편집인협회, 2007, 162쪽.
239) 유건호, 「유신체제하의 편협」, 한국신문편집인협회, 『한국신문편집인협회 30년사』, 한국신문편집인협회, 1987, 270~271쪽.
240) 관훈클럽, 『관훈클럽 40년사』, 관훈클럽, 1997, 92~94쪽.
241) 관훈클럽, 『관훈클럽 30년사』, 관훈클럽, 1987, 52~64쪽.

록 클럽 활동은 위축될 수밖에" 없었다.[242]

1964년 5월에 관훈클럽은 국제기자연맹 IFJ(International Federation of Journalist)에 가입했다. 비록 직능단체가 아니었기 때문에 준회원으로 가입한 것이었지만, 1965년에 9월에 기자협회가 정회원으로 가입할 수 있도록 길을 열어주었다는 점에서 의미가 컸다.[243] 이 시기까지는 아직 관훈클럽 회원들도 비교적 젊었기 때문에 국제기자연맹 가입에 관심을 가졌던 것이다.

관훈클럽이 전문직주의의 도입에 나름대로의 역할을 했지만, 언론의 자율성과 독립성이 전혀 없던 현실에서 언론인의 윤리의식 제고와 자질 향상만을 주장하는 데는 한계가 있었다. 연구·친목단체라는 특성을 감안한다 하더라도, 언론이 처한 현실을 외면했다는 비난을 피하기 어려운 점이 있다. 김언호는 관훈클럽을 주도했던 기자들이 '미국식으로 개화된 자유주의자'들로서 이들의 의식이 '자본주의 논리 및 그 가치관'의 틀에 의해 제약되었기 때문에 민족적 현실을 정확히 파악하지 못하는 한계를 지녔다고 비판하기도 했다.[244]

(2) 기자협회의 활동과 노조 결성 시도

박정희 정권이 출범하고 언론탄압이 강화되면서 경영진은 서서히 권력에 굴복하기 시작했다. 이런 경향은 1964년의 언론윤리위원회법 파동을 계기로 급격히 강화되었다. 언론윤리위원회법 파동 당시만 해도 기자들은 정권의 탄압과 이런 탄압에 굴복한 경영진에 맞서서 저항했다. 언

---

242) 정범준, 『이야기 관훈클럽』, 랜덤하우스, 2007, 220쪽.
243) 관훈클럽, 앞의 책, 186~187쪽.
244) 김언호, 「민족의 언론·민중의 언론」, 『출판운동의 상황과 논리』, 한길사, 1987, 266~267쪽.

론윤리위원회법 파동 당시 "경영주들이 정부나 관권의 압력에 얼마나 무력한가를 입증했고 또한 한국 언론사에 두고두고 씻지 못할 오명을 남겼다"는 비판까지 나왔다.[245] 언론윤리위원회법 파동으로 언론사의 경영진과 일선 기자들의 대립이 나타나기 시작했던 것이다.

기자들은 편집인협회 등과 공동보조로 언론윤리위원회법 반대투쟁에 나서면서, 한편으로는 기자협회 창립을 위한 준비를 했다. 이 시기에 기자들의 목표는 "하나는 권력으로부터 오는 모든 압력에 대항하여 자유언론을 수호하자는 것이었고, 또 하나는 언론파동을 분계선으로 하여 급속히 권력에 밀착해 들어간 신문사 경영자로부터의 권익옹호였다. … 권력과 타협한 경영자의 태도에 소속사보다는 오히려 횡적인 연대에 기대를 걸었던 것이다. 이러한 정신과 역사성을 배경으로 하여 기협은 현재 어느 언론단체보다도 강한 직선적인 자세를 지니고 있다"는 평가도 나왔다.[246]

언론윤리위원회법 파동 과정인 1964년 8월 17일에 기자협회가 결성되었는데, 결성 직후의 좌담회에서 한 기자는 "기자협회는 투쟁 과정의 하나라는 '모티브'를 얻어서 구성된 셈입니다. 실지로 투쟁을 해보니까 역시 연로한 분들보다는 젊은 우리의 단체가 활동적이었던 것은 사실이었습니다"라고 하며, 언론윤리위원회법 파동 과정에서 젊은 기자들이 적극적인 역할을 하며 기자협회 결성의 필요성을 느꼈다고 밝혔다. 또한 이 좌담회에서 다른 기자는 "정부 측에서 발행인 협회에만 압력을 가하면 그 발행인 밑에 종사하고 있는 편집인이라든가 일선기자들은 그대로 다 복종할 것이고, 따라서 모든 것이 정부가 뜻하는 대로 잘 되어 나갈 줄 알았는데 의외에도 일부 발행인들의 태도와는 달리 전 언론계가 강경한 태도를 계속

245) 반영환, 「한국의 타부들—언론, 비판권 외의 권부」, 『청맥』 1965년 1월호, 129쪽.
246) 이상우, 『한국신문의 내막』, 삼성사, 1969, 131~132쪽.

견지"했었는데, 그 중심에 기자협회가 있었기 때문이었다고 주장했다.[247]

1960년대 초에 낮은 임금과 불안정한 신분에 대한 불만이 컸기 때문에 이런 문제들을 해결하기 위해 1964년에 기자협회 결성이 논의될 때 이미 노조 행태로 출범할 것을 주장했던 사람들도 있었다. 그러나 1964년 당시에는 기자들의 '지사적인 기질에서 비롯되는 내적인 주저'와 '정부당국이나 경영자들이 크게 반대할 것이라는 전략상의 배려'로 결국 노조로 출발하지는 못했다.[248] 손주환은 "경영진들이 노사분쟁을 염려하여 '기협'이 노조형태로 발전하는 것을 싫어한다면 언론계의 장래에 대한 긴 안목이 결여되었다는 비난을 받을 수 있다. 노조형태로 발전한 기협은 노사분규보다 언론자유를 지키는 데 더욱 정력을 쏟게 될 것이며 경영진들은 언론의 사실 전달 기능을 강화하는 데 필요한 구실을 기협에 돌릴 수 있는 입장을 누리게 될 수도 있다"고 주장하기도 했다.[249]

기자협회는 창립 이후 '언론자유' 수호, '권익옹호와 신분보장', '자질향상 및 풍토정화' 등 세 가지 영역에서 다양한 활동을 전개했다. 기자협회는 정권의 언론탄압에 맞서서 진상조사활동을 벌이거나 성명서 발표를 했다.[250] 또한 기자들의 저임금과 불안정한 신분 문제를 해결하기 위한 다양한 시도들을 하기도 했다. 나아가 자질향상을 위한 세미나를 개최하거나 서울대 신문대학원에 재교육프로그램을 위탁해 운영하기도 했다.[251] 자율적인 언론정화 작업은 언론인의 직업윤리 확립을 위한 구체적 노력보다 주로 "비리를 강요하는 구조적 저임금"의 해결을 위해 임금인상을

247) 송두빈 · 유승범 · 이환의 · 이웅희 · 권오철, 「언론파동의 밑바다」, 『신동아』 1964년 10월호, 115~124쪽.
248) 한국기자협회, 『한국기자협회 10년사』, 한국기자협회, 1975, 53쪽.
249) 손주환, 「한국 언론의 60년대와 70년대-권력의 압력」, 『저널리즘』 2호, 1969, 27쪽.
250) 한국기자협회, 『한국기자협회 30년사』, 한국기자협회, 1994, 187~197쪽.
251) 방대수, 『기협을 중심으로 한 언론자정운동사』, 씨엔마, 2000, 181~211쪽.

요구하는 수준을 크게 벗어나지 못했다.[252] 언론자유수호 운동은 편집인
협회와 보조를 맞추어 하는 경우가 있었고, 언론인의 자질향상이나 풍토
정화를 위한 역할은 관훈클럽에서도 상당 부분을 담당했다. 반면에 언론
인의 권익옹호나 신분보장을 위한 활동은 기자협회가 거의 전적으로 담
당했다.

1970년대 들어서서 박정희정권이 언론 통제를 강화하면서 기자협회
의 활동도 크게 위축되었다. 언론통제로 인해 취재보도활동이 위축되자
학생들을 중심으로 비난 여론이 높아졌다. 학생들은 언론에 경고문을 보
내거나 언론 화형식을 하기도 했는데, 당시 『동아일보』 기자였던 김언호
는 "학생들이 언론에 대한 이와 같은 불신을 갖고 있었다는 사실은 실로
충격적이었으며 기자들은 당혹하지 않을 수 없었다"고 했다.[253] 외부에서
부터 비판을 받으면서 언론인들은 제 역할을 하지 못하는 현실에 대한
부끄러움을 느끼고 괴로워했다. 특히 4 · 19세대인 젊은 기자들은 대학
생들의 비판에 자극을 받아 1971년의 제1차 언론자유 수호선언을 했고,
다시 1973년에 제2차와 제3차 언론자유 수호 선언을 했다.[254]

언론이 제 역할을 하지 못하고 불안정한 신분에 임금도 제대로 받지
못하던 현실에서 1974년에 젊은 기자들을 중심으로 '노조결성'과 '자유언
론실천선언'이 이루어졌다. 기자협회는 1971년 노조연구심의회를 만들
어 노조 결성을 위한 자료조사나 설문조사를 했으나 별 다른 성과를 내
지 못하고 말았다.[255] 이런 언론노조 설립을 위한 움직임은 1974년에 가

---

252) 박인규, 「언론자정운동의 역사적 전개와 오늘의 문제점」, 『신문연구』 55호, 1993, 40~
    44쪽.
253) 김언호, 「르뽀–자유언론운동」, 『신동아』 1975년 3월호, 78~108.
254) 동아자유언론수호투쟁위원회, 『자유언론: 1975~2005 동아투위 30년 발자취』, 해
    담솔, 2005, 68~83쪽.
255) 방대수, 『기협을 중심으로 한 언론자정운동사』, 씨엔마, 2000, 106~110쪽.

서야 결실을 맺었다. 1974년 3월에는 『동아일보』 노조,[256] 1974년 12월에는 『한국일보』 노조가 결성되어 설립 신고를 했으나 모두 반려되었다.[257] 노조를 결성하자 두 신문사는 주도자를 해고하는 등 탄압을 가했다.

『동아일보』 노조는 결성 초기에 주로 원만한 노사관계와 임금, 근로조건의 개선 등을 주장했으나 점차로 사회정의의 구현 등도 주장하는 등 '의식의 전환'이 나타났는데, 이는 결국 '언론노조운동'이 '자유언론운동'으로 이어질 가능성을 보여주었던 것이다.[258] 이부영도 "한국적 언론풍토를 개선하고 더 나아가 진정한 언론자유를 쟁취하자는" 목표를 위해 '기자들의 조직화된 힘'이 절실하게 요구되었던 것이 노조 결성의 중요한 이유였다고 밝혔다.[259] 바로 이런 가능성 때문에 노조 결성 움직임에 대해 정권의 강력한 탄압이 가해지고 권력에 야합한 경영진의 해고가 이루어졌던 것이다.[260] 김동익은 "기자들이 노조를 만들 움직임을 보일 때이고 회사측은 노조결성을 원하지 않기 때문에 회사측은 노조결성의 잠재적 주동세력인 강경파 기자들을 제거하고 싶었을 것이며, 정부측은 언론자유를 부르짖는 기자들에 대해 강경한 조치를 취하도록 회사측에 종용 내지 압력을 가함으로써 회사측은 집단해고라는 전례 없는 강경책을 썼다"고 주장했다.[261]

자유언론실천운동에 앞서 기자협회 『동아일보』 분회를 개편하고, 이

---

256) 동아자유언론수호투쟁위원회, 『자유언론: 1975~2005 동아투위 30년 발자취』, 해담솔, 2005, 84~101쪽.
257) 한국일보 74노조 출판위원회, 『1974년 겨울─유신치하 한국일보 기자노조 투쟁사』, 미디어집, 2005, 53~59쪽.
258) 김진홍, 『언론통제의 정치학』, 홍성사, 1983, 96쪽.
259) 이부영, 「70년대의 한국 사회와 언론」, 『언론과 사회』, 민중사, 1983, 312~313쪽.
260) 김세은, 「해직 언론인에 대한 생애사적 연구」, 『한국언론학보』 56권 3호, 2012, 300~302쪽.
261) 김동익, 『정오의 기자』, 고려원, 1987, 55쪽.

어서 기자협회 집행부도 개편하여 『동아일보』 기자 김병익이 기자협회 회장이 되었다. 1974년 10월에 『동아일보』와[262] 『조선일보』 등에서[263] 자유언론실천운동이 본격화되자, 유신정권과 이에 굴복한 경영진은 기자들에 대한 탄압을 가하기 시작했다. 유신정권은 광고주에게 압력을 행사하여 『동아일보』에 광고를 싣지 못하도록 하는 광고탄압을 자행했다. 유신정권의 광고탄압에 맞서 독자들은 격려광고로 언론자유 수호운동을 지지하고 동참했다. 그러나 정부의 압력에 굴복한 언론사주들에 의해 1975년 3월에 『동아일보』, 『조선일보』 기자들의 농성이 폭력적으로 해산되고 기자들도 대량 해고되면서 언론자유수호운동은 막을 내리게 되었다.

일선 기자들이 주도하고 독자들의 지지와 참여가 있었던 자유언론수호운동이 종말을 고한 후, 언론사주들은 완전히 권력에 굴복했다. 최재욱은 1976년에 "언론단체들이 이렇게 입술 하나 놀릴 기력이 없을 정도로 무기력에 빠져 있다"고 주장했다.[264] 기자협회 스스로 유신체제 이후에는 "기자들의 관심이 처우개선에만 쏠렸"다고 평가했다.[265] 즉, "유신정권이 몰락할 때까지 기자협회는 언론자유와 관련해서는 별다른 활동을 하지 못한 채 명맥만 유지할 수 있었다"는 것이다.[266]

1979년의 10·26으로 박정희정권이 붕괴되면서 기자협회를 개혁하고자 하는 움직임이 시작되었다. 1980년 3월에 『합동통신』 기자 김태홍이 회장이 되면서 기자협회는 다시 언론자유를 위해 활동하려고 했다.

262) 동아자유언론수호투쟁위원회, 『자유언론: 1975~2005 동아투위 30년 발자취』, 해담솔, 2005, 102~142쪽.
263) 조선자유언론수호투쟁위원회, 『자유언론 내릴 수 없는 깃발: 조선투위 18년 자료집』, 두레출판사, 1993, 34~45쪽.
264) 최재욱, 「프레스카드, 그 발급 배경부터 현황까지」, 『저널리즘』 10호, 1976, 179쪽.
265) 「70년대 한국 언론계 일지(2)」, 『기자협회보』 1979.12.31.
266) 한국기자협회, 『한국기자협회 50년사』, 한국기자협회, 2014, 122쪽.

기자협회는 신군부의 검열에 맞서서 "5월 20일 0시부터 검열을 거부하고 언론인 스스로의 양식과 판단에 따라 취재, 보도하며, 이에 정권이 강압적으로 나올 때에는 제작거부에 돌입한다"고 결의했다. 언론자유 수호를 위한 기자협회의 활동에 대해 신군부는 무차별 탄압을 가했다.[267] 기자협회 집행부를 포함해 많은 언론인들이 연행되어 고문을 당하고 구속되었다. 또한 검열철폐 운동에 참여했던 언론인들이 대부분 강제해직 대상에 포함되었다. 1980년 말의 언론인 강제해직과 언론사 통폐합 이후 다시 기자협회의 활동은 침체상태에 빠졌다.

강력한 통제와 적극적인 회유책을 앞세운 전두환 정권의 언론정책에 순종 내지는 협조하면서 언론들은 기업으로 성장해갔다. 1980년대 들어서서 언론사 통폐합으로 독과점적 이윤확보를 하게 된 신문들이 대기업으로 성장하면서 신문사 조직규모도 커지고 조직 내의 위계적 통제구조도 정착되었다.[268] 특히 족벌적인 운영을 하던 신문사 경영주들이 권력에 대해서는 철저히 굴종한 반면 사내에서는 과거보다 더 전횡할 수 있게 되었다. 독과점적 이윤을 확보하게 된 신문기업의 성장 덕택으로 1980년대 기자들의 임금수준은 크게 향상될 수 있었지만 자본의 언론노동에 대한 통제력도 한층 강화되었던 것이다.

한편 1980년대 중반까지 기자들은 권력과 자본의 통제에 숨죽이고, 높은 임금과 정권에 의해 주어진 각종 혜택에 안주하였다. 이런 과정을 통해 언론인도 '지배집단의 구성원'으로 자연스럽게 흡수되었던 것이다.[269] 언론에 대한 국민들의 불신이 갈수록 높아지자, 1986년 4월에 각 언론사

267) 윤석한 「기자협회의 검열 및 제작거부 결정」, 한국기자협회 · 80년 해직언론인협의회 공편, 『80년 5월의 민주언론: 80년 언론인 해직 백서』, 나남출판, 1997, 64~79쪽.
268) 강상현, 「한국신문기업의 조직인구 변동에 관한 연구」, 연세대학교 박사학위논문, 1988, 197~200쪽.
269) 강명구 · 한창록, 「한국 언론노조의 생성과 전개」, 『신문과 방송』 1988년 10월호, 10쪽.

기자들은 언론 상황에 대한 자성과 새로운 결의를 다짐하는 움직임을 보이기 시작했다. 『한국일보』기자의 '우리의 결의'를 시작으로 하여 『조선일보』, 『동아일보』, 『중앙일보』 등으로 이어진 기자의 입장 표명은 비록 구체적 실천으로 나아가지는 못했지만 언론현실에 대해 기자들 나름대로의 비판적 인식을 보여주는 것이었다. 1986년 9월 『한국일보』 김주언 기자에 의해 '보도지침'이 폭로된 사실도 언론자유 수호를 위한 기자의 의지가 살아 있음을 보여주는 것이었다.[270]

---

270) 한국기자협회, 『한국기자협회 30년사』, 한국기자협회, 1994, 266~273쪽.

5장
민주화 시기의 언론인

1. 언론인의 사회적 배경

1) 언론인 집단의 사회적 특성

(1) 주요 언론사의 특정 대학 출신자의 편중 심화

1980년대 이후 임금수준이 높아지고 고용불안이 사라지면서 기자직에 대한 인기가 높아졌다. 1980년대 중반 이후 지원자가 많아져 경쟁률이 높아지면서 언론사 입사를 '언론 고시'라고까지 부르게 되었다. 1995년에 서울에서 경희대, 고려대, 성균관대, 연세대, 중앙대, 외국어대, 한양대 등은 언론사 입사를 준비하는 학생을 위한 '언론고시반'을 운영하는 것으로 나타났다.[1] 고승우는 "80년대 후반 들어 언론사에 대한 인기가 높아진 이유는 여러 가지가 손꼽힐 수 있을 것이다. 그 가운데는 성취감이 크면서 고소득이 보장되고 정계로의 진출이 가능하다는 잇점 등이 돋보였던 것 같다"고 주장했다.[2]

1990년대 이후 언론인 중에 대학 졸업자가 아닌 사람을 찾아보기 어려

---

1) 오수정 · 김지혁, 「언론고시, 언론고시생, 언론고시반」, 『신문과 방송』 1995년 9월호, 99~100쪽.
2) 고승우, 『기자, 똑바로 해야지』, 춘추원, 1992, 167쪽.

워졌다. 아주 특별한 경우가 아닌 한 모든 언론인이 대학 졸업자들이었다. 1996년에 신문사의 편집 및 영업 부분 부장급 이상 간부들을 대상으로 분석한 결과에서는, 대학 중퇴 이상의 학력 소유자가 94.7%로 나타났다.[3] 2010년에 전체 언론인을 대상으로 조사한 결과를 보면, 중앙종합일간지의 경우 고졸 이하가 0.6%에 불과했고, 지역종합일간지도 2.8%에 머물렀다.[4] 이제 중앙일간지는 물론 지역일간지에서도 대학을 졸업하지 않은 언론인은 극소수가 되었던 것이다.

언론사 입사 경쟁률이 높아지면서 중앙일간지나 방송사 기자들 중에 서울 주요 대학 출신자의 비율은 더 높아졌다. 『동아일보』의 경우 1991년부터 1993년까지 입사한 기자 중에 89.7%가 서울대 · 연세대 · 고려대 출신이었다.[5] 1993년 2월 현재 국회 출입기자 413명 중에서 중앙일간지 11개사와 방송 3개사의 출입 기자는 209명이었다. 이들의 출신 학교를 보면 서울대 86명(41.1%), 고려대 43명(20.5%), 연세대와 외국어대 19명(9%), 성균관대 13명(6.2%), 서강대 6명 (2.8%), 중앙대 5명(2.3%) 순이었다. 서울대, 고려대, 연세대 등 3개 대학 출신자의 비율은 70.8%였고, 여기에 외국어대와 성균관대를 포함한 5개 대학 출신은 전체의 86%를 차지했다. 특히 서울대 정치학과는 19명(9%)으로 단일 학과로는 가장 많았다.[6]

3) 강상현, 「한국 언론인의 인구사회학적 특성 변화에 관한 연구」, 『사회과학연구』 제13집, 동아대학교 사회과학연구소, 1996, 410쪽.
4) 한국언론진흥재단, 『2010 신문산업실태조사』, 2010, 99쪽. 2010년 2월 '한국언론재단'이 신문발전위원회와 신문유통원과 통합되어 '한국언론진흥재단'으로 새로 출범했다. 1999년 1월 '한국언론연구원'이 프레스센터와 언론인금고와 통합해 '한국언론재단'으로 새로 출범한 바 있다. 연감이나 각종 조사 자료들의 발행처를, 1998년까지는 '한국언론연구원', 1999년부터 2009년까지는 '한국언론재단', 2010년 이후는 '한국언론진흥재단'으로 표기할 것이다.
5) 송상근, 「기자 집단의 변화에 대한 구성원의 의식 연구」, 연세대학교 석사학위논문, 2007, 42쪽.
6) 조성관, 『대통령과 기자들—김영삼 권력 대해부』, 나남, 1994, 19쪽.

2002년 현재 중앙일간지 부장급 이상인 언론인을 대상으로 분석한 결과에서 서울대·연세대·고려대 출신이 "조선·중앙·동아"에서는 66.7%로 나타났고, "경향·서울(대한매일)·한국"에서는 47.4%로 나타났으며, "국민·문화·세계·한겨레"에서는 43.0%로 나타났다.[7] 2003년 현재 부장급 이상인 언론인을 대상으로 분석할 결과에서도 서울대·연세대·고려대 출신의 비율이 『조선일보』 90%, 『동아일보』 78.6%, 『중앙일보』 69.6%, 『한겨레』 57.7%, 『대한매일』 54.8%, 『경향신문』 52.3%로 나타났다. 6개 신문의 1993년부터 2003년까지의 편집국장의 학력은 더욱 심각한 특정 대학 편중 양상을 보였다. 이 기간 동안 『대한매일』 8명, 『경향신문』 7명, 『조선일보』·『중앙일보』·『동아일보』·『한겨레』 각각 6명 등 총 39명 중에서 서울대는 27명으로 69.2%를 나타냈고, 고려대는 4명으로 10.3%, 연세대·서강대·성균관대는 각각 2명씩으로 5.1%를 차지했고, 한양대·건국대가 각각 1명씩이었다.[8] 특히 『조선일보』의 경우에는 편집국장 6명 전원이 서울대 출신이었다. 1993년부터 2003년까지의 부장 이상 언론인의 주요 대학 출신자의 비율은, 이들이 입사했을 당시인 1960년대 말부터 1970년대 말까지 사이의 주요 대학 출신 입사자의 비율보다 더 높게 나타났다. 승진 과정에서 출신 대학이 일정한 영향을 주었을 가능성이 크다.

2000년대 중반 이후 언론사의 고용이 불안정해지고 비정규직이 늘어나면서 언론인의 학력 수준도 다소 떨어지기 시작했다. 기자직의 인기가 낮아지면서 서울대·연세대·고려대 3개 대학 출신의 기자직 지원도 크게 줄어들고 있고, 그 결과 합격자 수도 감소한 것으로 나타났다.

---

7) 임영호·김은미·박소라, 「한국 일간지 언론인의 커리어 이동 특성에 관한 연구」, 『한국언론학보』 48권 3호, 2004, 80쪽.

8) 박홍기, 「한국신문의 학별구조와 기자들의 인식 연구」, 성균관대학교 석사학위논문, 2004, 24~30쪽.

2004년부터 2006년까지의 세 대학 출신 합격자 비율을 보면, 『동아일보』의 경우 66.7%, 『조선일보』의 경우 76.5%, 『중앙일보』의 경우 68.7%로 나타났고, KBS는 65.6%, MBC는 63.2%, SBS는 85%로 나타났다.[9] 『동아일보』의 경우 입사자 중에 서울대·연세대·고려대 출신 비율이 1991년부터 1993년까지는 89.7%였던 것이 2003년부터 2006년까지는 67.6%로 떨어졌다. 이런 경향은 다른 언론사의 경우에도 마찬가지로 나타났다. 3개 대학 출신자의 3개 신문사(조선·중앙·동아)와 3개 방송사(KBS·MBC·SBS) 합격자 비율은 2004년 73.1%에서 2011년 61.1%로 떨어져, 갈수록 기자직의 인기가 낮아지고 있다는 것을 알 수 있다.[10]

2014년 4월에 주요 언론사 25개사(중앙 종합일간지 10개사, 경제일간지 3개사, 뉴스통신사 2개사, 지상파방송사 5개사, 종편 및 보도전문 채널 5개사)의 편집·보도국장과 정치·경제·사회부장 104명의 출신 학교를 보면, 서울대 38명(36.5%), 고려대 28명(26.9%), 연세대 12명(11.5%), 서강대 7명, 외국어대 5명, 한양대 4명으로 뒤를 이었다. 서울대·고려대·연세대 출신 비율이 75%에 달했다. 『조선일보』 주요 간부 4명과 KBS 주요 간부 5명은 전원이 서울대 출신이었다.[11] 2014년 현재 부장 이상의 언론인들이, 주요 대학 출신자들의 합격 비율이 아주 높던 1980년대 말이나 1990년대 초에 입사했던 것이 영향을 주었다.

1990년대 이후 언론인 중에 대학원 졸업자도 늘어나기 시작했다. 중앙일간지의 편집 및 영업 부문 부장급 이상 간부들을 대상으로 분석한 결과에서는 1987년에는 15.3%, 1996년에는 18.7%가 대학원을 졸업한 것

---

9) 박흥기, 「한국신문의 학벌구조와 기자들의 인식 연구」, 성균관대학교 석사논문, 2004, 42쪽.
10) 송상근, 「기자 채용방식과 직업 환경의 변화」, 『신문과 방송』 2012년 8월호, 33~34쪽.
11) 『미디어오늘』 2014. 3. 20.

으로 나타났다.[12] 전체 언론인을 대상으로 분석한 결과에서 대학원 졸업 이상의 비율은 2009년에 전국종합일간지 12.9%, 지역종합일간지 8.1%, 경제일간지 12.8%로 나타났다.[13] 또 다른 자료에는 대학원 졸업자의 비율이 이보다 훨씬 높게 나타나기도 했다. 2013년에 석사(과정)와 박사(과정) 비율이 전국종합일간지는 26.3%와 5.8%, 경제/IT일간지는 각각 22.4%와 1.6%, 지상파3사는 30.6%와 3.6%로 나타났다.[14] 대학원을 마치고 언론사에 입사한 경우는 극히 일부이고, 대부분은 언론사에 재직하며 대학원을 다닌 것이다. 전문화를 위해서 다닌 경우도 있고, 퇴사 후를 대비한 경우도 있을 것이다.

(2) 평균 연령의 상승과 언론인의 노령화

1980년대 말 이후 언론인의 평균 연령은 계속 상승했다. 전직하는 경우가 크게 줄었기 때문이었다. 중앙일간지의 편집 및 영업 부문 부장급 이상 간부들을 대상으로 분석한 결과에서 50대 이상의 비율이, 1987년에는 31.2%였고, 1996년에는 58.4%로 늘어난 것으로 나타났다. 이것은 "1960년대부터 1980년대의 40대 국·부장 시대를 거쳐 1990년대 중반 이후에는 50대 국·부장 시대로 이행하는 변화"를 보인 것이라고 할 수 있다.[15]

2000년대 이후에도 평균 연령이 계속 늘어나 과거에 비해서는 '언론인의 노령화'가 나타났다고 할 수 있다. 2005년에는 오프라인 기자의 연령별 구성이 20대가 14.8%, 30대가 49.5%, 40대가 32.1%, 50대가 4.3%로

---

12) 강상현, 「한국 언론인의 인구사회학적 특성 변화에 관한 연구」, 『사회과학연구』 제13집, 동아대학교 사회과학연구소, 1996, 410쪽.

13) 한국언론진흥재단, 『2010 신문산업실태조사』, 2010, 99쪽.

14) 한국언론진흥재단, 『한국의 언론인 2013: 제12회 언론인 의식조사』, 2013, 458쪽.

15) 강상현, 앞의 글, 408쪽.

나타났다.[16] 2009년에는 전국종합간지의 경우 20대 9.7%, 30대 37.0%, 40대 45.1%, 50대 8.3%, 지역종합일간지의 경우 20대 11.7%, 30대 34.4%, 40대 42.3%, 50대 11.6%, 경제일간지의 경우 20대 10.1%, 30대 36.6%, 40대 39.2%, 50대 14.2%로 나타났다.[17] 짧은 기간에 50대 이상의 비율이 급격하게 증가한 것을 알 수 있다. 이런 경향은 〈표 Ⅴ-1〉을 보면 더욱 확연히 드러난다. 경제일간지를 제외하고는 2009년에 비해 전반적으로 50대 이상의 비율이 늘어난 것으로 나타났다.

〈표 Ⅴ-1〉 언론인의 연령(2013)

구분	29 이하	30~34	35~39	40~44	45~49	50 이상	합계
	비율(%)	비율(%)	비율(%)	비율(%)	비율(%)	비율(%)	비율(%)
전국종합일간 I	389	402	391	414	410	425	2,431
	(16.0)	(16.5)	(16.1)	(17.0)	(16.9)	(17.5)	(100.0)
전국종합일간 II	94	160	94	81	37	82	548
	(17.2)	(29.2)	(17.2)	(14.8)	(6.8)	(15.0)	(100.0)
지역종합일간	287	583	666	845	711	1,326	4,418
	(6.5)	(13.2)	(15.1)	(19.1)	(16.1)	(30.0)	(100.0)
경제일간	284	590	257	290	158	104	1,683
	(16.9)	(35.1)	(15.3)	(17.2)	(9.4)	(6.2)	(100.0)

출처: 한국언론진흥재단, 『2014 신문산업실태조사』, 2014, 128쪽.

이 같은 현상이 나타난 것은, 1980대 말 이후 증면 경쟁이 벌어지면서 한 기수에 많은 인원을 선발했던 이들이 언론사에 그대로 남았기 때문이다.[18] MBC같은 경우에는 1986년 아시안 게임과 1988년 서울올림픽 방송 준비를 위해 2년 동안 다섯 기수의 인력이 들어오기도 했다. 특히 신

---

16) 『미디어오늘』 2015.1.28.

17) 한국언론진흥재단, 『2014 신문산업실태조사』, 2014, 128쪽.

18) 『기자협회보』 2006.8.2.

문의 경우에는 산업의 위기로 신규채용은 줄어들고 젊은 기자는 전직을 하는 반면에 연조가 꽤 높은 기존 기자는 언론사에 계속 재직하면서 고령화가 더욱 가속화되고 있다. 2016년부터 300명 이상 언론사는 60세 정년이 의무화되면 언론사 연령구조의 역피라미드화가 더 심화될 것이다. 언론사에게 연조가 높은 기자를 어떻게 활용하느냐 하는 문제가 대단히 중요해졌다.

(3) 출신 지역 분포의 지속

중앙일간지 편집 및 영업 부문 부장급 이상을 대상으로 실시한 분석에서는, 1987년에는 서울 24.9%, 경상도 24.7%, 충청도 15.3%, 전라도 13.2%, 경기도 11.9% 순으로 나타났고, 1996년의 경우 서울 28.1%, 경상도 25.3%, 충청도 18.5%, 전라도 13.9%, 경기도 8.2% 순으로 나타났다.[19] 서울과 경상도를 합친 비율인 1987년에는 49.6%, 1996년에는 53.4%로 나타나서, 서울과 경상도 출신이 높은 비율을 보이는 경향이 계속되었다.

1993년 2월 현재 국회 출입기자 413명 중에서 중앙일간지 11개사와 방송 3개사의 출입 기자는 209명이었다. 이들의 출신 지역을 보면, 서울 49명(23.4%), 대구·경북 34명(16.2%), 부산·경남 30명(14.3%), 광주·전남 20명(9.5%), 전북 19명(9%), 충남 19명(9%), 경기·인천 17명(8.1%) 순이었다. 서울과 경상도가 113명으로 전체의 54.1%를 차지했다.[20] 다만 국회 출입 기자 중에 경상도 출신 비율이 30.5%로 서울 출신 23.4%보다 높게 나타난 것은, 경상도 출신 정권과의 관계가 어느 정도

19) 강상현, 「한국 언론인의 인구사회학적 특성 변화에 관한 연구」, 『사회과학연구』 제13집, 동아대학교 사회과학연구소, 1996, 409쪽.
20) 조성관, 『대통령과 기자들-김영삼 권력 대해부』, 나남, 1994, 19~20쪽.

영향을 준 결과일 것이다.

〈표 V-2〉 언론인의 출신 지역 분포(2002)

	인구비	출신지			
		조선·중앙·동아	경향·서울·한국	한겨레·국민·세계·문화	계
서울	21.40	32(30.2)	25(22.1)	28(18.4)	85(22.9)
경기/인천	24.80	7(6.6)	14(12.4)	10(6.6)	31(8.4)
부산/울산/경남	16.61	14(13.2)	11(9.7)	28(18.4)	53(14.3)
대구/경북	11.29	17(16.0)	17(15.0)	18(11.8)	52(14.0)
광주/전남	7.27	9(8.5)	6(5.3)	22(14.5)	37(10.0)
전북	4.10	9(8.5)	10(8.8)	9(5.9)	28(7.5)
대전/충남	6.97	4(3.8)	13(11.5)	23(15.1)	40(10.8)
충북	3.18	9(8.5)	9(8.0)	7(4.6)	25(6.7)
강원	3.23	4(3.8)	6(5.3)	5(3.3)	15(4.0)
제주. 기타	1.10	1(0.9)	2(1.8)	2(1.3)	5(1.3)
계	100	106(100)	113(100)	152(100)	371(100)
편중도		0.2589	0.0548	0.0585	-

출처: 임영호·김은미·박소라, 「한국 일간지 언론인의 커리어 이동 특성에 관한 연구」, 『한국언론학보』 48권 3호, 2004, 78쪽.

부장급 이상을 대상으로 2002년에 조사된 〈표 V-2〉의 결과를 보면, 서울 출신이 '조선·중앙·동아'는 30.2%, '경향·서울·한국'은 22.1%, '한겨레·국민·세계·문화'는 18.4%로 나타났고, 경상도 출신은 '조선·중앙·동아'는 29.2%, '경향·서울·한국'은 24.7%, '한겨레·국민·세계·문화'는 30.2%로 나타났으며, 전라도 출신은 '조선·중앙·동아'는 19.0%, '경향·서울·한국'은 14.1%, '한겨레·국민·세계·문화'는 17.5%로 나타났다. 다소 차이가 있기는 하지만, 중앙일간지 편집간부들 중에도 대체로 서울과 경상도 출신들이 많은 것으로 나타났다.

2014년 4월에 주요 언론사 25개사(중앙 종합일간지 10개사, 경제일간지 3개사, 뉴스통신사 2개사, 지상파방송사 5개사, 종편 및 보도전문 채널 5개사)의 편집·보도국장과 정치·경제·사회부장 104명 중에 96명의 출신 지역이 확인되었다. 이중 서울과 영남 출신이 각각 28명으로 가장 많았고, 호남은 14명, 충청은 12명, 강원은 3명 순으로 나타났다.[21] 이런 결과는 산업화 이후 한국 사회의 지역별 인구수를 어느 정도 반영하고 있는 것이지만, 대체로 서울과 영남이 다수를 차지하는 경향이 지속되고 있는 것만은 분명하다.

2) 언론인의 정치·문학활동

(1) '정치기자'의 등장과 언론인의 정·관계 진출

1987년 이후 정치와 언론과의 관계는 변화하기 시작했다. 창·복간으로 신문들이 늘어나면서 과열된 판매경쟁 속에서 '경쟁적 과점구조'를 확실히 구축하게 된[22] 신문에 대해 '권력화'되었다는 평가들이 나왔다. 일부 신문이 정치권력의 종속적 또는 부수적 위치에서 벗어나 정치권력을 유도하고 통제하는 일종의 권력으로 변했다는 것이다. 즉 몇몇 시장 지배적 신문들이 "민주화과정을 밟으면서 이전의 도구의 수준을 벗고, 자유화를 거쳐, 권력화의 단계에 도달했다는 것이다.[23] 정치권력의 탄압과 특혜 속에 성장해 온 신문이 이제는 오히려 정치권력에 대해 직접적인 영향력을 행사하게 되었던 것이다.

정치권력이 분화되고 약화되면서 언론의 권력화가 나타났다. 정치권

---

21) 『미디어오늘』 2014. 3. 20.
22) 장용호, 「한국 신문산업의 구조변동」, 유재천 외, 『한국 사회변동과 언론』, 1995, 소화출판사, 48~49쪽.
23) 조항제, 「민주주의와 미디어의 권력화」, 『언론과 사회』 9권 3호, 2001, 22~27쪽.

력이 약화되면서 자연스럽게 언론과의 관계가 재정립되었고, 몇몇 신문들은 정치권력에 대한 견제와 감시라는 언론 본연의 역할을 넘어서서 자신들의 이익을 관철시키기 위해 스스로가 '권력적 존재'가 되었던 것이다.[24] 특히 대통령 선거 과정을 거치면서 나타난 일부 신문의 보도 행태는 이 점을 명확히 보여주었다.

언론의 권력화 과정에서 언론인의 정관계 진출 방식도 변화했다. 과거에는 정권의 필요에 의해 언론인을 정관계로 충원했다면, 이제는 언론인이 스스로 정관계 진출을 위해 정치권력에 다가서고 있다. 『기자협회보』 1992년 10월 1일자를 통해 밝혀진 이른바 'YS언론장학생' 사건은 이런 변화를 상징적으로 보여주는 것이었다. 『연합통신』(현 연합뉴스) 김정훈 내신 담당 부국장이 유력한 대통령 선거 후보였던 김영삼 민자당 총재에게 '기자동향 보고서'를 전달했다는 것인데, 이것은 기자들이 "장외의 '구경꾼'에서 '참모'로 정치에 참여"했다는 것을 잘 보여준다.[25] 최일남은 이 사건을 보고, "한 사회의 목탁이 특정 정치인의 목탁으로 전락"한 것이고, 기자들이 '사조직의 일원'으로 활동하는 것이라고 비판했다.[26]

서울대 문리대 출신 현역 의원과 국회 출입 기자가 회원인 '육문회'도 대통령 선거를 앞둔 1992년에 다시 활발한 움직임을 보였다.[27] 김영삼 민자당 총재가 서울대 문리대 출신인 것과 무관하지 않았을 것이다. 서울대 출신 정치부 기자들이 대통령 선거를 앞둔 미묘한 시기에 특정 후보도 참석할 가능성이 있는 모임에 적극 참여했다면, 이것도 언론윤리상 비판받을 소지가 있는 것이었다. 1992년에는 대통령 선거에 뛰어들

---

24) 박승관·장경섭, 「한국의 정치변동과 언론권력: 국가─언론 관계 모형 변화」, 『한국방송학보』 14권 3호, 2000, 81~113쪽.

25) 조성관, 『대통령과 기자들─김영삼 권력 대해부』, 나남, 1994, 33쪽.

26) 최일남, 「게 편의 가재'가 된들」, 『한겨레신문』 1992.10.3.

27) 조성관, 앞의 책, 37쪽.

고자 했던 대부분의 정치인들이 자신과 가까운 언론인과의 모임을 유지하고 있었다. 당시 민자당 출입 기자는 자신과 가까운 대통령 후보 경선 과정에서 자신이 미는 인물이 후보가 되도록 적극적인 활동을 하기도 했다.[28]

이런 현실에 대해 『중앙일보』 정치부 기자인 전영기는 "언론이 정치판의 (사실상) 한 주체가 되면서 권력과 정당, 정치인들이 정치부 기자들 또는 그보다 높은 정치부장이나 편집국장 또는 사장을 자기들과 같은 '정치인'으로 보려는 경향도 나타나고 있다"고 주장했다.[29] 이것은 1993년에 실시된 조사에서 언론인이 "신정부하에서 가장 영향력이 커진 집단"으로 언론인을 꼽은 비율이 32.7%로 가장 높게 나타난 것을 통해서도 확인된다.[30] 1992년의 대통령선거를 거치고 김영삼정권이 출범한 이후 언론인들 스스로 자신의 영향력이 늘어났다고 판단하고 있었던 것이다.

이제 언론인의 정관계 진출을 당연시하는 인식이 늘어났다. 1994년의 조사에서 응답 대상 기자 92명 가운데 34명(37%)가 정계 진출에 긍정적 반응을 보였고, 특히 청와대 출입기자들은 77.8%, 총리실 출입기자들은 56.3%, 국회 출입기자들은 26.5%가 각각 "정치권의 제의가 있을 경우 정계 진출을 긍정적으로 검토하겠다"고 응답했다.[31] 1996년에 수습기자들을 대상으로 조사한 결과에서 기자의 정·관계 진출에 대해서는 '바람직하지 않다'는 응답이 67.0%로 나타나, 기성 기자의 응답률 64.5%와 큰 차이를 보이지 않았다.[32] 이 자료를 통해 30%가 넘는 기자들이 정관계 진

---

28) 이연홍, 「취재기자가 본 국회·정당보도」, 『신문과 방송』 1996년 6월호, 68쪽.

29) 전영기, 「정치기사 어떻게 만들어지나」, 『신문과 방송』 1999년 10월호, 68쪽.

30) 한국언론연구원, 『한미 언론인 직업의식 비교』, 1993, 36쪽.

31) 이규민, 「한국 정치부 기자들의 정치의식 및 태도에 관한 실증적 연구」, 연세대학교 석사학위논문, 1994, 45~47쪽.

32) 「조사보고-수습기자 의식조사」, 『신문과 방송』 1996년 4월호, 62쪽.

출을 긍정적으로 보고 있고, 이런 인식에는 신입 기자나 기성 기자 사이에 별 다른 차이가 없었다는 것을 알 수 있다.

이런 인식이 확산되었기 때문인지 언론인들의 정치권 줄 대기는 1997년 대통령선거에서 더욱 노골화되었다. 김주언은 "1997년 대통령선거에서는 좀 더 노골적인 '권력 만들기'가 행태가 드러났다"고 주장했다. 특히 『중앙일보』는 '이회창 후보 경선전략'이라는 문건을 만들어 전달한 것으로 알려져 큰 논란이 되었다.[33] 대통령선거를 앞두고 많은 언론인이 특정 후보 진영에 참여했는데, "이들 중에는 정치권의 적극적인 영입 제의를 받은 경우도 있지만 정치권에서 수용 의사가 없는데도 한사코 고개를 들이미는 경우도 없지" 않았다.[34] 남시욱은 "주목할 사실은 과거에는 언론인이 특정 정당으로부터 영입교섭을 받으면 한참 고민하다가 결정하는 것이 보통이었는데, 제17대부터는 자진해서 공천을 신청한 언론인 수가 많아진 점이다"라고 주장했다.[35]

1999년에는 『중앙일보』 문일현 기자가 국민회의 이종찬 부총재에게 '언론대책문건'을 전달했고, 『평화방송』 이도준 기자가 이 문건을 절취해 한나라당 정형근 의원에게 금전적 대가를 받고 넘긴 사건이 벌어졌다. 이 사건은 "일부 기자들과 정치인의 유착 정도가 속칭 '언론장학생'과 '참모 단계'를 넘어 '정보암거래 의혹'수준으로 발전했음을 보여주었다.[36] 또한 이 사건은 여당과 야당을 막론하고 들락거리는 '정치기자'들이 많았다는 것을 보여준다. 〈표 V-3〉에 나타난 대로 여당과 야당 모두 언론인 출신 국회의원들이 일정 수준을 계속 유지했다.

---

33) 김주언, 『한국의 언론통제』, 리북, 2009, 535~536쪽.
34) 김강석, 『언론인의 권력이동』, 새로운 사람들, 2001, 323쪽.
35) 남시욱, 「언론의 위기와 직업언론인의 책무」, 『관훈저널』 113호, 2009, 107쪽.
36) 『문화일보』 1999.10.30.

〈표 V-3〉역대 언론인 출신 국회의원

국회	언론출신 의원수	정당별 의원수					여/야
		여당	야당				
12대 (1985)	40명 (40/276, 14.5%)	민정당 31	신민당 8	국민당 1			31/9
13대 (1988)	26명 (26/299, 9%)	민정당 14	평민당 6	민주당 4	공화당 2		14/12
14대 (1992)	40명 (40/299, 13.4%)	민자당 25	민주당 12	국민당 1	무소속 2		25/15
15대 (1996)	33명 (33/299, 11%)	신한국당 19	국민회의 10	자민련 2	무소속 2		19/14
16대 (2000)	42명 (42/273, 15.4%)	민주당 18	한나라당 23	자민련 1			18/24
17대 (2004)	33명 (33/299, 11%)	열린우리당 12	한나라당 18	민주당 1	민주노동당 1	자민련 1	12/21
평균	35.6명	19.6명	16명				

출처: 강명구, 「한국 언론의 구조변동과 언론전쟁」, 『한국언론학보』 48권 5호, 2004, 341쪽.

대통령선거에서 자신이 지지하던 후보가 당선이 되면 후보 캠프에 참여했던 언론인들 중 다수가 정부나 국회로 진출하는 흔히 벌어졌다. 2008년에 이명박정권이 출범하고 18대 국회가 개원하면서 드러난 가장 큰 문제는 언론인이 현직에서 바로 정부나 국회로 옮겨갔다는 사실이다.[37] 2008년의 18대 총선에 각 당에 공천신청을 낸 언론인이 100여 명에 달했다고 하는데, 정치에 뜻을 두고 있으면서도 현직에 계속 머무르

---

37) 박영환, 「폴리널리스트」, 『관훈저널』 107호, 2008, 39~45쪽.

며 활동하는 언론인에 대해 남시욱은 다음과 같이 비판했다.[38]

> 언론인으로서 가장 비윤리적인 행위는 정계에 들어갈 목적으로 언론인 신분
> 으로 정치세력과 유착하는 권언유착의 경우다. 이런 사람들은 자신의 출세
> 를 위해 특정 정치세력의 협력자, 상담자, 조언자, 심지어 앞잡이 노릇을 한
> 다. 이것은 자기 직업을 파는 행위다. 만약 이런 사람들이 집권세력과 결탁
> 하게 되면 권력에 약한 언론사의 경우는 자기 회사의 다른 간부나 동료를 음
> 해하고 경우에 따라서는 제거하는 반윤리적인 일도 벌인다. 그러니 그런 파
> 렴치한 기자들이 쓰는 기사가 온전할 리 없다. 그들은 권력을 비판하지 않으
> 며, 자신의 정체를 숨기기 위해 비판하는 척하다가 결정적인 순간에는 꼬리
> 를 내린다.

2008년의 18대 총선에서도 여당과 야당을 합쳐 38명의 언론인 출신
국회의원이 당선되었고, 다수가 청와대 등 정부기관에 진출했다.[39] 국회
의원 수에는 과거와 큰 변동이 없었지만, 관계까지 포함하면 과거에 비
해 다소 늘어났다. 2012년 대통령선거에서는 새누리당을 출입하는 기자
들 중에 일부는 아예 "나는 친박기자"라고 공공연하게 말하며, 박근혜 후
보가 자주 언급했던 '원칙과 신뢰'에서 이름을 딴 '원신회'라는 모임에 드
러내고 참여하기도 했다. 이 모임에 속한 한 기자는 박근혜 후보 "캠프
관계자에게 받은 정보를 바탕으로 야권 후보의 의혹을 단독 보도한 것으
로 알려"졌다.[40] '정치기자' 또는 '폴리널리스트'(poli(tics)+(jour)nalist)들
의 활동이 더욱 노골화되기 시작한 것이다.

---

38) 남시욱, 「언론인의 정치입문」, 『관훈저널』 107호, 2008, 51쪽.

39) 우병동, 「바깥으로 눈 돌리는 언론인」, 『관훈저널』 107호, 2008, 54쪽. 언론인 출신
국회의원을 집계할 때, 기자 외에도 PD나 아나운서, 그리고 언론사 경영진 출신까지
포함시킨다. 따라서 어느 범위까지 언론인으로 보느냐에 따라 언론인 출신 국회의원
의 수는 다르게 나타난다.

40) 『기자협회보』 2013.1.30.

전남식은 2008년에 "지난 대선에서 유독 언론인의 정계 진출이 많았던 것은 언론사의 경영환경이 열악해지면서 수많은 고참기자들이 사실상 전직위기에 내몰리게 된 현실과 무관하지 않은 것 같다"고 주장했다.[41] "언론사 나오면 먹고 살게 없다"는 현실론만으로 언론인의 정관계 진출이 정당화될 수는 없다. 전문기자 육성 등 재교육에 더 많은 지원을 하여 언론사에 더 재직할 수 있도록 하거나 아니면 퇴사 후 관련 분야 진출이 가능할 정도의 능력을 갖출 기회를 주어야 한다. 정관계 진출을 할 경우에도 일정한 유예기간을 두도록 제도화하는 것도 필요하다.[42]

(2) 문인기자의 소멸과 언론인 출신 문인의 등장

1980년대 말 이후 문인이자 기자로서 활동하는 사람은 매우 드물다. 특히 문단에 데뷔한 이후 언론사에 입사한 사람은 거의 없었다. 그나마 문인기자로 활발한 활동을 했던 인물을 꼽으라면, 기형도와 김소진 정도를 들 수 있다. 시인 기형도는 1984년에『중앙일보』에 입사했고, 다음해에『동아일보』 신춘문예로 등단했다. 작가 김소진도 1990년에『한겨레신문』에 입사했고, 다음해인 1991년에『경향신문』 신춘문예로 등단했다. 이 둘은 짧은 생애를 마감하기까지 일정 기간 동안 문인기자로 활동했다.

이들 외에 활발한 작품활동을 보인 많은 인물은 문인기자라기보다는 언론인 출신 작가라고 불러야 마땅할 것이다. 김훈은 1973년에『한국일보』에 입사해 1989년까지 주로 문화부에서 기자 생활을 했다. 1989년에『한국일보』를 퇴사했고, 1994년에『시사저널』에 입사해 사회부장, 편집

---

41) 전남식,「권력유혹에 흔들리는 언론자유」,『관훈저널』107호, 2008, 61쪽.
42) 최성진,「언론인 정치권 진출의 폐해, 어떤 기준 가능할까」,『관훈저널』121호, 2011, 22~24쪽.

국장 등을 지냈다. 그는 1994년에 『문학동네』 창간호에 작품을 발표하며 등단했다. 그는 이후 다시 언론계로 돌아가 1998년에는 『국민일보』로 옮겨 출판국장과 편집위원을 지냈고, 1999년에는 다시 『한국일보』로 돌아가 편집위원을 지내다 2000년에 퇴사했다. 그는 2002년에 『한겨레』에 입사해 1년 가량 부국장급 사회부 기자로 활동하기도 했다. 그는 언론사에 재직하며 작품활동을 했고, 2004년 이후 전업작가로 활동하고 있다.

고종석은 1983년 『코리아타임스』에서 기자생활을 시작해, 1988년에는 『한겨레신문』으로 옮겼다. 그는 1993년에 『기자들』을 발표하며 소설가로 데뷔했고, 1994년에 프랑스 유학을 갔다가 돌아와 1999년에는 『한국일보』에 입사해 논설위원으로 활동하다가 2005년에 퇴사했다. 그는 언론사에 재직하면서도 계속 작품활동을 했다.

김훈과 고종석은 1990년대의 몇 안 되는 문인기자였다. 둘 다 언론인으로 오랫동안 활동하다가 뒤늦게 문단에 나왔다는 공통점이 있다. 그러나 이 둘 사이에는 많은 차이점이 있다. 김훈에게는 언론인으로서의 경험이 직접 작품을 통해 드러나는 일이 거의 없었다면, 고종석은 언론계 경험을 작품을 통해 그대로 드러내는 경우가 많았다. 김훈이 언론인으로서 직접 사회를 향한 발언을 하는 경우가 많지 않았다면, 고종석은 사회 참여적 글들을 통해 자주 자신의 입장을 밝혀 왔다. 고종석은 2003년 자신의 작품이 『조선일보』가 주관하는 동인문학상 후보에 올랐다는 것을 알고, 심사에서 제외해줄 것을 요청하며 다음과 같이 자신의 입장을 밝혔다.[43]

나는 왜 안티조선 운동에 공감하는가? 언젠가 다른 자리에서 썼듯, 그 신문이 수구 냉전 복고 세력의 선전국일 뿐만 아니라, 신문 지면에서 일반적으로 나타나기 쉬운 글쓰기의 권력화를 가장 비도덕적으로 드러내왔다는 판단

---

43) 고종석, 「동인문학상 생각」, 『한국일보』 2003.12.25.

때문이다. 나는 왜 동인문학상에 비판적인가? 역시 다른 자리에서 지적했듯 그 상이, 특히 심사위원단의 종신화와 상금의 파격적 인상, 그리고 상시적 독회 평가의 기사화를 뼈대로 한 세 해 전의 개편 이래, 한국 문단에 대한 조선일보의 아귀힘을 강화하는 데 크게 기여하고 있다고 생각하고 있기 때문이다.

고종석과 달리 김훈은 "나는 본래 시국과 관련된 정치적 언어를 입에 담기를 좋아하지 않는다"고 하며, 모든 것이 권력투쟁일 뿐이라고 주장한다. 그는 "여당과 야당의 싸움은 말할 것도 없고, 정부와 신문, 야당과 신문, 크다는 신문과 작다는 신문, 진보라는 신문과 보수라는 신문, 신문과 방송 사이의 이 아수라 싸움판이 모두 다 말짱 권력투쟁인 것이다"라고 주장했다.[44] 실제로 김훈은 자신의 명확한 정치적 입장을 드러내는 논객으로서의 활동을 했다고 보기는 어렵다.

김훈과 고종석 외에도 언론사에 재직하다가 뒤늦게 데뷔한 문인기자들로 조용호, 조선희, 권기태, 장강명 등을 들 수 있다. 조용호는 1988년에 『세계일보』에 입사해 계속 근무했고, 1996년에 『세계의 문학』을 통해 등단한 이후 꾸준히 작품활동을 했다. 조선희는 1982년에 『연합통신』에서 기자생활을 시작해, 1988년에 『한겨레신문』으로 옮겨 문화부 기자와 『씨네21』 편집장을 지냈고, 2000년에 퇴사한 후 2002년에 데뷔했다. 권기태는 1992년에 『동아일보』에 입사해 2006년에 퇴사하며 '오늘의 작가상'을 받으며 등단했다. 장강명은 2002년에 『동아일보』에 입사했고 2011년 '한겨레문학상'을 받으며 등단했고, 2013년에 퇴사했다. 조선희와 권기태가 퇴사 직후 등단했고, 장강명이 등단 직후 퇴사했기 때문에 언론활동과 문학활동을 오랫동안 동시에 한 문인기자로는 조용호를 들

---

44) 김훈, 『너는 어느 쪽이냐고 묻는 말들에 대하여』, 생각의 나무, 2003, 88~89쪽.

수 있는 정도이다.

조선희는 "무엇보다도, 문학으로부터 내 청춘이 왔다. 그곳에 10대 후반부터 20대까지의 꿈을 묻어두고 온 것이다. 나는 마치 연어처럼, 지느러미가 기억하는 고향으로 돌아가는 것이다"라고 하며, 젊은 날 꿈꾸었던 문학을 위해 퇴사했다고 밝혔다.[45] 『동아일보』출신 고승철과 『조선일보』출신 손정미가 퇴사 후 소설을 썼고, 『동아일보』출신 전진우와 『조선일보』의 최보식이 잠시 언론사를 쉬는 동안 소설을 썼던 것을 보아도, 기자들의 소설 쓰기에 대한 욕망을 엿볼 수 있다.

기자직을 선택했던 사람들 중에 조선희처럼 젊은 날 작가를 꿈꾸었던 경우가 많지만, 과거와는 달리 기자로 재직하면서 작품활동을 지속적으로 하는 경우는 대단히 드물다. 조용호는 '김용익 소설문학상' 수상 소감에서, "고된 직장 일 틈틈이 8년에 걸쳐 써낸 단편들입니다. … 가뜩이나 소설을 계속 쓸 수 있을 것인지 침잠된 시간을 보내던 이즈음에 주신 상이라 더욱 고맙습니다"라고 하며, 언론사에 재직하며 작품활동을 하기 어려운 현실을 내비쳤다.[46] 과거와는 비교할 수 없을 만큼 노동강도가 높아지는 등의 언론환경의 변화로 언론사에 재직하며 작품활동을 하기가 어려워졌기 때문이다. 또한 과거와는 달리 기자이자 작가로 활동하며 '논객'으로서의 면모를 보여주는 경우도 찾아보기 힘들다. 언론인 출신 문학평론가 김병익은 고종석에 대해 다음과 같이 평가하고 있다.[47]

고종석은 기자이며 에세이스트고 칼럼니스트이자 문화비평가이다. … 그는 내 손이 닿지 못하는 곳까지 박학하고 내 눈이 가려내지 못하는 점에도 섬세

45) 조선희, 『정글에선 가끔 하이에나가 된다』, 한겨레신문사, 2000, 20쪽.
46) http://minumsa.com/blog/24334.
47) 김병익, 「해설-품위와 연민」, 『고종석 소설집-엘리아의 제야』, 문학과 지성사, 2003, 240쪽.

하며, 그 통찰은 지혜롭고 그 태도는 관용적이고 문체는 부드럽다. 그럼에도 불구하고 그는 완강한 자유주의자이며 철저한 인문주의자이고 염결한 선비 정신을 품고 있다. … 요컨대 그는 박람하면서 강기하고 휴머니스트인 동시에 예술가인 것이다. 이런 자질은 볼테르나 루소 혹은 사르트르를 배출한 프랑스에서는 흔할 수 있을지 모르지만 우리의 경우 결코 쉬운 일이 아니다.

책의 해설에 나오는 일종의 '상찬'(賞讚)인 것을 감안해야 하겠지만, 이런 내용을 통해 적어도 고종석이 유럽의 작가기자와 같은 활동을 하고 있음을 알 수 있다. 작품은 물론 언론을 통해서도 자신의 생각을 여실히 보여준다는 점에서, 고종석은 객관성의 형식을 내세우는 전문직주의의 강조 속에 사라진 논객으로서의 작가기자의 면모를 드러내주고 있다는 것이다. '비밀당원'처럼 활동하며 정관계 진출을 모색하는 '정치기자'들이 득세하는 현실에서 '자유주의자'이자 '인문주의자'로서 역사와 사회에 대한 통찰을 제시하는 '작가기자'들이 발붙이기는 갈수록 힘들어지고 있다. 1990년대 이후 한국 언론이 '정치'에 가까워지는 만큼 '문학'으로부터는 멀어지고 있다.

2. 언론활동의 조건과 특성

1) 언론자유의 확대와 언론인에 대한 새로운 통제

(1) 언론자유의 확대와 간접적인 통제

1987년의 '6월 항쟁'으로 정치적 위기에 직면한 군부정권의 대응조치로 취해졌던 6·29 선언에서 당시 민정당 노태우 대표위원은 8개항에 달하는 민주화 조치를 발표했다. 그 중 하나가 언론의 자율성 보장에 관한 것으로, "정부는 언론을 장악할 수도 없고, 장악하려고 시도해서도 안된다"는 내용이었다. 6 · 29 선언은 언론에 대한 직접적이고 가시적인 통제가 사라지는 역사적 계기가 되었다. 지방주재기자제도의 부활, 프레스카드제의 폐지, 6년만의 증면 등이 시행되었고, 특히 11월에는 5공화국의 언론 상황을 상징적으로 나타내주던 언론기본법이 폐지되고 '정기간행물의 등록 등에 관한 법률'과 '방송법'이 분리, 제정되게 되었다. 또한 기관원의 상주나 보도지침 같이 취재보도 내용에 대한 직접적인 개입도 일시적으로 완화되는 경향을 보이기도 했다.

다만 6 · 29 선언이 국민적 저항에 봉착해서 위기를 모면하고자 나왔던 것인 만큼, 언론정책의 변화도 기존의 강압적 통제방식이 효율적이지 못하다는 판단에서 비롯된 것이었을 뿐 언론민주화의 추진에 그 목적이 있었던 것은 아니었다.[48] 노태우 정권이 들어서면서 언론통제의 강압적 성격이 완화되었던 것은 사실이지만 언론정책이 근본적으로 변화된 것은 아니었다. 노태우 정권은 1988년의 '언론인 개별접촉보고서'나 '북한 및 공산권국가에 관한 보도요강'과 같이 여전히 취재보도내용에 대한 부분적인 통제를 지속했고 기관원의 언론사 상주도 어느 정도 계속되었다.[49] 특히 언론인 개별접촉보고서는 취재보도내용에 대한 통제가 더욱 은밀하게 진행되었다는 것을 보여주는 것이었다.[50] 김주언은 "보도지침이 권력의 언론에 대한 일방적 조치였다면, 언론인 개별접촉보고서는 권력의 추파에 대한 언론의 자주적(?)인 협조를 통한 권력과 언론의 합주곡"이었다고 주장했다.[51]

---

48) 윤영철, 「사회변동과 언론통제」, 『한국 사회변동과 언론』, 1995, 소화출판사, 202~203쪽.
49) 김해식, 『한국 언론의 사회학』, 나남, 1994, 178~179쪽.
50) 김종찬, 『6공화국 언론공작』, 아침, 1990, 138~139쪽.
51) 김주언, 『한국의 언론통제』, 리북, 2009, 525~526쪽.

노태우정권 출범 이후 언론에 대한 통제가 완화되면서 동시에 언론에 대한 특혜도 줄어들게 되었다. 이제 언론과 언론인에 대한 특혜는 은밀하고도 선별적인 형태로 지속되었다. 즉, 노태우 정권의 경제적 특혜 제공은 "정부에 협조적이거나 기득권을 향유하고 있는" 언론사와 언론인에 대해 선별적으로 이루어졌던 것이다.[52] 특히 언론과 언론인에 대한 선별적 특혜 제공은, 과거와 같이 언론이 수동적으로 받기만 하던 것이 아니라 이제는 언론에 의한 적극적인 선택의 결과로 나타나기도 했다.

노태우정권이 출범한 이후에도 언론인에 대한 테러가 발생하기도 했다. 1988년 8월 6일 『중앙경제신문』 오홍근 사회부장이 출근길에 괴한 3명에게 납치되어 칼부림을 당하는 사건이 발생했다. 『월간중앙』에 쓴 '군사문화'에 대한 비판적인 글을 문제 삼아 육군정보사령부 예하부대 군인들이 자행한 사건이었다. 관련자 7명이 구속되고 정보사령관은 직위해제되었지만, 구속된 군인들은 모두 선고유예로 풀려났다.[53] 군사정권 시절의 언론인에 대한 폭행의 '악몽'을 떠올리게 만든 사건이었다.

1988년 이후에도 언론인에 대한 연행이나 폭행, 그리고 구속이 완전히 사라지지는 않았다. 1989년 4월에 문익환목사 방북 사전협의 혐의로 이영희 『한겨레신문』 논설고문을 구속했고, 같은 4월에 방북취재계획을 조사한다는 이유로 『한겨레신문』 임재경 부사장, 장윤환 편집위원장, 정태기 이사를 연행해 조사했고, 1989년 7월에는 서경원 의원의 방북사실을 사전에 알고도 수사기관에 알리지 않았다는 이유로 『한겨레신문』 윤재걸 기자를 국가보안법상 불고지죄로 구속영장을 청구했다. 특히 윤재걸 기자가 갖고 있는 자료를 압수한다는 이유로 신문사에 난입하고, 기자 12명을 강제 연행해갔다. 또한 취재 현장에서 기자에 대해 폭력이 가

52) 윤영철, 「사회변동과 언론통제」, 『한국 사회변동과 언론』, 1995, 소화출판사, 205쪽.
53) 김주언, 『한국의 언론통제』, 리북, 2009, 215~216쪽.

해지는 일도 자주 벌어져, 1989년에만도 20여 건의 기자 폭행 사건이 벌어졌다.[54]

1989년 9월에 기자들을 상대로 실시한 조사에서, '언론의 공정성 저해요인'으로 '언론사의 노력부족'이 30.1%로 가장 높게 나왔고, 다음으로 '정부의 간섭과 통제'가 25.4%로 나타났다.[55] 1991년 6월에 실시한 조사에서는, '언론의 공정성 저해요인'으로 '언론인의 자질부족'이 33.0%로 가장 높게 나왔고, 다음으로 '정부의 간섭과 통제'가 27.6%로 나타났다.[56] 1993년 7월에 실시한 조사에서는, '언론의 공정성 저해요인'으로 '언론사의 노력부족' 31.1%, '언론인의 자질부족' 26.3% 순으로 나왔고, '정부의 간섭과 통제'가 15.3%로 세 번째로 나타났다.[57]

1989년과 1991년의 조사결과에서 '정부의 간섭과 통제'가 첫 번째 요인이 아니었던 것을 보면, 과거에 비해 언론의 자유가 확대되었던 것만은 분명하다. 다만 '정부의 간섭과 통제'가 두 번째 요인으로 나타났고 비율이 상당히 높은 수준을 보였던 것처럼, 언론자유가 아직 만족스럽지 못하다는 의식도 있었던 것이다. 1993년에 가서야 '정부의 간섭과 통제'가 세 번째 요인으로서 비율도 매우 낮은 수준을 나타낸 것은, 김영삼 정권 출범 이후 언론자유가 확대되었다고 언론인들이 인식하고 있었다는 것을 보여준다.

김영삼 정권 들어서서도 언론사에 대한 압력이나 언론인에 대한 구속이 완전히 사라진 것은 아니었지만, 확실히 이전에 비해 더 줄어든 것은 사실이었다.[58] 정권에 대한 비판적 보도에 대해서는 다양한 방식으로 압

54) 한국기자협회, 『기자협회 30년사』, 한국기자협회, 1994, 299~301쪽.
55) 한국언론연구원, 『언론인의 책임과 윤리: 제1회 전국기자 직업의식 조사』, 1989, 64쪽.
56) 한국언론연구원, 『언론인의 책임과 윤리: 제2회 전국기자 직업의식 조사』, 1991, 58쪽.
57) 한국언론연구원, 『언론인의 책임과 윤리: 제3회 전국기자 직업의식 조사』, 1993, 53쪽.
58) 한국기자협회, 『기자협회 50년사』, 한국기자협회, 2014, 141~146쪽.

력을 가했지만, 과거처럼 언론인을 연행하거나 폭행하는 거의 사라졌던 것이다. 1993년 6월 '율곡비리' 관련 기사를 문제 삼아 『중앙일보』 정재헌 기자를 구속했다가 언론계의 반발과 『중앙일보』의 사과로 석방했던 일이 있었다. 이후에도 계속 다양한 방식으로 취재보도 활동에 대한 압력을 행사하기는 했지만, 과거와 같은 불법적인 언론인 연행이나 폭행은 사라졌다. 이제 언론인들이 권위주의 정권 시기 같이 폭력 앞에 자괴감과 무력감을 느낄 일은 거의 없었다.

김대중 정권과 노무현 정권 시기에는 '언론개혁'을 내세운 정책으로 보수언론과 갈등을 빚고 일부에서 '언론탄압'이라는 지적을 듣기도 했지만, 직접적으로 언론인에 대해 탄압을 가하는 일은 없었다. 언론인이 대거 해고되어 언론계를 떠나는 일이 다시 벌어진 것은 이명박 정권 시기의 일이다. 이명박 정권은 YTN, KBS, MBC에 차례로 '낙하산 사장'을 내려 보냈고, 이를 반대하던 많은 사원들이 해고되거나 징계를 받았다.[59] 전국언론노조가 집계한 이명박 정권 시기의 언론인 징계 현황에 따르면, "MBC 233명, KBS 133명, YTN 51명, SBS 4명, 연합뉴스 9명 등 총 455명이 공정보도투쟁 등으로 징계"를 받았고, "해고통보를 받은 언론인도 21명"에 달했다.[60] 징계를 받거나 해고를 당한 사람 중에 다수가 기자들이었다.

정권이 직접 언론인을 탄압한 것은 아니었지만, 정권에 의해 '낙하산 사장'으로 내려 온 인물들에 의해 징계와 해고가 이루어졌다는 점에서 정권의 의도가 상당히 반영된 '간접적 통제'였다고 할 수 있다. 특히 국무총리실 공직윤리지원관실이 2008년과 2009년에 YTN에 대해서도 사찰을 하여, 정부가 직접 언론탄압에 나섰다는 비판을 듣기도 했다.[61] '낙하

---

59) 김주언, 『한국의 언론통제』, 리북, 2009, 580~582쪽.
60) 『미디어오늘』 2015.5.14.
61) 『한겨레』 2012.4.6.

산 사장' 반대 투쟁으로 경찰조사를 받던 시점에 사찰이 이루어졌다는 것은, 당연히 정부의 의도대로 사건을 처리하려고 뒷조사를 했음을 보여주는 것이었다. 이명박 정권 시절의 언론인 징계와 해고 문제는 박근혜 정권 들어서서도 전혀 해결되지 않고 있고, '낙하산 사장' 임명과 '인사보복'도 여전하다.[62] 물론 과거처럼 폭력을 수반하는 것은 아니지만, 여전히 정부가 언론에 개입하고 간섭함으로써 왜곡보도가 이루어지면서 언론인의 자성이 이루어지기도 했다.

(2) '언론개혁' 시도와 '언론전쟁'의 발발

김영삼 정권도 언론시장의 정상화를 위한 언론개혁 조치를 시행했었다. 신문시장의 불공정거래를 규제하기 위해 1993년에 신문업계의 담합행위를 부당한 공동행위라고 시정명령을 내렸고, 1996년에는 '신문업에 관한 특별고시'(이하 신문고시)를 제정했다. 또한 1994년에는 10개 신문사와 방송사에 대한 세무조사를 단행했다. 그러나 신문고시는 별로 성과를 거두지 못했고, 세무조사도 결과를 밝히지 않은 채 언론을 간접적으로 통제하는 데 이용한 것 아니냐는 비판을 들었을 뿐이다.[63]

김대중 정권은 초기에 자율적인 언론개혁론을 펼치다가 2001년에 세무조사를 실시하며 타율적인 언론개혁을 추진하기 시작했다. 김대중 정권으로서는 "애초부터 이념상으로 거리가 있었던 보수언론들과의 타협이 성과 없이 끝났다고 판단되자, 집권 후 주창했던 시장주의 및 자율언론과 배치되는 노선을 택했다"고 할 수 있다.[64] 즉, 김대중 정권이 자신들에 대해 무조건 비판적인 『조선일보』, 『중앙일보』, 『동아일보』 등 세 신

---

62) 한국기자협회, 『기자협회 50년사』, 한국기자협회, 2014, 183~192쪽.
63) 김주언, 『한국의 언론통제』, 리북, 2009, 531~534쪽.
64) 전남식, 『대통령과 언론통제』, 나남출판, 2006, 146~147쪽.

문에 대해 갖게 된 감정이 어느 정도 작용했을 수는 있다.[65] 세무조사에 대해서는 상반되는 많은 주장들이 나왔다. 정권의 정치적인 목적에 의해 변질되지만 않는다면, 정부와 언론의 바람직한 관계 설정과 신문의 신뢰 회복에 도움이 될 수 있다는 주장도 있었다.[66] 반면에 세무조사는 새로운 방법의 언론탄압이며, 결국 자율을 내걸고 언론을 장악하려 한 권력욕이라고 비판하는 경우도 있었다.[67]

세무조사에 대한 보도에서는 『조선일보』, 『중앙일보』, 『동아일보』가 언론탄압이라고 비판했던 반면에 『한겨레신문』, 『경향신문』, 『대한매일』 (현 서울신문), 『한국일보』는 세무조사를 투명하고 공정하게 할 것을 요구했다.[68] 2001년의 언론세무조사는 '조선·중앙·동아' 등의 "유력 보수신문들과 나머지 신문들을 결정적으로 갈라놓은 계기가 됐다"고 할 수 있다.[69] "김대중 정권이 언론개혁을 정책으로 제시하면서 작은 신문들이 여기에 가세"해 신문들 사이에 "저널리즘의 정도를 벗어나는 보도의 행태가 워낙 극단적 행태로 진행됐기 때문에, 왜 싸우고 있는지 싸움의 목표를 상실한 상황이 나타나게 됐던 것"이라는 주장도 나왔다.[70] 정부의 세무조사로 촉발된 싸움이 갈수록 치열해져 '언론전쟁'이라고 부를 만한 상황이 되었던 것이다.

언론전쟁 상황에서 아직까지는 세 신문을 제외한 나머지 신문사나 방

---

65) 성한용, 『DJ는 왜 지역갈등 해소에 실패했는가』, 중심, 2001, 282~306쪽.
66) 김균, 「언론사 세무조사·공정위조사 쟁점별 전문가 진단—언론학자」, 『신문과 방송』 2001년 8월호, 36~40쪽.
67) 정진석, 「역대 정권의 언론정책" 권위주의 통제에서 세무조사까지」, 『관훈저널』 80호, 2001, 50~51쪽.
68) 조동시, 「언론사 세무조사 관련보도」, 『신문과 방송』 2001년 3월호, 59~62쪽.
69) 전남식, 『대통령과 언론통제』, 나남출판, 2006, 149~150쪽.
70) 강명구, 「한국 언론의 구조변동과 언론전쟁」, 『한국언론학보』 48권 5호, 2004, 327~328쪽.

송사의 편집국장이나 보도국장은 대체로 언론사도 세무조사는 당연히 받아야 하는 것이라는 의견을 밝혔다.[71] 세 신문과 나머지 신문 및 방송사 사이의 대립 구도 때문에 이런 대답이 나왔을 수는 있다. 2001년까지 일반 기자들 사이에도 언론개혁이 필요하며, 세무조사는 그 일환이라는 의식이 비교적 넓게 퍼져 있었다. 설문조사 전문사이트에서 전국의 언론사 기자 429명을 상대로 실시한 여론조사에서, 응답자 중 70.1%가 언론사 세무조사가 언론개혁을 촉진시킬 것이라고 보았고, 22.6%는 아무런 영향을 주지 못할 것이라고 응답했고, 7.3%만이 언론개혁을 후퇴시킬 것이라고 대답했다.[72]

노무현 정권은 출범하면서 처음부터 보수 신문과 거리를 두고, 신문법 제정 등 언론개혁을 위한 정책을 시행했다. 노무현 정권의 언론정책은 크게 대국민 직접 커뮤니케이션 창구 마련, 언론의 정부 취재시스템의 정비, 언론개혁 입법 및 제도화 등으로 나눌 수 있다.[73] 노무현 정권이 추진한 정부 취재시스템 변경의 핵심적인 내용은 기자실은 개방하고 브리핑제를 도입하되, 공무원에 대한 비공식적 접촉은 제한하려고 했던 것이다. 신문사 소유지분 제한 등을 담고 있는 신문법 제정이나 신문 고시의 제정과 신고 포상금제 도입 등은 대표적인 언론개혁 조치들이었다.

노무현 정권이 출범한 이후 정권과 언론 사이의 갈등은 물론 언론들 사이의 대립도 더욱 심각한 지경에 이르렀다. 노무현 정권이 소수정권으로서 '조선·중앙·동아' 등 유력 보수신문과 처음부터 대립하며 진보신문이나 인터넷매체들과 우호적인 관계를 맺고 활동했기 때문이다.[74] 다만 언

---

71) 『기자협회보』 2001.2.5.

72) 『기자협회보』 2001.6.23.

73) 김주언, 『한국의 언론통제』, 리북, 2009, 552~556쪽.

74) 전남식, 『대통령과 언론통제』, 나남출판, 2006, 159~163쪽.

론계의 전반적인 여론이 김대중 정권 시기에 비해 상대적으로 덜 우호적인 분위기로 바뀌었다. 언론개혁 조치들이 보수 신문의 강력한 반발에 부딪혔다면, 취재시스템 변경은 일선 기자들의 불만을 낳았기 때문이다.[75]

노무현 정권이 출범한 지 6개월 정도 지난 2003년 8월에 기자들을 상대로 실시한 조사에서, 노무현 정부의 언론정책에 대해 '그저 그렇다'가 35.4%로 제일 높고, 긍정과 부정이 각각 31.1%와 33.2%로 나타났다. 한편 일부 언론의 정부에 대한 보도태도가 지나치게 감정적이라는 지적에 70.4%가 동의한다고 응답해, 노무현 정권의 정책뿐만 아니라 일부 언론의 태도에도 문제가 있다는 의식이 확산되어 있었던 것을 알 수 있다. 따라서 조사대상자 중 80.8%가 정부와 언론이 "불필요하고 감정적인 관계로 변화했다"고 응답한 것은 당연한 일이었다.[76]

언론개혁 조치에는 찬성하는 기자들도 취재시스템 변경에는 반대하는 경향이 있었다. 노무현 정권 출범 1주년을 맞이해 실시한 조사에서, 인터넷 국정브리핑 신설(54.6%), 신문고시(50.3%), 기자실 개방과 브리핑룸제 도입(47.3%)는 긍정적으로 평가한 반면에 언론의 오보에 대한 소송 및 대처(26.8%), 기자와 공무원의 비공식적 접촉 제한(21.3%)은 부정적으로 나타났다. 또한 정부가 시급히 해야 할 언론정책으로는 '조선·중앙·동아' 등의 독과점 해소(48.7%)가 가장 높은 비율로 나타났다.[77] 기자들은 대체로 노무현 정권의 언론개혁 정책에 동의하는 편이지만, 기자의 공무원 접촉을 제한하는 것과 같은 조치에 대해서는 비판적인 면도 보였던 것이다. 노무현 정권은 2007년 5월에 "각 부처의 기자실을 없애고 2003년 도입한 개방형 브리핑시스템을 정부 청사 단위로 통합 운영

75) 한국기자협회, 『기자협회 50년사』, 한국기자협회, 2014, 158~164쪽.

76) 『기자협회보』 2003.8.13.

77) 『기자협회보』 2004.2.25.

한다는" 취재지원 시스템 선진화 방안을 추진하겠다고 밝혔다. 이에 대해 기자들은 이 방안이 추진되면, 39.5%가 '헌법소원 등 법적 대응을 해야 한다'고 응답했고, 38.9%는 '취재거부 등 직접적인 행동으로 저항해야 한다'고 응답했으며, '수용해야 한다'는 의견은 7.3%에 그쳤다.[78]

김대중 정권이나 노무현 정권 시기의 언론정책은 '언론개혁'과 '언론탄압'이라는 양 극단의 평가를 들었다. 과거에 비해 언론 자유가 신장되었다는 것은 누구도 부정할 수 없었지만, 일부 언론의 입장에서는 부당한 간섭과 개입으로 받아들일 만한 일도 없지 않았다. 이 두 정권 시기 언론사들 사이의 갈등과 대립은 언론인에게도 그대로 반영되어 나타났다.

이런 현실이 이명박 정권 출범 이후의 언론탄압에 대해 언론인들이 연대해 대응하지 못하는 결과를 낳았다. 그럼에도 이명박 정권의 언론정책에 대해서는 전반적으로 비판적인 인식이 높아서, 2010년의 조사에서 43.1%가 '다소 잘못', 40.7%가 '매우 잘못'이라고 응답한 것으로 나타났다.[79] 박근혜 정권의 언론정책이, 이명박 정권의 언론정책에 비해 '비슷하다'가 67.4%, '나빠진 편이다'가 16.8%로 나타나기도 했다.[80]

2) 노동 조건의 악화

(1) 경제 위기 속의 고용 불안 심화

1987년 6·29 이후 나타난 가장 큰 변화는 발행의 자유가 주어지면서 새로운 신문이 창간되기 시작했다는 점이다. 6·29 이전 전국적으로 32개에 불과하던 일간신문이 불과 5년 뒤인 1992년에 117개로 3.7배 가량

---

78) 『기자협회보』 2007.6.5.

79) 『기자협회보』 2010.8.18.

80) 『기자협회보』 2013.8.14.

늘어났다. 기존의 과점 체제가 붕괴되고 경쟁 구조가 형성되면서, 신문들 사이에 치열한 경쟁이 벌어지기 시작했다. 발행의 자유가 주어지면서 갑자기 본격적인 경쟁을 하게 되었지만, 신문들은 자유롭고도 공정한 경쟁의 역사적 경험이 전혀 없었기 때문에 혼란을 겪을 수밖에 없었다.

신문사 수가 크게 늘어나면서 언론인 수도 대폭 증가했다. 1984년 전체 언론인 수가 1만 4,609명이었던 것이 1991년에는 3만 3,865명으로 늘어났다. 특히 많은 신문사들이 창간, 복간되면서 신문사의 언론인 수가 크게 늘어나 2만 934명으로 나타났다.[81] 매체수가 급격히 늘어난 "6공화국 초기에 경력 기자의 몸값은 금값처럼 비쌌다"고까지 할 만큼 기자들에 대한 수요가 크게 늘어났던 것이다.[82] 1980년대 말에 우후죽순격으로 생겨난 언론사의 경영이 어려워지면서 언론인들 중 상당수가 어려움을 겪었지만, 주요 언론사의 경우에는 아직 고용 불안을 느낄 정도는 아니었다.

IMF이전까지 언론인의 직업 안정성은 비교적 높은 편이었다. 1996년에 중앙일간지 편집 및 영업 부문 부장급 이상의 언론인들 중에 현재 소속 신문사에서 언론인 생활을 시작한 비율이 66.0%로 나타났고, 전직회수의 비율은 0.7회로 나타나, 대부분의 부장급 이상 간부들이 입사한 이후 한 곳에서만 활동한 인물이었다는 것을 알 수 있다.[83] 폐쇄적인 인사구조 속에 언론사간 이동이 별로 없었고, 경제적인 안정 속에 퇴사하는 일도 드물었기 때문이다.

그러나 1990년대 중반을 넘어서면서 신문사들은 이미 경영상의 어려움으로 언론인을 명예퇴직 등의 방식으로 퇴사시키기 시작했다. 이미

81) 한국언론연구원, 『한국신문방송연감 1991』, 1991, 275쪽.

82) 고승우, 『기자, 똑바로 해야지』, 춘추원, 1992, 196쪽.

83) 강상현, 「한국 언론인의 인구사회학적 특성 변화에 관한 연구」, 『사회과학연구』 제13집, 동아대학교 사회과학연구소, 1996, 413~415쪽.

1996년에 『중앙일보』 26명, 『경향신문』 17명, 『조선일보』 29명, 『한국일보』 121명, 『내외경제』 8명, 『매일신문』 45명, 『국제신문』 8명, 『부산매일』 27명, 『중도일보』 2명, 『무등일보』 3명, 『전남일보』 14명 등 "수백명의 언론인들이 깊은 배신감을 느끼며 쫓겨나다시피 회사를 대거 떠나야 했"던 것이다.[84] 형식은 '명예퇴직'이었지만, 내용은 '강제퇴직'이었다. 1996년에 언론사 편집 · 보도국장을 상대로 실시한 '언론계 10대뉴스' 조사에서 '명예퇴직 · 감원 한파'가 4위를 차지했을 정도로 고용 불안이 심화되었다.[85]

1996년의 명예퇴직은 서막에 불과했다. 1997년의 IMF 체제는 기자의 직업적 안정성을 송두리째 흔들어버렸다. 많은 기자의 정리 해고되면서 기자의 수가 급격히 줄어들었다. IMF를 거치면서 언론인이 대량 해직되었을 뿐만 아니라 임금이 체불되거나 하락하는 일이 빈번하게 벌어졌다. 전국언론노동조합연맹(이하 언론노련)의 조사에 따르면, 1997년 11월 이후부터 1998년 4월 30일까지 희망퇴직, 명예퇴직, 우대퇴직, 정리해고, 권고사직 등으로 언론사를 떠난 실직자들의 수가 4,150명에 달했다.[86] 한국언론연구원 조사에 따르면, 1997년에 4만 2,368명이던 전체 언론인이 1998년에는 4,399명(10.4%) 감소한 3만 7,969명이 되었고, 특히 신문사는 2만 1,200명에서 3,899명(18.4%)이 줄어든 1만 7,301명이 되었다.[87]

위의 조사 결과들은 신문 · 방송 · 통신사에서 퇴직한 모든 언론인을 포함한 숫자이다. 1997년 4월부터 1999년 5월 사이에 신문사를 퇴직한

---

84) 이창섭, 「불안정한 직업이 되어 버린 기자」, 『관훈저널』 67호, 1997, 108쪽.

85) 정봉근, 「'96년 언론계 10대뉴스」, 『신문과 방송』 1996년 12월호, 108쪽.

86) 강을영, 「대량 해직, 임금도 생활 위협할 정도」, 『신문과 방송』 1999년 1월호, 28~29쪽.

87) 황치성, 「언론환경 변화와 언론인구 추이분석」, 『뉴미디어 사업동향/ 언론인구 추이분석』, 한국언론연구원, 1998, 119쪽.

언론인의 수는 〈표 V-4〉에 잘 정리되어 있다. 전국일간지 10개사에서
만 무려 3,100여 명의 언론인들이 신문사를 떠나야만 했던 것이다. 언론
노련이 1997년 11월부터 1998년 사이에 조사한 언론사 퇴직자 4,150명
중에 기자는 629명이었다.[88]

한국기자협회가 조사한 바에 따르면, 회원이 1997년 6,872명이었지만
1998년 10월 현재 872명(12.7%) 줄어든 6,000명으로 나타났다.[89]

〈표 V-4〉 기자의 인력 변화

구분	언론사명	97.4	98.4	99.5
중앙 종합 일간 신문	경향신문	1,017	521	575(113)
	국민일보	569	572	523
	대한매일	1,074	835	493
	동아일보	1,032	805	652(190)
	문화일보	576	376	375(88)
	세계일보	782	513	448(64)
	조선일보	1,028	1,103	871(200)
	중앙일보	1,362	887	637(44)
	한겨레	560	581	667(131)
	한국일보	1,279	1,270	932(348)
	소계	9,279	7,463	6,173 (1,178)

출처: 한국언론재단, 『IMF 전후 언론사 변화』, 1999, 86쪽.
　( )안은 계약직

1990년대 말까지 전체 언론사의 구조 조정이 계속되다가, 2000년대에
들어서서는 언론사들이 오히려 벤처기업으로 전직하려는 언론인들을 붙

---

88) 엄주웅, 「언론 인력 구조조정 및 노동시장」, 『언론사 고용구조 변화와 실직언론인 대
책』, 한국언론연구원, 1998, 58~66쪽.
89) 강을영, 「대량 해직, 임금도 생활 위협할 정도」, 『신문과 방송』 1999년 1월호, 29쪽.

잡은 '반전의 상황을 맞이하게' 되었다.[90] 2001년에는 전체 언론인 수가 3만 8,557명으로 나타나 전체적으로는 전년도에 비해 다소 늘어난 것으로 나타났지만, 이 중에서 신문사 종사자 수는 1만 5,073명으로 나타나 오히려 10년 전에 비해서는 줄어든 것으로 나타났다.[91] 2000년대 초까지 방송사의 경우에는 고용 불안이 덜 심각한 편이었다. 2002년 방송사 보도국에 재직하고 있는 간부들을 대상으로 분석한 결과에서, "언론계 입직한 후 통폐합에 의한 이동을 제외하고 한 번도 직장 이동이 없이 계속 근무하는 사례는 전체 기자 735명 중에서 67.1%(505명)"였다.[92]

2000년대 중반 이후 언론계는 인터넷신문이나 무료신문의 등장 등 매체환경의 변화와 경기악화에 따른 광고수주 급감으로 심각한 위기에 처하게 되었다. 2004년 11월과 12월에 실시된 조사에서, 앞으로 2년 동안 해고될 가능성을 묻는 질문에 54.2%가 어느 정도 해고 가능성이 있다고 응답해 언론산업 전반에 퍼진 고용 불안을 실감케 했다.[93] 실제로 2004년 말 이후 구조조정이 본격화되면서, 중앙일간지도 명예퇴직 신청을 받거나 정리해고를 하기도 했다.[94] 2004년의 언론노련 조사에서는, 신문의 경우 비정규직이 15.8%로 나타났고, 방송의 경우 36.5%로 나타났다.[95] 기자직에는 비정규직이 별로 없었지만, 점차 기자들 중에도 비정규직이 늘어나기 시작했다.

2000년대 후반에는 언론사의 구조조정보다 언론인의 자발적인 이직

90) 전국언론노동조합연맹, 『언론노련 10년사』, 전국언론노동조합연맹, 1999, 247쪽.

91) 한국언론재단, 『한국신문방송연감 2001/2002』, 2002, 209쪽.

92) 임영호·김은미, 「사회자본이 방송 경력기자의 직장 이동에 끼치는 영향」, 『한국방송학보』 20권 1호, 2006, 376~377쪽.

93) 『언론노보』 2005. 1. 13.

94) 이호석, 「위기의 언론인-신문사 구조조정 실태」, 『신문과 방송』 2005년 2월호, 114~117쪽.

95) 조계완, 『언론산업 비정규 노동 연구』, 커뮤니케이션북스, 2007, 51~54쪽.

이 더 많이 나타났다. 한국언론재단의 조사에 따르면, 타직장으로서의 전직의사에 대해 '많은 편이다'라고 응답한 비율이 1989년에는 9.9%였던 것이, 2009년에는 22.1%로 늘어났다.[96] 2008년에 월간 『신문과 방송』이 전국의 신문, 방송 기자 400명을 대상으로 실시한 조사에서도, 전직의사에 대해 '매우 많다'가 9.3%, '많은 편이다'가 33.7%로 나타나 기자 중에 43.0%가 전직의사를 갖고 있는 것으로 나타났다. 특히 신문의 경우 49.1%로, 방송의 25.8%에 비해 전직의사가 훨씬 높은 것으로 나타났다.[97] 20011년의 기자협회의 조사에서도 이직 의사를 가진 기자들이 54.3%로 나타나, 언론사를 떠나려는 언론인이 계속 늘어나고 있음을 알 수 있다.[98]

(2) 기자의 임금수준의 점진적 하락

6공화국이 들어선 이후 신문사 수가 급격히 늘어나고 경쟁적인 언론 구조가 형성되었다. 독과점적 구조 하에서 경제적 특혜에 의존해 꾸준히 성장해오던 신문사들은 새로운 적응 전략을 모색해야만 했다. 특히 언론사 수가 급격히 늘어나면서 우수한 기자들을 확보하기 위한 노력도 해야 했다. 1980년대 이후 기자의 임금은 상당히 높은 편이었고, 1988년 이후에도 우수한 기자를 유치하기 경쟁이 벌어지면서 기자의 임금은 다른 업종에 비해 상당히 높은 수준을 유지했다.

---

96) 한국언론재단, 『한국의 언론인 2009: 제11회 기자 의식조사』, 한국언론재단, 2009, 212~213쪽.
97) 이상기, 「기자의식 조사」, 『신문과 방송』 2008년 5월호, 34~35쪽.
98) 『기자협회보』 2011.8.17.

〈표 V-5〉 기자의 임금(1988)

		초봉	3년차	7년차	차장	부장
중앙언론사	경향	9,053,722	10,782,464	13,599,308	19,802,854	22,337,100
	동아	12,356,000	14,329,000	18,448,250	23,775,000	26,317,000
	서울	9,573,600	11,642,400	15,228,000	19,684,800	–
	조선	11,405,000	13,305,000	17,010,000	20,720,000	25,410,000
	중앙	9,682,000	10,572,000	13,420,000	20,192,000	22,514,000
	한국	10,797,600	11,853,000	13,957,320	20,668,080	21,822,120
	KBS	8,933,480	9,789,480	12,597,480	16,386,480	19,845,280
	MBC	10,900,400	13,190,400	16,854,400	24,203,500	26,463,300

출처: 한국기자협회, 『기자협회 30년사』, 한국기자협회, 1994, 357쪽

〈표 V-5〉를 보면, 1988년의 전국일간지나 지상파방송사 기자들의 초임은 연봉 기준으로 대체로 9백만원에서 1천만 정도로 나타났다. 1986년 대졸이상 사무직 종사자의 초임은 연봉 470만원, 대졸이상 전문기술직 종사자의 초임은 연봉 450만원 정도로 나타나, 기자들의 임금수준은 "대졸이상 사무직·전문지술직 종사자들 평균임금의 2배에 이르는 수준"에 도달했다.[99]

그러나 기자들의 고임금 추세가 지속될 수는 없었다. 이희용은 "수요에 비해 기자들의 공급이 딸려 보수의 상승세는 한동안 멈추지 않았다. 그러나 이 추세가 계속될 수는 없는 일, 과열 경쟁에 따라 수익성이 악화되자 일부 신문사에서는 임금 인하가 시작됐고 'IMF 사태'로 결정타를 맞았다"고 주장했다.[100] 1997년 말에 시작된 IMF사태로 인해 1998년에

---

99) 강명구·한창록, 「한국 언론노조의 생성과 전개」, 『신문과 방송』 1988년 10월호, 10쪽.
100) 이희용, 「돈, 술, 시간, 사람 … 기자를 이해하는 키워드 네 가지」, 『기자가 말하는 기자』, 부·키, 2003, 266쪽.

기자들의 임금은 대폭 삭감되었다. 전국일간지의 주요 임금조정 내용을 정리한 〈표 Ⅴ-6〉을 보면 얼마나 큰 폭으로 기자의 임금이 삭감되었는지 잘 알 수 있다.

〈표 Ⅴ-6〉 기자의 임금 조정내용(1998)

신문사명	주요 임금 조정내용
경향신문	· 통상임금의 30% 일률 삭감 · 시간외 수당 50% 삭감 · 상여금 750% 전액 삭감
국민일보	· 연봉제 실시 · 퇴직금 중간정산제 실시 · 월차 수당 미지급
대한매일	· 임금 동결 · 상여금 750% 중 430% 미지급(300%는 반납, 130%는 지급 유예) · 주택자금 지급 유보
동아일보	· 상여금 750% 중 400% 삭감 · 퇴직금은 상여금 500% 지급한 것으로 간주해 산출
문화일보	· 부장급 이상 임금 10%, 상여금 100% 반납 · 임원진, 임금 15%, 상여금 200% 반납
세계일보	· 총액 기준 임금 30% 삭감 · 부 · 차장 상여금 없이 연봉 재계약 · 상여금 미지급
조선일보	· 상여금 1,100% 중 400% 삭감 · 임원 연봉 삭감
중앙일보	· 총액 기준 임금 13% 삭감 · 재충전 휴가제 · 차장급 이상 연봉제 실시
한겨레신문	· 상여금 600% 중 250% 반납 · 무급 휴직제 실시
한국일보	· 1997년 연월차 수당, 연말 상여금 150% 미지급 · 1998년 상여금 미수령, 1학기 학자금 지원 중단

출처: 한국언론재단, 『IMF와 언론사 변화』, 1998, 66쪽; 한국언론재단, 『IMF전후 언론사 변화』, 1999, 105~106쪽 재정리.

IMF로 인해 기자의 임금이 큰 폭으로 삭감되었다는 것은 노동부의 조사자료를 통해서도 확인된다. 1998년 10월에 노동부가 100인 이상이 근무하는 5,476개의 사업체 중 임금 교섭이 끝난 4,375개 사를 대상으로 총액 기준 임금인상률을 조사한 결과, 평균 2.8% 줄어든 것으로 나타났으나 '신문발행업'은 이보다 훨씬 높은 15.5%나 임금이 삭감된 것으로 나타났다.[101] 1999년 3월에 언론노련이 조합원을 상대로 실시한 조사에서, "91.7%가 IMF 위기 이후 임금이 감소됐으며 25.4%가 임금 체불을 경험하고 있다"고 답변했다. 또한 "실질 임금 총액이 10~20% 정도 감소했다는 답변이 응답자의 27%로 가장 많았지만, 40~50%까자 감소했다는 응답자도 9.7%에 달했으며 20~40%까지 감소했다는 답변도 16%에" 달한 것으로 나타났다.[102]

1999년 이후 언론사의 임금은 상당 부분 회복되어 2000년대 초반까지 큰 변동 없이 유지되었다. 2002년의 경우 "이 해 임금 인상은 직종 간 거의 같은 수준의 인상률를 보이며 전체적으로는 상향된 모습을 보였다. 구체적으로 보면 총액 대비 8.9% 인상률을 기록한 가운데, 중앙신문 8.0%, 지역신문 8.9%를 기록했으며, 방송은 이보다 낮았다"고 평가되었다.[103]

2001년 10월 언론노련이 3년 이상 차장급 기자를 대상으로 조사한 결과에 따르면, 기자의 평균 임금은 3,574만원으로 나타났다. 기자의 평균 임금이 중앙 언론사는 3,968만원, 지방 언론사는 3,015만원으로 나타났고, 신문사는 2,632만원, 방송사는 4,486만원으로 나타났다.[104] 이 자료

---

101) 최대식 · 송윤숙, 「IMF 전후 신문사 변화」, 『신문과 방송』 1999년 11월호, 143쪽.
102) 전국언론노동조합연맹, 『언론노련 10년사』, 전국언론노동조합연맹, 1999, 253~252쪽.
103) 새언론포럼, 『현장기록, 신문노조 민주화운동 20년』, 커뮤니케이션북스, 2009, 83쪽.
104) 박소라 · 이창현 · 황용석, 『한국의 기자노동』, 전국언론노동조합연맹, 2001, 77~78쪽.

를 통해 서울이 지역보다, 방송사가 신문사보다 더 높은 임금을 받는 것을 확인할 수 있다.

한국언론재단이 2003년 3월에 조사한 신문·방송·통신사 기자들의 연평균 소득별 분포는 '2000만원 미만'이 20.3%로 가장 많았고, '2000만원~3,000만원 미만' 19.4%, '4000만원~5,000만원 미만' 17.8%, '5000만원~6,000만원 미만' 11.2%, '6000만원~8,000만원 미만' 3.2%, '1억원 이상' 0.8%, 무응답 0.6%로 나타났다.[105] 그러나 이 자료를 통해서 지역·매체·경력에 따른 평균 임금의 차이를 알 수는 없고, 단지 '2000만원 이하'부터 '1억원 이상'까지 임금의 격차가 매우 크다는 것을 알 수 있을 뿐이다. 이희용은 2003년에 쓴 글에서 "언론계에서는 SBS와 조선일보의 보수가 가장 많고 MBC와 중앙일보가 그 다음에 위치하며 KBS, 동아일보, 연합뉴스, 한국일보 등이 뒤를 따르고 있는 것으로 보고 있다"고 주장했다.[106] 이런 주장을 감안한다면, 한국언론재단의 2003년 조사에서 '5000만원 이상'의 평균임금을 받는다고 하는 기자들은 대체로 지상파방송사 3사와 『조선일보』, 『중앙일보』, 『동아일보』 등 신문사 3사, 연합뉴스 소속 기자들이었다고 볼 수 있다.

한국언론재단은 2005년부터는 신문·방송·통신·인터넷 기자들을 대상으로 평균 연봉을 조사했는데, 2005년에는 4,192만원, 2007년에는 4,377만원, 2009년에는 4,717만원으로 조금씩 오르다가 2013년에는 4,540만원으로 줄어든 것으로 나타났다.[107] 이 자료에 나타난 언론인의

---

105) 한국언론재단, 『한국의 언론인 2003: 제8회 신문·방송·통신사 기자 의식조사』, 한국언론재단, 2003, 54쪽.

106) 이희용, 「돈, 술, 시간, 사람 … 기자를 이해하는 키워드 네 가지」, 『기자가 말하는 기자』, 부·키, 2003, 266쪽.

107) 한국언론진흥재단, 『한국의 언론인 2013: 제12회 언론인 의식조사』, 한국언론진흥재단, 2013, 87쪽. 2011년에는 언론인 의식조사가 이루어지지 않았다.

평균 연봉의 감소가 조사 대상 언론사나 언론인의 변화 때문인지 알 수 없기 때문에 언론인의 임금이 하락했다고 단정할 수는 없다.

〈표 Ⅴ-7〉 전국일간지의 1인당 평균 인건비의 변화[108]

(단위 : 천원)

신문종별	2009년	2010년	2011년	2012년	2013년	전년대비
메이저급	82,104	84,020	81,303	88,382	87,188	−1,194
마이너급	50,878	55,914	60,368	61,770	62,764	994
평균	59,394	63,579	66,077	69,028	69,425	397

출처: 「(351-01) 언론산업 인건비 비교분석(2)-전국일간신문」, www.media21.or.kr.

그러나 다른 자료를 통해서도 언론인의 임금이 크게 오르지 않거나 다소 감소하고 있다는 것을 알 수 있다. 〈표 Ⅴ-7〉을 보면 '메이저급' 신문사들의 경우에는 2012년까지 약간씩 오르다가 2013년에는 아예 감소한 것으로 나타났고, '마이너급' 신문사들도 2012년까지 소폭 오르다가 2013년에는 거의 오르지 않은 것으로 나타났다. 이런 결과에 대해 "직전 5년간의 물가 상승률 등을 비교하면 실질적인 인건비는 오히려 하락하고 있다"는 분석이 나오기도 했다.[109] 상당히 높은 임금을 받는 것으로 알려진 '메이저급' 신문사의 기자가 "대기업에 다니는 비슷한 연차의 친구들과 비교해보면 연봉이 정말 차이가 많이 나서 박탈감이 있다"고 말했다는 것을 보면,[110] 기자들이 다른 직종에 비해 높은 임금을 받았던 과거

---

108) 전국일간지 중에 '메이저급'은 2013년 매출액이 1,000억원 이상 3개사라고 정의하고 있다. 곧 메이저급에는 『조선일보』, 『중앙일보』, 『동아일보』가 포함되고, 마이너급에는 『경향신문』, 『국민일보』, 『내일신문』, 『문화일보』, 『서울신문』, 『세계일보』, 『한겨레』, 『한국일보』 등 8개 신문사가 포함된다.

109) 「(351-01) 언론산업 인건비 비교분석(2)-전국일간신문」, www.media21.or.kr.

110) 『미디어오늘』 2015.4.15.

에 비해 전체적으로 임금수준이 하락했다는 것만은 분명하다.

(3) 노동 강도의 강화

신문의 독과점체제가 무너지고 신문들 사이의 경쟁이 본격화되면서 치열한 증면경쟁이 시작되었다. 1987년에는 카르텔체제에 묶여 중앙종합일간지 6개사가 똑같이 주당 72면을 발행했으며, 1개사당 평균 기자수 195.3명으로 1면당 평균 제작인력은 2.7명이었다. 그러나 신문들의 창·복간이 본격화된 1989년에 가면서 상황이 변화하기 시작했다. 1989년에 주당 95면 체제가 되면서 1면당 제작인력은 2.2명으로 떨어졌고, 1992년에는 주당 156면 체제가 되면서 평균 제작인력은 면당 1.6명으로 떨어졌다. 중앙종합일간지들의 증면 경쟁이 극에 달했던 1996년에는 제작인력이 최하로 떨어졌다. 『중앙일보』가 조간으로 전환하며 증면을 선도하고, 다른 신문들이 뒤따르면서 1996년에는 230면 체제가 되었고, 면당 평균 제작인력이 역대 최하인 1.3명으로 떨어졌다. 1998년의 경우 IMF 여파로 지면이 주당 185면으로 줄어들었지만, 기자 역시 1개사당 평균 266명으로 줄어들어 면당 제작인력이 1.4명을 기록해, 업무량은 거의 줄어들지 않은 것으로 나타났다.[111]

1990년대에 들어서서 신문사들은 증면과 함께 석간 일요판, 조간 월요판 발행을 시작하여 기자들은 "전혀 휴일을 '찾아먹을' 수 없는 상태였다. 이 시기 "일요일을 돌려달라" "집에 다녀오겠습니다"라는 절규와 자조적인 말들이 언론계에 유행이 되기도 했다"고 한다.[112] 또한 1991년 기자협회의 조사에서 기자사회의 심각한 문제로 '과로·건강 악화'를 꼽은 사람

---

111) 황치성, 「언론환경 변화와 언론인구 추이분석」, 『뉴미디어 현황/언론인구 추이분석』, 한국언론연구원, 1998, 142~145쪽.
112) 전국언론노동조합연맹, 『언론노련 10년사』, 전국언론노동조합연맹, 1999, 187쪽.

이 59.0%로 가장 높은 비율을 보였고, 신문사의 근무조건이 '나빠졌다'고 응답한 사람이 60.1%나 되었다는 것을 통해 노동강도가 높아졌음을 알 수 있다.[113] 1990년대 초반 사회부에서 활동했던 한 기자는 "서구에서는 주 5일 근무를 노래하던 때에 우리네 기자들은 연 365일 근무라는 산업 혁명 초창기 노동자들의 삶으로 되돌아간 것이다. 가히 신문기자들의 암흑기로 불릴 만했다"고 주장했다.[114]

IMF로 인해 발행면수도 줄었지만 인력은 더 크게 줄어들었던 1998년 5월에 중앙종합일간지의 기자당 담당 지면수는 1.13면이었는데, 1999년 5월에는 0.86면으로 줄어들었다가, 2000년 5월에는 0.97면으로 다시 늘어난 것으로 나타났다.[115] 2000년 이후 기자들의 근무시간도 크게 늘어난 것으로 나타났다. 2001년의 경우 언론노조의 조사에서는 하루 평균 674분을 근무하는 것으로 나타났고,[116] 한국언론재단의 조사에서는 647분 근무하는 것으로 나타났다.[117] 이렇게 근무시간이 늘어났기 때문인지, 2001년 언론노조가 조사한 결과에서 87.8%가 노동 강도가 높다고 응답했고 육체적·정신적 피로를 많이 느낀다는 응답이 각각 83.2%와 86.3%에 달했다.[118] 2003년에 실시된 조사에서는 기자들의 하루 평균 노동시간이 664분으로 나타나, 2년 전에 비해 17분 늘어난 것으로 나타났다.[119] 2003년 쓴 글에서 당시의 상황에 대해 이희용은 "구체적인 수치 말

113) 「1991년 전국기자 여론 및 의식조사」, 『저널리즘』 24호, 19901, 306~309쪽.
114) 손남원, 「기자와 건강-90년대 기자」, 『신문과 방송』 2000년 9월호, 56쪽.
115) 조동시, 「기자와 건강-기자의 근무량 변화」, 『신문과 방송』 2000년 9월호, 59쪽.
116) 박소라·이창현·황용석, 『한국의 기자노동』, 전국언론노동조합연맹, 2001, 21쪽.
117) 한국언론재단, 『한국의 언론인 2001: 제7회 신문·방송·통신사 기자 의식조사』, 한국언론재단, 2001, 118~119쪽.
118) 이희용, 「돈, 술, 시간, 사람 … 기자를 이해하는 키워드 네 가지」, 『기자가 말하는 기자』, 부·키, 2003, 268쪽.
119) 한국언론재단, 『한국의 언론인 2003: 제8회 신문·방송·통신사 기자 의식조사』, 한국언론재단, 2003, 98~100쪽.

고도 체감 노동 강도가 높아졌다. … 매체가 늘어나면서 언론사마다 시장에서 살아남기 위해 불을 뿜는 경쟁을 펼치는 것도 노동 강도 강화의 주범이다"라고 주장하기도 했다.[120]

한국언론재단의 조사에 따르면, 2000년대 중반 이후에는 기자들의 하루 평균 노동시간이 다소 줄어든 것으로 나타났다. 2003년에 664분이었던 것이, 2007년에는 645.6분, 2009년에는 634.8분, 2013년에는 638.4분으로 나타났다.[121] 기자들이 느끼는 업무량도 1995년에 3.98점으로 가장 높았고, 그 뒤로 약간씩 낮아져 1997년 3.91점, 1999년 3.89점이 되었다가 다시 높아져 2001년 3.94점, 2003년 3.93점이 되었다. 그 뒤로도 계속 낮아져 2005년 3.89점, 2007년 3.83점, 2009년 3.70점이 되었다.[122]

이렇듯 2000년대 중반에 기자의 근무시간이나 기자가 느끼는 업무량이 다소 줄어든 것으로 나타난 것은, 주 5일 근무제의 도입이 어느 정도 영향을 주었을 것이다. 2005년 8월에 기자협회가 실시한 조사에서는, 오히려 주 5일제 도입 후 노동 강도가 늘어난 편이라고 응답한 비율이 31.8%로서 줄어든 편이라고 대답한 비율 26.3%보다 높게 나타나기도 했다.[123] 이런 조사 결과는 실제로 노동 강도가 더 높아졌기 때문이 아니라 주 5일제 도입에 따른 노동 강도 감소의 기대치가 충족되지 못했기 때문에 나온 것이라고 볼 수 있다. 하루 평균 근무 시간이 2009년 623.8분에서 2013년에 다시 638.4분으로 늘어난 것은, 기자들의 기사 작성 건수가 늘어난 것과 관련이 있다. 일주일 평균 기사 작성 건수가 2003년

---

120) 이희용, 「돈, 술, 시간, 사람 … 기자를 이해하는 키워드 네 가지」, 『기자가 말하는 기자』, 부·키, 2003, 269쪽.

121) 한국언론진흥재단, 『한국의 언론인 2013: 제12회 언론인 의식조사』, 2013, 230쪽.

122) 한국언론재단, 『한국의 언론인 2009: 제11회 기자 의식조사』, 2009, 206쪽.

123) 『기자협회보』 2005.8.17.

15.9건이 된 이후 비슷한 수준을 계속 유지하다가 2013년에 31.3건으로 급격히 늘어났다. 이것은 "매체 환경의 변화에 따라 온라인용 '기사 작성/보도 건수'가 대폭 늘어난 영향" 때문이었다.[124]

3) 전문기자 제도의 확대와 언론윤리 정립을 위한 노력

(1) 내적 통제의 강화와 자기 검열의 내면화

1988년 이후 언론 자유가 확대되고 언론사들의 경쟁이 치열해지면서, 과거와는 달리 정부의 통제보다는 언론사 내부의 통제나 광고주로부터의 압력이 취재보도 활동에 더 큰 영향을 주게 되었다. 한국언론연구원의 기자의식 조사에 따르면,[125] '공정성 저해 요인'에 대한 응답으로 '언론사의 노력 부족'이 1989년에는 30.2%로 1위였고, 1991년에는 18.7%로 3위로 내려갔다가, 1993년에는 31.1%로 1위로 나타났다. '간부들의 간섭과 통제'가 별도 항목으로 있는 것을 보면, '언론사의 노력 부족'은 경영진의 영향을 가리킨다고 할 수 있다. 이렇듯 1980년대 말부터는 정부의 통제보다 언론사 내 통제가 더 큰 영향을 주는 것으로 나타났다.

1991년의 기자협회에서 실시한 조사에서, "기업가로서의 언론사주 · 경영진의 지시나 기대에 일선기자들이 스스로 따르는 보도행위, 이른바 자기검열이 지금 한국 기자사회에 존재한다고 생각하십니까?"라는 질문에 응답자의 4분의 3(75.4%)이 '그렇다'고 응답했다. 또한 "일선 기자로서, 기업가로서의 언론사주 · 경영진의 지시나 기대에 일선기자들이 스스로 따르는 보도행위, 이른바 자기검열을 한 적이 있습니까?"라는 질문

---

124) 한국언론진흥재단, 『한국의 언론인 2013: 제12회 언론인 의식조사』, 2013, 112쪽.

125) 한국언론연구원, 『언론인의 책임과 윤리: 제2회 전국기자 직업의식 조사』, 1991, 57~59쪽; 한국언론연구원, 『언론인의 책임과 윤리: 제3회 전국기자 직업의식 조사』, 1993, 53쪽

에 41.0%가 '있다'고 응답 했다. 나아가 "지금 언론의 불공정·왜곡보도에 책임이 가장 큰 집단 내지 세력이 누구라고 생각하십니까?"라는 질문에 '언론사주·경영진'이라고 응답한 비율이 32.9%로서 가장 높게 나타났다.[126]

1993년의 기자협회 조사에서도, "지금 언론의 불공정·왜곡보도에 책임이 가장 큰 집단 내지 세력이 누구라고 생각하십니까?"라는 질문에 '언론사주·경영진'이라고 응답한 비율이 42.1%로서 가장 높게 나타났을 뿐만 아니라 2년 전에 비해 10% 가량 증가한 것으로 나타났다. 또한 "지금 언론보도에 가장 큰 영향을 미치고 있는 집단 내지 세력이 누구라고 생각하십니까?"라는 질문에 '언론사주·경영진'이라는 응답이 1991년에는 33.6%로 2위였지만, 1993년에는 42.5%로 1위로 나타났다. 이에 대해 "최근 더욱 가열되고 있는 언론업계의 과당경쟁 속에서 사주·경영진의 보도의 이니셔티브를 장악한 현실과 상통하는 것으로 언론의 대(對)자본 종속에 대한 우려를 낳고 있다"는 평가까지 나왔다.[127]

과당경쟁 속에 고용불안이 계속되면서 언론사주나 경영진에 의한 언론인에 대한 통제는 갈수록 강화되었다. 한국언론연구원의 1995년 조사에서도 '취재 및 보도 활동을 위협하는 요인'으로 '언론사 사주의 상업주의적 경영관'이 58.2%로서 가장 높게 나타났다.[128] 1997년의 조사에서도 같은 질문에 대해 '언론사 사주의 상업주의적 경영관'이 44.6%로서 역시 가장 높게 나타났다.[129] 응답 항목 중에 광고주가 빠져 있기 때문인지 언론사 사주가 취재보도 활동에 가장 큰 영향을 주는 것으로 나타났다.

---

126) 「1991년 전국기자 여론 및 의식조사」, 『저널리즘』 24호, 1991, 315~318쪽.
127) 「제3차 기자의식 및 여론조사」, 『저널리즘』 29호, 1993, 360~361쪽.
128) 한국언론연구원, 『언론인의 책임과 윤리: 제4회 전국기자 직업의식 조사』, 1995, 68쪽.
129) 한국언론연구원, 『언론인의 책임과 윤리: 제5회 전국기자 직업의식 조사』, 1997, 112쪽.

1996년의 조사에서 한 기자는 "만약 발행인이나 회장 또는 편집국장이 어떤 문제를 취재하라고 지시하는 경우 일반 기자가 그 지시에 대해이의를 제기하는 일은 거의 불가능합니다. 인사에 대한 두려움 때문입니다"라고 인사 문제가 통제에 순응하게 만드는 수단이라는 점을 지적했다. 또 다른 기자는 "신문의 소유자들은 신문과 뉴스 제작의 전 과정에걸쳐 엄청난 영향력을 행사합니다. 우리는 매일 그 같은 압력을 느낍니다"라고 하여, 사주의 영향력이 취재보도활동에 크게 작용함을 밝혔다.[130] 이런 현실에서 "한국 사회에서 언론사주는 절대적인 세습 군주처럼 행세한다"는 비판도 나왔고,[131] 사주의 영향력이 지면에 그대로 반영되는 현실을 빗댄 '사주저널리즘'이라는 말이 나오기도 했다.[132]

이런 경향은 2000년대 이후에도 계속되었다. 한국언론재단의 1999년조사에서 '자유로운 취재보도 활동을 제약할 수 있는 요인'으로 '기업광고주의 압력'이 9.03점으로 가장 높게 나타났고, '사내 압력'이 8.59점으로2위로 나타났다.[133] 2001년의 조사에서는 '편집(편성)의 자율성을 저해하는 요인'으로 '광고주의 압력'이 4.08점으로 가장 높게 나타났고, '사주/경영진의 간섭과 통제'가 4.05점으로 2위로 나타났다.[134] 기자협회가 2000년에 조사한 결과에서는 '언론보도에 가장 큰 영향을 미치고 있는 집단(세력)'으로 '언론사주 및 경영진'을 꼽은 비율이 39.3%로 압도적인 1위

---

130) 이재경, 「민주화와 언론의 자유」, 『한국형 저널리즘 모델』, 이화여자대학교 출판부, 2013, 299~302 재인용.

131) 김주언, 「언론권력은 어떻게 형성되는가」, 『당대비평』 10호, 2000, 123쪽.

132) 『기자협회보』 2005.11.30.

133) 한국언론재단, 『한국의 언론인: 제6회 전국 신문·방송·통신사 기자 의식조사』, 1999, 102쪽.

134) 한국언론재단, 『한국의 언론인 2001: 제7회 전국 신문·방송·통신사 기자 의식조사』, 2001, 142쪽.

로 나타나기도 했다.[135] 2001년 언론노련의 조사에서 언론사의 조직 특성에 대한 질문에서 '관료성'이 3.57점으로 나타난 것은,[136] 언론사주나 경영진에 의한 통제가 강화된 현실을 반영한 것이었다.

2000년대 내내 기자들의 의식조사에서, 언론의 자유를 직 · 간접적으로 제한하는 요인으로 광고주에 이어 '사주/사장'이나 '편집 · 보도국 간부'가 지목되었다.[137] 사주나 경영진의 부당한 간섭은 대통령선거 같은 시기에 더욱 두드러지게 나타났다. 2007년 대선을 앞두고 기자협회가 '언론의 최근 대선 관련 보도의 공정성을 어떻게 평가하는가'라는 질문에 60.7%가 불공정하다고 대답했다. 불공정하다고 대답한 응답자에게 '대선 관련 보도의 공정성을 가로막는 가장 큰 요인은 무엇인가'라고 물었더니, 60.9%가 '언론사주'를 1위로 꼽았다.[138]

1957년에 기자가 되었던 최서영은 이런 현실을 보며, "기자들이 자유로운 '이동의 자유'가 봉쇄된 탓으로 기자들의 위상은 '무관의 제왕'에서 '하찮은 월급쟁이'로 곤두박질했을 뿐 아니라 언론사 오너의 충복들로 타락해 버렸다"고 주장했다.[139] 족벌적 소유구조를 갖고 있는 신문사들의 경우 기자들이 사주의 전횡에 맞선다는 것은 상상할 수도 없는 것이 현실이었다. 신문사 사이의 경쟁이 가열될수록 기자들이 사주나 경영진의 통제에 순응하며 활동하게 되었다. "조선일보에서 내적 통제를 둘러싼 내부 갈등이 거의 없는 것은 부당한 간섭이 없다기보다는 평소 강력한 포섭적 통제가 작동하기 때문에 일선 기자들이 이를 인식하지 못하거나 부

135) 『기자협회보』 2000.11.8.

136) 박소라 · 이창현 · 황용석, 『한국의 기자노동─취재기자의 업무활동 구성과 조건』, 전국언론노동조합연맹, 2001, 105쪽.

137) 한국언론재단, 『한국의 언론인 2009: 제11회 전국 신문 · 방송 · 통신사 기자 의식조사』, 2009, 199쪽.

138) 『기자협회보』 2007.8.16.

139) 최서영, 『내가 본 현장 여울목 풍경: 한 언론인의 비망록』, 도서출판 선, 2009, 93쪽.

당하다고 느끼지 않는다는" 주장은[140] 2000년대에도 계속되고 있는 언론사의 내적 통제를 잘 드러내주고 있다.

(2) 전문기자 제도의 도입과 미미한 성과

기자의 전문성을 높여야 한다는 논의는 상당히 오래전부터 있었지만, 실제로 기자의 전문화를 위한 시도들은 별로 하지 않았다. 1987년 이전에 기자의 전문화에 대한 논의는 주로 재교육에 중점을 두고 있었다. 1990년대 이후에도 기자들 스스로 재교육의 필요성에 대한 요구는 많았지만, 실제로 재교육을 받은 기자들은 그리 많지 않았다.

〈표 V-8〉 기자의 재교육 경험

연도	1991	1995	1997	1999	2001	2003	2005	2007	2009	2013
비율	41.8	30.3	38.9	12.2	12.5	16.7	20.0	34.5	25.2	37.2

출처: 한국언론진흥재단, 『한국의 언론인』, 각 연도 자료 정리.

언론인의 재교육 경험에 대한 조사에서는 재교육을 받은 적이 있다는 언론인의 비율은 IMF의 여파인지 1999년부터 줄어들었다가 이후 다시 늘어나 2013년에 와서야 1990년대 초반의 수준을 회복한 것으로 나타났다. 비록 2000년대 중반 이후 재교육을 받은 비율이 늘어나기는 했지만, 재교육의 내용이 향상되었다고 보기는 어렵다. 1990년대 말에 "언론인의 (재)교육에 필요성에 대한 절박한 인식과 개별 언론사나 언론 관련 단체의 획기적인 교육지원 체제 확립과 투자, 언론인 연수기관이나 언론 관련 대학(원)의 전문 강사진 확보 및 실효성 있는 교육프로그램의 기획

---

140) 이희정, 「사주 및 경영진의 내적 통제에 대한 기자들의 인식과 대응 연구」, 연세대학교 석사학위논문, 2011, 82쪽.

과 운영, 언론재단 등의 언론 전문화를 위한 실질적인 재정 지원과 사회적 수준에서의 지속적인 비판과 압력 등이 종합적으로 어우러지지 않고서는 현실 개선은 요원하다"고 했던 지적은 여전히 유효하다.[141] 1999년에 재교육의 문제점으로 기자 중에 35.2%가 '경영진 인식, 투자 부족'을, 30.6%가 '업무 과다'를 꼽아서,[142] 언론 사이에 치열한 경쟁이 벌어지는 현실에서 기자들이 재교육을 충실히 받기가 대단히 어려웠다는 것을 알 수 있다.

기자의 전문성 향상을 가로막는 요인 중에 하나가 '기수문화'로 상징되는 폐쇄적인 조직문화를 지적하기도 한다.[143] 편집 간부 중의 상당수가 소속 신문사에 입사해 승진한 사람들이다. 1996년 중앙일간지 부장급 이상 언론인 중에 소속 신문사에서 직장 생활을 시작한 사람의 비율은 66.0%로 나타났을 정도이다.[144] 2002년 중앙종합일간지 10개사의 부장급 이상 언론인을 분석한 결과에서는『조선일보』75.0%,『중앙일보』71.4%,『동아일보』66.7%,『한국일보』96.4%,『경향신문』73.5%,『서울신문』75.5%,『한겨레』46.9%,『문화일보』20.9%,『국민일보』42.9%로 나타났다.[145] 1988년 이후 창간된 신생 신문들을 제외한 6개 신문의 경우 대부분 70% 이상을 보여, 그 신문사에서 입사한 사람들만이 간부로 승진할 수 있음을 보여주고 있다. 이런 상황에서 경쟁을 통한 전문성 향상 노력이 기울여지기는 어려웠다.

---

141) 강상현, 「언론의 전문화와 언론인 교육 · 연수」,『언론 사회 문화』제7호, 1999, 47쪽.

142) 한국언론재단,『한국의 언론인: 제6회 전국 신문 · 방송 · 통신사 기자 의식조사』, 1999, 113쪽.

143) 박태견, 「'기수인맥'이 '언론정신의 쇠락' 초래」,『신문과 방송』1998년 7월호, 23쪽.

144) 강상현, 「한국 언론인의 인구사회학적 특성 변화에 관한 연구」,『사회과학연구』제13집, 동아대학교 사회과학연구소, 1996, 413쪽.

145) 임영호 · 김은미 · 박소라, 「한국 일간지 언론인의 커리어 이동 특성에 관한 연구」,『한국언론학보』48권 3호, 2004, 71쪽.

1990년대 이후 언론사가 늘어나 경쟁이 치열해지고, 기자의 전문성에 대한 사회적 요구가 높아지면서 전문기자 제도의 도입이 이루어졌다. 1992년에『중앙일보』가 의학과 물리학 전공자를 각각 1명씩 선발해 전문기자로 채용했고,『조선일보』는 국제경제 분야 2명을 비롯해 과학, 기술, 의학 환경 분야에 각각 1명씩 모두 6명을 전문기자로 채용했다. 1993년에는『중앙일보』가 다시 국제경제 등의 분야에서 3명의 전문가를 채용했다. 전문기자 제도에 대해 관심이 높아졌던 것은 1994년에『중앙일보』가 각 분야의 전문가를 전문기자로 뽑겠다고 공고를 내면서부터였다.『중앙일보』는 '대기자'를 뽑는다고 하며 공고를 냈는데 무려 485명이나 응모를 했고 교통 · 경제 · 도시공학 · 러시아 문제 · 문학 · 여성 · 군사 · 외교 · 의료 · 뉴미디어 · 예술, 환경 · 교육, 철학 · 여론조사 담당 등 15명의 전문기자를 채용했다.『중앙일보』의 영향이 작용했는지 이후 다른 신문사들도 전문기자의 채용을 서두르기 시작했다.[146]

그러나 전문기자 제도가 그리 빠르게 확산되지는 않았다. 2000년의 조사에서 '전문기자', '대기자', '전문위원'이라는 직함을 가진 기자들을 조사할 결과를 보면, 7개사 36명으로 나타나 6년 전인 1994년에 비해 크게 늘어났다고 보기는 어려웠다. 1992년부터 전문기자를 뽑았던『중앙일보』의 경우 21명에서 19명으로 줄었고,『조선일보』의 경우에도 분야는 바뀌었지만 4명을 그대로 유지하는 수준에 머물렀다. 2000년 현재 두 신문 외에 전문기자를 두고 있는 언론사로는『경향신문』1명,『세계일보』4명,『한국경제』4명, MBC 2명, SBS 2명 등이 있었다. 이런 결과를 종합해 보면, 2000년 현재 한국의 전문기자는 '40대의 박사급으로 경제 또는 문화 분야를 담당하는 학자 출신의 고정란을 가지고 있는 남성'인 것

---

146) 이재경,「전문기자제 현실과 과제」,『전문기자』, 한국언론연구원, 1994, 48~50쪽.

으로 나타났다.[147]

전문기자는 크게 외부에서 특채된 전문기자와 내부에서 양성된 전문
기자 두 집단으로 나눌 수 있다. 전자의 경우 해당 분야의 박사학위를 갖
고 대학에서 강의를 하거나 연구소에서 연구활동을 하다가 옮겨 온 사람
들이고, 후자는 언론사에 재직하며 해당 분야에서 전문성을 쌓은 사람들
이다. 전문기자의 변화 중 가장 두드러진 것은 외부 전문가 비중이 크게
줄고 그 자리를 내부 기자가 채우고 있다는 점이다.[148] 문화 전문기자 중
에 내부에서 양성된 사람들이 가장 많은 것은, 문화부가 다른 부서에 비
해 부서 간 이동이 적었기 때문에 본인의 노력 여하에 따라서는 전문성
을 쌓기가 상대적으로 쉬웠기 때문이다.[149] 실제로 신문사의 "문화부 경력
이 있는 간부는 간부가 되는 과정에서 경제부 경력이 있는 간부에 비해
문화부에서 2배 이상 오래 근무"한 것으로 나타나기도 했다.[150]

1990년대 중반에 시작된 전문기자 제도가 20년이 지난 현재 더 활성
화되었다고 보기는 어렵다. 의학, 과학, 환경, 북한 등의 일부 분야에 대
해서만 전문기자 제도가 운영될 뿐이고, 과거에 다수를 점했던 경제 분
야 등의 전문기자들은 사실상 사라지고 말았다. 한 종합일간지 기자가
"기자들이 전문성을 키울 수 있는 분야는 상대적으로 언론사의 비인기
분야"이고, "순환보직 때 기자들이 기피하는 분야를 전담해주는 게 전문
기자"라고 말한 것은[151] 전문기자 제도의 현실을 잘 보여준다. "전문기자
도입을 둘러싸고 일부에선 '인사적체 해소용' 인사 혹은 '예우차원을 위한

147) 오수정, 『한국의 전문기자』, 한국언론재단, 2000, 50~51쪽.
148) 김성해, 「한국 전문기자제도의 현황과 미래」, 『관훈저널』 117호, 2010, 59쪽.
149) 오수정, 앞의 책, 56쪽.
150) 장하용, 「한국 언론인의 조직 내 승진 요인에 관한 연구」, 『한국방송학보』 18권 2호,
     2004, 54쪽.
151) 『미디어오늘』 2014. 4. 7.

자리'란 논란이 일면서 제도 취지를 무색케 하고 있다"는 지적은 여전히 유효하다.[152] 기자의 재교육이나 전문기자 제도가 필요하다는 인식이 과거보다는 비교적 널리 확산되어 있지만, 현실적인 조건들 때문에 여전히 성과를 거두지는 못하고 있다.

(3) 언론윤리의 재인식과 여전한 한계

1989년에 서울, 대전, 부산·경남 지역의 신문사와 방송사에 재직하는 기자들을 상대로 실시한 조사에서, 언론윤리강령과 언론윤리실천요강에 대해 '내용 자체를 잘 모르겠다'고 대답한 비율이 평기자 중에는 22.2%, 간부기자 중에는 12.5%로 나타났다.[153] 이 대답만 놓고 보면, 기자들 중에 언론윤리강령의 내용을 알고 있는 비율은 꽤 높은 편이었다. 그러나 언론윤리강령의 내용을 안다는 것이, 정확하게 모든 내용을 이해하고 있다거나 실천할 의지를 갖고 있다는 것을 의미하는 것은 아니었다.

촌지와 향응은 한국 언론의 비윤리성이 거론될 때 가장 흔하게 지적되는 부분으로, 오랫동안 언론과 취재원의 관행처럼 굳어져 왔다. 이민웅은 기자들이 받는 촌지를 매월 출입처로부터 받는 '월례성 촌지', 추석·연말·여름휴가철 등에 받는 '보너스성 촌지', 출입처의 특별이벤트, 예컨대 해당 출입처의 주요 기념행사 또는 기관장의 기자회견이 있을 때 받는 '이벤트성 촌지', 특별기획취재 인터뷰 등 특정의 취재보도와 관련된 '개인베이스 촌지'로 구분했다. 개인베이스 촌지를 제외한 나머지 촌

152) 『기자협회보』 2006.9.20.
153) 황두환, 「한국 언론인의 직업윤리에 관한 연구」, 한양대학교 석사학위논문, 1989, 104~105쪽.

지는 모두 기자단 간사가 수령과 분배를 담당한다고 지적했다.[154] 유재천은 기자들의 촌지를 '권언(權言)유착형', '산언(産言)유착형', '이권개입형' 등 세 가지로 나누었다. 권언유착형이 정당이나 정부로부터 촌지를 받는 것이라면, 산언유착형은 기업으로부터 촌지를 받는 것을 의미한다. 이권개입형은 언론의 힘을 남용해 이권에 개입하는 사이비 언론의 행태를 주로 가리킨다.[155]

『한겨레신문』이 창간되며 촌지를 받지 않겠다고 선언했지만, 1988년 이후에도 언론계 전반에 촌지와 향응은 여전히 사라 사라지지 않았고, 때로는 심각한 사회적 문제로 부각되기도 했다. 1990년의 한보 수서택지 특혜분양 촌지 사건과 1991년의 보사부 기자단 촌지 사건이 대표적인 경우였다.[156] 두 사건 모두 기자단 간사가 촌지를 거두어 분배한 일종의 '이벤트성 촌지'였다. 기자들이 대규모로 촌지를 받았던 두 사건은 기자 사회에 적지 않은 충격을 주었고, 각 언론사는 '자정 운동'이라는 자구책을 마련하는 등 부산을 떨었다.

1990년 8월부터 11월 사이에 기자협회에서 조사한 자료를 보면, '촌지 받은 적 있다'는 답변이 74.9%로 나타났다.[157] 기자 중에 거의 3/4이나 촌지를 받을 정도였기 때문에 1990년 가을의 '한보그룹 수서비리 출입기자단 촌지 사건'과 1991년 가을의 '보사부 기자단 촌지 사건'이 터졌던 것이다. 이 두 사건이 터진 뒤인 1991년 11월부터 12월 사이에 기자협회가 조사한 자료에서, 이런 사건 이전에 비해 촌지수수가 '줄었다'는 의견은 28.5%에 그쳤으며, '별 차이가 없다'는 의견은 44.8%로 나왔고, 심지

---

154) 이민웅, 「촌지 신드롬, 어떻게 퇴치할까」, 『저널리즘 비평』 1호, 1990, 44~49쪽.
155) 유재천, 「사회변동과 언론인의 직업윤리」, 『한국 사회변동과 언론』, 도서출판 소화, 1995, 71~78쪽.
156) 정재용, 『니가 기자냐—안에서 본 기자, 밖에서 본 언론』, 큰곰, 2014, 161~168쪽.
157) 「1990년 전국기자 여론 및 의식조사」, 『저널리즘』 20호, 1990, 167~168쪽.

어는 '늘었다'는 의견도 0.4%나 나왔다. 실제로도 촌지를 받은 적 있다는
비율이 36.1%로 나타나 확실히 촌지수수가 줄기는 했지만, 여전히 상당
수의 기자들은 촌지를 받고 있는 것으로 나타났다.[158] 1991년 5월의 조사
에서 "기자들의 96.3%가 현재 주위에서 촌지가 수수되고 있다고 생각한
다"는 결과가 나오기도 했다.[159]

〈표Ⅴ-9〉 촌지수수 정도에 대한 인식의 변화

	1989	1991	1993	1995	1997	2001	2003
매우 많다	1.7	1.7	9.0	7.1	9.4	7.5	1.4
많은 편이다	11.6	15.9					14.4
약간 있다	79.3	78.7	65.7	66.5	64.4	52.0	
거의(별로) 없다			22.7	23.9	24.6	37.2	64.4
전혀 없다	7.4	3.7	2.6	2.5	1.4	3.2	6.3
모르겠다					0.2		13.5

출처: 한국언론진흥재단, 『한국의 언론인』, 각 연도 자료 정리.

한국언론연구원은 1989년부터 1997년까지는 '촌지의 수수 정도는 어
느 정도'라고 인식하느냐에 대해서만 조사했다. 즉, 실제 본인이 촌지를
받았느냐가 아니라 전체 기자들이 촌지를 받는 정도에 대한 인식을 물어
보았던 것이다. 척도가 일관되지 않아 비교가 어렵기는 하지만, 촌지를
받는 사람이 전혀 없다는 인식은 지속적으로 대단히 낮게 나타났다. 즉,
정도에는 차이가 있기는 하지만 언론인들 스스로 대체로 촌지를 받고 있
다고 보았던 것이다.

---

158) 「1991년 전국기자 여론 및 의식조사」, 『저널리즘』 24호, 1991, 300~301쪽.
159) 한중미, 「언론인의 개인적 특성이 직업윤리의식에 미치는 영향 연구」, 성균관대학교
　　석사학위논문, 1993, 31쪽.

한국언론재단의 1999년의 6회 조사부터는 취재원으로부터 받는 촌지를 금전, 선물, 향응접대, 무료티켓, 취재성 여행, 비취재 여행 등 6개 유형으로 나누어 실제 촌지를 받은 것에 대해 조사했는데, 1999년의 경우 아무 것도 받지 않은 기자의 비율을 알 수 없었다. 2001년부터는 촌지수수 정도에 대한 '인식'과 실제 촌지수수 '경험'에 대해서도 조사했다. 촌지수수에 대한 인식에서 촌지를 받은 사람이 전혀 없을 것이라는 인식이 1997년에 비해 2001년이나 2003년에 더 늘어난 것으로 나타난 것은, 촌지수수가 약간씩이나마 줄어들고 있음을 보여주는 것이다.

한국언론재단의 조사에서 실제로 어떤 형태의 촌지도 받지 않는다는 비율이 2001년 36.6%, 2003년 40.1%, 2005년 41.1%, 2007년 49.6%, 2009년 47.0%로 높아져 갈수록 촌지를 받는 언론인이 줄어든 것으로 나타났다. 2013년 조사에서는 촌지를 받지 않는 비율을 정확히 파악할 수는 없지만, 금전을 제외한 나머지 유형의 촌지수수 빈도는 다소 높아진 것으로 나타났다.

2001년에 촌지수수가 전혀 없을 것으로 인식한 경우는 3.2%였던데 반해 실제 촌지를 받지 않은 것으로 응답한 비율은 36.6%나 되었다. 2003년에 촌지수수가 전혀 없을 것으로 인식한 경우는 6.3%였던데 반해 실제 촌지를 받지 않은 것으로 응답한 비율은 40.1%나 되었다. 이런 결과를 통해 언론인들이 자신은 촌지를 받지 않는다 하더라도 다른 언론인들은 촌지를 받을 것이라고 생각하는 경우가 훨씬 더 많다는 것을 알 수 있다.

이후 촌지와 향응은 서서히 줄어들었다. 2006년의 조사에서 '최근 2년간 촌지를 받은 경우'라는 질문에 한 번도 받지 않은 기자가 78.2%, 1~2회가 14.9%여서 습관적으로 받는 기자는 거의 없는 것으로 나타났다. 촌지수수에 대한 응답에 '자기 방어적 자세'가 개입되어 실재보다 낮춰 대답했을 가능성이 있기는 하지만, 전반적으로 촌지수수가 다소 줄어든 것만은 분명하다.[160] 그러나 촌지의 전달방식이나 향응의 내용이 조금 바뀌었을 뿐이지 여전히 많은 기자들이 촌지나 향응을 대접받고 있는 것도 또한 사실이다.[161] "누구 말대로 부정한 뇌물이거나 기사에 영향을 미치는 대가성은 아니었다고 스스로 변명하면서, 때로는 '불가피한 상황' 아니냐고 자문하면서, 내키지 않는다는 듯한 자세로 촌지를" 받는 기자들이 여전히 존재하고 있을 것이기 때문이다.[162]

최근 직업윤리와 관련해 가장 큰 문제가 되는 것은 취재원에게 광고를 종용하는 경우이다. 최근 2년간 광고를 게재하도록 요구한 적이 있는지에 대한 질문에서, 기자들 중에 7.9%가 있다고 응답했다. 이렇듯 기자들 중에 광고를 종용한 경우가 많지 않은 것으로 나타났지만, 반면 홍보담당자들 중에는 57.3%가 광고 게재 요구를 받은 적이 있다고 응답해, 실제로는 기자들의 응답 비율보다 훨씬 더 높은 것으로 보인다.[163] 변상욱은 IMF이후 달라진 언론계의 풍토를 다음과 같이 평가하고 있다.[164]

> IMF위기 이후 직장을 떠난 언론인은 이제 4,000명을 넘어섰다. 지난 4월 신문의 날, 신문사 기자들을 비롯해 대부분의 직원들은 정상근무를 했다. 가뭄에 콩나듯 들어오는 광고를 하루라도 놓칠 수 없어 작업을 한 것이다. 무슨 수를 써서라도 살아남아야 하는 이 판국에 '저널리즘의 회생', '바른 언론 세우기'가 사치스럽게 여겨질 법한 상황인 것이다. 둘러보면 취재기자들이 광고유치를 위해 동분서주하는 모습도 보인다. 혹시 취재한 기사가 광고유치의 수단으로 전용되고 있는 것은 아닌지 불길한 느낌이 든다.

---

160) 남재일·송용회, 『한국 언론윤리 현황과 과제』, 한국언론재단, 2006, 68~69쪽.

161) 김영인, 『촌지』, 지식공방, 2015, 305~308쪽.

162) 전영기, 『성공한 권력』, 사회평론, 2000, 223~224쪽.

163) 남재일·송용회, 앞의 책, 112~113쪽.

164) 변상욱, 「IMF 샐러리맨으로 전락하는가」, 『신문과 방송』 1998년 7월호, 19쪽.

신문 산업이 위기에 처할수록 기자들이 광고유치까지 해야 하는 상황이 될 가능성이 높아진다. 특히 중앙종합일간지의 고연령 기자들이 이런 일을 맡게 되는 경우도 생겼다. "동아일보 콘텐츠기획본부는 부장급 기자들을 몰아넣고 공기업이나 지자체를 대상으로 홍보성 인터뷰를 시킨 뒤 협찬을 받는 식의 섹션기획을 시키는 곳이다. 당사자 입장에서 달갑지 않을 것이다. 자괴감을 느끼는 기자들도 있는 것으로 알고 있다"는 주장도 있었다.[165] 경영의 어려움에 대한 이해 때문이지 "기자들은 광고수주를 목적으로 제작하는 별지 특집이나 광고 대신 협찬이라는 형식으로 돈을 받고 기획기사를 쓰는 것에 대해서는 대체로 바람직하지는 않지만 어쩔 수 없는 측면이 있다"는 견해를 밝혔다고 한다.[166]

촌지나 향응 수수 같은 직업윤리의 문제뿐만 아니라 취재보도와 관련된 윤리 면에서도 문제가 있다. 윤리적으로 논란의 여지가 있는 취재방식을 정당하다고 보는 비율이 꽤 높게 나타나고 있다.[167] 그럼에도 한국의 윤리강령은 대체로 도덕적 문제에 가까운 기자의 직업윤리에 대한 규정이 보도윤리에 대한 규정보다 많은데, 이것은 "역설적으로 도덕적 문제인 직업윤리조차 성취되지 않은 현실이 존재하기 때문"이라고 볼 수 있다.[168] 2014년의 조사에서 언론인 중에 81.5%가 언론윤리강령을 읽어보았다고 응답했지만, 언론윤리에 대한 교육을 받은 적이 있다는 응답은 45%에 그쳤다.[169] 윤리강령의 존재를 아는 것과 실천하는 것 사이에는 여전히 큰 간극

165) 『미디어오늘』 2015.1.28.

166) 이희정, 「사주 및 경영진의 내적 통제에 대한 기자들의 인식과 대응 연구」, 연세대학교 석사학위논문, 2011, 75쪽.

167) 한국언론진흥재단, 『한국의 언론인 2013: 제12회 언론인 의식조사』, 2013, 144~145쪽.

168) 남재일 · 송용회, 『한국 언론윤리 현황과 과제』, 한국언론재단, 2006, 135쪽.

169) 김균 · 이정훈, 『디지털 시대의 언론윤리 시스템 연구』, 한국언론진흥재단, 2014, 141~149쪽.

이 존재하는 것이 현실이다. 손석춘은 "기자들 스스로 신문윤리강령을 거들떠보지도 않는다"고 하며, 윤리강령은 '사문화'되었다고 주장했다.[170]

2014년 4월 16일에 발생한 '세월호 침몰 사건' 보도는 한국 언론의 취재보도윤리의 수준을 적나라하게 드러내 보였다. 언론들은 "사실 확인 부족과 받아쓰기 보도, 비윤리적·자극적·선정적 보도, 권력 편향적 보도, 본질 희석 보도, 누락·축소 보도" 등으로 거센 비판을 듣고 불신의 대상이 되었다.[171] 기자협회가 2014년 7월 31일부터 8월 1일까지 기자들을 대상으로 조사한 결과에서 세월호 오보에 대한 언론의 책임에 대해 '적극 동의한다' 56.8%, '조금 동의한다' 33.7%로 기자들 중 90.5%가 동의하는 것으로 나타났다.[172] 사회적인 질타와 분노 속에 "현장에 있는 취재기자들이 스스로를 '기레기'라고 부르는 상황까지 갔"던 것이다.[173] 세월호 사건을 통해 언론인들은 취재보도윤리의 수준을 높여야 하는 과제를 안게 되었다.

3. 언론인의 직업정체성과 단체활동

1) 언론인의 직업 정체성

(1) 노동자의식의 부족

1987년의 6월 항쟁을 겪으면서 기자들은 언론을 향해 쏟아지는 비난 속에 자신의 현실과 역할에 대해 많은 고민을 했다. "기자라는 집단에 인

---

170) 손석춘, 『어느 저널리스트의 죽음』, 후마니타스, 2006, 188~191쪽.
171) 김서중, 「세월호 보도 참사와 근본 원인」, 『역사비평』 110호, 2015, 39~48쪽.
172) 『기자협회보』 2014. 8. 13.
173) 한국기자협회 50년사 편찬위원회, 『한국기자협회 50년사』, 한국기자협회, 2014, 215쪽.

간적 호감까지는 갖지 않는다 하더라도 최소한의 격려와 지지도 보내지 않는 집단을 만나기는 전혀 어렵지 않았다. 왜 기자들은 이렇게 적극적인 적대감정의 대상이 된 것일까? 사회적 분위기나 정치상황 같은 환경 변수에만 책임이 있는 것은 아니라고 본다"는 자성의 목소리가 나오기도 했다.[174] 이런 자성은 노조 결성으로 이어졌고, 언론인도 노동자라는 자각을 기반으로 언론자유 쟁취운동을 펼쳐야 한다는 주장을 낳기도 했는데, 박인규는 1988년에 다음과 같이 주장했다.[175]

> 피고용인, 즉 노동자로서의 기자들이 지식인으로서의 자신의 의견을 조금이라도 더 신문지면에 반영하기 위해 뭉친 것이 언론노조다. 따라서 언론노조 운동은 먼저 기자들이 자신이 노동자라는 철저한 자각 위에서 시작되어야 할 것이다. '기자=노동자'라는 인식의 바탕위에 언론노조운동은 회사 내부적으로는 공무, 판매, 관리 등 기자직 이외의 언론노동자들과의 굳건한 단결, 대외적으로는 각사 언론노조의 연대라는 방향으로 나아가야 한다고 생각한다. … 이제는 기자들의 연대에 의하여 언론소유주의 전횡으로부터 언론자유를 확대시켜야 할 때다.

박인규는 언론자유를 위해서도 기자들이 언론노동자라는 의식을 갖고, '단결하고 연대하는' 활동을 해야 한다고 주장했다. 『한국일보』 노조위원장이던 최해운이 "기자들의 다양한 재능과 개성을 노동조합이라는 '평등특성의 구조'에 묶어둠으로써 언론의 창의성·독창성이 저해된다는 부정적 측면과 자유노조 정신은 민주사회의 기초적 토대로 언론기관도 예외일 수 없으며 경제적 안정과 직업적 자유를 보장받기 위해 필요하다는 긍정적인 측면이 상호 부딪히는 논란"이 계속된다고 했던 것을 보면, 기사사회 내부에서도 노조 결성에 부정적 견해가 없지 않았던 듯하다.

---

174) 김정아, 「진실에의 열정-탈수습에의 변」, 『기자협회보』 1987.9.10.
175) 박인규, 「언론노조와 선민의식」, 『기자협회보』 1988.4.22.

기자들이 자신을 노동자로 보지 않는 인식이 이런 부정적 인식을 낳는데 영향을 주었을 것이다.[176]

손석춘은 "언론노동운동의 초기 국면에서 드러난 가장 심각한 결함 중의 하나는 많은 사람들이 지적했듯이 기자들의 '노동자 의식'의 부족이다. 물론 이것은 어제 오늘의 일이 아니라 보수적인 한국 언론의 뿌리 깊은 엘리트의식으로부터 비롯된 것으로 보아야 할 것이다"라고 주장했다.[177] 이런 주장은 노조를 결성했음에도 정작 언론인들이 스스로를 노동자라고 자각하지 못하는 경우가 많았다는 것을 잘 보여준다. 정운현은 1992년에 "하기야 선생님들도 노동자라고 주장하는 세상에 기자라고 해서 노동자라고 주장하지 말란 법은 없다. 또 이 같은 주장이 틀린 말은 아니다. 그러나 기자가 '노동자' 운운하고 나온다면 이미 '지사'나 '선비'류로 분류하긴 힘들다"고 주장하기도 했다.[178]

⟨표 V-10⟩ 경력에 따른 노동운동에 따른 평가

	전체노동운동과 같이 동맹파업	연대투쟁은 하나 동맹파업은 안 된다	연대투쟁을 해서는 안 된다	
1년	46(41.8%)	50(45.5%)	14(12.7%)	110(100%)
2~5년	46(26.7%)	94(54.7%)	32(18.6%)	172(100%)
6~10년	15(13.2%)	61(53.5%)	38(33.3%)	114(100%)
11~15년	7(9.9%)	37(52.1%)	27(38.0%)	71(100%)
16~20년	7(6.3%)	36(32.4%)	68(61.3%)	111(100%)
21년 이상	3(5.1%)	16(27.1%)	40(67.8%)	59(100%)
	124(19.5%)	294(46.2%)	219(34.3%)	637(100%)

출처: 한국언론연구원, 『언론인의 책임과 윤리: 제1회 전국기자 직업의식 조사』, 1989, 136쪽.

---

176) 최해운, 「권리 되찾기 위한 제도적 방호책」, 『기자협회보』 1987.12.10.
177) 손석춘, 「언론노동운동의 현실과 과제」, 『저널리즘』 20호, 1990, 127쪽.
178) 정운현, 「정확한 기자와 기사를 위해」, 『캔커피 세대 기자수첩-뛰면서 꿈꾸는 우리』, 나남, 1992, 64~65쪽.

다른 부문 노동운동과의 연대에 대한 인식을 통해 언론인들의 노동의
식을 파악할 수도 있다. 다른 부문 노동운동과의 연대를 중요시할수록
노동자의식을 갖고 있다고 볼 수 있기 때문이다. 〈표 Ⅴ-10〉을 보면 "경
력이 짧을수록 자신이 노동자라고 생각하는 사람들이 많았고 전체노동
운동과의 연대성을 강조하였다. 그러나 경력이 오래된 사람일수록 언론
인은 여타 노동자와 다르다는 생각이 강하게 나타났고 노동운동에 대한
평가도 부정적이었다"는 것을 알 수 있다.[179] 언론계 경력이 긴 인물들의
부정적 인식은, 남시욱이 1993년에 쓴 글에서 "좋다는 전제 아래서 볼
때 언론노조가 노동법의 보호를 받고 노동 3권을 행사하기 위해 필요한
법적 장치를 가지는 것도 당연한 현상이다. 그러다 보니 언론인 스스로
'언론노동자'를 자처하게 되었고, 그런 인식이 뿌리를 박아가고 있다. 그
것이 대세인데야 어쩔 수 없지만 그래도 필자는 '언론노동자'라는 표현에
는 한 가닥 아쉬움을 떨쳐버릴 수 없다"고 밝힌 것을 통해 잘 드러난다.[180]
한 지역일간지 기자는 "흔히들 사무·전문직 노동자들의 노동자의식
은 대체로 희박한 편이라고 얘기한다. 여러 가지 이유가 있겠으나 가장
큰 원인은 분단 이후 수립된 역대 독재정권들이 생산직에 비해 상대적으
로 나은 사회적 대우와 이데올로기 공세 등으로 사무·전문직 노동자들
을 개량화시킨 데서 찾아야 할 것이다"라고 하고, 노동자 "의식의 부재는
언론노동운동의 위상이 명확히 정립되지 못하고 있는 현실과 밀접하게
연관"되어 있다고 주장했다.[181] 사무·전문직 노동자로서 언론인의 노동
자의식이 부족하기 때문에 언론노동운동이 활성화되지 못한다는 비판적

---

179) 한국언론연구원, 『언론인의 책임과 윤리: 제1회 전국기자 직업의식 조사』, 1989,
137쪽.
180) 남시욱, 『체험적 기자론』, 나남, 1997, 27쪽.
181) 구소현, 「변혁운동으로 자리매김해야」, 『민주언론』 1호, 전국언론노동조합연맹,
1990, 225쪽.

인식도 나타났던 것이다.

1990년에 'Q-방법'을 이용한 조사에서도, 대상자 52명 중에 22명이 "일반 노동운동과의 연대 및 정치투쟁을 선호"하는 '노동운동 연대지향형' 언론인으로 나타났다.[182] 이들은 대부분 젊은 평기자들로서 나름대로 노동자의식을 가지고 있었다고 할 수 있다. 1993년 8월의 언론노련의 조사에서도 자신이 속한 계급을 묻는 질문에, 기자가 포함된 '신문1집단'(편집, 조사연구, 기타)중에 36.0%가 노동자라고 응답했고, 57.3%는 중간계급이라고 대답했다. 역시 기자가 포함된 '방송1집단'(보도, 편성, 제작부문)중에 29.6%가 노동자라고 응답했고, 60.9%가 중간계급이라고 응답했다. 기자를 제외한 영업, 관리, 기술 부분 종사자들의 경우 노동자라고 대답한 사람들의 비율이 50%를 전후했던 것과는 큰 차이가 있었다.[183]

언론의 자유가 확대되고 언론노조가 결성된 현실 속에서 언론인의 노동자 의식이 강조되었지만, 언론인의 직업정체성에 근본적인 변화가 나타난 것은 아니었다. "언론의 자유화가 언론사 간의 무한경쟁으로 변질되면서"[184] 경쟁에 내몰린 언론인의 노동자 의식도 약화될 수밖에 없었다. 2001년의 조사에서 '기자가 소속된 언론사가 강조하는 가치'를 12항목으로 분류해 5점 척도로 측적한 결과에서 '관료성'(3.57점)과 '상업성'(3.27점)이 높게 나온 반면에 '비판의식'(2.94점)과 '전문성'(2.46점)이 낮게 나온 것이 바로 이런 기자들의 인식을 잘 드러내주고 있다.[185] 이런 인

---

182) 김동민, 「한국 언론노동운동의 특성에 관한 연구」, 한양대학교 박사학위논문, 1990, 167~174쪽.

183) 「언론노동자 이렇게 생각한다−조합원 생활실태 및 의식조사」, 『민주언론』 2호, 전국언론노동조합연맹, 1994, 191쪽.

184) 이정훈 · 김균, 「한국 언론인의 직업 정체성−샐러리맨화의 역사적 과정을 중심으로」, 『한국언론학보』 50권 6호, 2006, 79쪽.

185) 박소라 · 이창현 · 황용석, 『한국의 기자노동−취재기자의 업무활동 구성과 조건』, 전국언론노동조합연맹, 2001, 104~105쪽.

식은 언론노동자로서 노동조건을 개선하고, 공정보도를 실현하기 위해 투쟁하기 어려운 현실을 반영한 것이었다.

대부분의 기자들이 노동조합 결성에 참여했지만, 이것을 보고 노동자의식을 가지고 있었다고 단정하기는 어렵다. "세계적으로 기자, PD는 화이트칼라 중에서도 전문직종으로 노동조합으로의 조직화가 쉽지 않다. 이를 두고 계급적 한계를 얘기하는 사람도 있다. 한국과 일본이 이들 직종의 조직률이 높은 이유는 아이러니컬하게도 기업별노조이기 때문이다. 물론 한국의 경우 언론민주화운동의 영향도 컸다"는 평가도 있었다.[186] 기업별노조로 출발했기 때문에 으레 노조에 참여하는 분위기가 있었고, 노조가 언론민주화 운동에 필요하다는 의식도 작용했다는 것이다.

그렇기 때문에 노조에 가입하고 있으면서도 본인이 노동자라고 생각하지 않는 기자도 적지 않았다. 언론노조 위원장을 지낸 신학림은 좌담회에서 "노동력을 제공하고 월급을 받는 모든 사람이 노동자인데, 돌이켜보면 아직도 근본적인 문제가 언론 노동자들이 자기가 노동자가 아니라고 생각하는 조합원들이 많다는 것이다. 결국 이것은 노조가 성공하느냐 마느냐는 조합원들이 노동자성을 가지느냐 못 가지느냐에 있다고 보는데, 얼마 전까지만 해도 신문사, 방송사 조합원들이 특히 기자 직종들이 자기가 노동자라고 생각하는 의식이 엷었다"고 주장했다. 또한 같은 좌담회에서 언론노조 수석 부위원장인 김순기도 "최소한 자기가 노동자란 인식을 가진 사람이 몇 명이나 되나. 반론도 있겠지만, 이런 상태에서 언론종사자들이 조합 소속이라는 점 정도만 인식하지 사회민주화에 대한 생각이 없다. 지금 언론인들에게 너는 임금노동자, 전문직노동자라고 했을 때. 동의할 수 있는 사람이 몇 명이나 있겠나. 암담하다는 얘기부터

---

186) 박강호, 『언론 산별노조』, 전국언론노동조합연맹, 1999, 61쪽.

하고 싶다"고 하며, 언론인의 노동자의식의 부재를 지적했다.[187]

　노동자의식이 부족하다는 주장에는 언론인들이 '단결과 연대'를 통해 노동조건을 개선하고 공정보도를 실현하기 위해 활동하려는 의지가 부족하다는 의미가 담겨 있다. 2007년에 언론노조 위원장이던 최상재가 "언론인들이 '우리는 노동자' '언론노동운동은 우선 노동운동'이라는 인식을 가져야 한다"고 주장했던 것은 바로 이런 현실을 잘 보여준다.[188] 『기자협회보』가 '우리의 주장'을 통해 '기자도 노동자다'라고 외치며 언론노동자들의 '단결된 힘'을 강조했던 것은 그만큼 언론인들의 노동자의식이 부재한 현실을 반증하는 것이었다.[189]

(2) 전문직으로의 변화에 대한 회의

　1988년 이후 언론사 사이의 경쟁이 치열해지면서 언론인의 전문화에 대한 관심이 높아졌고, 그 결과 기자가 전문직이라는 응답도 비교적 높게 나타나는 경향을 보였다. 그러나 언론인들은 대체로 '전문직'(profession)과 '전문성'(specialty)의 개념을 다소 혼용해 인식하는 경향이 있다. 이상기는 전문직이란 무엇이라고 생각하는가 하는 질문에 대해 언론인들이 "대중들이 알고 있는 일정 수준 이상의 지식과 훈련을 통해 오랜 시간 경험을 쌓고 그로 인해 경제적 우위나 사회적 영향력을 행사할 수 있는 직종을 전문직이라고 인식하고" 있었다고 밝혔다.[190] 언론인들의 응답에서 자율성이나 윤리의식에 대한 인식은 거의 나타나지 않고, 전문화만을 근거로 자신들의 직업이 전문직이냐 아니냐를 판단하는 경우가 많았다는 것이다.

---

187) 새언론포럼, 『현장기록, 신문노조 민주화운동 20년』, 커뮤니케이션북스, 2009, 204~205쪽.

188) 『기자협회보』 2007.9.12.

189) 『기자협회보』 2013.11.13.

190) 이상기, 『언론인 전문직화 강화방안 연구』, 한국언론진흥재단, 2010, 28~41쪽.

기자협회가 실시한 조사에서 '기자가 전문직'이라는 진술에 '그렇다'는 응답이 1990년 조사에서 85.7%가,[191] 1993년 조사에서 78.5%가,[192] 1994년 조사에서 73.9%로 나타났다.[193] 기자들이 '전문직'을 무엇이라고 생각했는지가 명확하지는 않지만, 이 조사에 응답한 기자들도 대체로 전문직은 곧 전문성이 있는 직업이라고 인식했을 가능성이 크다. 1990년대 중반으로 갈수록 '전문직'이라는 응답 비율이 떨어진 것은, 언론사 사이의 경쟁이 치열해지면서 언론이 사회적 역할을 제대로 하고 있지 못하다는 의식을 드러낸 것이었다. 기자협회가 2000년에 실시한 조사에서 기자가 전문직이라는 응답은 59.2%로 1994년에 비해 대폭 떨어진 것으로 나타났다. IMF를 거치면서 기자가 전문직이라는 인식이 크게 줄어들었던 것만은 분명하다. 또한 이 조사에서 언론계 경력이 짧을수록 전문직이라고 응답한 비율이 낮게 나타난 것은 젊은 기자일수록 전문직으로서의 기자에 대한 자부심을 갖고 있지 못하다는 것을 보여준다.[194]

그럼에도 기자의 거의 대부분이 재교육이 필요하다고 응답했던 것은, 전문화나 전문직에 대한 기자들의 관심이 높았다는 것을 보여준다. 한국언론진흥재단의 조사에서 '재교육이 필요하다'는 응답이 2003년 97.9%, 2005년 97.4%, 2007년 97.0%, 2009년 98.1%으로 꾸준히 높게 나타났고, 2013년에도 1,527명 중에 96.1%가 '재교육이 필요하다'고 응답했다.[195] 그러나 이렇듯 2000년대 이후 계속 거의 대부분의 기자들이 재교육이 필요하다고 응답했던 것은, 그만큼 전문화의 필요성에 대한 기자들의 인식은 높아졌음에도 실제로 재교육은 제대로 이루어지지 않았던 현

191) 「1990년 전국기자 여론 및 의식조사」, 『저널리즘』 20호, 1990, 173쪽.
192) 「제3차 기자의식 및 여론조사」, 『저널리즘』 29호, 1993, 363쪽.
193) 「제4차 기자의식 및 여론조사」, 『저널리즘』 33호, 1994, 283쪽.
194) 『기자협회보』 2000.11.2.
195) 한국언론진흥재단, 『한국의 언론인 2013: 전국 언론인 의식조사』, 2013, 149쪽.

실을 보여준다고도 할 수 있다.

미디어 환경의 변화 속에 기자들의 전문성은 더욱 절실해졌다. 채민기는 "넘쳐나는 정보와 뉴스 속에서 돋보이는 콘텐츠를 만들어내려면 그만큼 돋보이는 식견"을 가져야 하기 때문에 "오늘날 기자들이 전문가가 되기를 요구받고 있다"고 주장했다.[196] 다른 현직 기자도 "전문성을 갖춘 기자가 늘어난다면 결국 회사 브랜드 가치 상승으로 이어질 것이고, 조직으로서도 바라는 바가 아닐 수 없다. 하지만 진로에 대한 대답을 다른 길에서 찾는다면 업무에 쏟아야 할 시간을 결국 개인적 일에 쏟아 붓는 결과가 되기 때문에 조직으로서는 바람직하지 못할 수 있다"고 주장했다.[197] 이런 주장은, 전문성을 강화하는 것이 언론사나 기자 모두에게 유익할 수 있지만 현실에서는 전문화를 위한 시도를 하기 어렵다는 점을 토로한 것이다.

2003년에 실시된 조사에서 기자협회가 더욱 노력을 기울여야 할 부분에 대한 질문(복수응답)에서 가장 많은 응답자(67%)가 '회원 전문성 제고를 위한 교육 · 연수 확대'를 들었는데,[198] 김영욱은 "나는 이것이 전문직주의에 대한 관심 때문이라고 생각한다"고 주장했다.[199] 2014년의 조사에서도 기자협회가 더욱 노력을 기울여야 할 분야로 '회원 전문성 제고를 위한 교육 및 연수'를 꼽은 기자가 30.2%로 가장 많았다는 것도 전문성 향상에 대한 기자들의 높은 관심을 잘 나타내준다.[200] 2003년의 조사가 복수응답을 한 것이기 때문에 2003년과 2014년 모두 기자 중에 약 30% 정도가 전문성 제고를 기자협회의 가장 중요한 업무로 보았던 것

---

196) 채민기, 「5년차 기자가 바라본 기자의 정체성」, 『신문과 방송』 2012년 8월호, 49쪽.

197) 송상근, 「기자 집단 변화에 대한 구성원의 의식연구」, 연세대학교 석사학위논문, 2007, 55쪽.

198) 『기자협회보』 2003.8.13.

199) 김영욱, 「의식조사 결과를 보고」, 『기자협회보』 2003.8.13.

200) 『기자협회보』 2014.8.13.

이라고 할 수 있다. 언론자유가 확대되고 언론노조가 생기면서, 기자협회가 언론자유수호나 권익옹호보다는 자질향상을 위한 활동에 더 큰 관심을 기울이기를 바라는 기자들의 인식이 반영될 결과일 수도 있다. 그러나 2004년에 대한언론인회가 서울지역 언론인을 대상으로 실시한 조사에서, 언론인들의 가장 심각한 문제로 '전문성 부족'을 꼽은 사람들이 30.1%로 가장 높게 나타났던 것을 보면, 많은 언론인들이 전문성 향상의 필요성을 절감하고 있었다는 것을 알 수 있다.

기자협회장이던 김경호는 "모든 기자는 '공부하는 기자'가 돼야 한다. 매일 밤 술 먹고 전문성 갖춘 기자가 탄생할 수 있을까. 바꾸어야 한다. 모든 기자가 한 명당 전문 영역을 갖춰 평생 그것을 갖고 갈 수 있는 지도를 그려야 한다. 10년차까지 여러 부서 경험 후 자신에게 맞는 분야를 찾았으면 좋겠다는 것이 선배로서 하고픈 충고이기도 하다"라고 하며 전문화의 필요성을 강조했다.[201] 한 기자는 "언론사 자체는 이전만큼 영향력은 줄어들고 한편으로 전문성을 가진 기자들이 많아지고" 있고, "직업만족도는 떨어지는 반면에 일부는 자신의 전문성을 키우려는 경향성이 나타나고 있는 것" 같다고 주장했다.[202] 언론사 사이의 치열한 경쟁 속에 언론의 위상이나 언론인의 직업 만족도가 떨어지고 있음에도 언론인들은 전문화의 필요성을 느끼고 있다는 것이다.

언론인들이 전문화의 필요성을 느끼게 된 것은 언론인의 사회적 역할이 바뀌고 있다는 인식과 관련이 있다. 박대호는 "예전에는 지사, 즉 국가와 사회를 위해 한 몸 바치려는 사람이 기자를 했다. 따라서 일의 사회적인 의미가 기자에겐 가장 중요했다. 그러나 지금은 과거와는 다르다. 그

---

201) 강혜주, 「인터뷰—김경호 신임 한국기자협회장」, 『신문과 방송』 2008월 1월호, 117쪽.
202) 주정민·양용희·박종률, 『언론인 복지 증진을 위한 정책방안 연구』, 한국언론진흥재단, 2012, 77쪽.

저 이 일이 좋아서, 어떤 특정 분야에 관한 한 전문적인 평자가 되고 싶어서 등이다. 그래서 기자의 일에 사회적인 의미를 부여하는 것은 진부할지도 모른다"고 주장했다.[203] 2009년의 조사에서 취재보도의 원칙으로 '사실의 정확한 취재'가 3.77점, '중립적인 보도자세 견지'가 3.26점으로, '정부정책을 비판적으로 파고들기' 3.12점, '사회 현안에 대한 적극적인 자기주장' 2.45점보다 더 높게 나타나는 등 전반적으로 '전달자' 역할에 대한 인식이 '비판자'나 '해설자' 역할에 대한 인식보다 더 높은 것으로 나타났다.[204] 과거와는 달리 이제 기자들은 '특정한 분야에 대한 전문적인' 지식과 유능한 '정보 전달자'로서의 역할을 더 중요시하는 경향을 보였다.

　기자의 전문화와 함께 전문기자 제도의 도입도 추진되었지만, 큰 성과를 거두지는 못했다. "편집국에서 전문기자를 자청하는 사람이 거의 없다. 우리나라에서 기자가 되어서, 부장이나 국장 직함을 달아야 알아주는 사회이기 때문에, 그런 것을 목표로 하는 사람들이 있다. 그리고 전문기자가 되고자 하는 사람도 별로 없다"는 게 기자들의 솔직한 생각이었기 때문이다.[205] 이와 같은 의식이 지배적인 현실에서 기자들이 자신들을 전문직으로 생각했다고 보기는 어렵다. 김동섭 『조선일보』 보건복지 전문기자는 다음과 같이 주장했다.[206]

　　어떤 선배들은 "기자는 전문가일 필요가 없고, 전문가들이 말하는 것을 잘 소화시킬 능력만 있으면 된다"고 주장한다. 하지만 기자는 남의 말만 대필하는 수준이 아니라 독자적으로 판단할 역량을 가지는 게 중요하다. 기자들

---

203) 박대호, 「기사'로 진짜 권위를 만들자」, 『기자가 말하는 기자』, 도서출판 부·키, 2003, 38~39쪽.

204) 황치성·송상근·정완규, 『언론인의 직업 환경과 역할 정체성』, 한국언론재단, 2009, 60~68쪽.

205) 오수정, 『한국의 전문기자』, 한국언론재단, 2000, 124쪽.

206) 김동섭, 「전문기자의 역량이 언론의 미래 이끈다」, 『관훈저널』 130호, 2014, 24~25쪽.

이 생각하는 주요한 주제를 전문가들이 관심을 갖지 못하거나 관심을 두지 않는 경우도 많기 때문이다. 전문가들이 모르는 현장의 시각을 독자적으로 해석하고 설명할 실력을 갖추는 게 중요하다. … 보직에 연연하는 기자보다 전문성을 살리는 기자들이 많아질 때 외국처럼 백발이 성성한 기자들도 나오게 되는 것이 아닐까.

김동섭의 주장은 '보직에 연연하는' 기자들이 많은 것이 한국 언론계의 현실이라는 점을 잘 보여준다. 신문산업 환경의 변화로 인해 "언론사들이, 언론인들이 축적한 전문기술을 이용하기보다는 관리직으로 전환해 이들이 취재현장에서 쌓은 인맥을 이용해 광고영업을 하는 사례가 늘고 있는" 현실에서 부장이나 국장으로 승진한 언론인의 경륜이 전문성으로 연결될 가능성은 별로 없다.[207] 언론인이 대부분 승진에 목을 매고, 정작 편집 간부가 되어서는 그동안 쌓아 온 전문성을 살리지 못하는 현실에서 전문성의 강화가 이루어질 수는 없다는 것이다. 언론계의 연륜이 쌓일수록 '탈전문화'되는 현실에서 기자가 전문직이라고 주장하기는 어려울 것이다.

한국의 기자가 전문직으로서의 정체성을 갖기 어려운 데는 한국 언론인의 특수한 전통의 영향도 없지 않다. 강명구는, 한국의 언론인이 "사회에 대해 정확한 사실과 다양한 의견의 존재를 알리는 '전달자'로서의 역할보다는 스스로가 사회의 나아갈 길을 알리고 가르치는 '계몽자'로서의 성격이 강했다"고 평가했다.[208] 외신 기자인 지정남도 "한국 기자들은 대체로 '뉴스를 전달하는 직업인'으로 기자를 규정하면서도, 한편 자신들이 독자를 계도 · 계몽해야 할 책임도 아울러 가졌다고 믿고 있는 듯하다. 반면 외신 기자들은 '뉴스를 공정하게 전달하는 것'만이 자신들의 임무라

207) 최석현 · 안동환, 「한국 신문언론노동의 숙련구조 변동과 전문직화에 대한 탐색적 접근」, 『한국언론정보학보』, 57호, 2012, 101쪽.

208) 강명구, 「훈민과 계몽: 한국 저널리즘은 왜 애국적인가」, 『저스티스』 통권 134-2호, 2013, 515~516쪽.

고 믿는 사람들이다. 이 차이는 대단히 중요하다. 외신 기자가 철저하게 직업인이라면 한국 기자들은 일종의 특권 의식을 갖고 있는 셈이다. 특권 의식을 갖고 있으면 기사에 의견이 들어가기 쉽다"고 주장했다.[209]

이런 지적을 통해 지사적 언론인의 전통이 '권력에 대한 저항과 비판'이라는 긍정적인 영향도 주었지만, 일종의 '특권의식'을 갖게 만드는 부정적인 유산을 남겼다는 점도 알 수 있다. 낭만적인 생활태도나 정치적인 언론활동을 당연한 것으로 바라보는 경우도 있어서, 보수논객인 김대중은 "그때의 기자들에게는 기자정신이 있었다. 그때의 기자들은 봉급이 낮아도, 심한 경우 없어도 일했다"고 하며, "내가 아는 모든 기자들은 기자를 기능인으로 보지 않았다. '겉멋'이라고 해도 좋지만 스스로 '선비'인 양 했다"고 주장하기도 했다.[210] 또한 때로는 언론윤리에 소홀하게 만들기도 했는데, 허영섭은 "불의한 권력에 맞서 싸우다 보니 자신의 사소한 결점은 돌아볼 겨를이 없었던 지난 시대의 유물"이라고 비판하기도 했다.[211] 즉, '지사적 언론인'을 내세우며 "사회적 책임을 무한대로 가정하고 실천"하자고 하면서도, 정작 언론 현실에서 필요한 구체적 직업윤리에는 소홀했던 경향이 있었던 것이다.[212]

1990년대 이후에도 기자들이 전문화의 필요성은 인식하면서도 전문성을 별로 향상시키지 못했고, 자율성이나 윤리의식도 크게 개선하지 못하고 있는 것이 현실이다. '방송 저널리스트(기자 193명, PD 119명)의 전문직주의' 인식에서 '사회적 봉사' 4.38, '공정성 노력' 4.14, '자기노력'은

---

209) 지정남, 「신속·공정·정확—기자의 본령에 충실한 사람들」, 『기자가 말하는 기자』, 부·키, 2003, 131쪽.

210) 김대중, 「오늘의 잣대로 선배를 폄하 말라」, 김대중·조갑제 외, 『우리는 매일 저녁 7시에 죽는다』, 사회평론, 1997, 292쪽.

211) 허영섭, 「'기자근성'이라는 것」, 『관훈저널』 85호, 2002, 94쪽.

212) 남재일, 「직업이데올로기로서의 한국 언론윤리의 형성과정」, 『한국언론정보학보』 50호, 2010, 89~90쪽.

3.99인데 반해 '자율성'은 3.58로 나타난 것을 보면, 언론인들이 자율성을 제대로 누리지 못하고 있다는 것을 알 수 있다.[213] 남시욱은 "언론사들의 '이념투쟁'이나 '경영위기'가 전문직으로서의 언론인의 직업정체성을 확보하기 어렵게 만들었고, 그 결과 "전문직을 지향하는 직업언론인으로서의 자긍심과 책임의식 저하"가 나타났으며, 이는 '한국언론인에게 가장 큰 위기'라고 주장했다.[214] 이런 현실에서 기자들이 전문화의 필요성을 느끼는 정도에 그쳤을 뿐이지, 사실상 기자가 전문직이라는 인식을 명확히 가지고 있었다고 보기는 어렵다.

(3) 자사이기주의 풍토 속의 '샐러리맨'으로의 변화

1987년 6월 항쟁 이후 민주화가 이루어지면서 언론인들은 권위주의 정권 시절 언론의 잔재를 청산해야 한다는 의식을 보여주었다. 이우호는 과거 군사정권에서 언론인 출신들이 언론인을 탄압하는 역할에 앞장섰다고 하며, "기자(棄者=해직기자)를 양성해 낸 뒤 패자(覇者=굴레(覇)를 씌우는 사람)로 오랫동안 군림해" 온 사람들에 대해 "권력의 달콤한 꿀을 찾아 끝없이 유랑하는 기자 아니 패자들은 반드시 기자들의 손에 의해 추방돼야 한다. 기자와 기자가 싸우는 비극, 기자사회에 투사가 양산되는 비극"은 끝내야 한다고 주장했다.[215] 1980년대 중반 "그 즈음 언론사에 들어 온 기자 중 상당수는 재야나 운동권에 끝까지 동참해 주지 못한 미안함을 갖고 있었기" 때문에[216] 1988년 이후 언론의 잘못된 과거 청산에

---

213) 김연식, 「방송 저널리스트의 전문직주의 인식에 관한 연구」, 『언론과학연구』 14권 2호, 2014, 17~18쪽.

214) 남시욱, 「언론의 위기와 직업언론인의 책무」, 『관훈저널』 통권 113호, 2009, 106~107쪽.

215) 이우호, 「정치기자 시대의 종언」, 『기자협회보』 1988.11.18.

216) 이영성, 『외눈박이 시대의 외눈박이 기자』, 커뮤니케이션북스, 2008, 12쪽.

적극성을 보이는 경우가 많았다.

그러나 언론 자유가 확대되고 치열한 경쟁이 전개되면서 이런 시도들이 별 성과를 거두기 어려운 상황이 되었다. 김주언은 "1987년 6 · 10항쟁 이후 민주화가 진전되고 언론자유가 향상되면서 기자들은 더 이상 '지사적 언론인'을 포기하게 됐다. 언론사 간의 경쟁이 극심해지고 경영이 어려워지면서 기자들도 경영논리에 휩쓸려 자사이기주의에 함몰될 것이다"라고 주장했다.[217] 1990년대 이후 언론사들의 상업적 경쟁이 과열되면서 '자사이기주의'가 심화되었고, 이에 따라 언론인들이 "언론인 또는 노동자라는 신분이 아니라 자신이 소속한 언론사의 이해관계"에 따라 활동하는 경향을 보였다.[218] 여기에서 '자사이기주의'란 "언론사 내부의 구성원들이 각 신문, 방송사의 테두리를 벗어나지 못하고 있는 현실을 반영하는 것으로서, 언론노동자들이 자신은 어느 신문 소속이라거나 어느 방송 소속이라는 사실을 과도하게 인식하고 있는 현상"을 뜻했다.[219]

기자협회의 1991년의 조사에서 기자들은 기자사회의 가장 심각한 문제로 59.0%가 '과로 · 건강 악화'를 들었고, 52.4%가 '자사이기주의'를 꼽았다. 이렇듯 1위와 2위로 나타난 것들이 모두 신문사들의 무한경쟁으로부터 비롯된 것들이었다. 신문사 간의 과당경쟁으로 노동조건이 악화되고 노동 강도가 상승되었으며, 철저하게 자신들 회사의 이익 위주로 기자들이 활동하게 되었다는 것을 드러내 주었다.[220] 1993년에는 '과로 · 건강 악화'를 든 비율이 75.9%로 높아졌고, '자사이기주의'를 꼽은 비율도

217) 김주언, 「기자의 날을 맞는 소회」, 『언론자유와 기자의 날』, 한국기자협회, 2006, 83쪽.
218) 이원락, 「언론노동운동11년-그 영욕의 시간과 앞으로서의 과제」, 『저널리즘』 40호, 1999, 124~125쪽.
219) 손석춘, 「한국 언론노동운동의 현황과 정책 방향」, 『민주언론』 3호, 전국언론노동조합연맹, 1996, 80쪽.
220) 「1991년 전국기자 여론 및 의식조사」, 『저널리즘』 24호, 1991, 307쪽.

63.9%로 올라갔다.[221] 1994년에는 '과로·건강 악화'를 든 비율이 74.8%로 나타났고, '자사이기주의'를 꼽은 비율도 61.8%로 나타나 전년도와 비슷한 수준을 유지했다.[222]

1997년의 IMF로 인해 많은 언론인들이 언론계를 떠나게 되면서 언론인들의 직업의식에 큰 변화가 나타나기 시작했다. 함경옥은 "80년대 말까지도 언론인들은 지성과 명예를 동시에 가진 인기 직업군에 속했었다. 그러나 IMF 사태를 거쳐 뉴밀레니엄 시대인 21세기에 접어들어 기자들의 인기는 경제논리에 밀려났다"고 하며 이제 언론인들이 '신념보다는 경제논리'에 따라 움직인다고 비판했다.[223] 1990년대 말에 한 기자는 다음과 같이 자신의 고민을 일기장에 기록하고 있다.[224]

> 한 알의 밀알이 되겠다고? 내가 열심히 진실을 알리려 현장에서 노력한다면 그래도 세상은 조금 변하지 않을까. 이것 역시 집착인가. 그래봤자 변하는 것은 아무것도 없다. 진실은 세상에 그렇게 쉽게 알려지지 않으며 나는 단순히 거대한 기계 속에서 돌아가는 톱니바퀴일 뿐이다. 이것을 인정하지 않으면 내 마음만 괴롭다.

IMF로 언론사의 경영상 어려움이 커지면서 자사이기주의가 더 강화되었고 이제 기자들은 자신을 '거대한 기계 속에서 돌아가는 톱니바퀴'처럼 느낄 정도가 되었다. 강준만은 "경제 위기로 인해 일부 언론사의 파산까지 거론되고 있는 최악의 상황에서 언론인들의 자사이기주의는 더욱 강해질 가능성이 높다"고 주장했다.[225] 나아가 "살인까지 서슴지 않는 신문

---

221) 「제3차 기자의식 및 여론조사」, 『저널리즘』 29호, 1993, 352쪽.
222) 「제4차 기자의식 및 여론조사」, 『저널리즘』 33호, 1994, 276쪽.
223) 함경옥, 「시대정신, 그 이후는」, 『기자가 말하는 기자』, 도서출판 부·키, 2003, 237쪽.
224) 허문명, 「386 기자의 90년대 현장일기」, 『저널리즘』 40호, 1999, 166~167쪽.
225) 강준만, 『한국의 언론인』1, 인물과 사상사, 1999, 49쪽.

경쟁 속에서 신문노동자들은 노동조건 개선보다 생존과 경쟁 승리가 우선이라는 회사측 논리를 차츰 수용하게 되었다"는 주장도 나왔다.[226] IMF로 나타난 이런 변화를 보며, 변상욱은 "이제는 먹고 살기 위해 조직과 사주의 손짓에 따라 소신없이 맹종하는 IMF 샐러리맨이 되어 있지는 않은가 자문해 볼 일"이라고 비판하기도 했다.[227]

IMF로 인해 나타난 변화들의 영향은, 언론인들을 상대로 한 의식조사를 통해서도 확인된다. 직업만족도 조사에서 '만족하고 있다'는 비율은 1989년의 38.4%에서 2009년에는 31.8%로 떨어진 반면에 '후회하고 있다'는 비율은 1989년의 6.2%에서 2009년의 9.3%로 높아진 것으로 나타났다. 또한 전직 의사도 '매우 많다'와 '많은 편이다'를 합친 것이 1989년에 11.1%였던 것이 2009년에 28.8%로 늘어난 것으로 나타났다.[228] 2007년에 한 기자가 "떠나는 사람들을 바라보면서, 기울어가는 타이타닉에서 나도 어서 탈출해야 할 텐데 하는 조바심을 갖는 기자들이 많다"고 했던 것을 통해 언론인들의 직업만족도가 떨어지고 전직의사가 높아지는 현실을 잘 이해할 수 있다.[229] 지사주의는 물론 노동자의식과 전문직주의도 제대로 실현할 수 없는 현실이 되면서, "지사나 전문직의 자부심은 사라진 지 오래고, 빈자리를 샐러리맨이라는 생활인의 모습이 차지한다"는 비판이 나왔다.[230] 또한 "치열한 경쟁체제 속에서 일하는 요즘 기자들은 전통적인 이미지인 '선비 같은 언론인' 그리고 '사회의 엘리트'란 기자의 이미지를 이상

226) 전국언론노동조합연맹, 『언론노련 10년사』, 전국언론노동조합연맹, 1999, 195쪽.
227) 변상욱, 「위기의 저널리즘: IMF 샐러리맨으로 전락하는가」, 『신문과 방송』 1998년 7월호, 19쪽.
228) 한국언론재단, 『한국의 언론인 2009: 제11회 기자의식조사』, 2009, 208~212쪽.
229) 송상근, 「기자 집단 변화에 대한 구성원의 의식연구」, 연세대학교 석사학위논문, 2007, 54쪽.
230) 황치성·송상근·정완규, 『언론인의 직업 환경과 역할 정체성』, 한국언론재단, 2009, 102쪽.

향으로만 받아들인다. 이들은 오히려 '과중한 취재보도 업무에 시달리는 평범한 임금노동자'라고 인식하는 경우가 많다"는 고백도 있었다.[231]

언론 현실이 어려워지면서 2000년대 이후 언론인들이 '샐러리맨'이 되고 말았다는 자조와 비판이 쏟아져 나왔다. 이상헌은 "타사 연봉에 신경을 곤두세우면서 '받는 만큼 일한다'는 정말 샐러리맨다운 사고방식이 팽배해져가고 있는 현실에 놀라기도" 한다고 밝혔다.[232] 안수찬은 "숭고한 꿈은 오간 데 없고 결국 욕망만 남아 이상한 괴물이 돼 버린 월급쟁이 언론인은 이미 너무 많다"고 지적했다.[233] 박수택은 "기자들이 언론인으로 가져야 할 사회적 사명감과 소명의식, 책임감보다는 단순히 언론기업 종사자나 사원으로 의식하고 행동하는 경우가 많"다고 비판했다.[234] 김규원은 "기자는 '회사인'이 되지 말아야 한다. 어떤 의미에서 회사는 기자의 무덤이다. 회사인이 되는 것은 기자로서 가져야 할 여러 덕목을 포기하는 결과를 낳을 수도 있다"고 주장했다.[235]

안종주는 '샐러리맨' 가운데도 최악은 '마름형'이라고 하며, 마름형 언론인들은 "자신에게 월급을 주는 사주에게 충성"을 바치고, "이들의 관심은 사주의 눈밖에 나지 않는 것이고 사주의 불행을 자신의 불행처럼 여긴다"고 비판했다.[236] 정운현은 이제 "공익이나 사회정의보다는 사주나 자사의 이익을 대변하는 사적 역할에 함몰된 기자가 늘어났다"고 주장했다.[237] 기자협회장이던 이상기는 "사실 기자들은 처음 기자로 입문할 때는

---

231) 김헌식, 「기자들이 다양해졌다」, 『관훈저널』 91호, 2004, 17쪽.
232) 이상헌, 「기자인가, 샐러리맨인가」, 『신문과 방송』 2001년 12월호, 24쪽.
233) 안수찬, 『기자 그 매력적인 이름 갖다』, 인물과 사상사, 2006, 5쪽.
234) 박수택, 「언론, 누구를 위해 존재하는가」, 『관훈저널』 121호, 2011, 16~17쪽.
235) 김규원, 「취재보도방식의 변화와 현장기자의 역할」, 『신문과 방송』 2012년 8월호, 45쪽.
236) 안종주, 「세무조사와 언론인의 자화상」, 『관훈저널』 80호, 2001, 249쪽.
237) 정운현, 「특권의식을 버려라」, 『기자가 말하는 기자』, 부ㆍ키, 2003, 299쪽.

어느 회사 소속으로 입사하지만 대부분 '대한민국 기자'란 자부심을 갖고 있습니다. 그러나 2~3년이 채 안 돼 소속사의 이해를 관철시키는데 충실한 '회사원'으로 변해 버린 자신을 발견하게 됩니다"라고 비판했다.[238]

언론인이 '샐러리맨', '회사원', '월급쟁이'가 되었다는 비판의 핵심은, 언론인이 공적인 사명감과 사회적 책임의식보다는 언론사나 언론사주의 이익과 입장을 대변하는 역할을 주로 하게 되었다는 것이다. 따라서 과거의 '샐러리맨화' 주장이 단순히 언론인의 '무력감'을 표현한 것이었다면, 1990년대 말 이후의 '샐러리맨화'에 대한 비판은 언론인이 '자사이기주의의 포로'가 되었다는 의미를 담고 있었다. 언론인이 자신이 소속된 언론사의 '경제적 이익'이나 '정파적 목적'을 위해 나서는 현실을 비판하면서 샐러리맨이라는 표현이 사용되었다.

언론사의 경영이 어려워지면서 기자들이 취재보도 이외의 활동에도 관심을 가져야만 하는 상황이 되었다. "기자가 기사 이외의 일에 신경을 써야 한다는 상황이 발생하고 있습니다. 정도의 차이가 있지만 그렇다 보니 취재원과의 관계에서 회사의 이익을 위해서 일하는 사람으로 비춰지고 있습니다. 그럴 경우에 기자가 느끼는 자존심에 타격을 받는다고 생각합니다"라는 고백은 '샐러리맨'으로서의 기자가 느끼는 고통을 잘 드러내고 있다.[239] 또 다른 기자도 "국가나 자본이 워낙 견고해 신문도, 이를 테면 심지어 진보매체까지도 광고 노예가 됐잖아요. 사실, 기자 스스로가 내가 기자인지 영업사원인지 헷갈릴 정도로 거기서 느끼는 괴리감, 좌절감이 크지요"라고 밝히기도 했다.[240]

---

238) 이상기, 『요즘 한국기자들』, 깊은 강, 2004, 244쪽.

239) 주정민·양용희·박종률, 『언론인 복지 증진을 위한 정책방안 연구』, 한국언론진흥재단, 2012, 78쪽.

240) 심재철·박종민·이완수, 『신문사 퇴직기자의 이차직업과 직업경로 연구』, 한국언론진흥재단, 2010, 61~62쪽.

또한 언론인이 '샐러리맨'이 되면서 언론사의 입장을 대변한다는 것은 곧 언론사 사이의 정파적 대립에 내몰린다는 것을 의미하기도 했다. 이상기는 "최근 언론사간 벌어지고 있는 상황은 실체적 진실을 가리기보다 이념을 앞세운 저열한 자사이기주의에 다름 아닌 경우도 적지 않다"고 주장했다.[241] 실제로 자신이 몸담고 있는 언론사가 비판을 받으면 대부분의 언론인들이 무조건적으로 자사의 입장에 동조하는 경향을 보이기도 했다. 최장원은 "내가 소속된 조직이 변명할 기회조차 없이 일방적으로 공격받는 데 대한 방어적 자세가 나를 변화시켰는지도 모르겠다"고 밝히기도 했다.[242] 또 다른 기자는 "그 후 노무현 정권 5년 동안 핍박당한 경험이 쌓이면서 일선 기자들에서도 보수 단일화가 이뤄졌다. 이젠 술자리에서 좀 (회사 방침에) 비판적인 얘기를 해도 다들 싫어한다"고 밝혔다.[243]

『한겨레』 논설위원을 지낸 김지석은 "많은 쟁점에서 우리나라 언론은 민주적 해결을 추구하기보다 상대를 공격해 증오를 증폭시키고, 철저하지 못한 사실을 허술한 논리로 포장해 국민을 선동한다"고 주장했다.[244] 『동아일보』 논설위원을 지낸 김창혁은 "노무현 정권을 거치면서 신문 칼럼들엔 증오의 빛이 번들거렸다"고 하며, 자신의 "글들도 점점 사나워져 갔다"고 표현했다.[245] "보수언론의 기자들은 진보언론의 정파성이 이념적 성격의 것이라고 보는 반면, 진보언론 기자들은 보수언론의 정파성이 정치적 편향성에서 기인한 것이라는 인식을 갖고" 있는 것으로 나타났

241) 이상기, 『요즘 한국기자들』, 깊은 강, 2004, 206쪽.
242) 최장원, 「김일성에서 전교조, 이한열까지」, 『캔커피 세대 기자수첩─뛰면서 꿈꾸는 우리』, 나남, 1992, 180쪽.
243) 이희정, 「사주 및 경영진의 내적 통제에 대한 기자들의 인식과 대응 연구」, 연세대학교 석사학위논문, 2011, 81쪽.
244) 김진석, 『시대의 과제에 맞섰는가』, 커뮤니케이션북스, 2008, 13쪽.
245) 김창혁, 『동굴 속 기자의 초상』, 커뮤니케이션북스, 2008, 5쪽.

다.[246] 이런 현실은 "기자집단이 기자정신에 충실한 전문직이며 동시에 지식인인 기자로서의 정체성보다는 소속 언론사의 종업원으로서의 정체성을 강하게 드러"냈고, 정파적 대립 속에 이제는 "소속회사의 종업원 정도가 아니라 권력게임에 참여하는 컬트집단에 근접해 가고 있다"는 평가를 낳았다.[247] 방송사의 경우에는 '정치적 종속의 결과'로 나타나는 '보도국의 정파적 분열'이 언론자유의 위축과 불공정보도라는 문제를 낳기도 한다.[248] 이렇듯 전반적으로 경영의 위기 못지않게 정파적 대립이 언론인의 '샐러리맨'적 속성을 강화하는 데 큰 영향을 주었던 것이다.

2) 언론인의 단체활동

(1) 언론노조의 결성과 기자협회의 변화

1987년의 6월 항쟁 이후 민주화 요구가 확산되고 7월부터 9월까지 노동운동이 폭발적으로 진행되면서 언론인의 자성의 움직임들이 나타나기 시작했고, 이러한 움직임은 언론노조의 결성이라는 구체적 활동으로 발전하게 되었다. 6월 항쟁 이후 기자들은 사회민주화의 추세 속에서 더 이상 '제도 언론'의 오명을 쓰지 않게 하기 위해서는 조직적인 언론운동이 필요하다는 데 의견을 모았고, 이를 구체화하기 위한 방안을 모색했는데, 다음과 같은 두 가지 방안이 논의되었다.[249]

하나는 기존 기자들의 조직체인 기자협회를 중심으로 언론민주화를 추진하

---

246) 김사승·채희상, 「뉴스생산 관행분석을 통한 정파성 뉴스생산 이해」, 『한국 언론의 정파성』, 한국언론재단, 2009, 143~144쪽.
247) 강명구, 「한국 언론의 구조변동과 언론전쟁」, 『한국언론학보』 48권 5호, 2004, 337~338쪽.
248) 최영재, 「공영방송 보도국의 정파적 분열, 민주화의 역설, 정치적 종속의 결과」, 『커뮤니케이션 이론』 10권 4호, 2014, 496~502쪽.
249) 전국언론노동조합연맹, 『언론노련 10년사』, 전국언론노동조합연맹, 1999, 24~25쪽.

자는 것이었고, 다른 하나는 언론노조를 결성해 활동하자는 것이었다. '기자
협회 강화론'은 노조활동이 본격적으로 경제적 이익 추구를 첫째 목표로 하
며, 언론노조에는 기자들뿐만 아니라 다른 모든 직종의 언론노동자들도 가
입해 일사불란한 언론운동을 하기에 적합하지 않다는 입장이었다. 반면 '노
조 결성론'은 임의단체인 기자협회보다는 법적 단체인 노조가 활동 보장 측
면에서 훨씬 유리하다는 입장이었다. 더구나 다른 직종 노동자들의 가세는
언론운동의 힘을 훨씬 강화할 수 있다는 주장도 덧 붙여졌다. 물론 노조 결
성론은 노동자 대투쟁의 성과를 반영한 것이기도 했다.

이렇듯 '기자협회 강화론'과 '언론노조 결성론'이 대립되었던 것은 아직
언론인의 노동자 의식이 확실했던 것은 아니었다는 점을 보여주는 것이
기도 했다. 1974년의 『동아일보』, 『한국일보』 노조의 결성 이후 13년만
인 1987년 10월 『한국일보』 노조가 창립된 것을 시작으로 『동아일보』,
『중앙일보』 등이 차례로 노조를 결성했다. 특히 공무국, 수송국 노동자
들의 임금인상투쟁이 계기가 되었던 『한국일보』를 제외한 대부분의 신
문들은 기자들이 중심이 되어 노조를 결성하기 시작했다.[250]

각 언론사 노조는 결성 이후 공정보도를 실현하기 위한 제도적 장치
의 마련을 위해 노력했다. 특히 각 언론사 노조는 회사측과 '단체협약을
통해 편집권 독립을 요구하여 1988년 편집권 논쟁이 벌어졌다. 이 논쟁
은 언론사 내부의 발행인 대 기자라는 외면상의 대립구도가 심화되면서,
노동조합이라는 합법단체가 주체가 되어 단체협약이라는 법적 구속력
이 있는 명문규정을 채택하고 있으며, 구체적 개별적 기사의 처리보다는
편집권독립을 위한 제도적 장치의 확보에 중점이 두어지면서 진행되었
다.[251] 편집권 논쟁은 언론사 내부의 단체협약이라는 형식을 통해 이루어

250) 김동민, 「한국 언론노동운동의 특성에 관한 연구」, 한양대학교 박사학위논문, 1990,
126쪽.
251) 박인규, 「88년도 '편집권' 논쟁의 양상」, 『저널리즘』 16호, 1988, 59쪽.

졌지만, 국가권력에 의한 언론통제가 직접적으로 이루어지고 있는 한국에서는 편집권 독립을 위한 투쟁은 권력과의 투쟁이라는 성격이 강했다. 편집권 독립투쟁은 결국 편집책임자의 임면에 노조의 의견을 반영할 수 있는 제도적 장치의 확보를 얻어내는 성과를 내기도 했다.[252]

각 언론사들의 노조활동이 활성화되면서, 권력과 자본으로부터의 노조탄압에 공동으로 대처하기 위한 연대기구 결성의 필요성이 제기되었다. 이에 따라 1988년 4월 '전국언론사 노동조합협의회'가 결성되었는데, 이는 과거 개별 언론사 단위에서의 노조활동이 지녔던 고립분산적인 활동의 한계를 넘어서서 언론노동운동이 본격적으로 언론민주화라는 목적의 실현을 위해 나아가고자 하는 것이었다. 위의 협의회는 결성 모임에서 자유언론과 노동자의 권익쟁취를 목적으로 한다는 것을 밝히고 나아가 '전국언론사노동조합연맹'(약칭 언론노련)을 결성하기로 결의했고, 결국 1988년 11월에 결성에 이르렀다. 언론노련은 권력과 자본의 시혜 제공을 거부해 기득권을 포기하고 자사이기주의를 넘어서서 단결과 연대를 이룩할 것, 사내민주화의 쟁취를 통해 편집 · 편성권의 완전한 독립과 사내 의사결정과정의 민주화를 이룰 것, 권력과 자본에 대한 투쟁을 전개하고 사회민주화에 기여할 것 등의 활동 목표를 밝혔다.[253]

이를 통해 언론노련이 초기에 '노동조건의 개선'보다는 '공정보도의 실현'이라는 목표에 더 치중했다는 것을 알 수 있다. 1987년 이전에 임금이 향상되고 특혜가 제공되었던 것은 "노동의 정치적인 포섭효과를 가져왔지만, 또 한편으로는 1987년 이후 언론노동이 임금 인상 등 경제적인 투쟁이 아니라 정치적 투쟁에 집중할 수 있는 물질적 기반을 강화시켜 주는

252) 장명국, 「언론노조의 특성과 과제」, 『사상과 정책』 7권 1호, 1989, 206~208쪽.
253) 『언론노보』 1989. 1. 17.

역설적인 결과도 낳았다"고 할 수 있다.[254] 당시에 기자들을 대상으로 실시한 조사에서도 이런 의식을 확인할 수 있다. 1990년에 한국언론연구원이 실시한 조사에서 기자들은 '단체교섭시 중점사항'으로 37.6%가 '편집·보도국 독립'을, 25.3%가 '언론자유 확보'를 꼽았다. 이 조사에서 '단체교섭 통해 가장 개선된 점'으로는 32.8%가 '임금인상'을, 26.0%는 '근로조건 개선'이라고 응답했다.[255] 기자들은 '공정보도의 실현'을 더 중요시했지만 결과적으로 '노동조건의 개선'이라는 결과를 얻었다는 것이다. 1990년의 기자협회 조사에서도 '노조가 앞으로 주력해야 할 활동'(2개 응답)으로 '편집·편성권 독립'(41.4%), '근로조건 개선'(41.0%), '외부 압력으로부터의 독립성 확보'(33.0%) 순으로 나타난 반면에 '노조설립 이래 가장 두드러진 성과'로는 '임금인상'(23.3%), '근로조건 개선'(19.7%) 순으로 나타났다.[256] 개별 언론사노조에서 실시한 조사에서도 노조가 공정보도의 실현을 위한 활동에 더 치중해야 한다는 응답이 많았지만, 실제 노조활동을 통해서는 주로 근로조건의 개선이 이루어졌다는 응답이 많았다.[257] 상당수 신문사의 노조는 공정보도의 실현을 위해 회사측과 공동으로 구성되는 제도적 장치를 마련하기에 이르렀다. 언론노련도 공정보도를 위해 '민주언론실천위원회'(약칭 민실위)를 두어 공정보도를 위한 노력을 기울였다.[258]

254) 임영호, 『기술혁신과 언론노동』, 커뮤니케이션북스, 1999, 186쪽.

255) 한국언론연구원, 『언론인의 책임과 윤리: 제1회 전국기자 직업의식 조사』, 1989, 128~129쪽.

256) 「1990년 전국기자 여론 및 의식조사」, 『저널리즘』 20호, 1990, 179~181쪽.

257) 황인호, 「한국 언론노동조합에 대한 언론인들의 평가 연구」, 연세대학교 석사학위논문, 1989, 78~84쪽.

258) 경인지역 민실위 신문분과에는 『경향신문』, 『국민일보』, 『동아일보』, 『서울신문』, 『조선일보』, 『중앙일보』, 『한겨레신문』, 『한국일보』 등 8개 노조가 참여했다. 1989년부터 1992년까지 120차례 보도비평을 했는데, 그 중 일부 내용을 추려서 책을 냈다. 전국언론노동조합연맹, 『부끄러움을 보여드립니다―일선 기자들이 직접 해부한 한국 언론의 자화상』, 도서출판, 공간, 1992.

편집권 독립요구와 함께 각 언론사의 단체협약에서 문제가 되었던 사항은 직업적 권익을 쟁취하고자 하는 것이었다. 특히, 기자들을 중심으로 출발했던 언론사노조들은, 기자 이외의 모든 노조원들이 노조의 필요성을 자각하고 의사를 결집하여 단결된 투쟁을 전개하기 위해서는 직업적 권익의 쟁취가 필요하다는 인식을 갖게 되었다. 이에 따라 신문사 노조들은 단체협약을 통해 임금인상, 노동조건의 개선, 인사문제와 관련된 권익보장 등 언론노동자로서의 직업적 권익들을 쟁취해나갔고, 이것이 언론인으로서의 공정보도실현, 나아가 언론민주화와 별개의 문제가 아니라는 인식에 도달했던 것이다.[259]

1988년에 시작된 언론노동운동은 신문사들의 경쟁이 치열해지면서 급격히 약화되기 시작했다. 특히, 공정보도를 위한 제도적 장치의 존속에도 불구하고 지면에 나타나는 기사의 내용은 별 다른 변화가 없다는 지적이 나올 정도였다.[260] 이것은 언론노동운동이 언론인들의 철저한 반성과 이에 따른 구체적인 실천결의로 산물로 시작되었다기보다는 사회 전체의 민주화라는 언론계 외부의 자극에 의해 본격화되었다는 한계가 있었기 때문이다. 또한 언론의 변신을 모색할 수밖에 없었던 상황에서 어쩔 수 없이 따라온 경영의 논리가 잠재해 있다는 점도 언론노동운동의 한계를 규정하고 있는 것이다.[261] 특히, 1990년대 이후 신문들의 치열한 경쟁 속에서 기자들은 언론민주화를 위한 활동을 하기보다 자사이기주의의 틀 내에 머무르며 기득권을 향유하는 한계를 보이기 시작했다. 특

---

259) 이양수, 「언론노동자의 근로조건 개선투쟁」, 『민주언론』 1호, 전국언론노동조합연맹, 1990, 65쪽.

260) 강석진, 「공정보도 편집권 투쟁의 성과와 한계」, 『민주언론』 1호, 전국언론노동조합연맹, 1990, 53쪽.

261) 손석춘, 「언론노동운동의 현실과 과제」, 『저널리즘』 20호, 1990, 126쪽.

히 "신문전쟁은 결국 신문사노조의 쇠퇴"로 이어졌다.[262]

언론노련이 결성되면서, 기자협회와 어떤 관계를 설정하느냐 하는 문제는 언론노련과 기자협회에게 모두 중요한 과제가 되었다. 언론노련 초대 위원장을 맡았던 권영길은 다음과 같이 주장했다.[263]

> 언론노련 창립 준비 때부터 대두된 문제 중의 하나는 기자협회와의 통합 문제였다. 처음에는 기자협회 회원과 언론노련 조합원이 중복되어 기자협회를 존속시킬 필요가 있느냐는 관점에서 통합을 모색했다. 거기에다 두 단체의 사업 내용도 동일해 통합 논의가 활발하게 전개되었다. 논의의 가닥은 통합 쪽으로 잡혔으나 실제 통합 작업은 진행되지 못했다. 언론노련과의 통합을 전제로 하거나 통합을 약속하고 출발한 기자협회 집행부가 나름대로의 조직 보존 논리에 빠져 적극성을 띠지 않았다. 이렇게 되다 연맹 집행부에서는 통합을 강제할 필요가 있다는 목소리가 높아졌다 연맹이 이렇게 나간 이유는 정부 쪽에서 언론노련을 견제하기 위해 기자협회를 활용할 움직임을 보이고 있는 것이 간파되었기 때문이다. 그렇기는 해도 무리하게 통합을 추진하면 부작용이 클 수 있다는 의견도 많이 나와 기자협회가 대의원대회를 통해 통합 결의를 하도록 추진했다.

초기에 통합이 되지 못하면서 언론노련 내부에도 "두 조직이 구성이나 역할, 그리고 성격이 다른 만큼 병존해야 한다는 것을 전제로 필요할 경우 공동 사업을 수행하자는 의견과 장기적인 통합을 전제로 구체적 논의를 다양한 형태로 진행시키자는 의견"으로 나누어졌다.[264] 언론노련에는 기자뿐만 아니라 다른 직종들도 모두 참여하고 있기는 하지만, 그래

---

262) 전국언론노동조합연맹, 『언론노련 10년사』, 전국언론노동조합연맹, 1999, 195쪽.
263) 권영길, 「초대 위원장의 회고담-언론노련과 함께 걸어온 길」, 『언론노련 10년사』, 전국언론노동조합연맹, 1999, 283~284쪽.
264) 이광호, 「언론노조 전현직간부 32인이 진단한 언론노동운동 현주소-공정보도투쟁 멈출 수 없다」, 『민주언론』 2호, 1994, 58쪽.

도 기자들이 차지하는 역할이 컸기 때문에 이런 논의가 나왔던 것이다. 기자협회의 1991년 조사에서 토론회 공동개최, 성명 공동발표 등 사안에 따라 기자협회가 언론노련과 연대활동을 벌이는 것에 대해서는 응답자의 88.9%라는 절대다수가 찬성을 표시했다. 앞으로 언론노련과의 관계에 대해서도 응답자 중 65.4%가 기자협회 나름대로 '독자적으로 활동하는 한편 사안에 따라 연대'하는 것이 바람직하다고 응답했고, 28.2%는 기자협회와 언론노련이 '통합해야 한다'고 응답했다.[265] 기자협회가 실시한 조사에서 언론노련과 '통합'보다는 '연대'를 하자는 의견이 더 많았고, 이런 여론대로 기자협회는 통합은 하지 않고 다양한 사안에 언론노련과 연대하는 활동을 했다.

　언론노련은 출범할 때 '기자윤리와 관련된 자정혁명'을 중요한 과제 중 하나로 제시했고, 언론사 노조들은 자정 노력을 기울이며 윤리강령을 제정했다.[266] 1990년대 초의 '수서사건'이나 '보사부 촌지사건'은 언론인의 촌지수수가 사회적 문제로 불거지는 계기가 되었고 이후 언론인의 자정운동의 필요성이 더 높아졌다. 기자협회장이었던 안병준은 "나라 전반의 잘못된 부분을 감시하고 비판해야 할 언론 본연의 임무는 제대로 수행되지 않았음은 물론 현재는 국민들로부터 불신을 받는 주요 계층 중의 하나가 되었다. 이에 따라 '제4부'로서의 언론의 권위는 여지없이 실추되었고 권력이나 재벌과 마찬가지로 썩어 문드러진 계층으로 함께 인식될 지경에 이르렀다"고 평가했다.[267] 1991년 11월 2일에 기자협회와 언론노련은 '국민에게 보내는 글'이라는 공동사과문을 통해 "이번 사건을 계기로 전 언론계가 합심하여 언론의 도덕성을 회복하기 위해 전력할 것"이라고

265) 「1991년 전국기자 여론 및 의식조사」, 『저널리즘』 24호, 1991, 311쪽.
266) 김주언 · 안종주, 「자정혁명—그 멀고도 험난한 대장정」, 『민주언론』 1호, 전국언론노동조합연맹, 1990, 80~84쪽.
267) 안병준, 「자정실천운동, 무엇이 문제인가」, 『저널리즘』 23호, 1991, 114~115쪽.

밝혔다.[268]

언론노련이 출범하면서 기자협회의 역할에 대한 인식이 어느 정도 변화되었다. 초기에는 언론자유 수호, 노동조건 개선, 자질 향상과 윤리의식 제고 등 세 가지 분야에서 모두 활발한 활동을 했지만, 언론노련이 등장하면서 언론자유 수호나 노동조건 개선에 관한 활동이 다소 줄어드는 경향을 보였다. 1994년의 조사에서 기자협회가 "어떤 일에 주력해야 한다고 생각하십니까?"라는 질문에 '권익옹호 · 친목도모 활동과 언론운동의 병행'(65.6%), '회원들의 권익옹호 · 친목도모 활동'(17.0%), '언론운동'(14.5%) 순으로 나타났다.[269] 2003년에 실시된 조사에서 기자협회가 더욱 노력을 기울여야 할 부분에 대한 질문(복수응답)에서 가장 많은 응답자(67%)가 '회원 전문성 제고를 위한 교육 · 연수 확대'를 들었던 것은[270] 기자협회 역할에 대한 인식의 변화를 잘 보여준다. 기자협회는 취재보도 활동을 하는 기자들의 단체로서 공정한 선거보도를 위한 활동에서는 적극성을 보였다. 1992년에 기자협회는 언론노련, PD연합회와 함께 대선보도 준칙을 만들어 공정한 보도를 위해 노력했고, 이후에도 계속 공정한 선거보도를 위한 활동을 했다.[271]

언론노련과 기자협회가 '언론개혁'을 위한 활동에 함께 나서는 경우가 많았다. 1997년에 언론노력, 기자협회, PD협회 등 세 단체는 "90년대의 언론관계 주요 문제점들과 그 개선방향을 제시한 언론개혁 10대 과제"를 발표했다.[272] 김대중 정권 출범 이후 언론노련은 언론개혁운동에 적극

---

268) 한국기자협회 50년사 편찬위원회, 『한국기자협회 50년사』, 한국기자협회, 2014, 201쪽.
269) 「제4차 기자의식 및 여론조사」, 『저널리즘』 33호, 1994, 295쪽.
270) 『기자협회보』 2003.8.13.
271) 한국기자협회 50년사 편찬위원회, 『한국기자협회 50년사』, 한국기자협회, 2014, 207~214쪽.
272) 「언론 3단체, 언론개혁 10대과제 선정」, 『PD저널』 1997.7.19.

적으로 나섰고, 특히 2000년 11월 24일에 산별노조인 전국언론노동조합(이하 언론노조)이 등장하면서 언론개혁운동이 더욱 적극적으로 이루어졌다.[273] 이후 기자협회는 사안에 따라 언론개혁운동에 참여했고, 때로는 언론노조와 약간 다른 행보를 보였다. 2004년 국회에서 노무현 대통령 탄핵소추안이 발의되었을 때 기자협회는 다른 단체에 비해 매우 신중한 자세를 보였다.[274] 2007년 5월에 나온 '취재지원 시스템 선진화 방안'에 대해 기자협회는 다른 단체에 비해 가장 강경한 자세로 '전면 백지화'를 요구했다.[275] 기자들이 정파적 대립에 더 큰 영향을 받을 수밖에 없었고, 취재보도 체제의 변화로 인한 불편을 직접 떠안아야 했기 때문이다.

이명박 정권 출범 이후에 언론노조는 미디어공공성 실현을 위한 활동에 적극 나섰고, 기자협회는 이런 활동을 지지하고 연대하는 움직임을 보였다. 언론노조는 2008년 12월 26일부터 2009년 1월 7일까지 "'조중동'으로 불리는 거대 독점 신문과 재벌에게 방송을 넘기려는 이명박 정권과 한나라당의 언론악법 날치기 처리를 막아내기 위해" 총파업을 벌였다.[276] 중앙종합일간지 중에 '조중동' 세 신문을 포함해 5개 신문이 참여하지 않고 한 신문은 기자들이 참여하지 않아 "방송 쪽이 주도하고 있고, 신문 쪽은 서울 쪽이 아니라 오히려 지역신문이 더 열심히 한다"는 평가를 들었다.[277] 기자협회는 주로 이명박 정권의 언론정책을 비판하는 성명을 발표하는 방식으로 활동했고, 2009년 12월에는 YTN에서 해직된 우

273) 새언론포럼, 『현장기록, 신문노조 민주화운동 20년』, 커뮤니케이션북스, 2009, 134~148쪽.
274) 이상기, 『요즘 한국기자들』, 깊은 강, 2004, 37~48쪽.
275) 『언론노보』 2007. 9. 12.
276) 새언론포럼, 앞의 책, 179~185쪽.
277) 위의 책, 204쪽.

장균 기자를 회장으로 선출하기도 했다.[278]

2012년 1월에는 MBC, KBS, YTN, 연합뉴스가 "언론보도의 공정성을 쟁취하기 위해 장기간 파업을 진행"했다. 실질적인 성과를 거두지는 못했지만, 그럼에도 이 파업은 "보기 드물게 주요 언론사들의 파업이 동시에 진행됐으며 MBC의 경우 170일이라는 방송계 최장기 파업을 기록했다는 점에서 기념비적 사건"이라는 평가를 듣기도 했다.[279] 기자들이 보도의 공정성을 문제 삼아 파업을 주도했기 때문인지 기자협회는 2008년 파업보다 더욱 적극적으로 지지하고 연대하는 활동을 펼쳤다.[280] 경영상의 위기와 정파적 대립 속에 자사이기주의가 심화되면서 언론노조나 기자협회의 활동은 위축될 수밖에 없었다. 언론의 공정 보도와 언론인의 권익 옹호를 위해 '연대하고 단결해' 활동하기를 기대하기가 어려워졌다.

(2) 관훈클럽 · 편집인협회의 변화와 새언론포럼의 등장

1987년 6월 항쟁 이후 관훈클럽이나 편집인협회도 새로운 활동 방향을 모색하기 시작했다. 관훈클럽이 자신의 존재 가치를 가장 확실하게 부각시킨 것은 1987년 11월에 '대권주자 초청 토론회'를 개최한 것이었다. 11월 14일과 15일 이틀 동안 4명의 대통령 후보의 토론회를 텔레비전을 통해 녹화 중계하여 '전 국민의 폭발적인 관심'을 불러일으켰다.[281] 관훈클럽 총무로서 토론회를 진행했던 강인섭이 "그야말로 자고 나니 하

---

278) 한국기자협회 50년사 편찬위원회, 『한국기자협회 50년사』, 한국기자협회, 2014, 169~176쪽.
279) 김서중, 「이명박 정부와 언론 공공성 붕괴」, 『인물과 사상』 2012년 12월호, 154~156쪽.
280) 한국기자협회 50년사 편찬위원회, 앞의 책, 179~181쪽.
281) 관훈클럽 50년사 편찬위원회, 『관훈클럽 50년사』, 관훈클럽, 2007, 258~259쪽.

루아침에 유명인사가 되어버린 셈이었다"고 했을 정도로 당시에 대선 후보 토론회는 큰 관심을 끌었던 것이다.[282] 관훈클럽은 2006년 9월 21일까지 144회의 토론회를 개최했는데, 정관계 인사들이 초청인사 중에서 가장 큰 비중을 차지했다.[283] 관훈클럽은 토론회 개최를 통해 토론문화를 활성화하는 데 기여했지만, 한편으로는 이런 활동을 통해 관훈클럽의 정치적 영향력을 확대시켜 오기도 했다.

관훈클럽이 연구·친목단체로 활발한 활동을 할 수 있었던 것은 탄탄한 재정기반을 확보했기 때문이다. 1977년부터 2006년까지 현대그룹이 141억 8,000만원을 출연하고, 관훈클럽이 자체적으로 1억 4,200만원을 출연해 총 143억 2,200만원의 기금을 조성했다. 이런 기금을 바탕으로 관훈클럽은 연구저술 출판 지원, 자체 출판사업, 언론사료 출판, 해외연수 지원, 관훈언론 석좌교수 등의 다양한 사업을 펼칠 수 있었다. 특히 '한국언론 2000년 위원회'를 만들어서 보고서를 발간한 것은 연구에 중점을 두고 활동을 해왔던 관훈클럽의 특성을 잘 보여주었다.[284] 관훈클럽은 다른 단체들과는 달리 언론인의 자질향상과 친목도모에만 중점을 두고 활동해 오면서 언론인의 전문화에 기여해 왔던 것이다.

관훈클럽은 안정적 재정을 토대로 다양한 연구, 출판, 연수 사업을 벌임으로써 "매체의 힘이나 구성원들의 역량, 역사성으로 볼 때 현재 이 클럽만큼 힘있는 언론단체는 없다"는 평가를 듣기도 한다.[285] 반면에 1990년까지 "실제 총무를 거쳐간 31명 중에 현재까지 정계로 진출한 이는 12명이나 되며, 그것도 십중팔구는 정부요직이나 여당활동으로 일

282) 강인섭, 「시대의 격랑 헤쳐 온 기자 4반세기」, 『관훈저널』 103호, 2007, 72쪽.
283) 이창순, 「김영삼·김대중 전 대통령 6회로 가장 많이 나와」, 『관훈저널』 100호, 2006, 276~277쪽.
284) 관훈클럽 50년사 편찬위원회, 『관훈클럽 50년사』, 관훈클럽, 2007, 355~396쪽.
285) 이광재, 293쪽.「언론환경 변화에 따른 새위상 모색」, 『신문연구』 69호, 1998, 293쪽.

관한다"고 하며, "관훈토론회를 통해서 우회적으로 정치여론에 막대한 영향력을 끼치는 것이나 그 성원들의 대거 정계진출 현상은 '연구 · 친목단체이기 때문에 그런 활동은 안 된다'는 그들 스스로의 명분을 무색하게 할 뿐이다"라는 비판을 듣기도 했다.[286] 1990년대 중반에 "클럽을 '언론귀족'들이 모인 단체쯤으로 폄하하는 인사가 있었고, 또는 회원들이 '오만한 선민의식'을 지니고 있다고 비난하는 목소리도 있었다. 클럽의 주축이 동아 · 조선 · 중앙 등 이른바 '빅3' 출신의 언론인이라는 오해가 생긴 것도 이 무렵이다"라는 지적도 있었다.[287] 관훈클럽은 2009년에 "한국 언론계의 심각한 갈등과 반목의 벽을 허물기 위해" 토론회를 개최하는 등 언론계의 정파적 대립을 해소하기 위해 나름의 노력을 기울이기도 했다.[288]

관훈클럽이 "회원가입 자격을 통상적으로 12~13년차 이상 기자들에게 주어지다 보니 당초 설립 취지와 달리 시니어급 언론인의 모임"이 되면서,[289] 신문과 방송의 편집 간부들의 모임인 편집인협회와 중복 가입되어 있는 인물들이 크게 늘어났다. 또한 편집인협회도 연구 · 조사활동, 세미나와 워크숍, 출판사업 등을 한다는 점에서 활동 영역도 중첩되는 부분이 많다. 편집인협회가 이런 활동을 할 수 있는 기금을 삼성 등의 대기업으로부터 출연받았다는 점도 관훈클럽과 유사했다. 편집인협회는 1996년에 신문협회와 방송협회가 각각 5,000만원씩 출연한 1억원의 기금으로 법인을 발족하고, 1997년에 삼성그룹으로부터 10억원을 기탁받

---

286) 한미선, 「관훈클럽, 언론귀족들의 출세 발판인가?」, 『언론과 비평』 1991년 2월호, 39~41쪽.
287) 정범준, 『이야기 관훈클럽』, 랜덤하우스, 2007, 365쪽.
288) 「벽을 허물자' 캠페인」, 『관훈저널』 111호, 2009, 10쪽.
289) 『기자협회보』 2007.1.9.

아 총 11억원의 편집인협회 기금을 조성했다.[290] 편집인협회는 2012년에 다시 삼성그룹으로부터 15억원, 현대자동차그룹으로부터 5억원, SK그룹으로부터 5억원을 받아 기금을 총 36억원으로 늘렸다. 2014년에는 하나금융지주, 신한금융지주, 우리금융지주, KB금융지주, NH농협 등으로부터 각각 2억원씩 총 10억원을 기부받기도 했다.[291] 물론 편집인협회는 참여 자격이 명확한 직능단체인 반면에 관훈클럽은 참여 범위가 폭넓은 친목단체라는 점에서 차이가 있기는 하지만 참여 인물, 활동 영역, 기금의 출처 등에서 공통되는 부분이 많이 있다는 것이다.

편집인협회가 관훈클럽과 명확히 차별화되는 부분은 바로 언론자유 수호 활동을 했다는 점이다. 실제로 창립 초기인 1950년대 말이나 1960년대 전반기까지 편집인협회는 언론자유 수호를 위해 활발한 활동을 했지만, 그 후 오랫동안 별 다른 활동을 보여주지 못했다. 편집인협회가 다시 활발한 활동을 보여준 시기는 김대중 정권 출범 이후 언론사 사이의 정파적 대립으로 갈등이 심화되던 때였다. 편집인협회가 김대중 정권이나 노무현 정권에 대해 어떻게 대응했는지는 회장을 맡았던 인물들의 발언을 통해 확인할 수 있다. 11대(1997~1999) 회장 성병욱(중앙일보)은 "김영삼 정부가 편협 활동에 협조적이고 마음 편한 관계였다면 김대중 정부는 어딘가 복잡하고 편치 않았다'고 회고했다. 13대(2001~2003) 회장 고학용(조선일보)은 "새 집행부의 목표는 분명했다. 김대중 정부의 언론탄압에 맞서 싸우는 것이었다. 그것은 편협의 존재이유이기도 했다"고 주장했다. 14대(2003~2005) 회장 최규철(동아일보)도 "편협으로서는 도저히 묵과할 수 없는 일이었다. 편협회장 취임 후 첫 성명서를 발표했다.

290) 한국신문방송편집인협회 50년사 편찬위원회, 『한국신문방송편집인협회 50년사』, 한국신문방송편집인협회, 2007, 255~256쪽.

291) http://www.editor.or.kr/info/fund1.html

'정보시장 왜곡에 의한 언론자유 침해를 우려한다'는 제목을 뽑았다"고 밝혔다.[292] 정파적 대립이 심각한 상황에서 "간부급 언론인들로 구성된 협회에서 대화와 타협을 통해 새로운 길을 타개하고자 하는 활동"을 하지 않았다는 것은[293] 특정 정파적 입장에 서서 활동했다는 비판을 들을 소지가 있는 것이었다.[294]

편집인협회나 관훈클럽이 보수적인 성향을 드러내는 활동을 하던 가운데 과거 언론노조 활동을 했던 중견 언론인들에 의해 새로운 언론인단체 결성이 추진되었다. 1996년 9월부터 논의를 시작하여 결국 1997년 11월 25일에 "우리는 서로의 동지애를 확인하고 한국 사회의 더 나은 내일을 위한 민주언론의 발전의 기틀을 만드는 데 힘을 모으기 위해 새언론포럼을 창립한다"고 하며 출범했다. 새언론포럼은 "언론의 역사적·사회적 책임을 깊이 인식하고 언론의 민주화를 위해 헌신"하고, "한국 사회의 진정한 민주화와 조국의 내일을 위한 새언론 창조를 위해 함께 노력"한다고 활동 목표를 밝혔다.[295]

새언론포럼은 창립 이후 매년 2~3 차례 토론회를 개최하였는데, 그 주제는 '중앙일보 사태, 언론인들은 어떻게 보고 있나?'(1999. 11. 9), '독립 언론의 현재와 나아갈 길'(2004. 6. 17), '삼성 광고 중단 사태로 본 자본권력과 언론의 자유'(2008. 9. 8) 등 주로 언론의 독립이나 언론 개혁에 관한 것들이었다. 새언론포럼 회원들이 노무현 정권 시기에 언론 관련기

---

292) 한국신문방송편집인협회 50년사 편찬위원회, 『한국신문방송편집인협회 50년사』, 한국신문방송편집인협회, 2007, 347~366쪽.

293) 강명구, 「한국 언론의 구조변동과 언론전쟁」, 『한국언론학보』 48권 5호, 2004, 343~344쪽.

294) 편집인협회는 이명박 정권이 출범한 이후인 2008년 3월에 '노무현 정권 시기의 언론탄압' 사례를 모았다고 하는 백서를 발간하기도 했다. 한국신문방송편집인협회, 『노무현 정권 언론탄압 백서』, 한국신문방송편집인협회, 2008.

295) 새언론포럼, 『현장기록, 신문노조 민주화운동 20년』, 커뮤니케이션북스, 2009, 252~253쪽.

관이나 부처에 다수가 참여하여 '참여정부 언론브레인 산실'이라는 평가를 듣기도 했다.[296]

또한 새언론포럼은 시위를 통해 언론노조의 활동을 지원하기도 했다. 이명박 정권 시기 낙하산 사장이 내려오고 다수의 언론인들이 해직되어 언론노조가 파업을 하자, "언론사 연대파업은 풍전등화의 위기에 몰린 한국 사회의 공론장과 언론자유를 수호하기 위한 절체절명의 선택"이라고 하며, "권력의 하수인으로서 언론자유를 훼손한 장본인인 낙하산 사장들이 퇴진하는 그 날까지 언론노조와 더불어 투쟁하겠다"고 밝혔다.[297] 새언론포럼의 등장은 보수 일색이던 중견 언론인단체에도 변화가 나타났다는 것을 의미했고, 한편으로는 정파적 대립이 확산되었다는 것을 보여주는 것이기도 했다.

---

296) 『미디어오늘』 2005. 1. 26.
297) 『미디어오늘』 2012. 4. 18.

종장
한국 언론인의 역사적 특성

한국 언론인의 직업 정체성을 설명할 때 자주 쓰이는 단어들은, '지사적 언론인', '언론노동자', '전문직으로서의 언론인' '샐러리맨화된 언론인' 등이다. 지사가 '역사성'을 보여준다면, 노동자는 바로 '현실성'을 보여주고, 전문직은 '규범성'을 보여준다. 지사가 함축하는 '역사성'을 올바로 계승하지 못하고, 노동자가 처한 '현실성'을 극복하지 못하며, 전문직이 추구하는 '규범성'을 살리지 못할 때 바로 언론인이 '샐러리맨'이 되었다고 표현해 왔다. 언론인이 '지사에서 샐러리맨으로' 변화된 과정을 이해하는 것은, 한국 언론인의 바람직한 직업 정체성 확립을 위해 반드시 필요하다.

개화기에 형성된 이른바 언론인의 '지사적 전통'은 이후 계승과 단절의 논란 속에 놓이게 되었다. 식민지 권력이나 권위주의 정권은 언론인의 지사주의를 필요하게 만든 토양이자 이를 변질시키기도 한 요인이었다. 또한 언론기업의 변모도 언론인의 지사주의가 다양한 형태로 변조되는 데 큰 영향을 주었다. 오랫동안 지사적 언론인을 이상형으로 생각했지만, 현실에서는 지사적 언론인답게 활동할 수 없었기 때문에 많은 언론인들이 고민을 해왔다.

개화기에 반봉건과 반외세의 시대적 과제를 해결하기 위해 활동하는 과정에서 자연스럽게 언론인들은 계몽과 저항의 전통을 만들어 나갔다.

따라서 개화기 언론인들의 활동은 직업적인 것이었다기보다는 민족운동의 일환이었다고 볼 수 있다. 식민지 시기부터 1950년대까지 줄곧 언론인들은 지사주의 계승의 필요성을 주장하는 한편 이것이 실현될 수 없는 현실에 절망하는 모습을 보이기도 했다. 지사주의에 대한 강조는, 저항적이고 비판적인 언론활동을 위해 필요했을 뿐만 아니라 언론인들의 경제적 빈곤을 상쇄시켜주는 의식으로서도 의미를 지녔다.

그러나 식민지 시기부터 1950년대까지 열악한 현실에서 언론인들이 자조적 의식을 드러내는 경우도 많았다. 식민지 시기의 언론인들은 민족운동 차원의 언론 활동을 꿈꾸었지만 일제의 탄압으로 저항적이고 비판적인 언론 활동을 하기 어려웠다. 이런 현실에서 식민지 시기 언론인들은 '언론인의 노동자화'라는 표현으로 자조적 의식을 드러내기도 했고, 언론인의 전문화의 필요성에 대한 초보적 인식을 보여주기도 했다. 분단체제 형성기의 언론인들도 이승만 정권에 대한 비판적 언론활동을 하며 지사주의를 강조했지만, 정파적 목적의식이 앞선 활동을 하는 경우가 없지 않았다. 분단체제 형성기 언론인들은 열악한 노동 조건과 낮은 윤리의식을 개탄하는 한편, 언론인의 전문직화에 대한 새로운 인식을 보여주기도 했다.

권위주의 정권 시기에 들어서서 언론인의 직업 정체성에 큰 변화가 나타났다. 5 · 16 쿠데타 직후부터 박정희 정권은 '채찍과 당근'의 논리로 언론을 길들여 나가려는 정책을 실시했다. 언론사 정비를 통해 언론구조를 재편하고, 강력한 탄압으로 언론과 언론인을 순치시켜 나가는 한편 다양한 특혜를 베풀어 언론을 자신들의 정책 수행을 위한 수단으로 활용하려고 했다. 이런 언론정책은 비판적 언론활동의 위축을 가져왔지만, 특혜를 기반으로 신문사가 하나의 기업으로 성장하는 결과를 가져오기도 했다. 신문의 기업화는 경영진의 통제력을 강화시켜, 이제는 내적 통제를 통해서도 언론의 비판을 약화시킬 수 있게 만들었다. 이런 현실에서 언론인들은 여전히 저임금과 고용 불안 등 직업적 불안정성에 시달렸다. 또한 이런 외적, 내적 통제의 강화로 비판적 논조가 소멸되면서 독자들의 언론에 대한 비판도 거세졌다.

언론에 대한 외적, 내적 통제는 언론인들의 저항성을 약화시키는 결과를 가져왔다. 독자들로부터 비판을 받으면서도 언론인들은 통제에 맞서려는 적극적인 시도를 하지는 못했다. 1960년대 말 이후 언론자유가 급격히 위축되는 상황에서도 이에 대한 언론인들의 비판이 거의 나오지 않았다. 언론인의 지사주의적 전통은 1960년대 중반부터 흔들리기 시작하여, 1969년의 3선 개헌을 앞두고 붕괴되기 시작해, 1975년의 『동아일보』와 『조선일보』의 기자 강제 해직을 거치며 거의 사라지고 말았다. 더 이상 권력을 비판하고 국민을 계몽하는 언론인이 아니고, 권력의 통제에 굴종하고 독자의 비판에 눈치 보는 언론인이 되고 말았던 것이다.

정권의 강력한 언론탄압과 언론의 급격한 기업화로 사실상 지사주의가 종말을 고한 1960년대 말 이후 '샐러리맨화'라는 표현으로 자조적 의식을 드러내고, 언론인의 기능인적 역할을 강조하는 경향이 나타났다. 1970년대 이후 자조와 자학에 빠져 있던 언론인들의 움직임은 크게 '노조결성 시도'와 '전문직화 모색'이라는 두 가지로 나타났다. 외적·내적 통제 속에 언론 활동이 위축되고 직업적 권익도 보장되지 못하면서, '샐러리맨화' 되었다고 자조하던 언론인들은 현실 타개를 위해 노조 결성을 시도하기도 했다. 당시 언론인들은 '사회적 지위 하락이나 직업적 이해' 문제를 해결하기 위해 '전문직화'보다는 '노조결성'을 시도하려고 했던 것이다. 그러나 경영진과 정권이 경제적 부담의 증가와 정치적 저항의 가능성 때문에 노조 결성 시도를 강력히 탄압했고, 언론인들 스스로도 노동자로서의 의식을 확고하게 갖고 추진한 것이 아니었기 때문에 언론인들의 노조 결성은 결실을 거두기 어려웠다.

자질 향상과 윤리의식 제고 등을 앞세웠던 전문직화의 모색은 관훈 클럽의 영향 속에 논의가 시작된 것이었다. 그러나 전문직화의 추구는 1960년대 중반 이후에는 '근대화를 위한 언론의 역할'을 강조하는 정권의 의도와 일부 언론인의 '현실 순응적인 태도'가 결합되면서 '기능적 전문성' 정도의 논의로 변질되고 말았다. 특히 유신체제 성립 이후에는 정부 주도하에 기자의 전문성을 위한 교육이 이루어지기도 했다. 결국 1970년대의 전문직화 주장은 단지 비판적 역할을 할 수 없게 된 현실을 정당화하는 수준에 머물렀다고 할 수 있다. 따라서 전문성을 강조하면서도 언론윤리의 중요성은 외면하는 결과를 가져오기도 했다.

이렇듯 박정희 정권시기에 '노조 결성'과 '전문직화 추구'라는 두 가지 시도가 모두 별 다른 성과를 거두지는 못했다. 정권의 강력한 탄압과 경영진의 부당한 통제에 맞설 만한 언론인들의 역량과 인식이 부족했기 때문이었다. 무엇보다도 외적 · 내적 통제가 급격히 강화되는 상황 속에서 오랫동안 지속되어 온 '지사적 언론인' 전통에 대한 극복을 내세웠지만, 정작 한국 언론인의 '지사주의'의 의의와 한계에 대한 정확한 인식이 없었다는 점도 작용했던 결과였다. 즉 지사주의의 바람직한 계승에 대한 고민이 부족했었다는 것이다.

전두환 정권 시기에 들어서서 권력과 자본의 언론노동에 대한 통제는 더욱 강화되었다. 하지만 임금수준이 대폭 상승하고 직업적 안정성이 높아지면서, 지사적 언론인의 전통에 대한 고민조차 사라지고 기자들의 현실 안주 경향이 심화되었다. 또한 전문화를 위한 기자 재교육은 정권유지 차원에서 이루어졌고, 촌지수수와 권력지향성 등 직업윤리의식의 부재현상은 더욱 심각해졌다. 박정희 정권 시기부터 시작된 언론인에 대한 통제와 특혜를 결합한 정책이 전두환 정권 시기에 결실을 맺었다고 할 수 있다. 전두환 정권 시기 내내 언론인들이 언론노동자로서의 자각이나 전문직 종사자로서의 자부심을 전혀 가질 수 없는 상황이 계속되었다.

6. 29 이후 민주화가 이루어지면서 언론인에게도 많은 변화가 나타났다. 언론노조가 결성되면서 직업적 권익과 공정보도실현을 위한 활동을 했고 자정을 위한 노력도 기울였다. 하지만 1990년대 이후 언론사 사이의 경쟁이 치열해지면서 점차로 한계를 드러냈다. 1990년대 들어서서 증면으로 본격화된 신문들의 과당경쟁은 기자들로 하여금 자사이기주의에 매몰되도록 만들어 언론민주화를 위한 언론노동운동의 입지를 급격히 위축시켰다. 즉, 권력으로부터의 직접적 통제보다 신문들의 경쟁 속에서 자본에 의한 더욱 효과적인 언론노동 통제가 가능해졌다. 한편 경쟁 속에서 임금수준은 어느 정도 향상되기도 했지만, 인적 충원 없이 이루어진 증면은 결국 기자들의 노동 강도를 급격히 높이는 결과를 가져왔다. 노동자의식의 부재 속에 언론인들은 공정보도를 실현하고 노동조건을 개선하기 위한 활동을 제대로 하지 못하게 되었다.

언론사 사이의 경쟁이 가열되던 상황에서 기존에는 철저히 기자의 재교육에 무관심했던 각 신문사들은 다른 신문과 차별화시키기 위한 경영전략으로 기자 전문화를 내세우곤 했다. 그러나 신문기업의 경쟁논리로부터 비롯된 일부 신문의 기자 전문화 시도는 '생색내기'에 불과했을 뿐 기자 전문화를 위한 체계적인 교육과 바람직한 전망의 제시를 결여했다. 또한 언론인의 촌지수수나 권력지향성이 여전한 채 과당 경쟁으로 인해 취재보도에서도 직업윤리의식의 부재현상이 심각하게 드러났다. 이런 현실에서 언론인들이 전문직 종사자로서의 자부심을 가질 수는 없었다.

1997년의 IMF사태로 언론사들이 경영상 위기를 겪으면서 자사이기주의는 급격히 강화되었고, '진보정권'의 등장과 함께 언론사 사이의 정파적 대립도 나타나게 되었다. 경영상 위기와 정파적 대립 속에 자사이기 주의가 강화되고, 언론인들이 회사나 사주의 이익과 입장을 대변하게 되면서 '샐러리맨'이 되었다는 자조와 비판이 쏟아져 나왔다. 과거의 '샐러리맨'이 되었다는 주장이 단순히 제 역할을 할 수 없는 현실 속에 '무력감'을 표현한 것이었다면, 1990년대 이후의 '샐러리맨'으로 변신했다는 비판은 회사나 사주의 이익 대변자로서의 역할을 해야 한다는 '강박감'을 담고 있는 것이다. 편집권 독립을 꿈조차 꿀 수 없는 현실 속에 지사주의는 물론 언론노동자로서의 자각이나 전문직으로서의 자부심도 찾아볼 수 없다.

오늘날의 언론인이 '샐러리맨'이 되고 말았다고 비판받는 것은, 굴곡진 근현대 언론의 역사에 대한 이해가 부족했고, 직업 정체성에 대한 고민이 모자랐기 때문이다. 언론인의 지사주의는 개화기나 식민지 시기에 형성되어 오랫동안 긍정적인 역할을 했지만, 이후 변질되어 부정적인 영향을 주기도 했다. 지사주의는 언론인이 처한 어려운 현실을 냉정하게 바라보지 못하게 만들거나 과도하게 현실에 개입하는 정치적 언론활동의 관행을 낳기도 했다. 따라서 물질에 초연한 낭만적 생활태도를 무조건 강조하거나 정치적 영향력에 대해 과한 욕심을 부리는 것은 이제 지양해야 한다. 다만 불의한 권력에 맞서서 비판하고 감시하는 것을 가장 중요시하는 지사적 언론인의 긍정적 유산은 여전히 중요한 의미를 지닌다.

결국 언론인의 바람직한 직업 정체성을 형성하기 위해서는 지사적 언론인 전통의 긍정적 유산을 계승하면서도, 언론노동자로서의 철저한 자각과 전문직으로서의 언론인에 대한 체계적 인식을 통합하는 노력이 필요하다. 즉, 지사로서 불의한 권력에 대해 비판하고 저항하던 전통을 계승하고, 언론노동자로서 노동조건의 개선과 공정보도의 실현을 위한 전략을 고민하며, 전문직종사자로서 전문성 향상과 윤리의식 제고를 위해 노력할 필요가 있다는 것이다. 특히 언론노동자로서의 자각이 없는 전문직화 시도는 공허할 뿐이고, 전문직으로의 지향이 없는 언론노동자 의식은 한계가 있다는 점을 명심해야 한다. 즉, 자율성이 없고 노동조건이 열악한 현실에서 전문성을 향상시키거나 윤리의식을 제고하기 어렵고, 전문화나 윤리의식 강화 없이는 직업적 위상을 확립하거나 공정보도를 실현하기 어렵다는 점을 인식해야 한다는 것이다.

미디어 환경의 변화 속에 '저널리즘의 위기'가 심화되고 있다. 저널리즘의 위기를 초래한 주된 요인 중의 하나가 바로 언론인의 '샐러리맨화'다. 언론인이 샐러리맨화 되면서 정파적 보도가 강화되고, 콘텐츠의 질이 더 하락했기 때문이다. 저널리즘의 위기를 극복하기 위해서도 바람직한 직업 정체성을 갖기 위한 언론인의 노력이 절실하다. 우선 경영상 위기와 정파적 대립 속에서도 현실적 이익에 지나치게 집착하지 말고, 자기 조직의 틀로만 문제를 바라보지 않으려는 자세가 필요하다. 나아가 언론노동자이자 전문직 종사자로서의 정체성을 확고히 하며, 정확하고 공정한 보도를 통해 사회적 책임을 다하는 것만이 샐러리맨으로의 전락을 막고 저널리즘의 위기를 극복하는 길이다. 물론 언론인을 샐러리맨으로 전락시킨 현실 속에서 '탈샐러리맨화' 한다는 일이 결코 쉽지는 않을 것이다. 역사적 맥락 속에서 한국 언론인의 직업 정체성을 이해하는 것이야말로 언론인의 '탈샐러리맨화'를 위한 첫 걸음이 될 것이다.

색인

한국의 언론인, 정체성을 묻다
지사(志士)에서 샐러리맨으로

초판 1쇄 인쇄 2015년 8월 20일
초판 1쇄 발행 2015년 8월 30일

지은이 박용규
펴낸곳 논형
펴낸이 소재두
등록번호 제2003-000019호
등록일자 2003년 3월 5일
주소 서울시 관악구 성현동 7-77 한립토이프라자 6층
전화 02-887-3561
팩스 02-887-6690
ISBN 978-89-6357-162-1 94300
값 27,000원

* 이 저서는 2010년 정부(교육부)의 재원으로 한국연구재단의 지원을 받아 수행된 연구임
(NRF-2010-812-B00077)